MASHLE

MAGIC AND MUSCLES

HAJIME KOMOTO

2

Mash Burnedead und die Eisenmagie

Charaktere

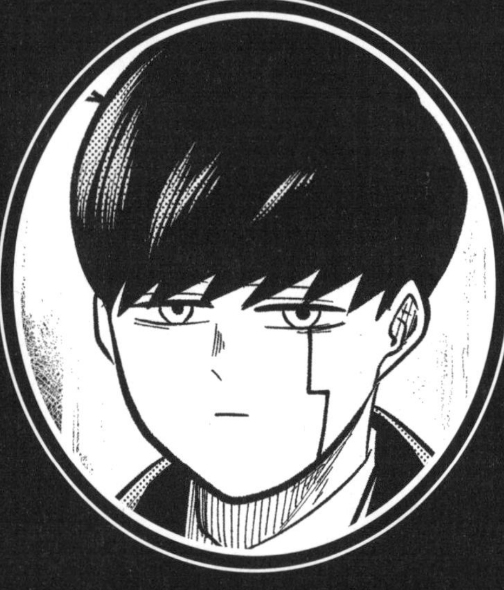

Mash Burnedead

Ein ungewöhnlicher und muskulöser Junge, der zwar nicht zaubern kann, sich aber jeglicher Magie stellt. Sein Weltbild ist sehr unkonventionell, er schätzt seine Familie und Freunde und liebt Windbeutel. Außerdem hat er Schwierigkeiten, zu erkennen, ob eine Tür aufgezogen oder aufgedrückt werden muss.

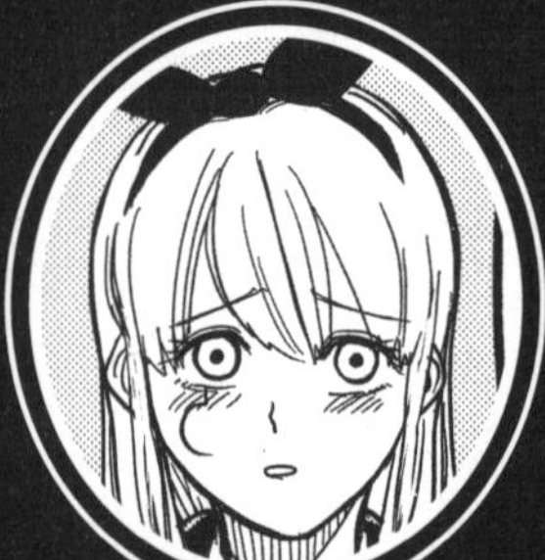

Lemon Irvine

Hat sich bei der Aufnahmeprüfung in Mash verliebt

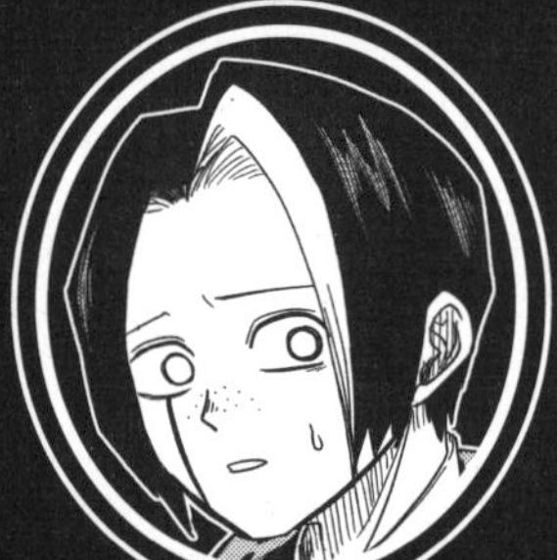

Finn Ames

Mashs lustiger Zimmergenosse und sein allererster Freund

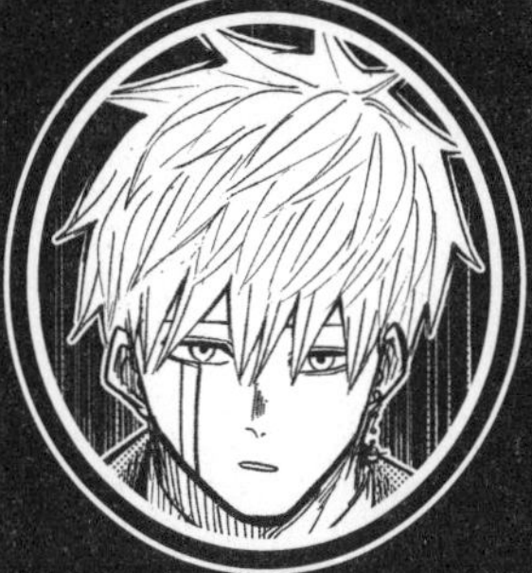

Lance Crown

Ein gut aussehender Junge, der bei der Aufnahmeprüfung die höchste Punktzahl erreicht hat. Er hat zwei Male und besitzt außergewöhnliche Zauberkräfte.

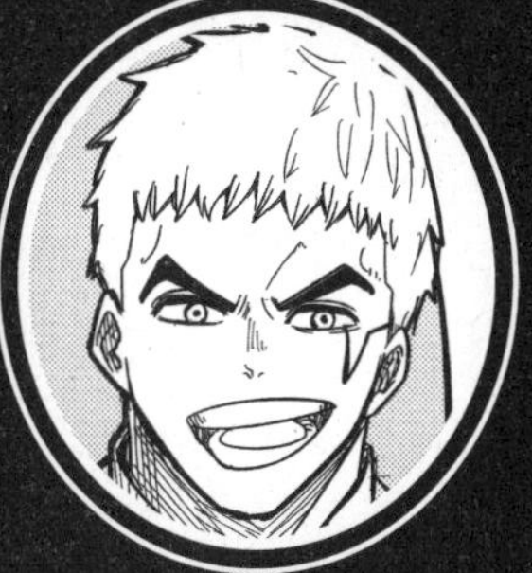

Tom Knowles

Schüler einer höheren Klasse mit leidenschaftlichem Sportsgeist

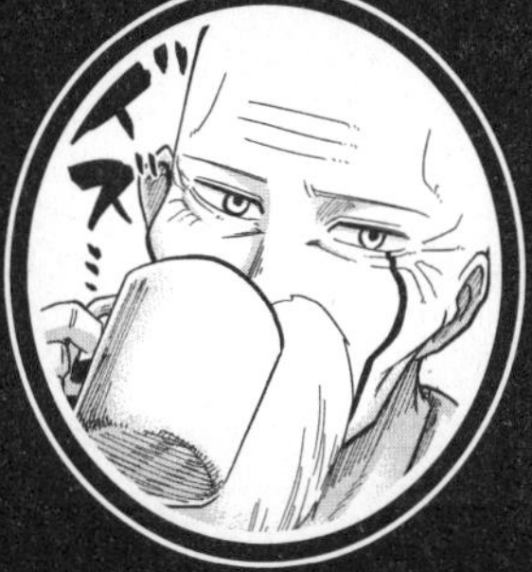

Regro Burnedead

Mashs Adoptivvater ist ein schicker, eleganter 75-jähriger Mann.

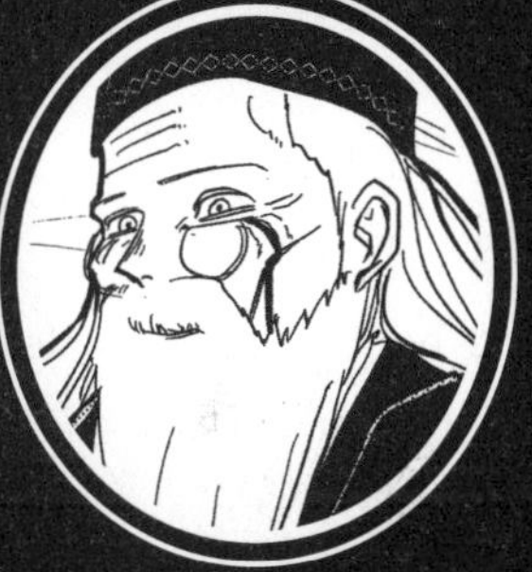

Direktor Wahlberg

Schulleiter der Easton-Magieschule. Erwartet viel von Mash.

STORY

In dieser Welt bestimmt Magie über alles! Tief im Wald lebt ein Junge namens Mash. Hartes Training hat ihm einen stahlharten Körper beschert, aber er hat ein Geheimnis: Er kann keine Magie anwenden! Als Brad von der Magiepolizei das herausfindet, versucht er Mash zu überführen. Doch Mash wehrt sich mit Riesenkräften! Brad schlägt ihm einen Deal vor, um sein Geheimnis zu bewahren: Mash soll in die Magieschule eintreten und »Gottesseher« werden, eine Person, die von den Göttern auserwählt wird. Mash hat keine andere Wahl und beginnt ein neues Leben an der Magieschule. Seine Großzügigkeit verschafft ihm Freunde, und seine herausragende Stärke täuscht über die fehlende Zauberkraft hinweg. Da man Münzen sammeln muss, um Gottesseher zu werden, schließt der Topschüler Lance Mashs Freunde in eine Flasche ein und fordert Mash zum Kampf heraus!

Inhalt

9. Kapitel
Mash Burnedead und der große Bruder
005

10. Kapitel
Mash Burnedead und die Hausaufgabe in Zaubertränke
029

11. Kapitel
Mash Burnedead und der unbeliebte Klassenkamerad
051

12. Kapitel
Mash Burnedead und das Liebesverhältnis
071

13. Kapitel
Mash Burnedead und der Mann, der nicht zweifeln kann
093

14. Kapitel
Mash Burnedead und die Eisenmagie
113

15. Kapitel
Mash Burnedead und der riesige Waldskorpion
133

16. Kapitel
Mash Burnedead und das Knocheneinhorn
153

17. Kapitel
Mash Burnedead und der Puppenmagier
173

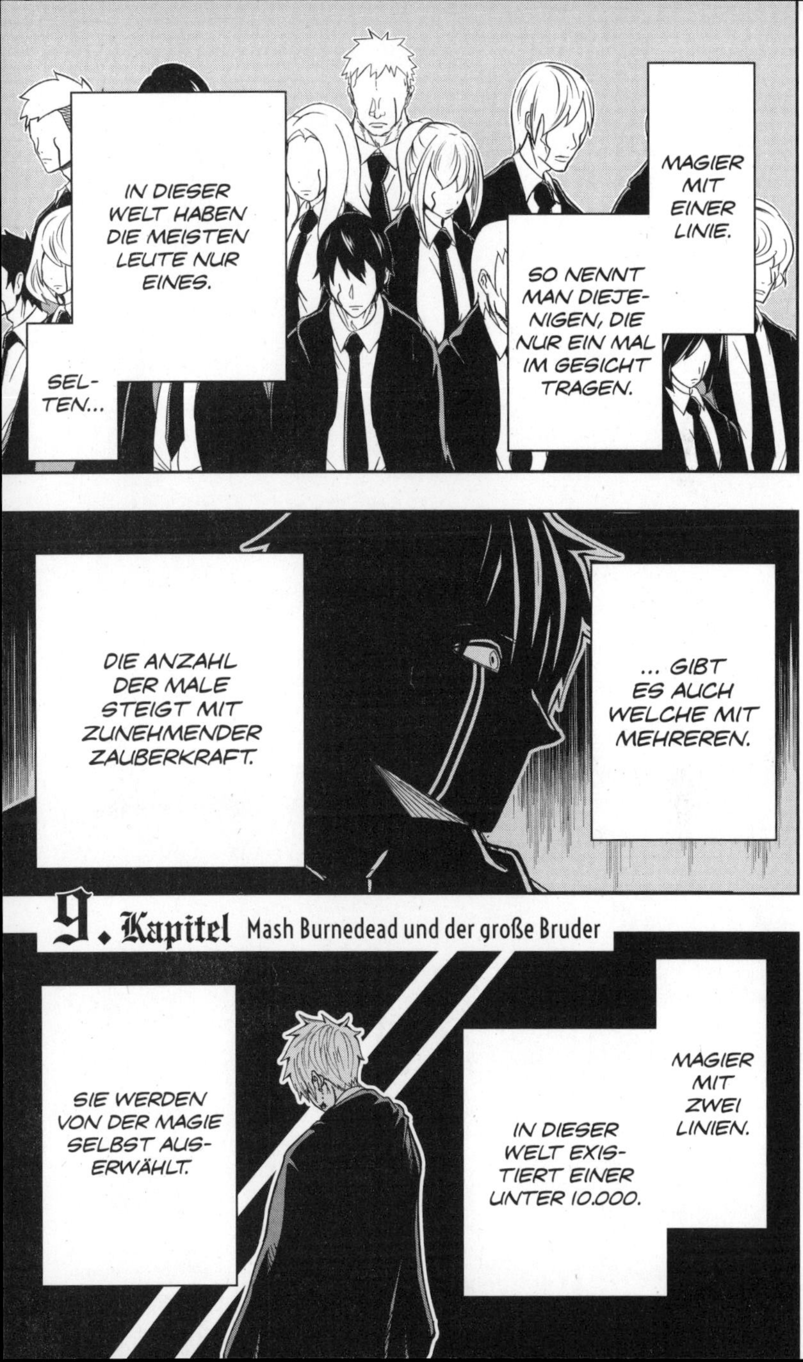
MAGIER MIT EINER LINIE.
SO NENNT MAN DIEJENIGEN, DIE NUR EIN MAL IM GESICHT TRAGEN.
IN DIESER WELT HABEN DIE MEISTEN LEUTE NUR EINES.
SELTEN...
... GIBT ES AUCH WELCHE MIT MEHREREN.
DIE ANZAHL DER MALE STEIGT MIT ZUNEHMENDER ZAUBERKRAFT.
9. Kapitel Mash Burnedead und der große Bruder
MAGIER MIT ZWEI LINIEN.
IN DIESER WELT EXISTIERT EINER UNTER 10.000.
SIE WERDEN VON DER MAGIE SELBST AUSERWÄHLT.

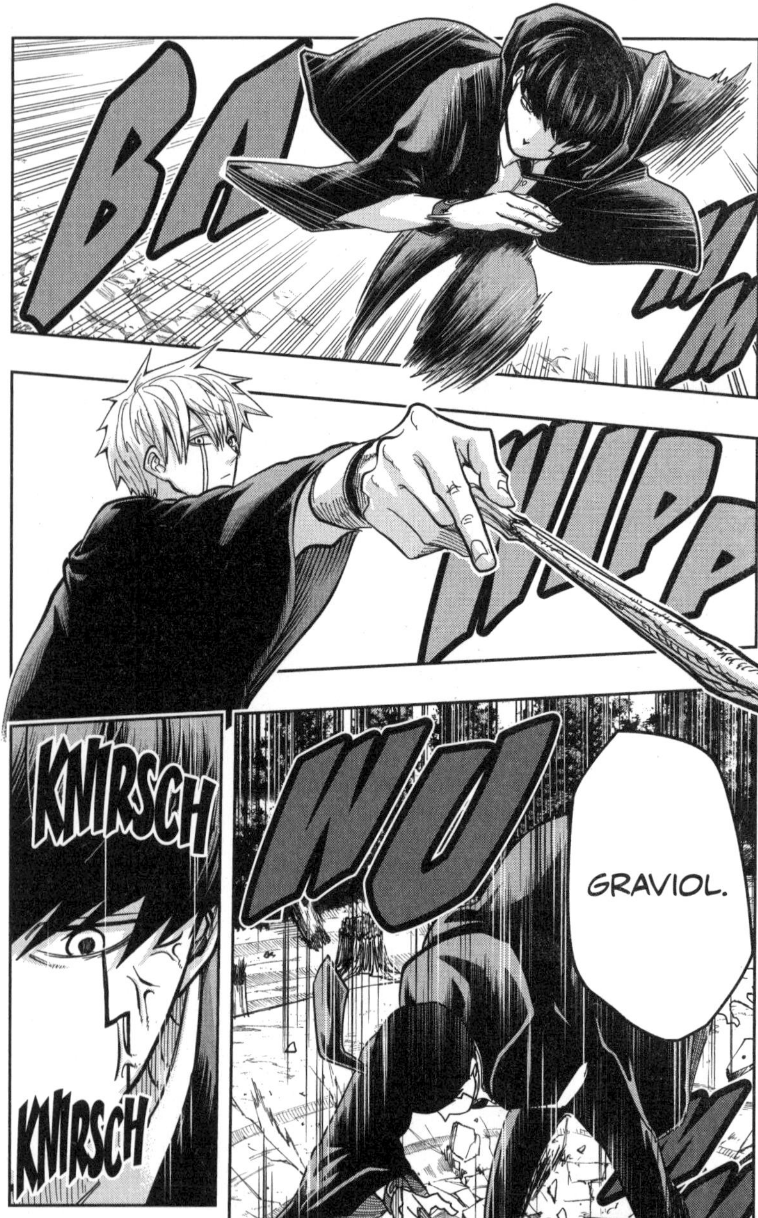
GRAVIOL.
WU
KNIRSCH
KNIRSCH

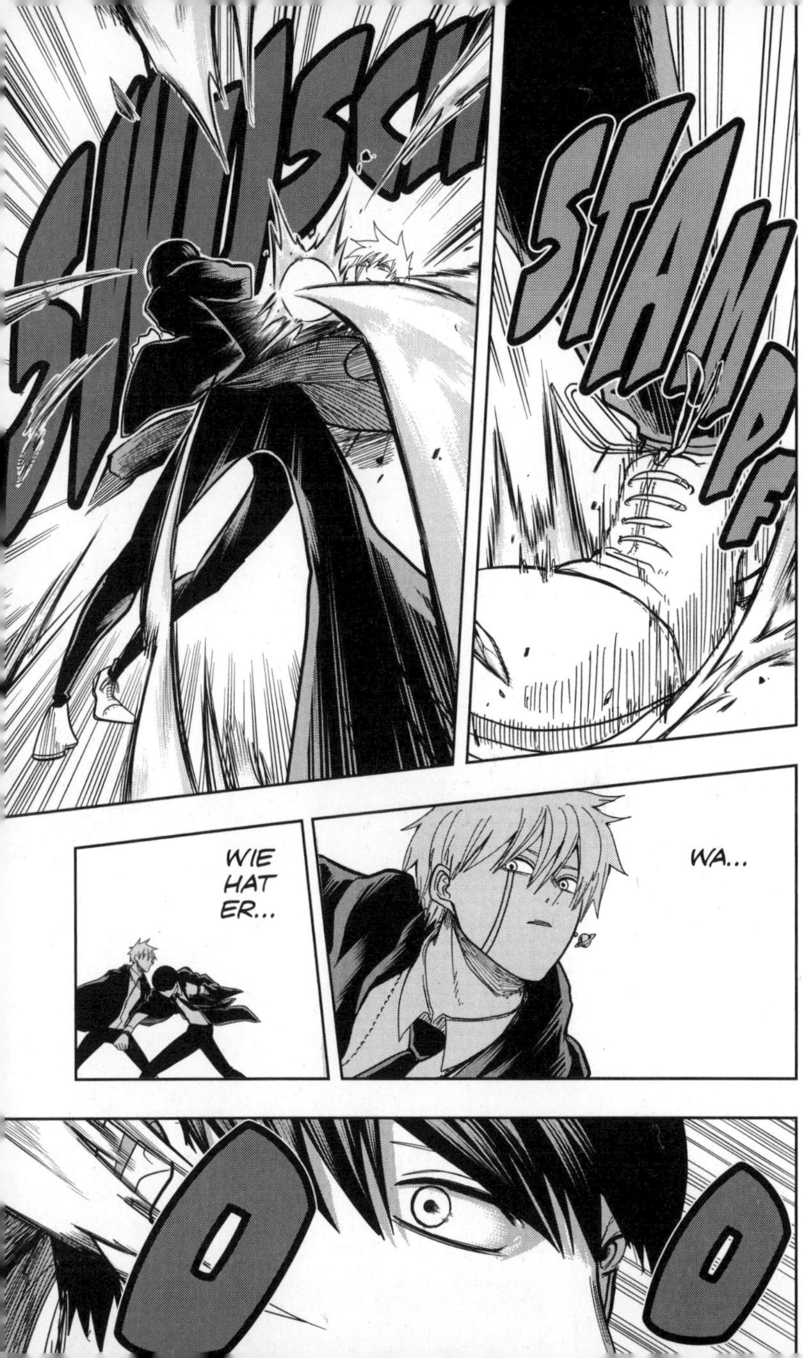
STAMPF
SCHWUSCH
WA...
WIE HAT ER...
O O

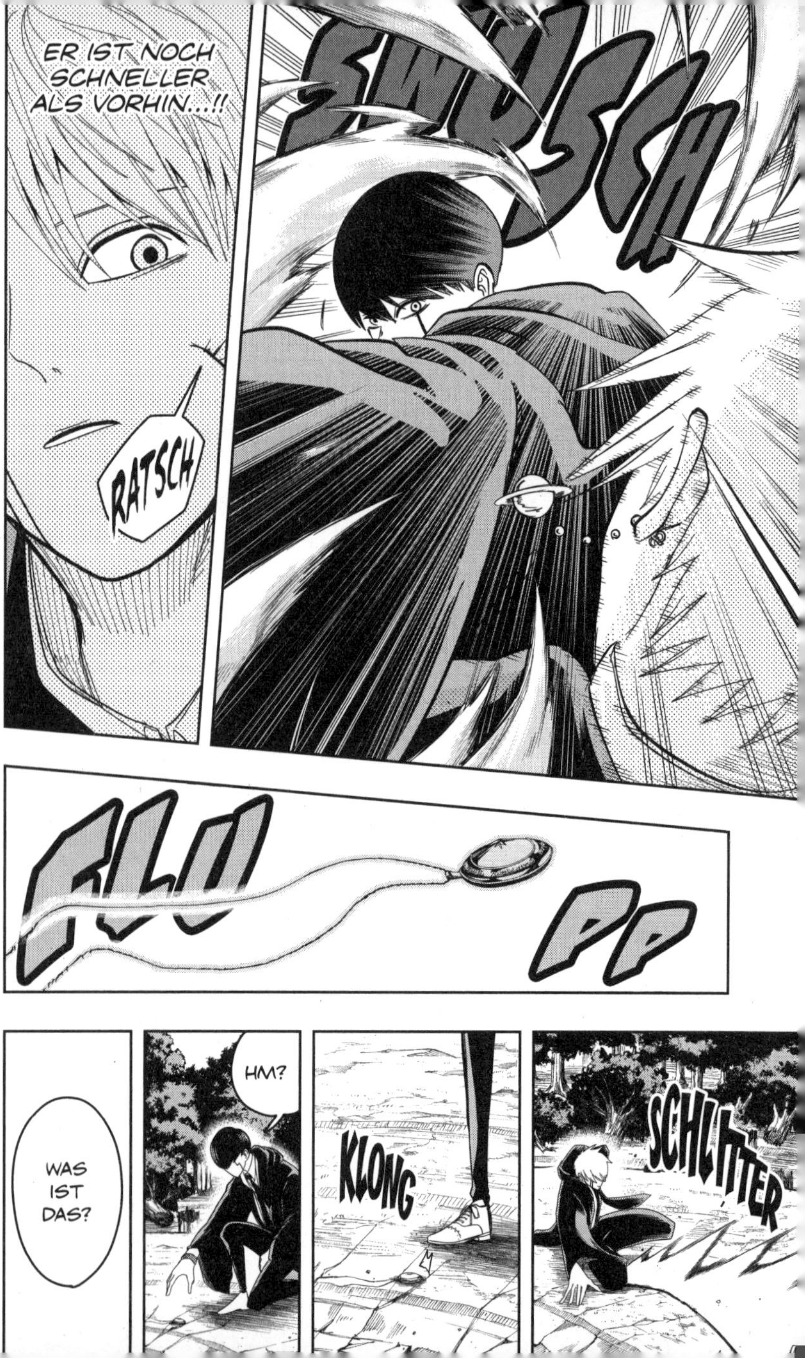
SWUSCH
ER IST NOCH SCHNELLER ALS VORHIN...!!
RATSCH
FLU PP
SCHLITTER
KLONG
HM?
WAS IST DAS?

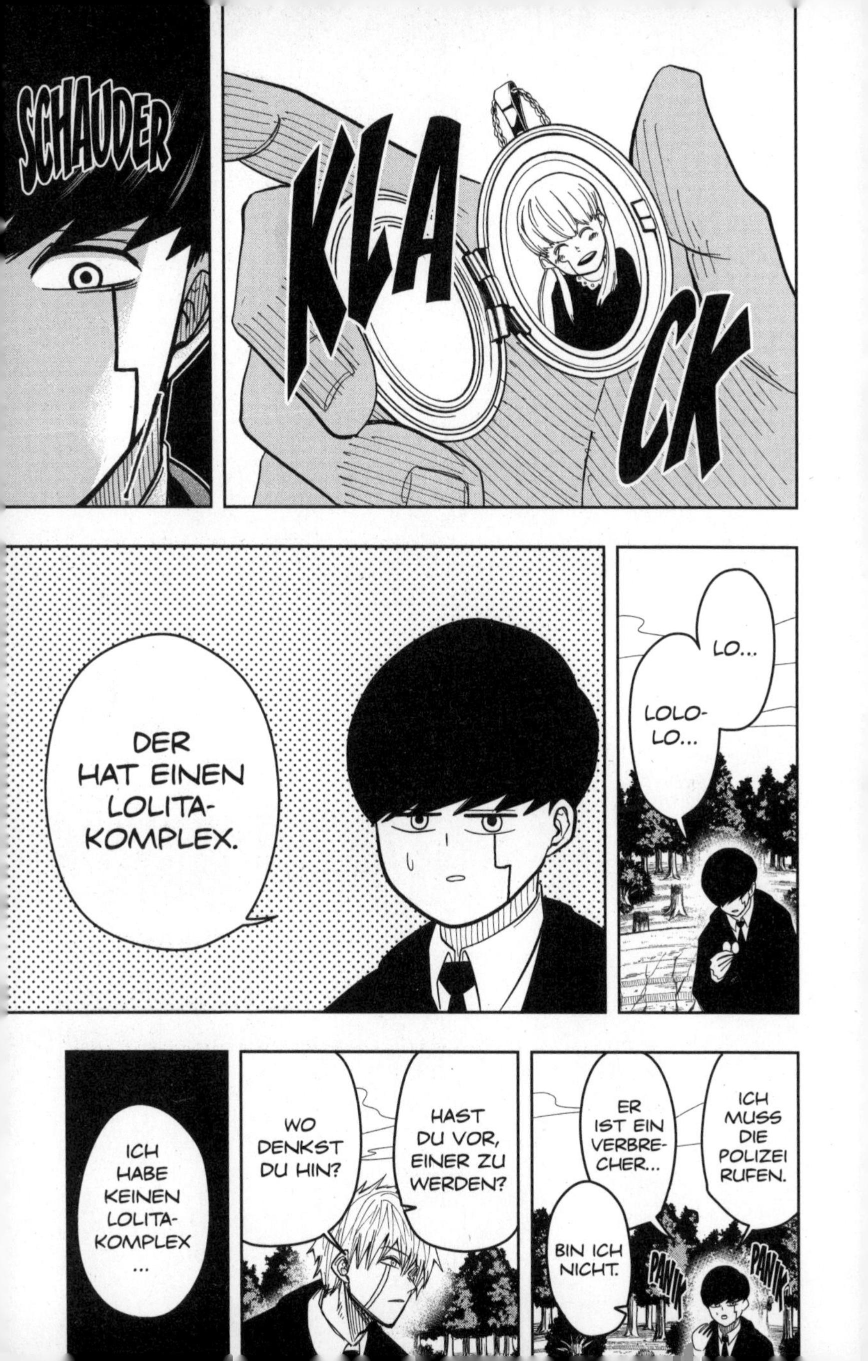
KLACK
SCHAUDER
LO...
LOLOLO...
DER HAT EINEN LOLITA-KOMPLEX.
ICH MUSS DIE POLIZEI RUFEN.
ER IST EIN VERBRECHER...
PANIK
PANIK
BIN ICH NICHT.
HAST DU VOR, EINER ZU WERDEN?
WO DENKST DU HIN?
ICH HABE KEINEN LOLITA-KOMPLEX ...

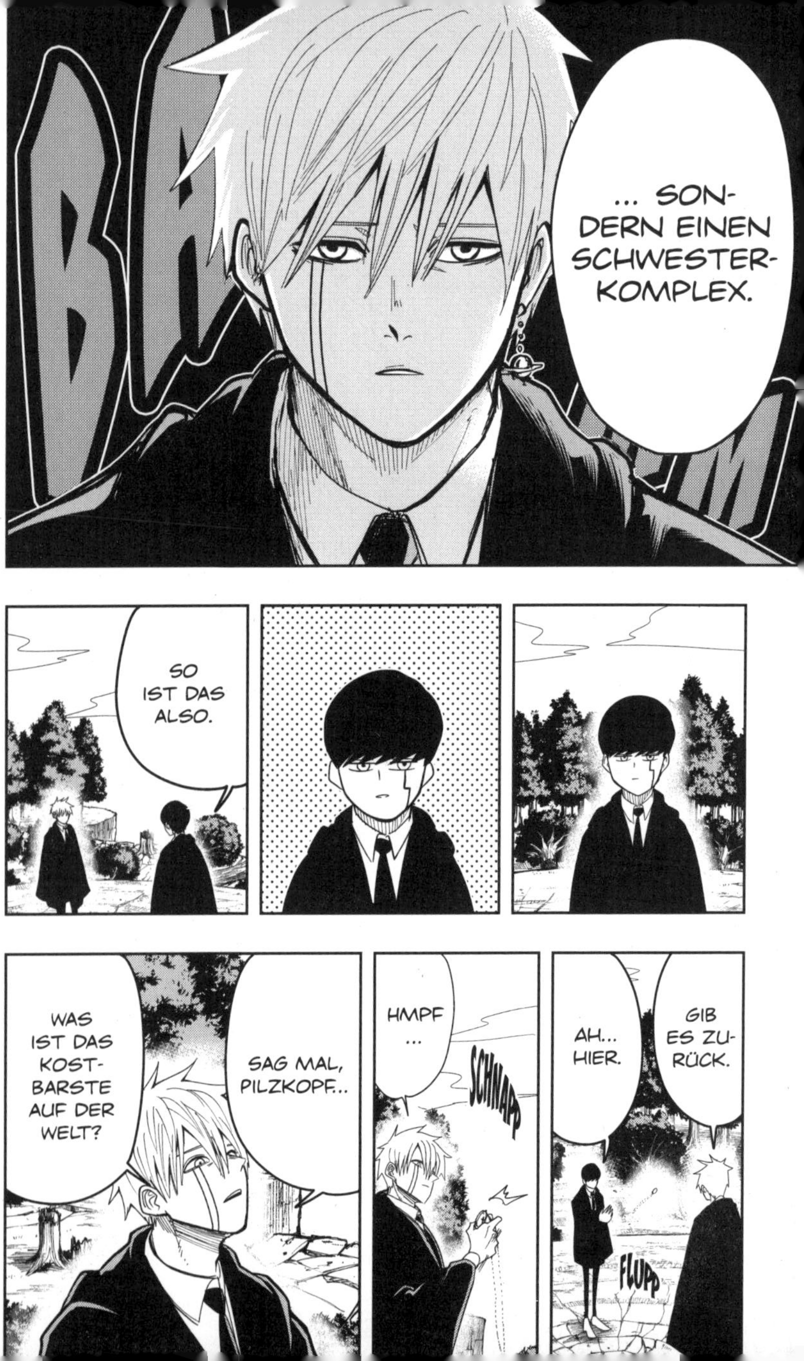
... SON-DERN EINEN SCHWESTER-KOMPLEX.
SO IST DAS ALSO.
GIB ES ZU-RÜCK.
AH... HIER.
FLUPP
HMPF ...
SCHNAPP
SAG MAL, PILZKOPF...
WAS IST DAS KOST-BARSTE AUF DER WELT?

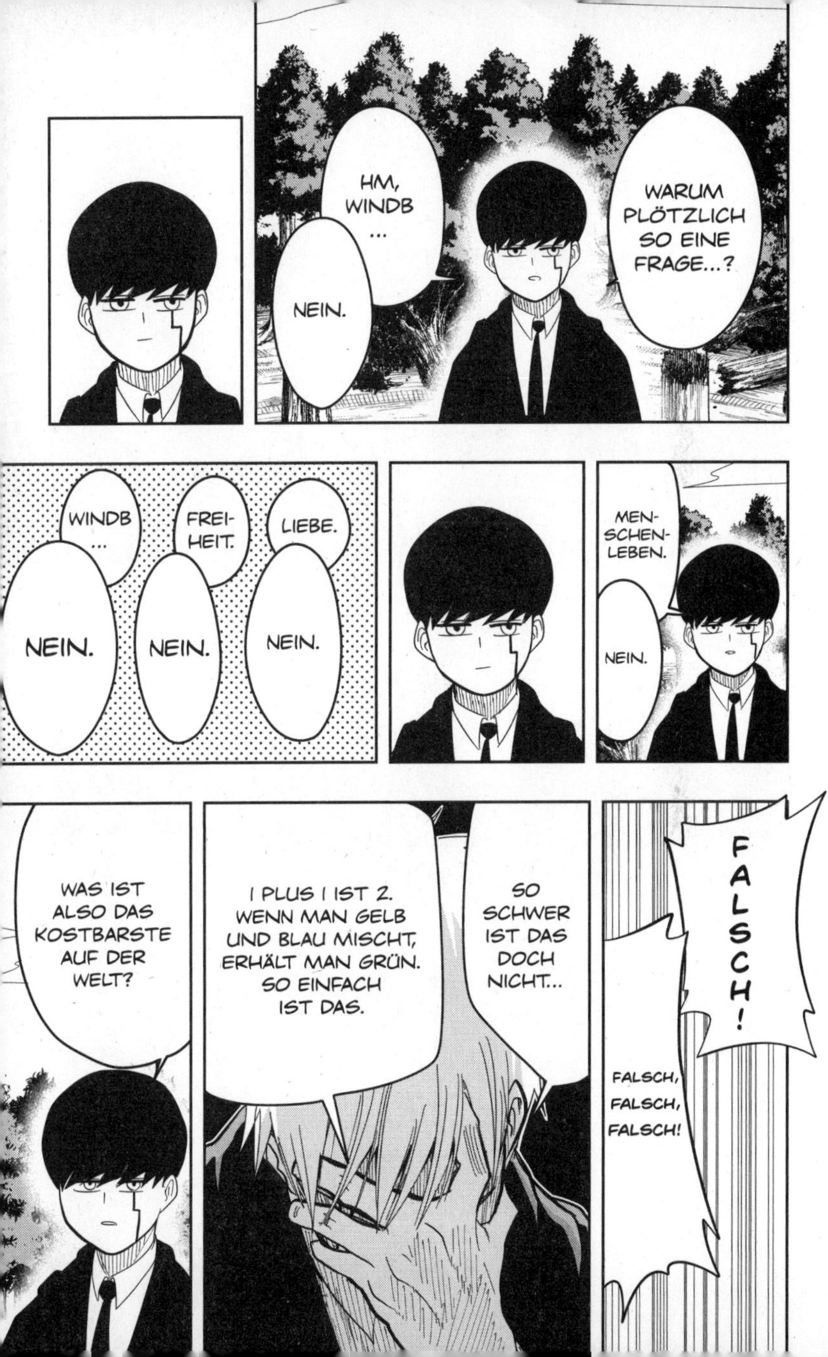
WARUM PLÖTZLICH SO EINE FRAGE...?
HM, WINDB ...
NEIN.
MEN-SCHEN-LEBEN.
NEIN.
LIEBE.
NEIN.
FREI-HEIT.
NEIN.
WINDB ...
NEIN.
FALSCH!
FALSCH, FALSCH, FALSCH!
SO SCHWER IST DAS DOCH NICHT...
1 PLUS 1 IST 2. WENN MAN GELB UND BLAU MISCHT, ERHÄLT MAN GRÜN. SO EINFACH IST DAS.
WAS IST ALSO DAS KOSTBARSTE AUF DER WELT?

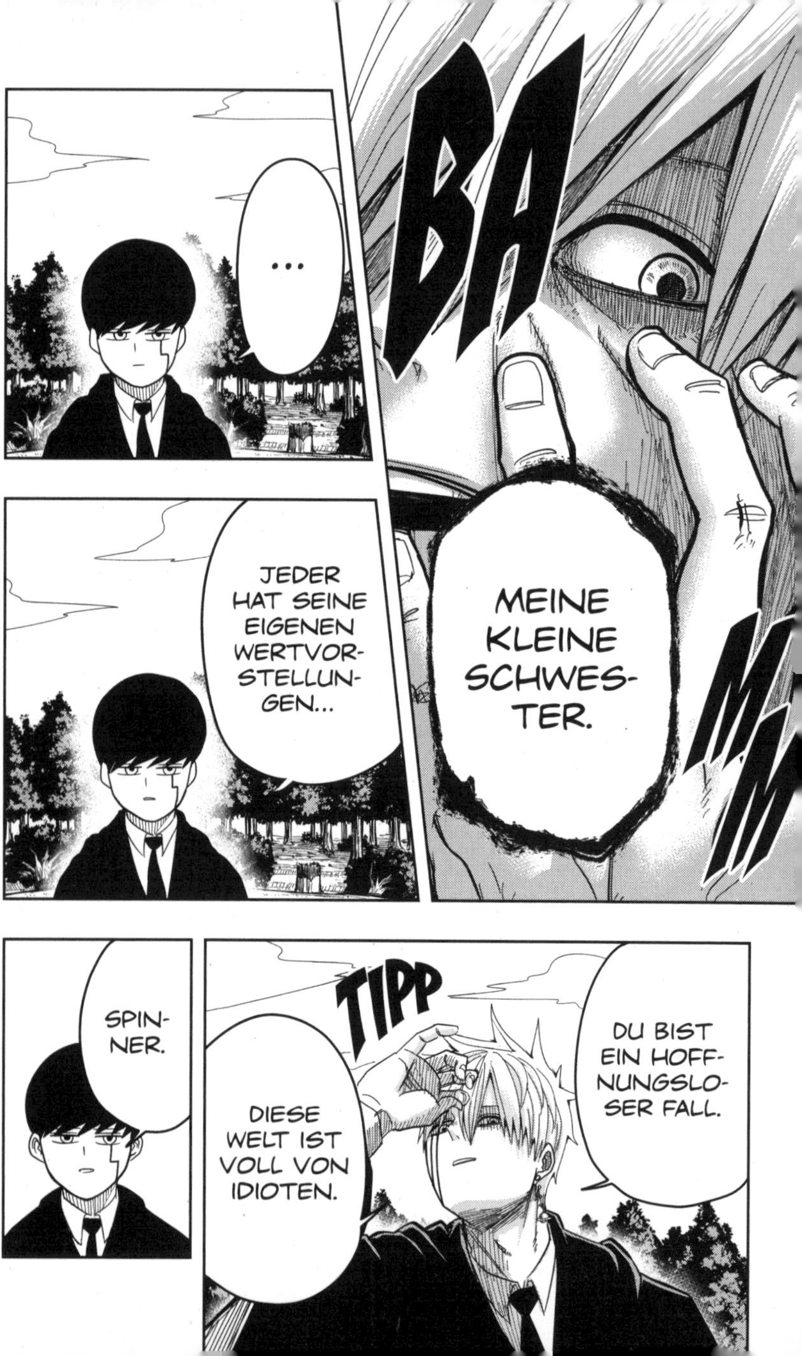
BA
MEINE KLEINE SCHWES-TER.
...
JEDER HAT SEINE EIGENEN WERTVOR-STELLUN-GEN...
DU BIST EIN HOFF-NUNGSLO-SER FALL.
TIPP
DIESE WELT IST VOLL VON IDIOTEN.
SPIN-NER.

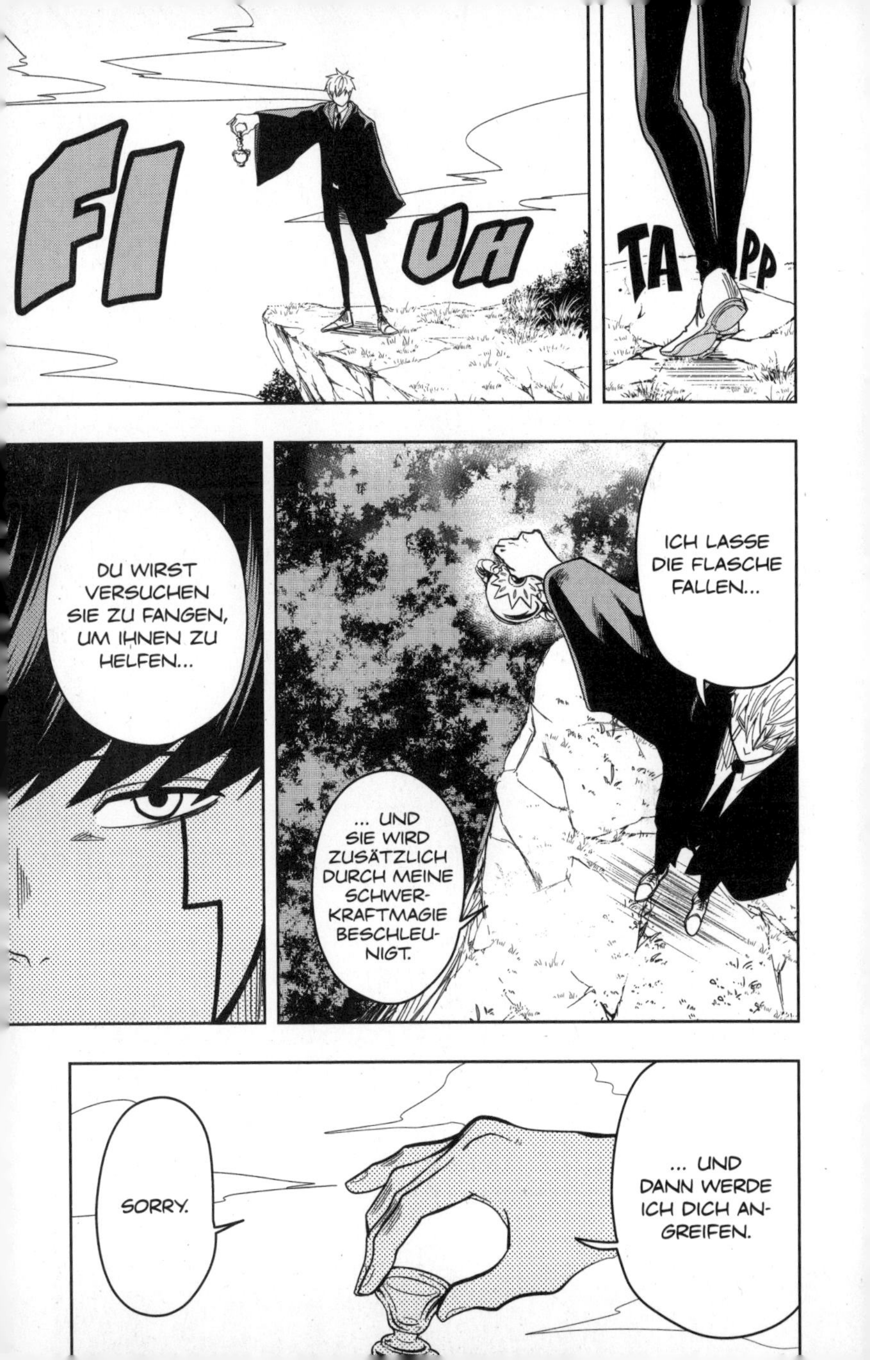
TAPP
FI UOH
ICH LASSE DIE FLASCHE FALLEN...
... UND SIE WIRD ZUSÄTZLICH DURCH MEINE SCHWER-KRAFTMAGIE BESCHLEU-NIGT.
DU WIRST VERSUCHEN SIE ZU FANGEN, UM IHNEN ZU HELFEN...
... UND DANN WERDE ICH DICH AN-GREIFEN.
SORRY.

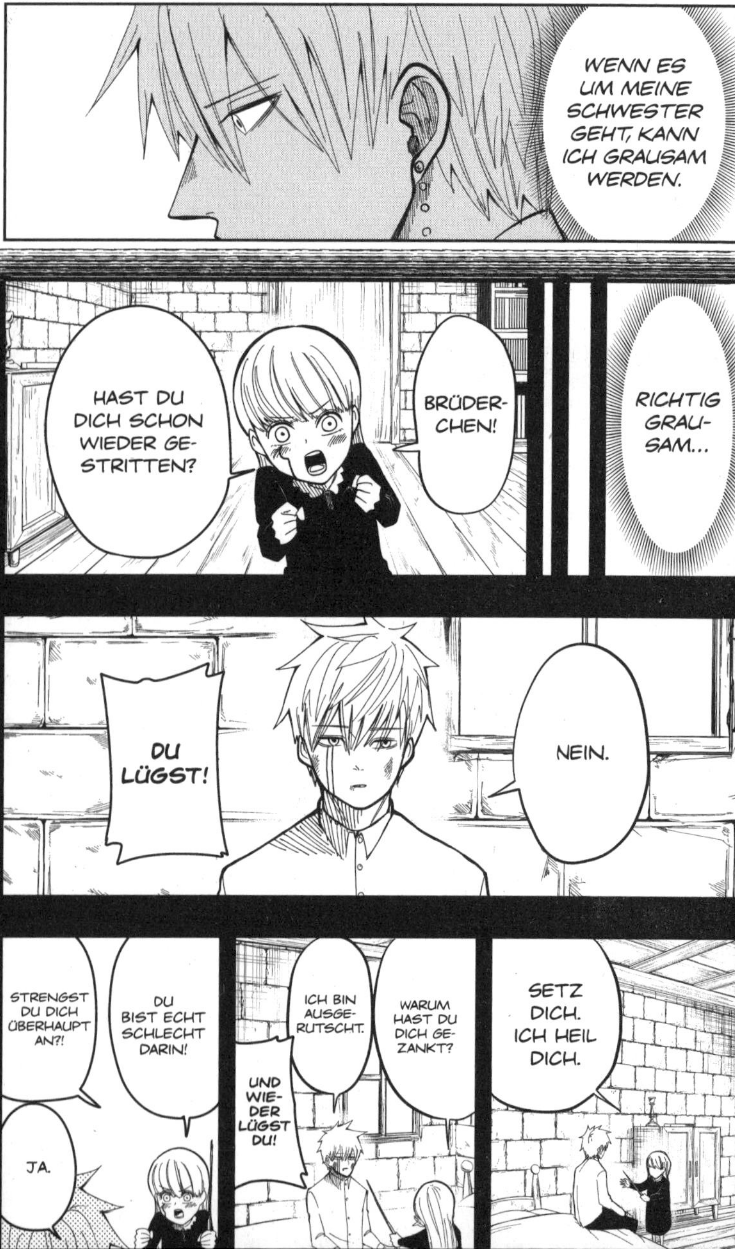
WENN ES UM MEINE SCHWESTER GEHT, KANN ICH GRAUSAM WERDEN.
RICHTIG GRAU-SAM...
BRÜDER-CHEN!
HAST DU DICH SCHON WIEDER GE-STRITTEN?
NEIN.
DU LÜGST!
SETZ DICH. ICH HEIL DICH.
WARUM HAST DU DICH GE-ZANKT?
ICH BIN AUSGE-RUTSCHT.
UND WIE-DER LÜGST DU!
DU BIST ECHT SCHLECHT DARIN!
STRENGST DU DICH ÜBERHAUPT AN?!
JA.

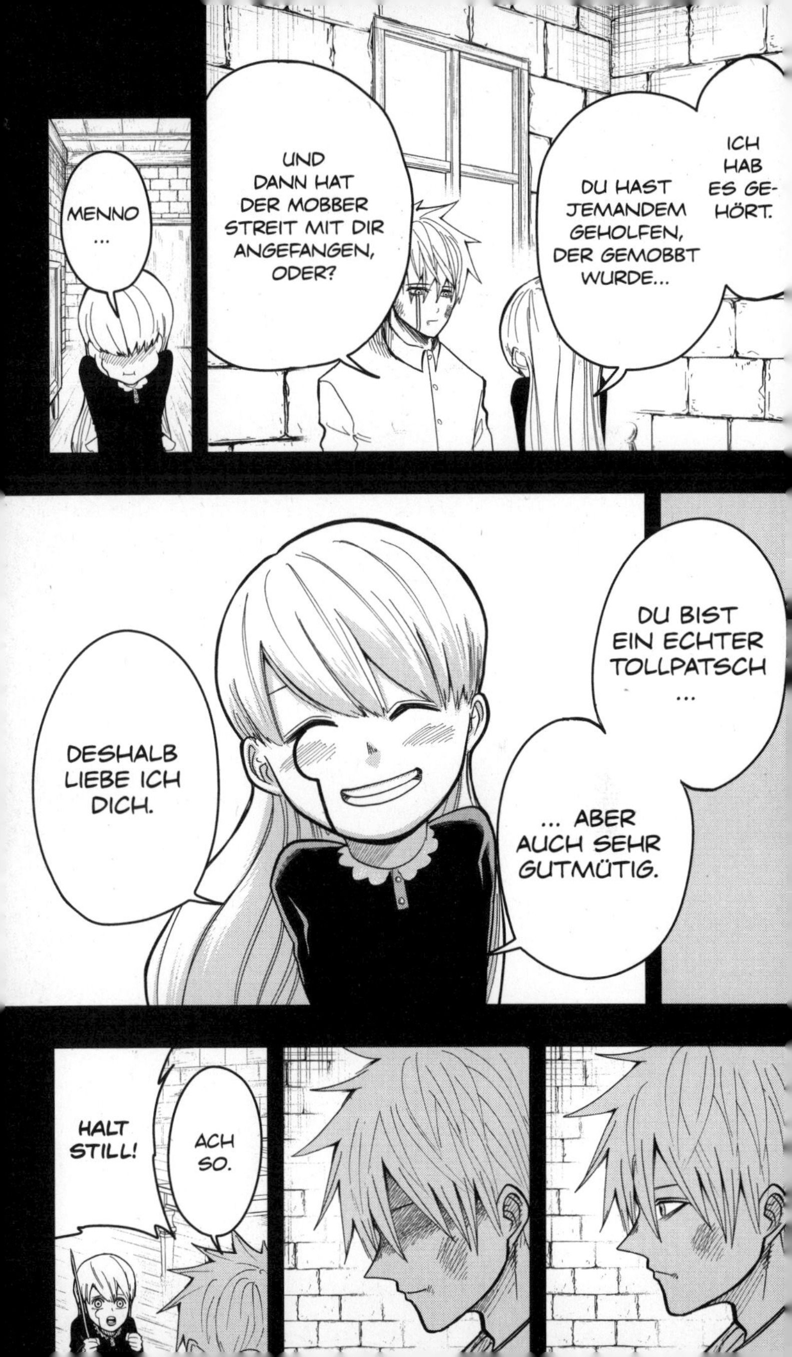
ICH HAB ES GEHÖRT.
DU HAST JEMANDEM GEHOLFEN, DER GEMOBBT WURDE...
UND DANN HAT DER MOBBER STREIT MIT DIR ANGEFANGEN, ODER?
MENNO ...
DU BIST EIN ECHTER TOLLPATSCH ...
... ABER AUCH SEHR GUTMÜTIG.
DESHALB LIEBE ICH DICH.
ACH SO.
HALT STILL!

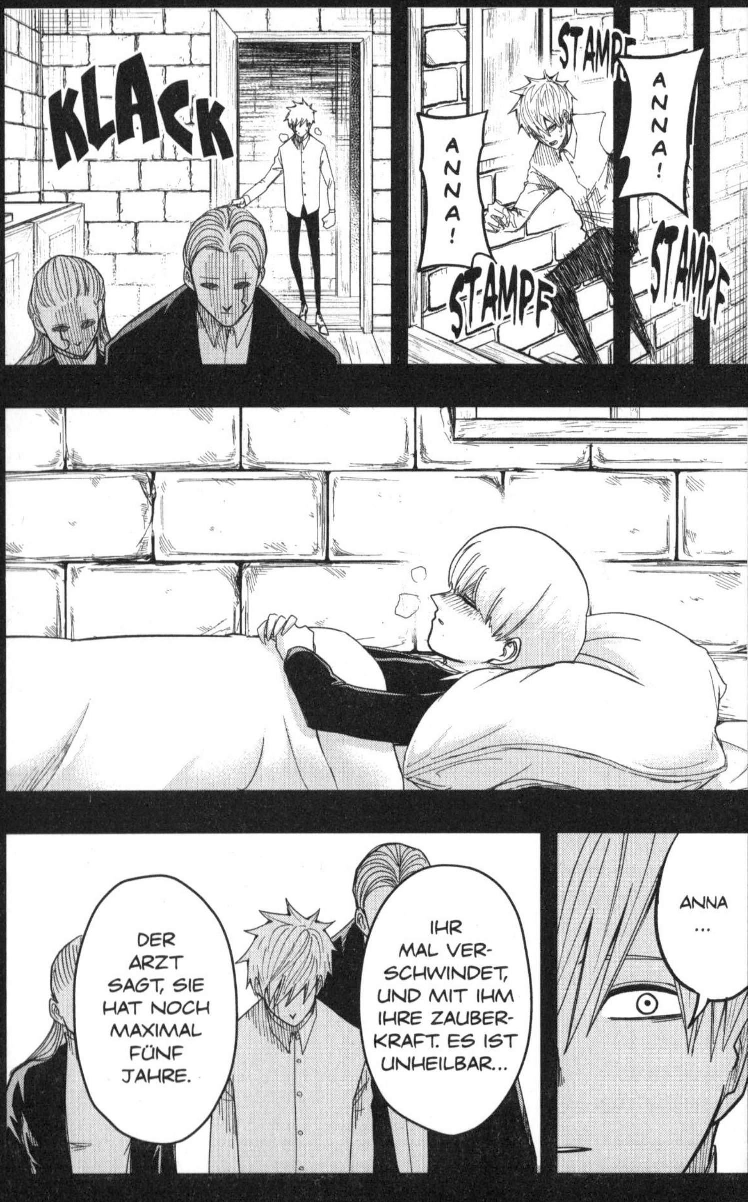
STAMPF
ANNA!
ANNA!
STAMPF
STAMPF
KLACK
ANNA ...
IHR MAL VERSCHWINDET, UND MIT IHM IHRE ZAUBERKRAFT. ES IST UNHEILBAR...
DER ARZT SAGT, SIE HAT NOCH MAXIMAL FÜNF JAHRE.

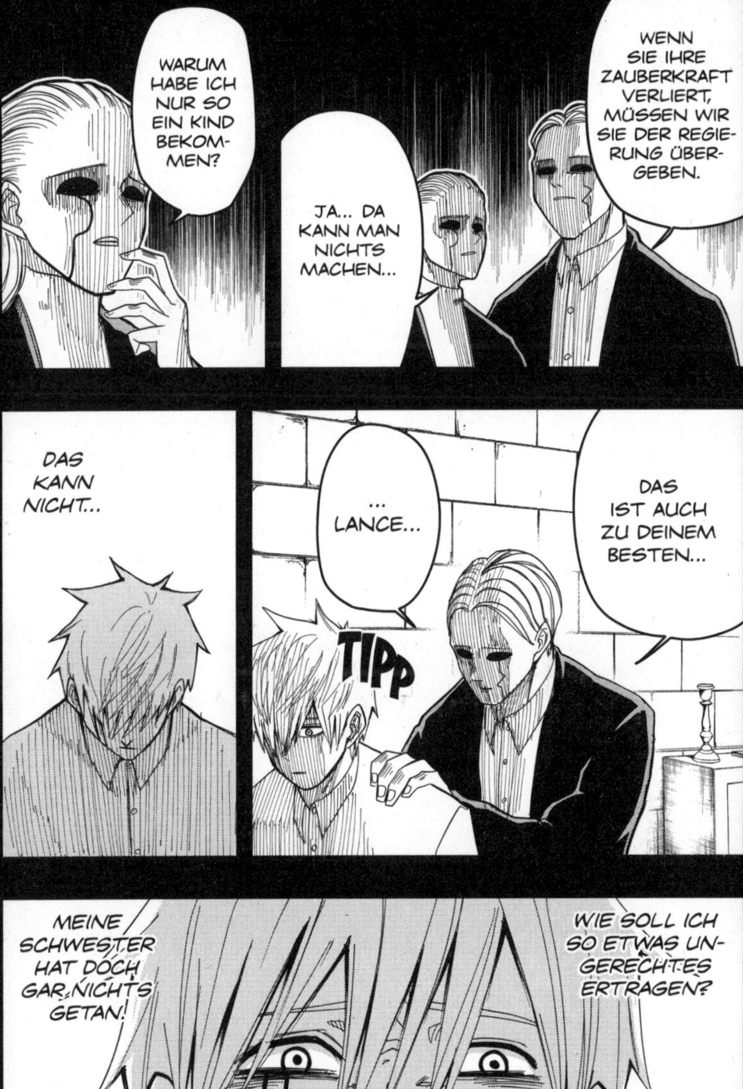
WENN SIE IHRE ZAUBERKRAFT VERLIERT, MÜSSEN WIR SIE DER REGIE-RUNG ÜBER-GEBEN.
JA... DA KANN MAN NICHTS MACHEN...
WARUM HABE ICH NUR SO EIN KIND BEKOM-MEN?
DAS IST AUCH ZU DEINEM BESTEN...
... LANCE...
TIPP
DAS KANN NICHT...
WIE SOLL ICH SO ETWAS UN-GERECHTES ERTRAGEN?
MEINE SCHWESTER HAT DOCH GAR NICHTS GETAN!

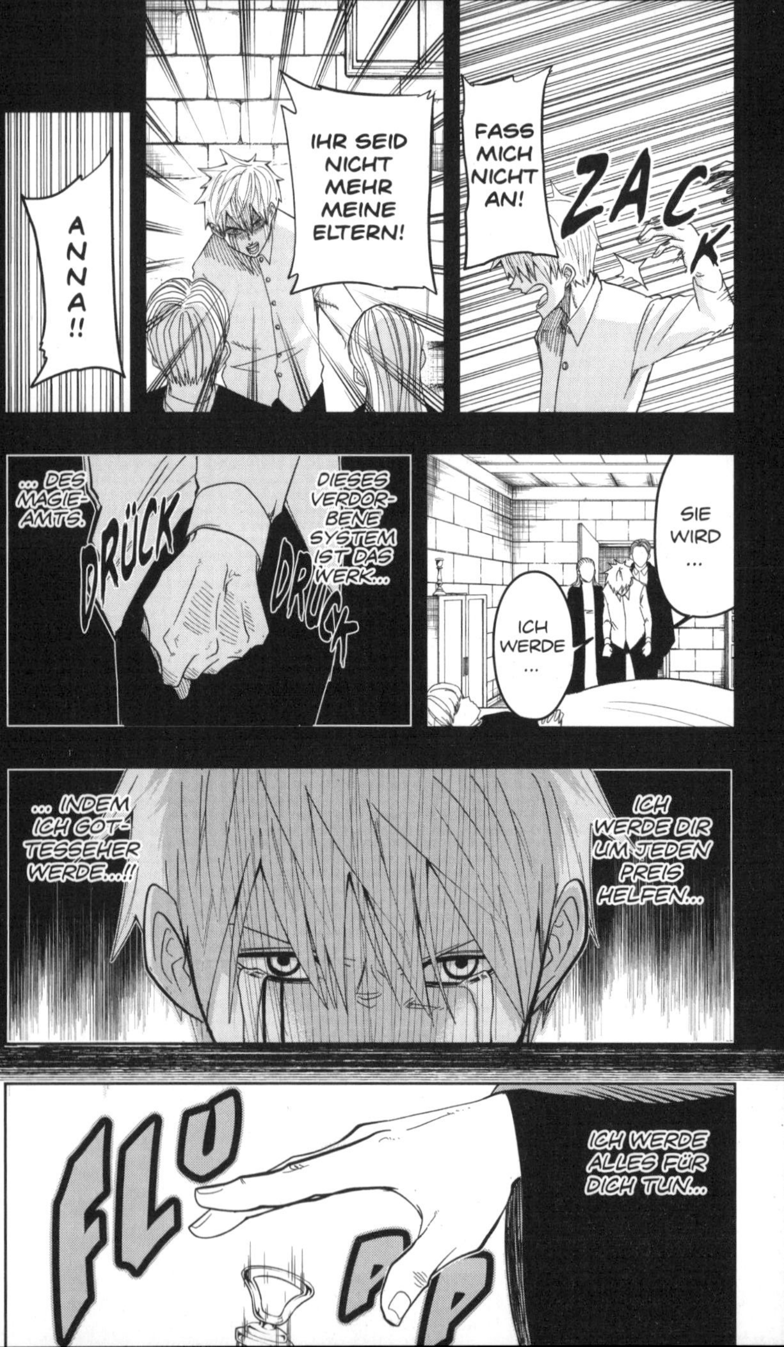
ZACK
FASS MICH NICHT AN!
IHR SEID NICHT MEHR MEINE ELTERN!
ANNA!!
SIE WIRD ...
ICH WERDE ...
DIESES VERDORBENE SYSTEM IST DAS WERK...
DRÜCK
DRÜCK
... DES MAGIEAMTS.
ICH WERDE DIR UM JEDEN PREIS HELFEN...
... INDEM ICH GOTTESSEHER WERDE...!!
ICH WERDE ALLES FÜR DICH TUN...
FLUPP

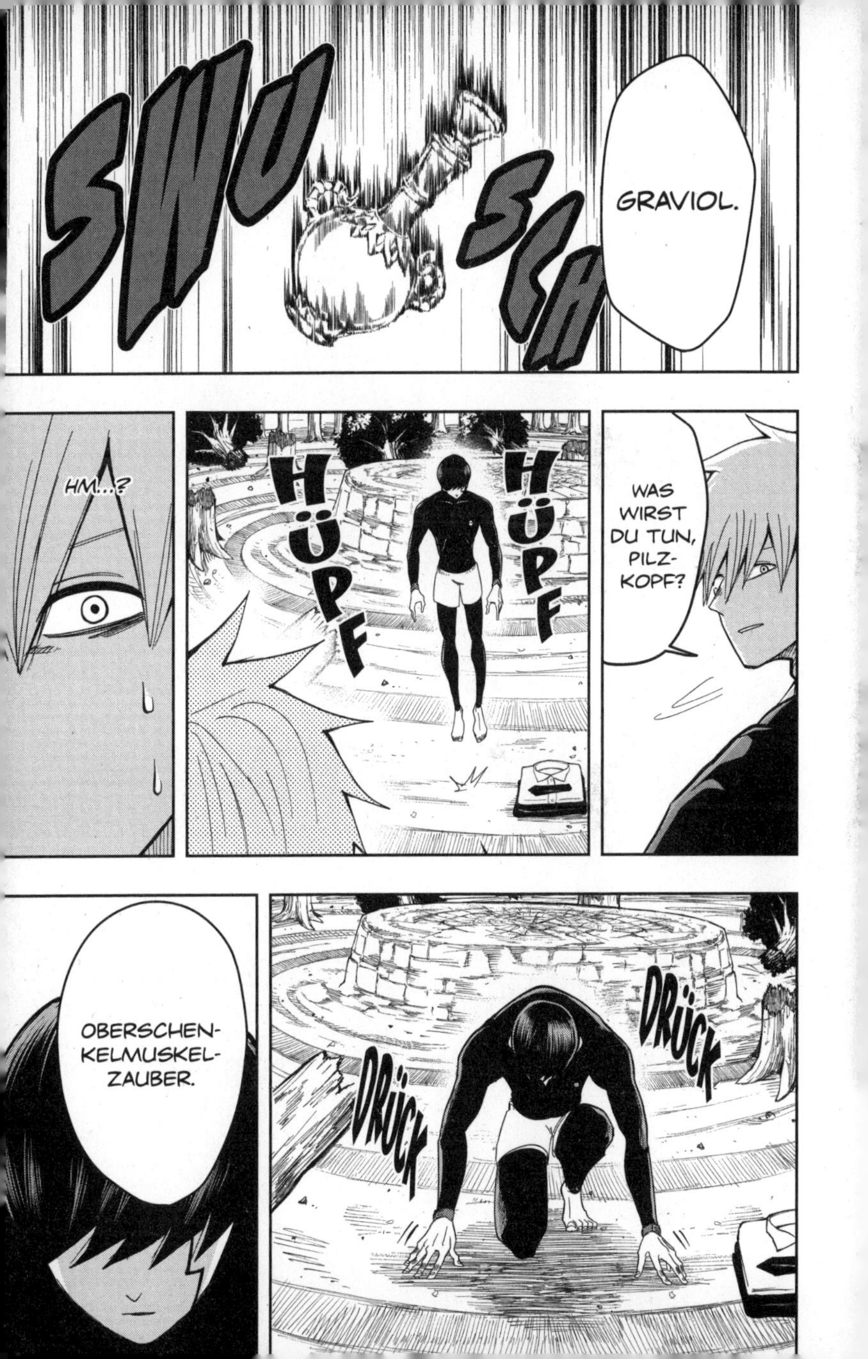
GRAVIOL.
SHUSCH
WAS WIRST DU TUN, PILZ-KOPF?
HÜPF HÜPF
HM...?
DRÜCK DRÜCK
OBERSCHEN-KELMUSKEL-ZAUBER.

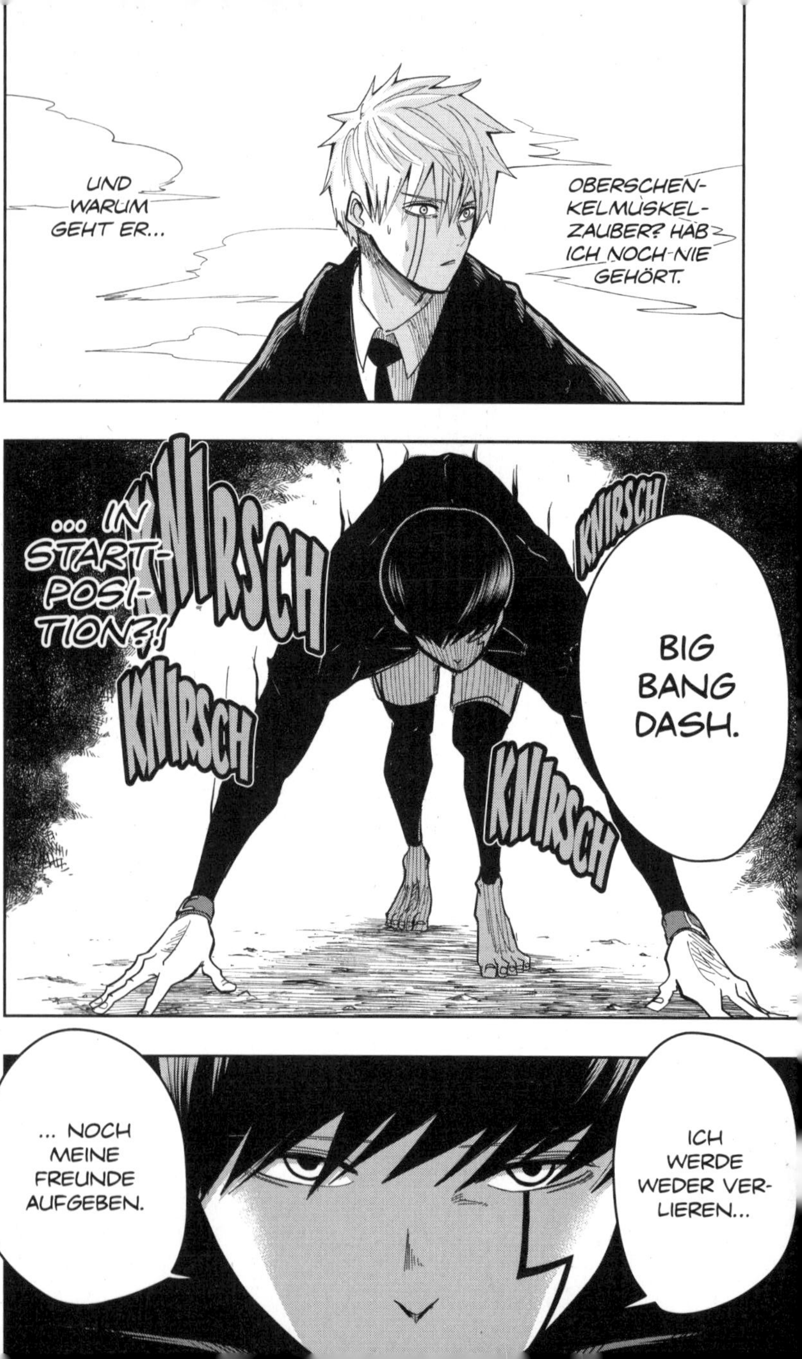
OBERSCHENKELMUSKELZAUBER? HAB ICH NOCH NIE GEHÖRT.
UND WARUM GEHT ER...
KNIRSCH
BIG BANG DASH.
KNIRSCH
... IN STARTPOSITION?!
KNIRSCH
KNIRSCH
ICH WERDE WEDER VERLIEREN...
... NOCH MEINE FREUNDE AUFGEBEN.

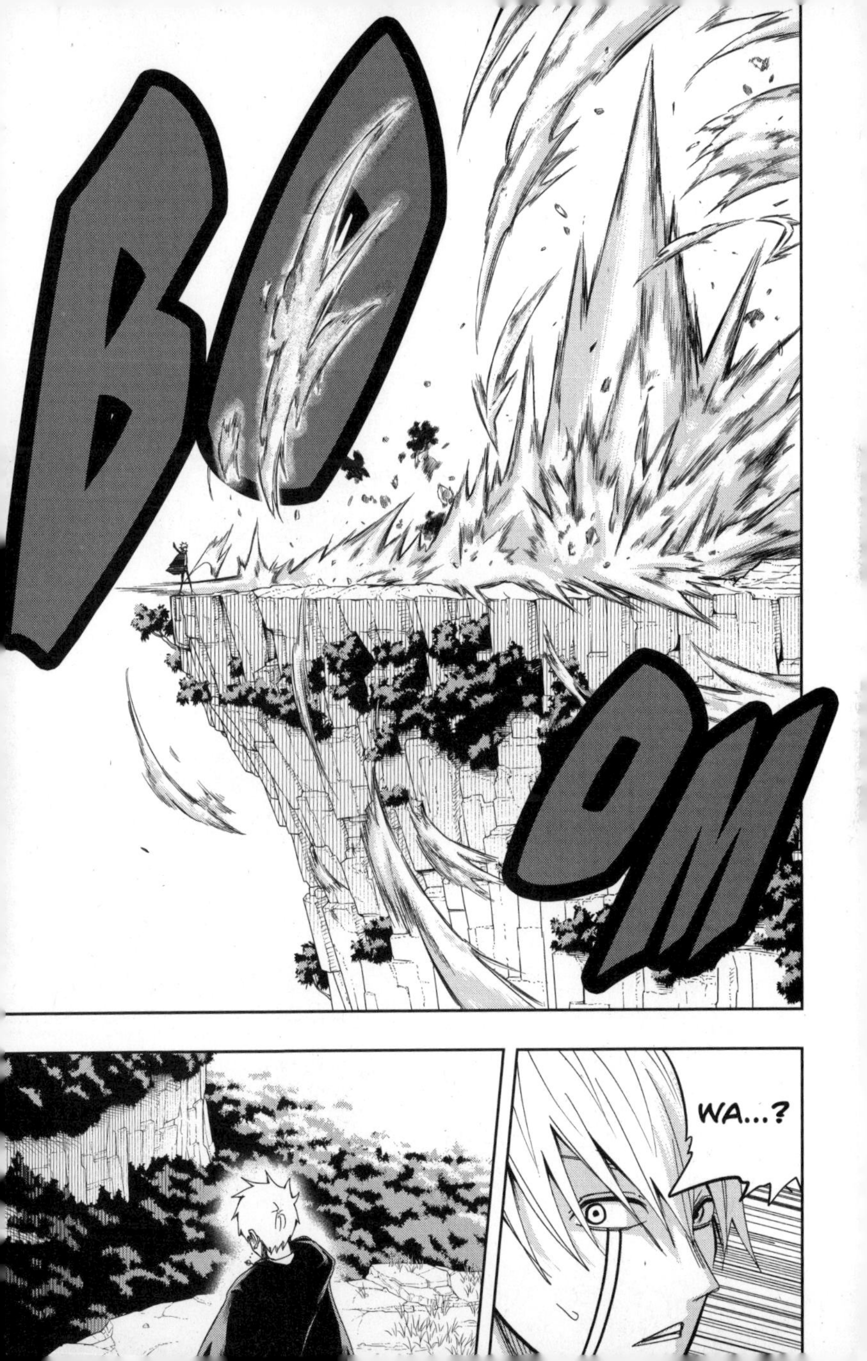

BOOOM
WA...?

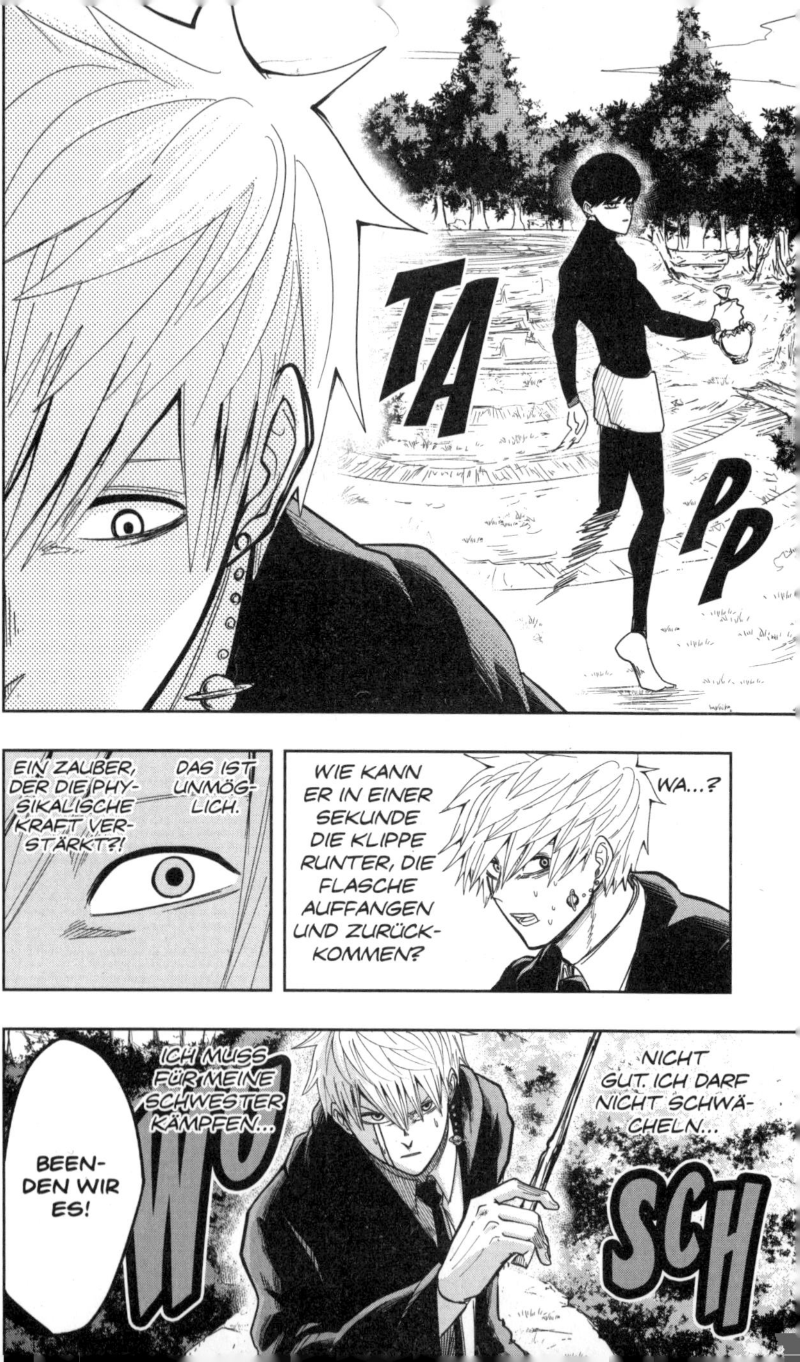
TA
PP
WA...?
WIE KANN ER IN EINER SEKUNDE DIE KLIPPE RUNTER, DIE FLASCHE AUFFANGEN UND ZURÜCK-KOMMEN?
DAS IST UNMÖG-LICH.
EIN ZAUBER, DER DIE PHY-SIKALISCHE KRAFT VER-STÄRKT?!
NICHT GUT. ICH DARF NICHT SCHWÄ-CHELN...
ICH MUSS FÜR MEINE SCHWESTER KÄMPFEN...
BEEN-DEN WIR ES!
SCH

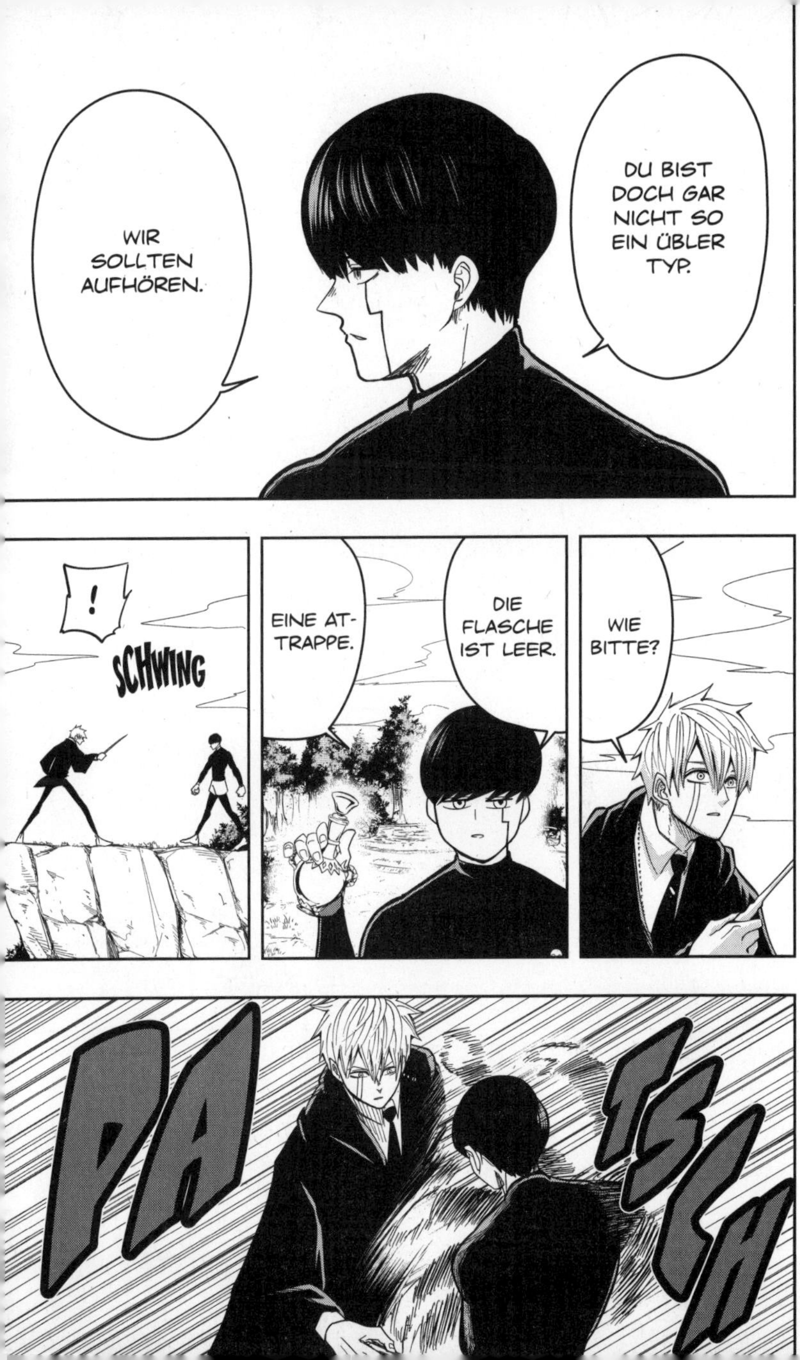
DU BIST DOCH GAR NICHT SO EIN ÜBLER TYP.
WIR SOLLTEN AUFHÖREN.
WIE BITTE?
DIE FLASCHE IST LEER.
EINE AT-TRAPPE.
!
SCHWING
PA
TSCH

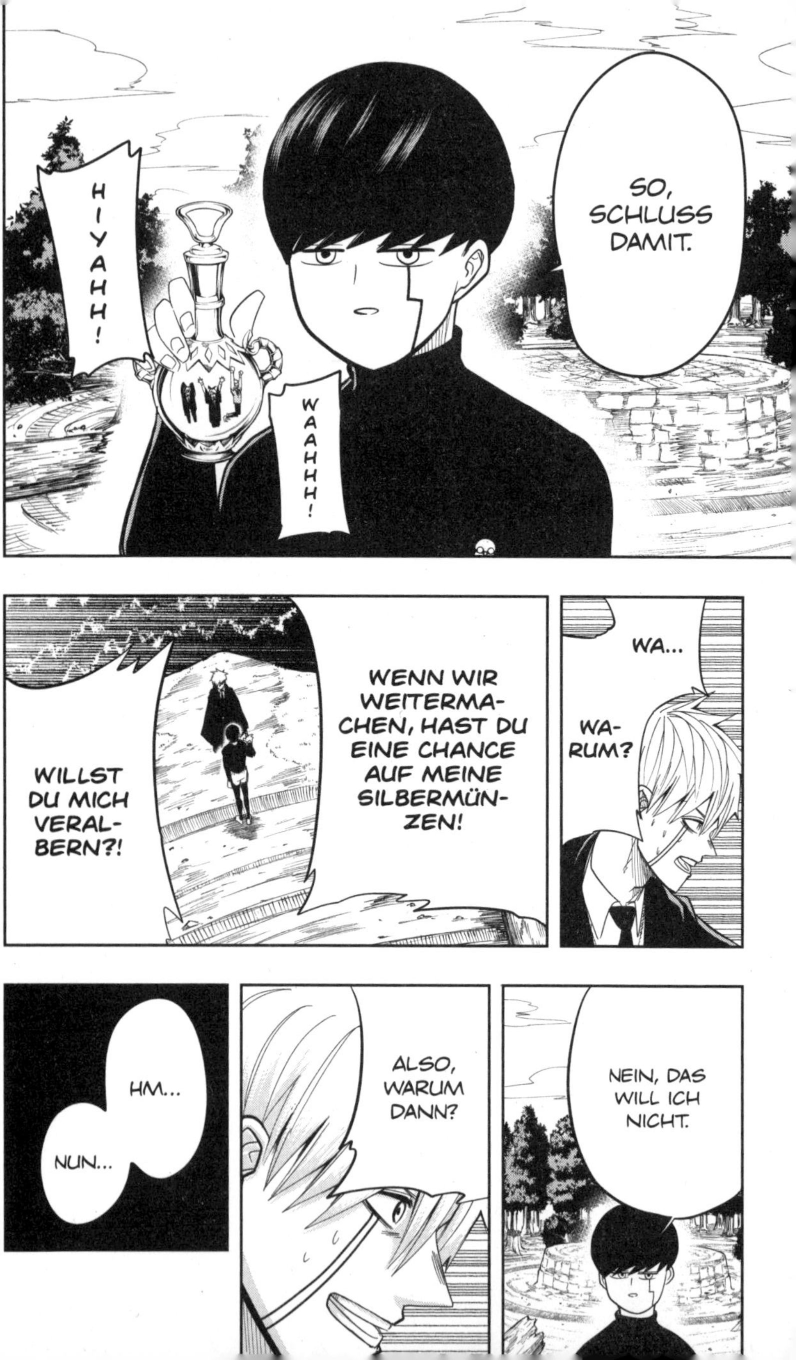
SO, SCHLUSS DAMIT.
WAAHHH!
HIYAHH!
WA... WARUM?
WENN WIR WEITERMACHEN, HAST DU EINE CHANCE AUF MEINE SILBERMÜNZEN!
WILLST DU MICH VERALBERN?!
NEIN, DAS WILL ICH NICHT.
ALSO, WARUM DANN?
HM...
NUN...

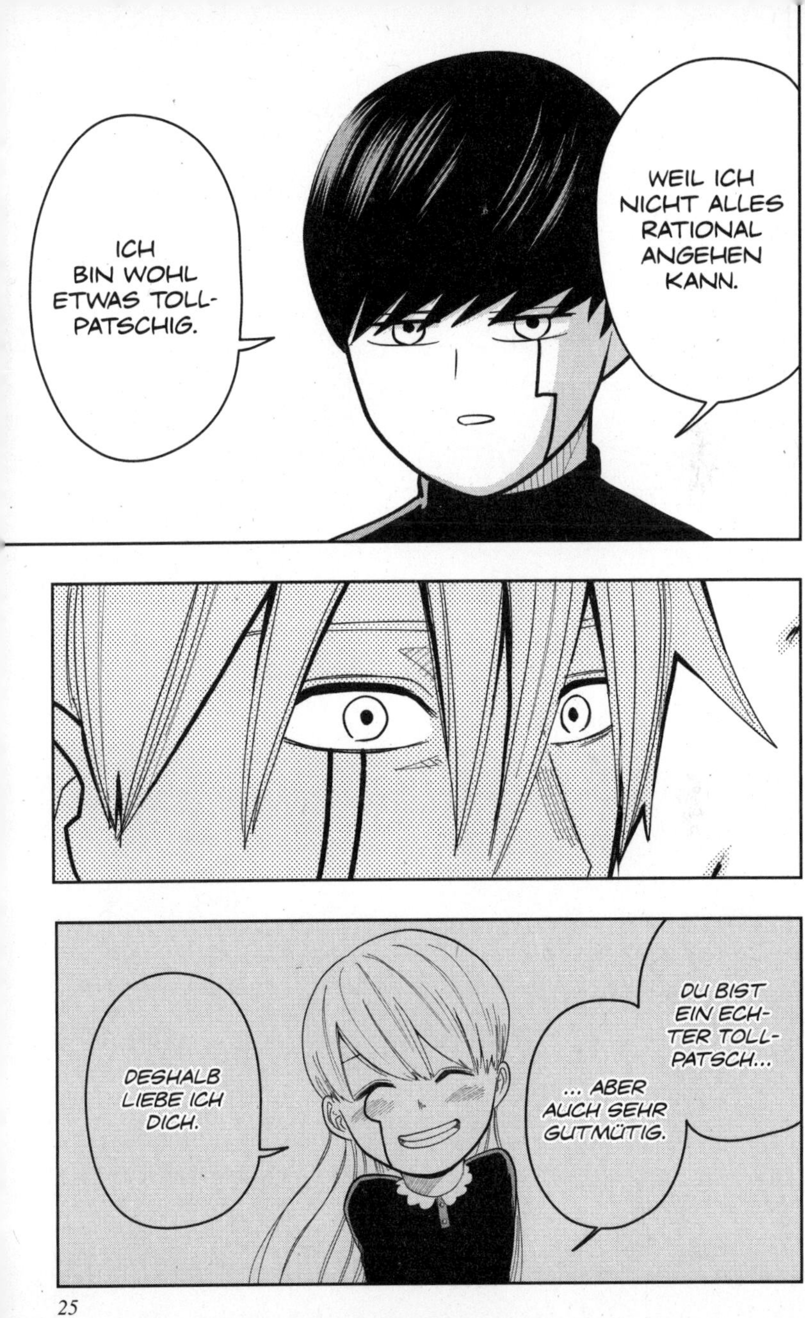
WEIL ICH NICHT ALLES RATIONAL ANGEHEN KANN.
ICH BIN WOHL ETWAS TOLL-PATSCHIG.
DU BIST EIN ECH-TER TOLL-PATSCH...
... ABER AUCH SEHR GUTMÜTIG.
DESHALB LIEBE ICH DICH.

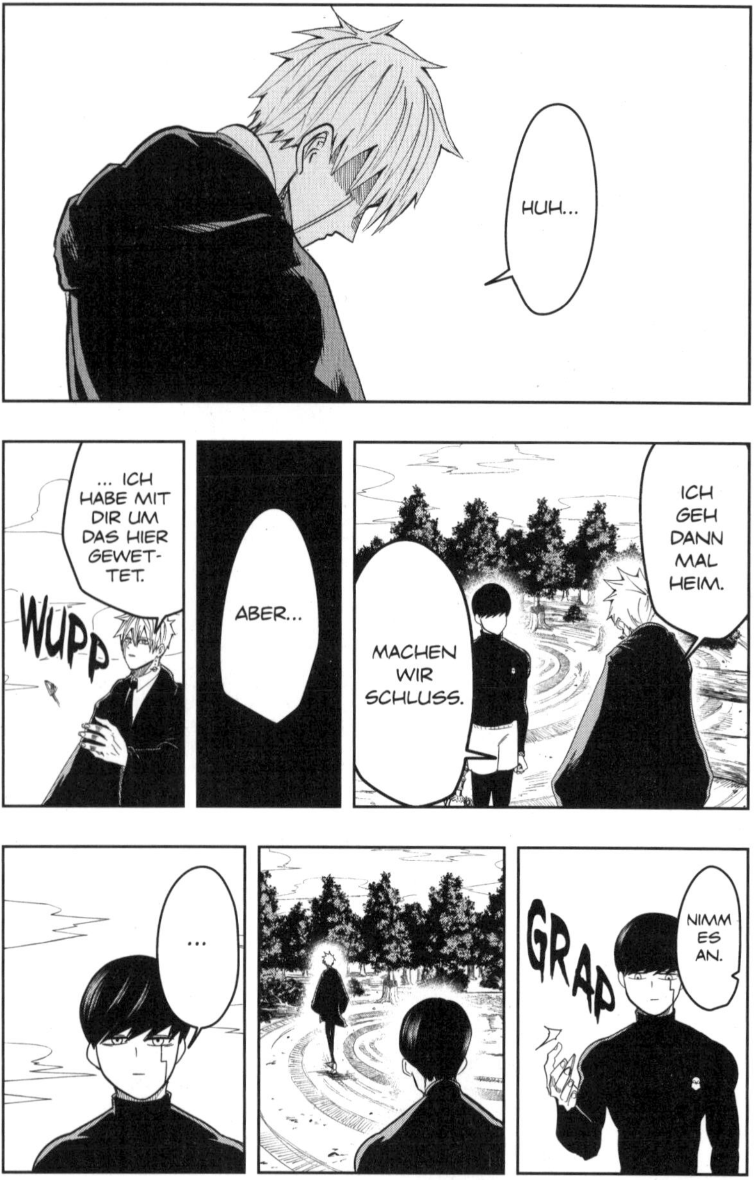
HUH...
ICH GEH DANN MAL HEIM.
MACHEN WIR SCHLUSS.
ABER...
... ICH HABE MIT DIR UM DAS HIER GEWET-TET.
WUPP
NIMM ES AN.
GRAP
...

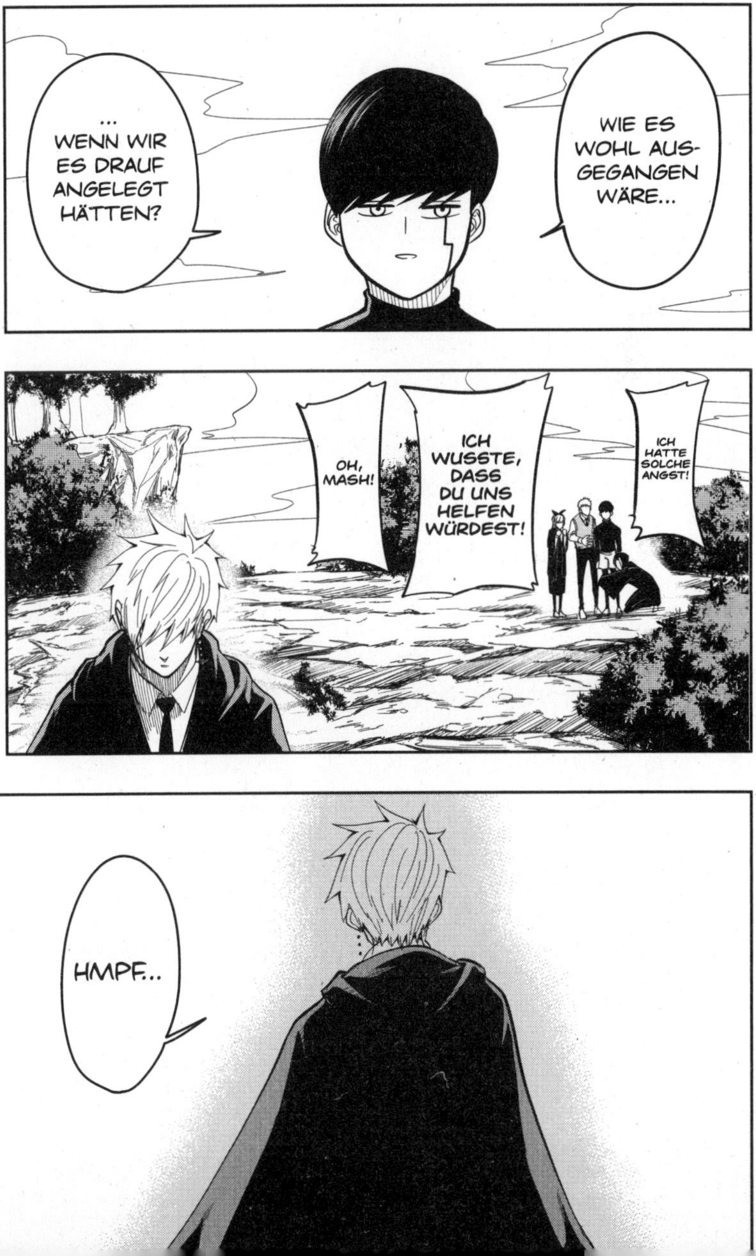
WIE ES WOHL AUS-GEGANGEN WÄRE...
... WENN WIR ES DRAUF ANGELEGT HÄTTEN?
ICH HATTE SOLCHE ANGST!
ICH WUSSTE, DASS DU UNS HELFEN WÜRDEST!
OH, MASH!
HMPF...

Liebe Leserinnen und Leser,

vielen Dank, dass ihr Mashle Band 2 gekauft habt. (Sorry, wenn das aus Versehen war.) Nein, ich scherze, vielen Dank!! Für mich, der für eine Welt ohne Finger-Guillotinen kämpft, ist jeder, der diesen Band gekauft hat, mein persönlicher Retter. Lasst mich eure Füße küssen!!
Ich werde alles tun, damit euch nicht langweilig wird und ihr nicht aufhört zu lesen. Ich hoffe, ihr begleitet mich weiterhin.

PS: Vielen Dank für eure Fanbriefe und Geschenke. Ich kann nicht jeder Person einzeln antworten, aber lasst euch gesagt sein, dass sie mich sehr glücklich machen! Außerdem habe ich einen Brief von einer Mutter erhalten, die mich gebeten hat euch daran zu erinnern, dass gute Kinder andere nicht begraben oder umhauen!

10. Kapitel
Mash Burnedead und die Hausaufgabe in Zaubertränke

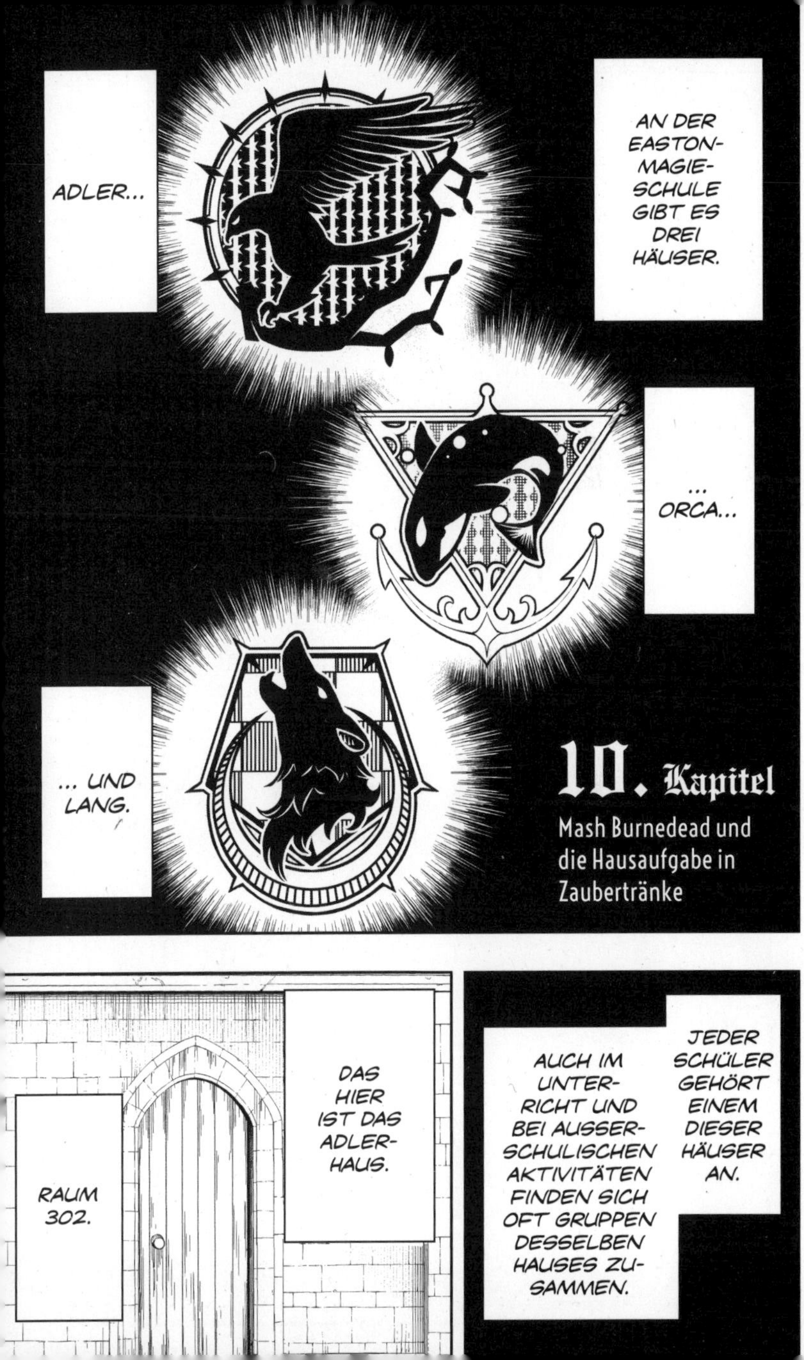

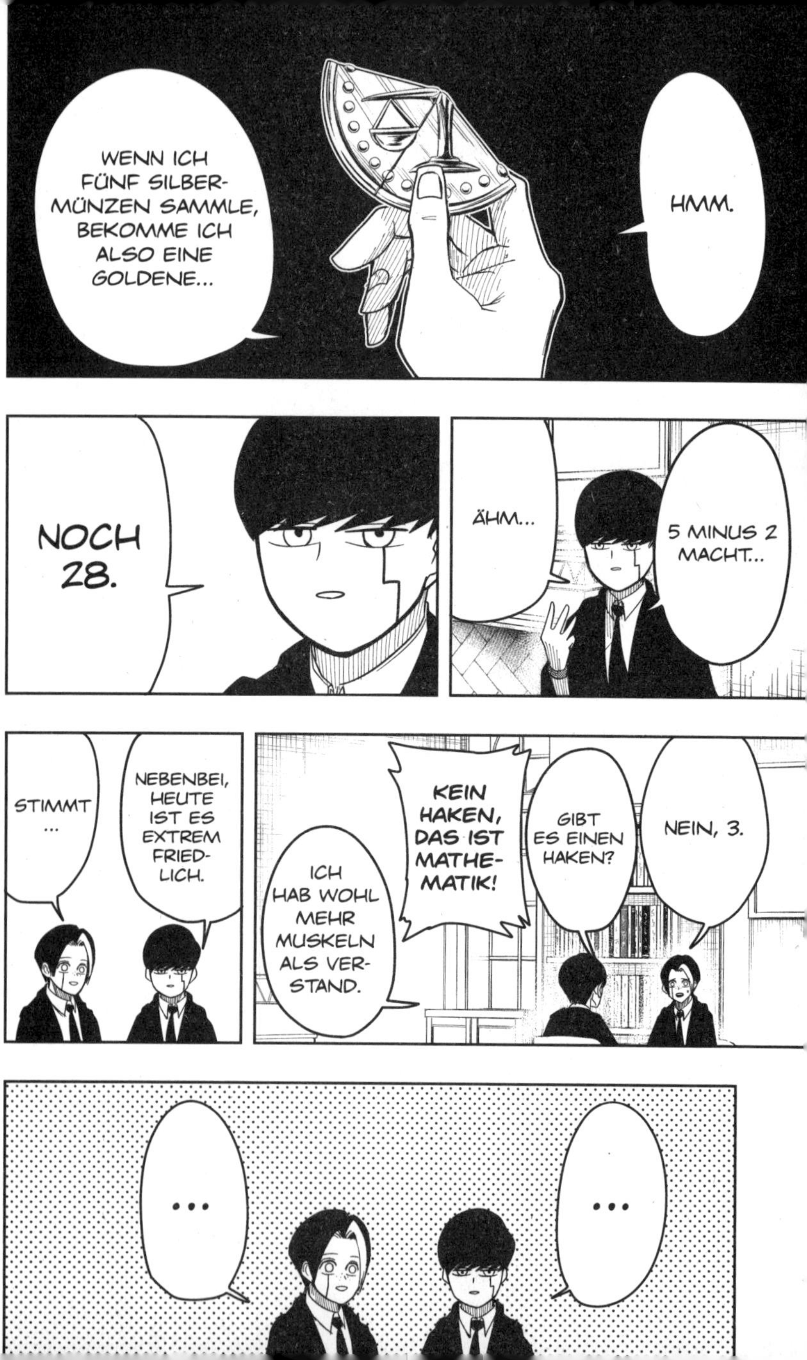
HMM.
WENN ICH FÜNF SILBER-MÜNZEN SAMMLE, BEKOMME ICH ALSO EINE GOLDENE...
5 MINUS 2 MACHT...
ÄHM...
NOCH 28.
NEIN, 3.
GIBT ES EINEN HAKEN?
KEIN HAKEN, DAS IST MATHE-MATIK!
ICH HAB WOHL MEHR MUSKELN ALS VER-STAND.
NEBENBEI, HEUTE IST ES EXTREM FRIED-LICH.
STIMMT ...
...
...

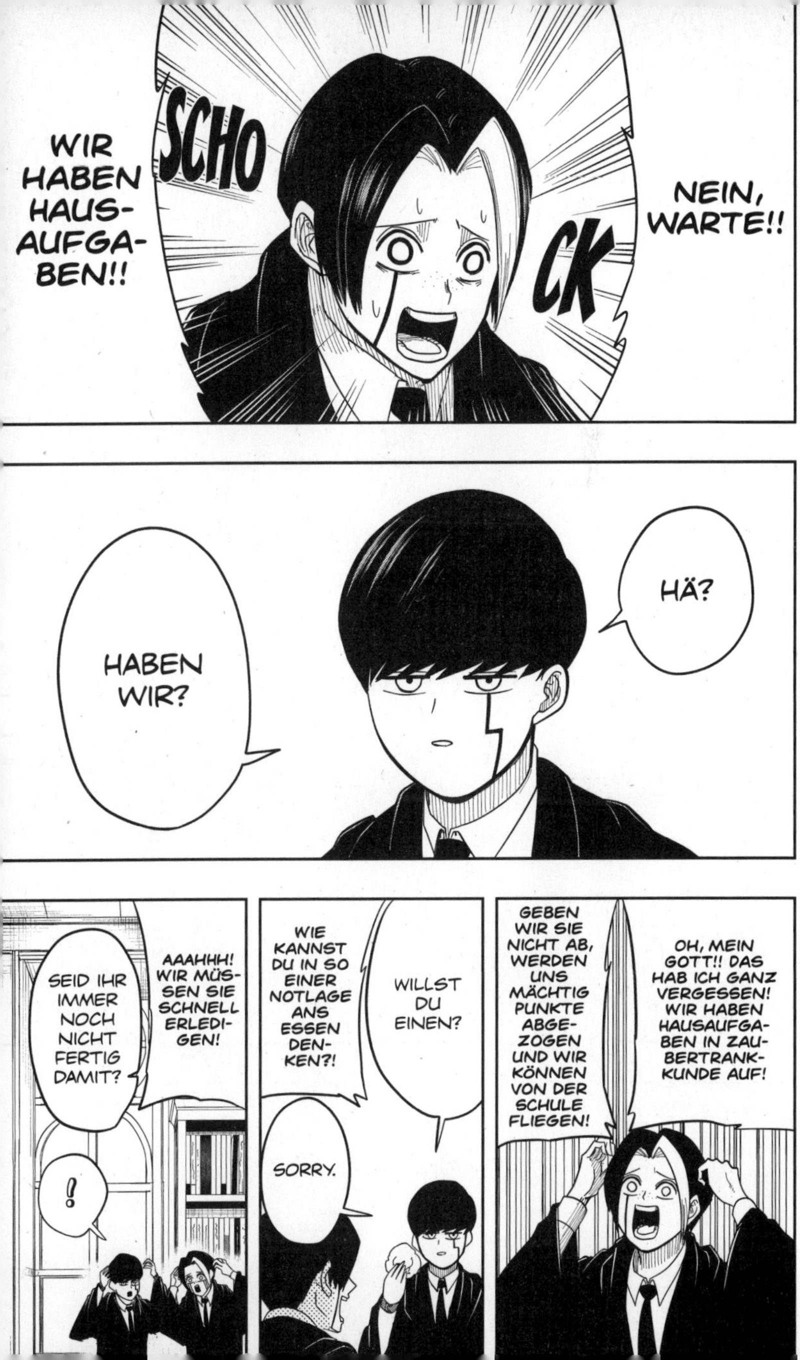
NEIN, WARTE!!
SCHOCK
WIR HABEN HAUSAUFGABEN!!
HÄ?
HABEN WIR?
OH, MEIN GOTT!! DAS HAB ICH GANZ VERGESSEN! WIR HABEN HAUSAUFGABEN IN ZAUBERTRANKKUNDE AUF!
GEBEN WIR SIE NICHT AB, WERDEN UNS MÄCHTIG PUNKTE ABGEZOGEN UND WIR KÖNNEN VON DER SCHULE FLIEGEN!
WILLST DU EINEN?
WIE KANNST DU IN SO EINER NOTLAGE ANS ESSEN DENKEN?!
SORRY.
AAAHHH! WIR MÜSSEN SIE SCHNELL ERLEDIGEN!
SEID IHR IMMER NOCH NICHT FERTIG DAMIT?
!?

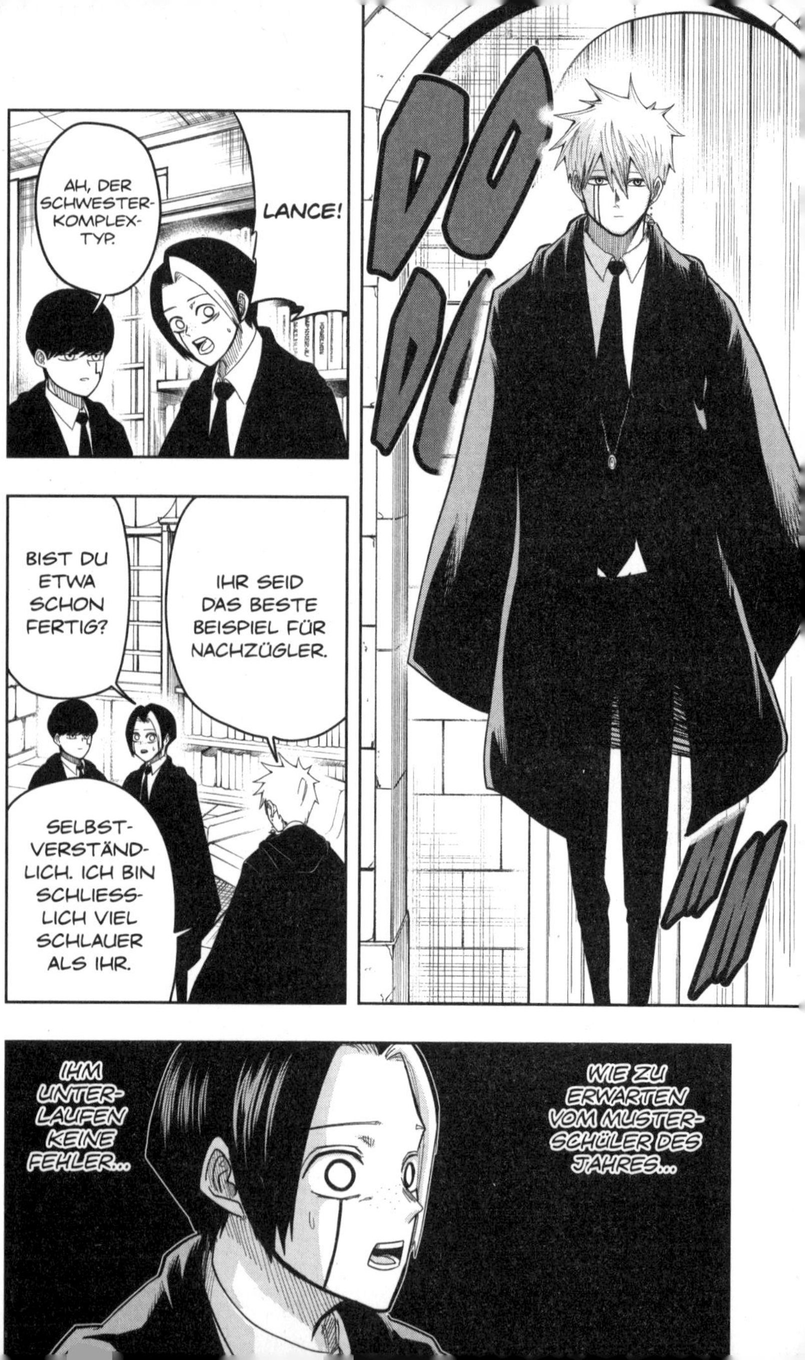
LANCE!
AH, DER SCHWESTER-KOMPLEX-TYP.
IHR SEID DAS BESTE BEISPIEL FÜR NACHZÜGLER.
BIST DU ETWA SCHON FERTIG?
SELBST-VERSTÄNDLICH. ICH BIN SCHLIESS-LICH VIEL SCHLAUER ALS IHR.
WIE ZU ERWARTEN VOM MUSTER-SCHÜLER DES JAHRES...
IHM UNTER-LAUFEN KEINE FEHLER...

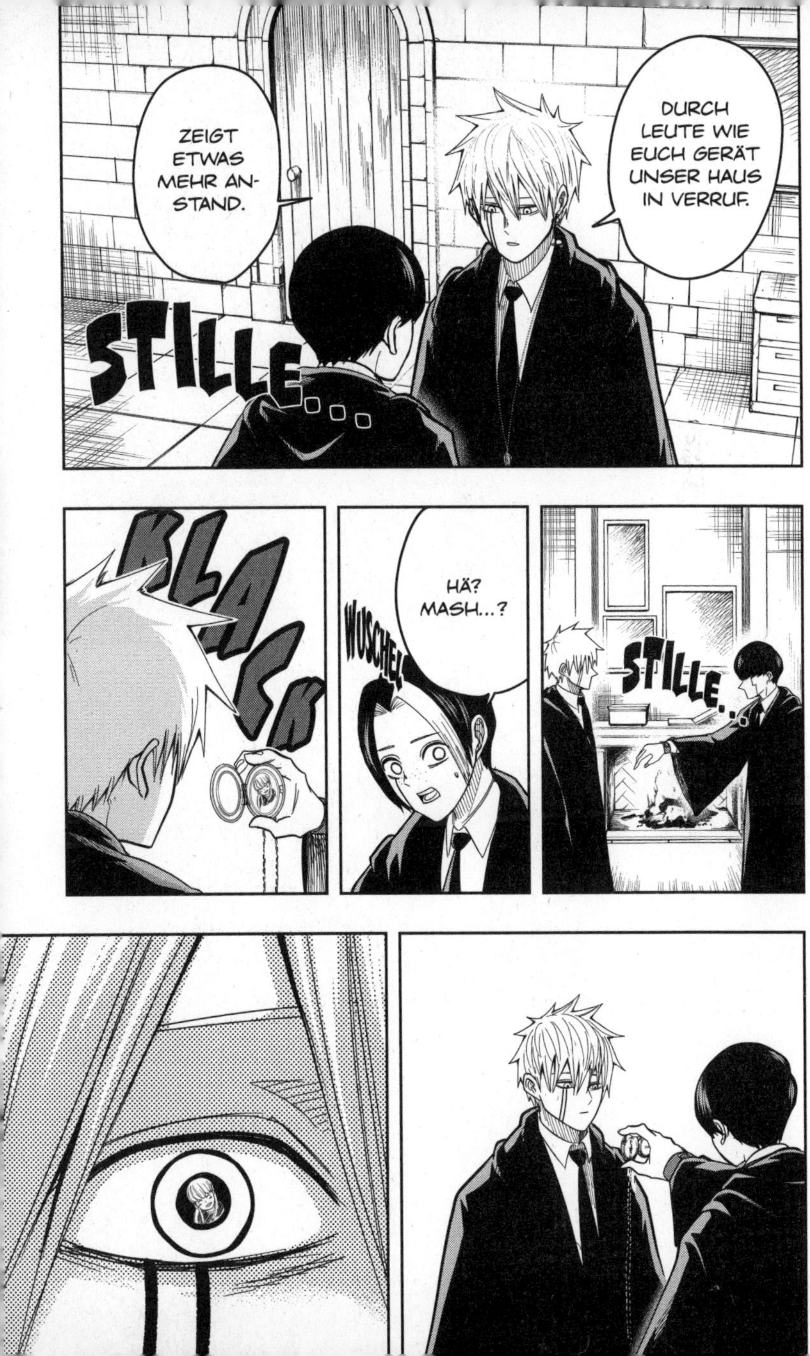
DURCH LEUTE WIE EUCH GERÄT UNSER HAUS IN VERRUF.
ZEIGT ETWAS MEHR AN-STAND.
STILLE...
STILLE...
HÄ? MASH...?
WUSCHEL
KLACK

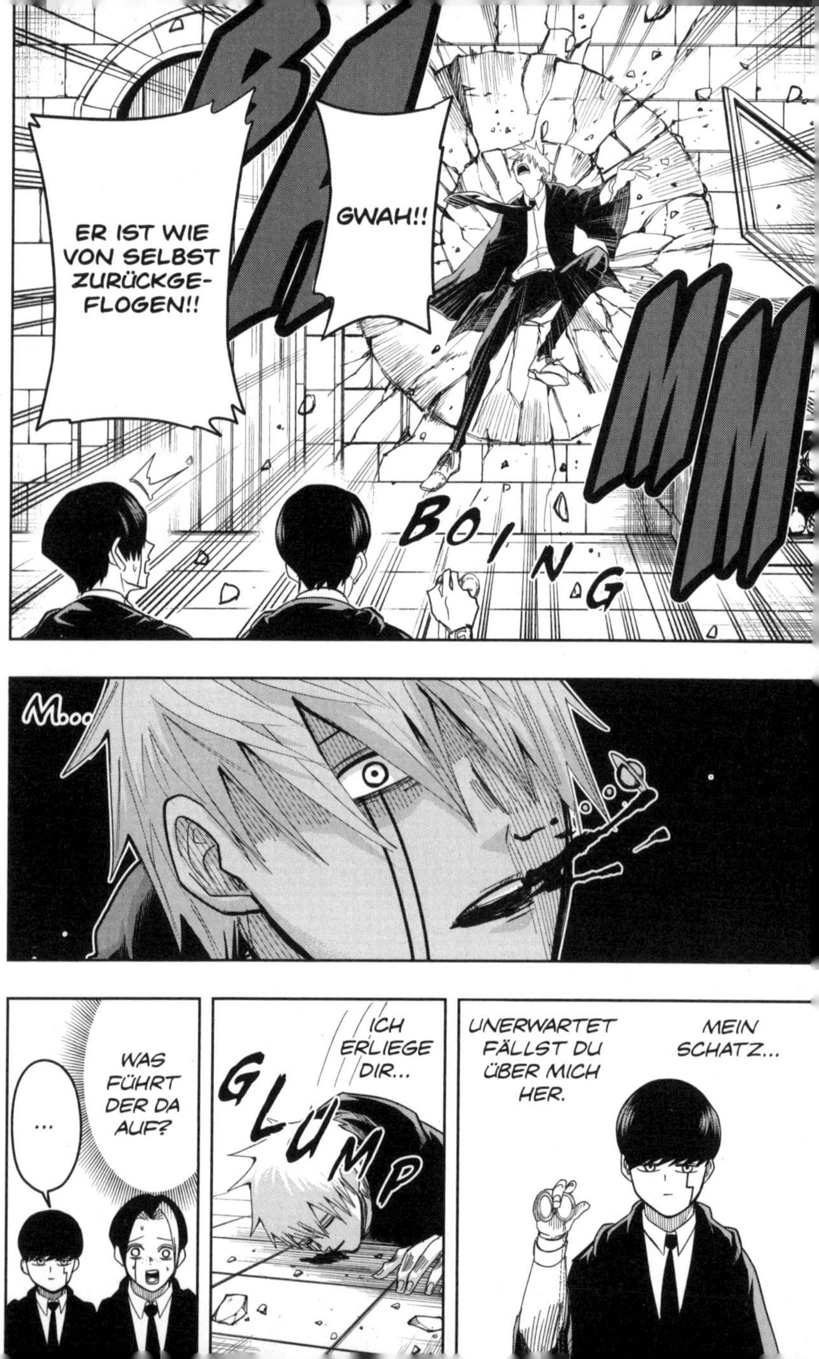
GWAH!!
ER IST WIE VON SELBST ZURÜCKGE-FLOGEN!!
BOING
MEIN SCHATZ...
UNERWARTET FÄLLST DU ÜBER MICH HER.
ICH ERLIEGE DIR...
GLUMP
WAS FÜHRT DER DA AUF?
...

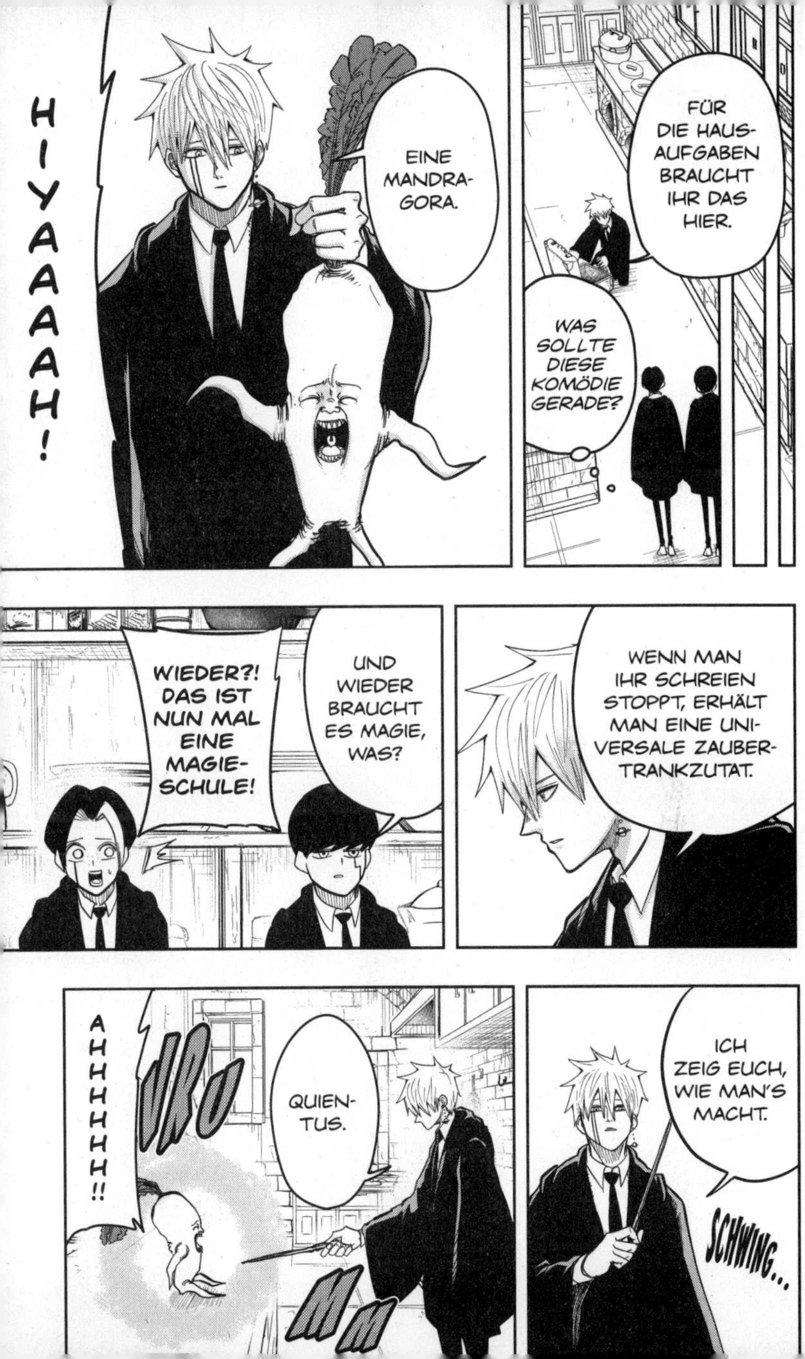
FÜR DIE HAUS-AUFGABEN BRAUCHT IHR DAS HIER.
WAS SOLLTE DIESE KOMÖDIE GERADE?
EINE MANDRA-GORA.
HIYAAAAH!
WENN MAN IHR SCHREIEN STOPPT, ERHÄLT MAN EINE UNI-VERSALE ZAUBER-TRANKZUTAT.
UND WIEDER BRAUCHT ES MAGIE, WAS?
WIEDER?! DAS IST NUN MAL EINE MAGIE-SCHULE!
ICH ZEIG EUCH, WIE MAN'S MACHT.
SCHWING...
QUIEN-TUS.
AHHHHHH!!

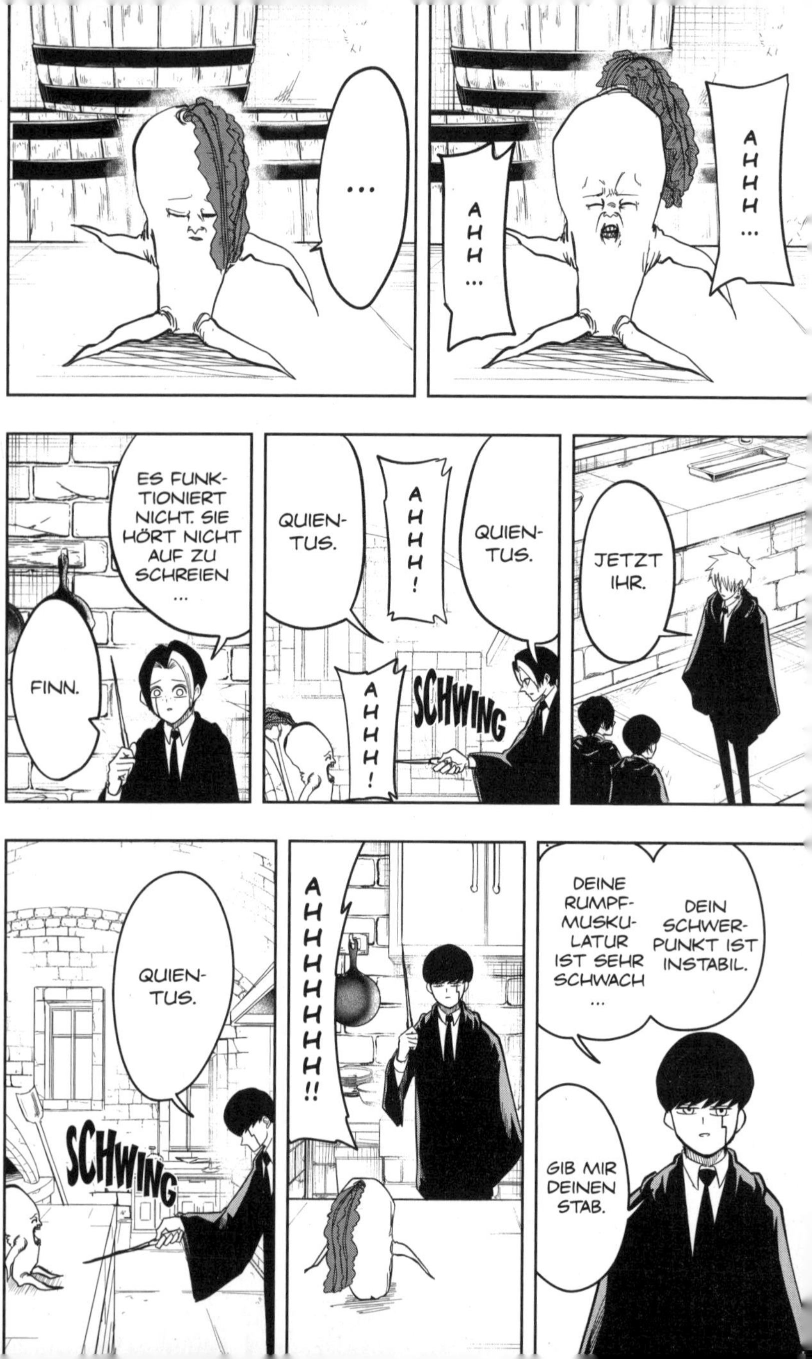
AHHH ...
AHH ...
...
JETZT IHR.
QUIEN-TUS.
AHHH!
QUIEN-TUS.
ES FUNK-TIONIERT NICHT. SIE HÖRT NICHT AUF ZU SCHREIEN ...
FINN.
AHHH!
SCHWING
DEIN SCHWER-PUNKT IST INSTABIL.
DEINE RUMPF-MUSKU-LATUR IST SEHR SCHWACH ...
GIB MIR DEINEN STAB.
AHHHHHHHH!!
QUIEN-TUS.
SCHWING

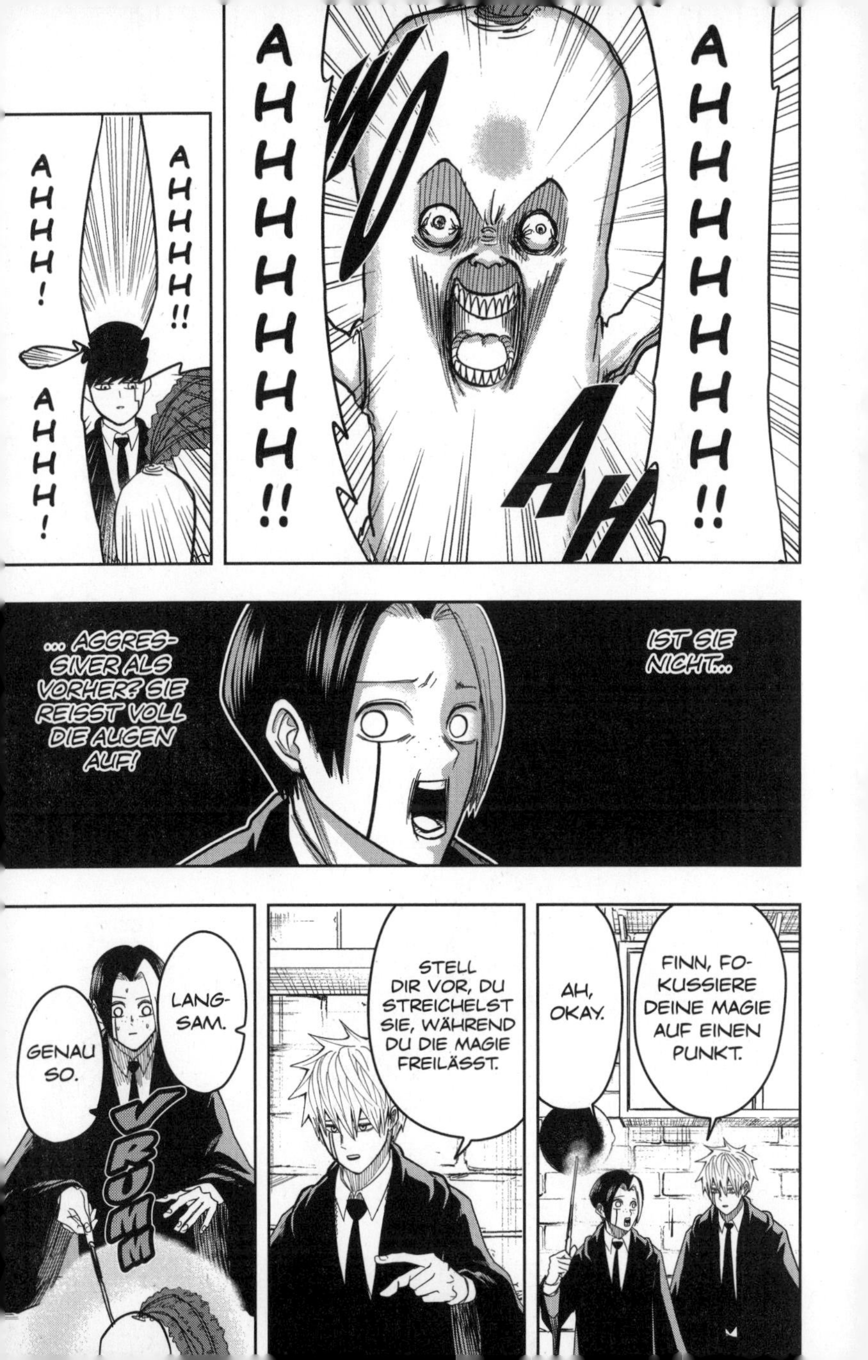

AHHHHHHH!!
AHHHHHHH!!
AH
AHHHH!!
AHHH!
AHHH!
IST SIE NICHT...
... AGGRESSIVER ALS VORHER? SIE REISST VOLL DIE AUGEN AUF!
FINN, FOKUSSIERE DEINE MAGIE AUF EINEN PUNKT.
AH, OKAY.
STELL DIR VOR, DU STREICHELST SIE, WÄHREND DU DIE MAGIE FREILÄSST.
LANGSAM.
GENAU SO.
VRUMM

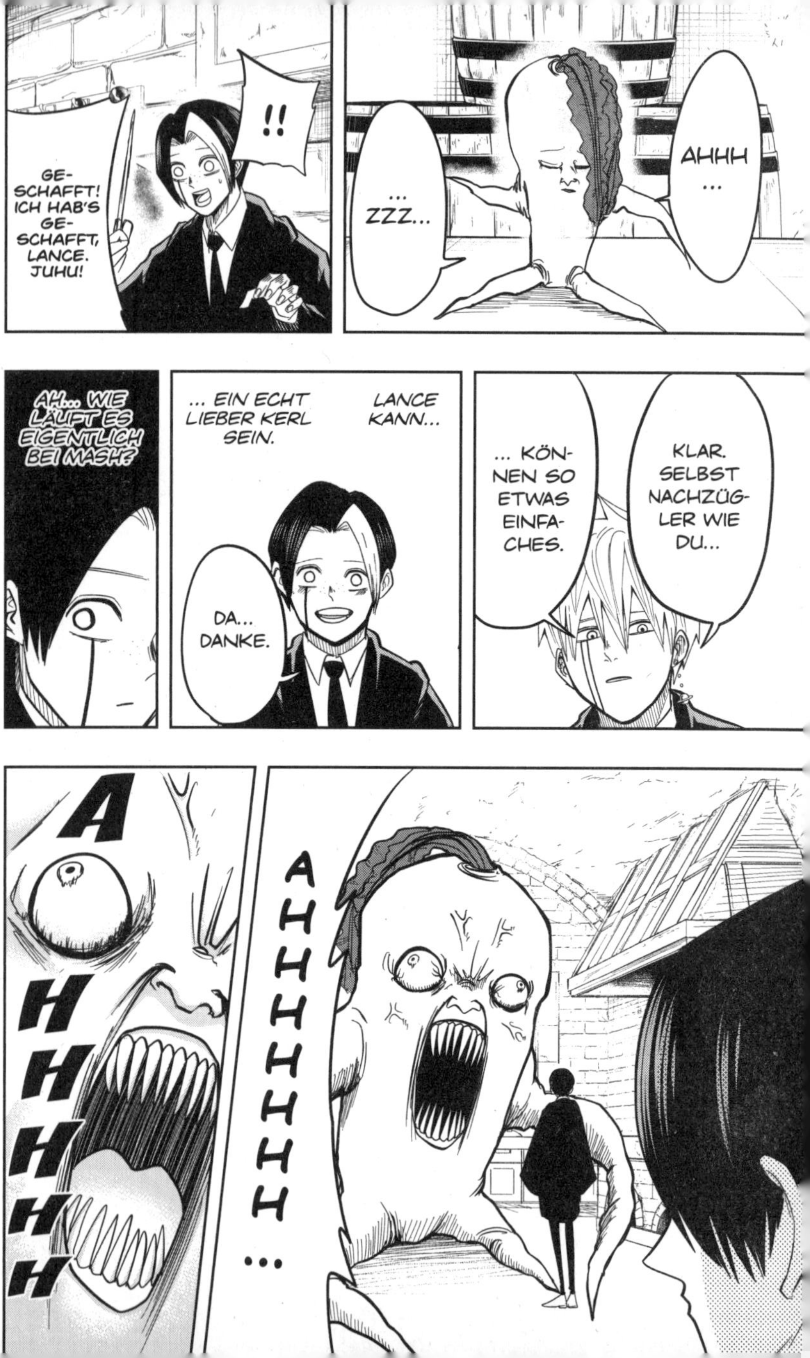

AHHH ...
... ZZZ...
!!
GE-SCHAFFT! ICH HAB'S GE-SCHAFFT, LANCE. JUHU!
KLAR. SELBST NACHZÜG-LER WIE DU...
... KÖN-NEN SO ETWAS EINFA-CHES.
LANCE KANN...
... EIN ECHT LIEBER KERL SEIN.
DA... DANKE.
AH... WIE LÄUFT ES EIGENTLICH BEI MASH?
AHHHHHHHHH...
AHHHHHHHH

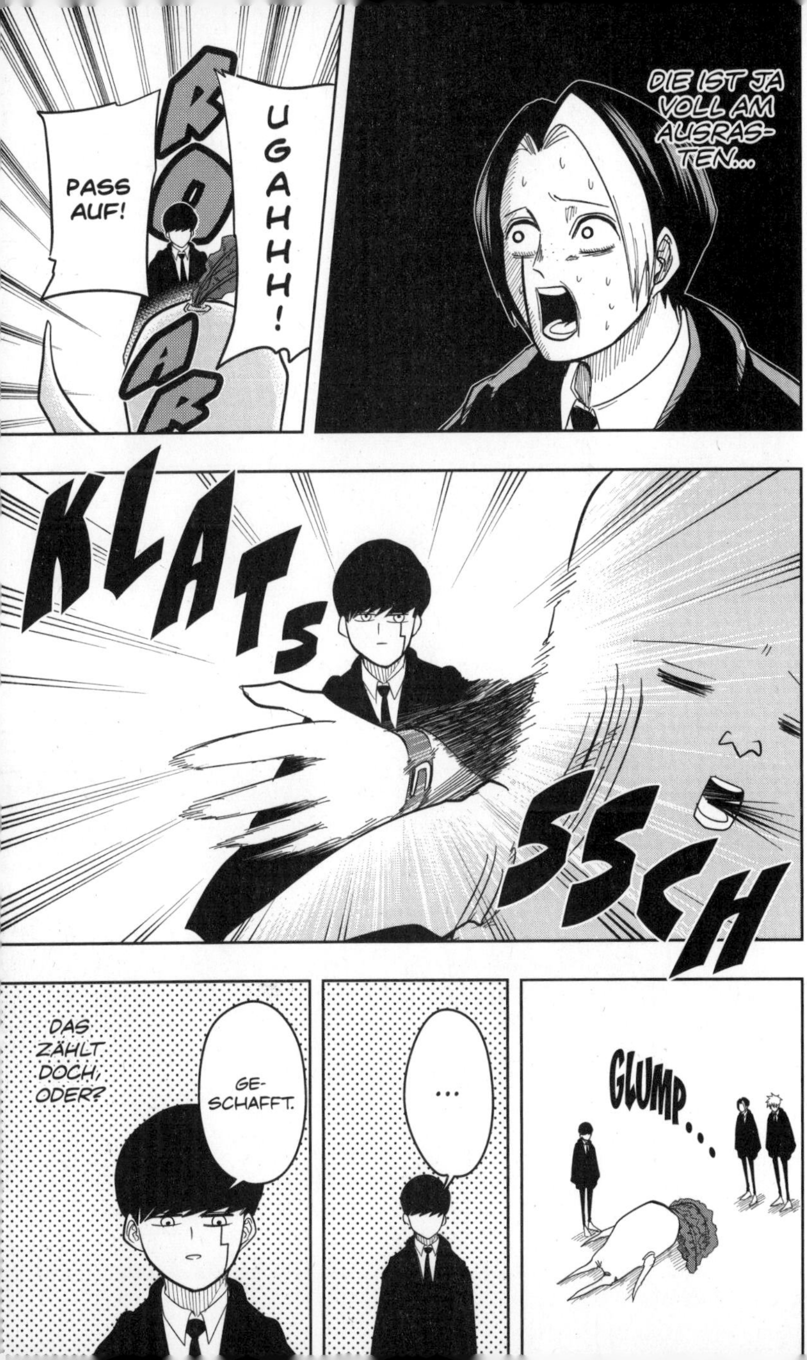
DIE IST JA VOLL AM AUSRAS-TEN...
UGAHHHH!
ROAR
PASS AUF!
KLATSSSCH
GLUMP...
...
GE-SCHAFFT.
DAS ZÄHLT DOCH, ODER?

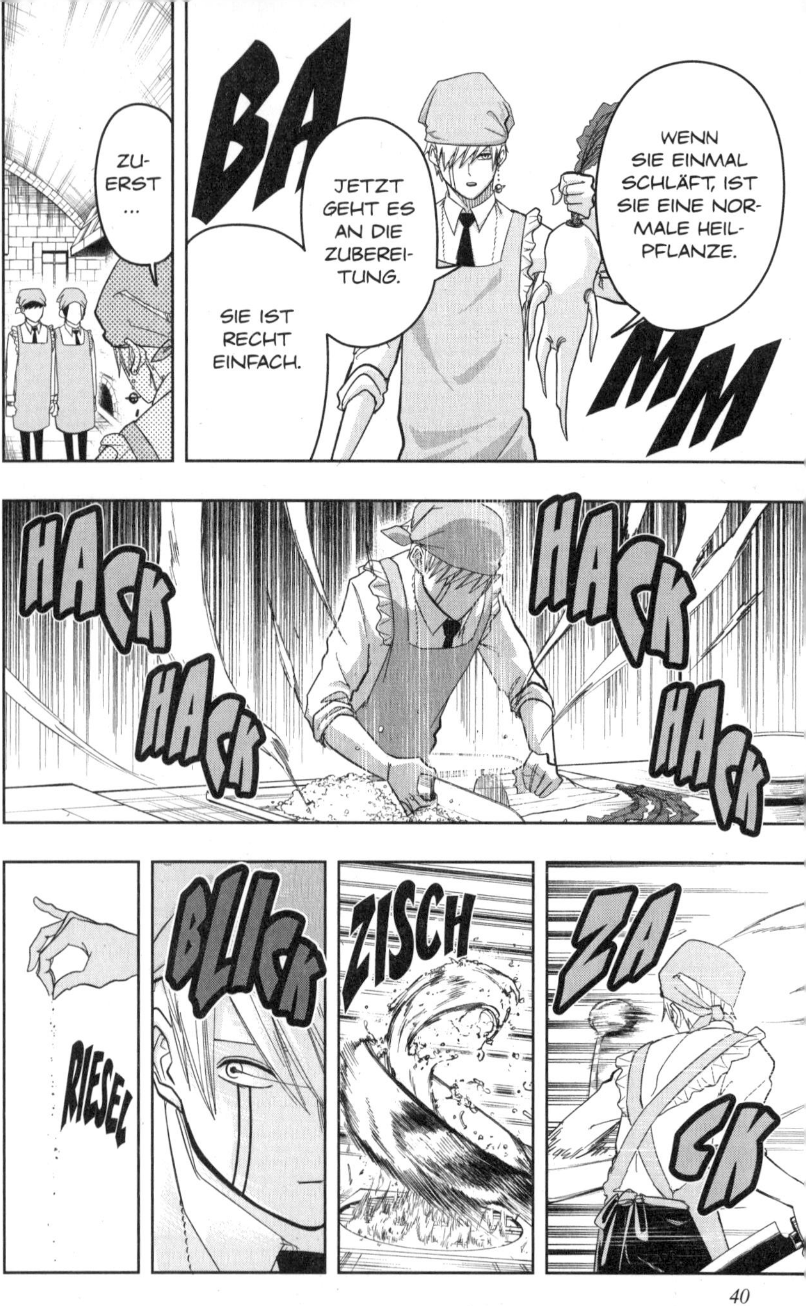

WENN SIE EINMAL SCHLÄFT, IST SIE EINE NORMALE HEILPFLANZE.
BAMM
JETZT GEHT ES AN DIE ZUBEREITUNG.
SIE IST RECHT EINFACH.
ZUERST ...
HACK HACK
HACK HACK
ZACK
ZISCH
BLICK
RIESEL

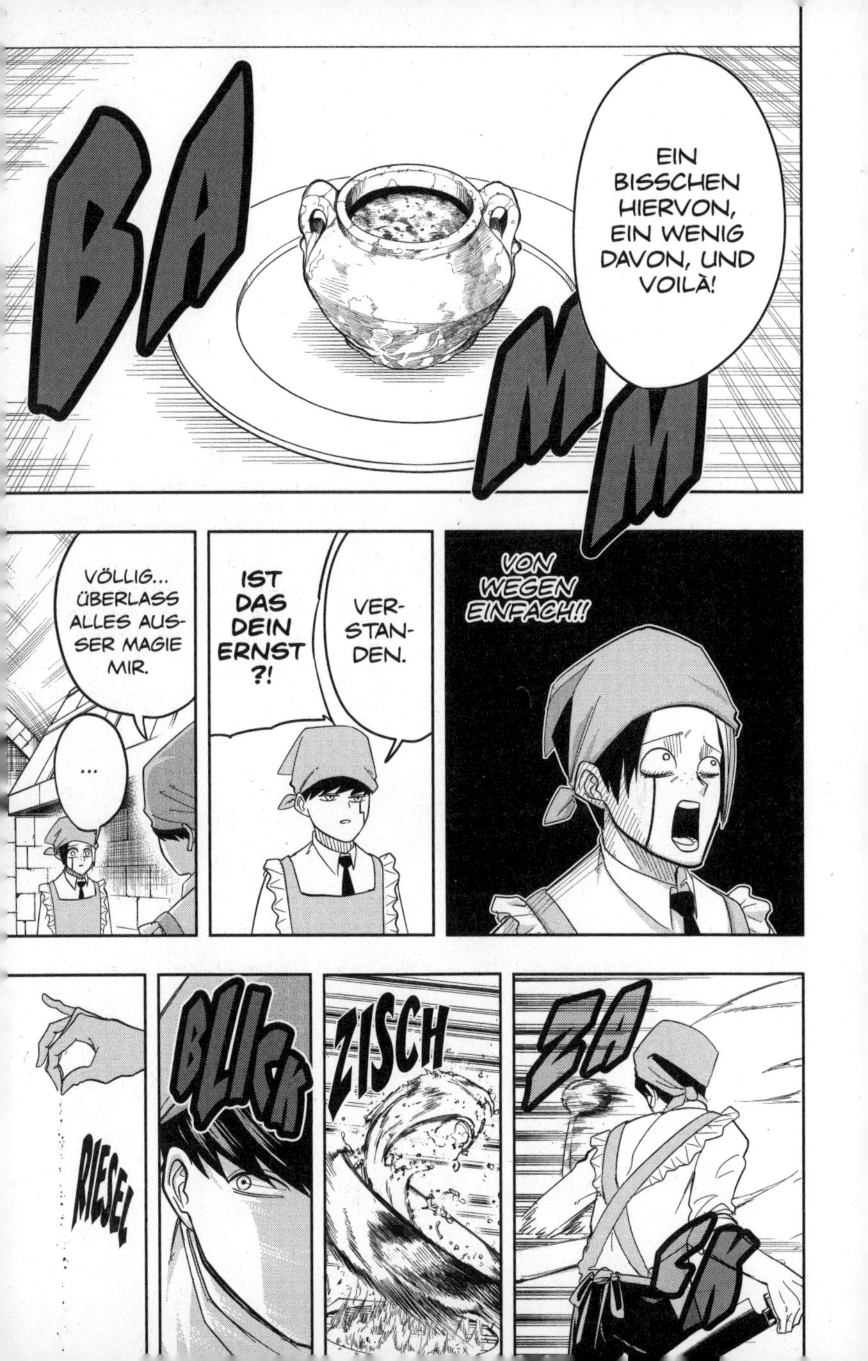

EIN BISSCHEN HIERVON, EIN WENIG DAVON, UND VOILÀ!
BAMM
VON WEGEN EINFACH!!
VER-STAN-DEN.
IST DAS DEIN ERNST?!
VÖLLIG... ÜBERLASS ALLES AUS-SER MAGIE MIR.
...
ZA
ZISCH
BLICK
RIESEL

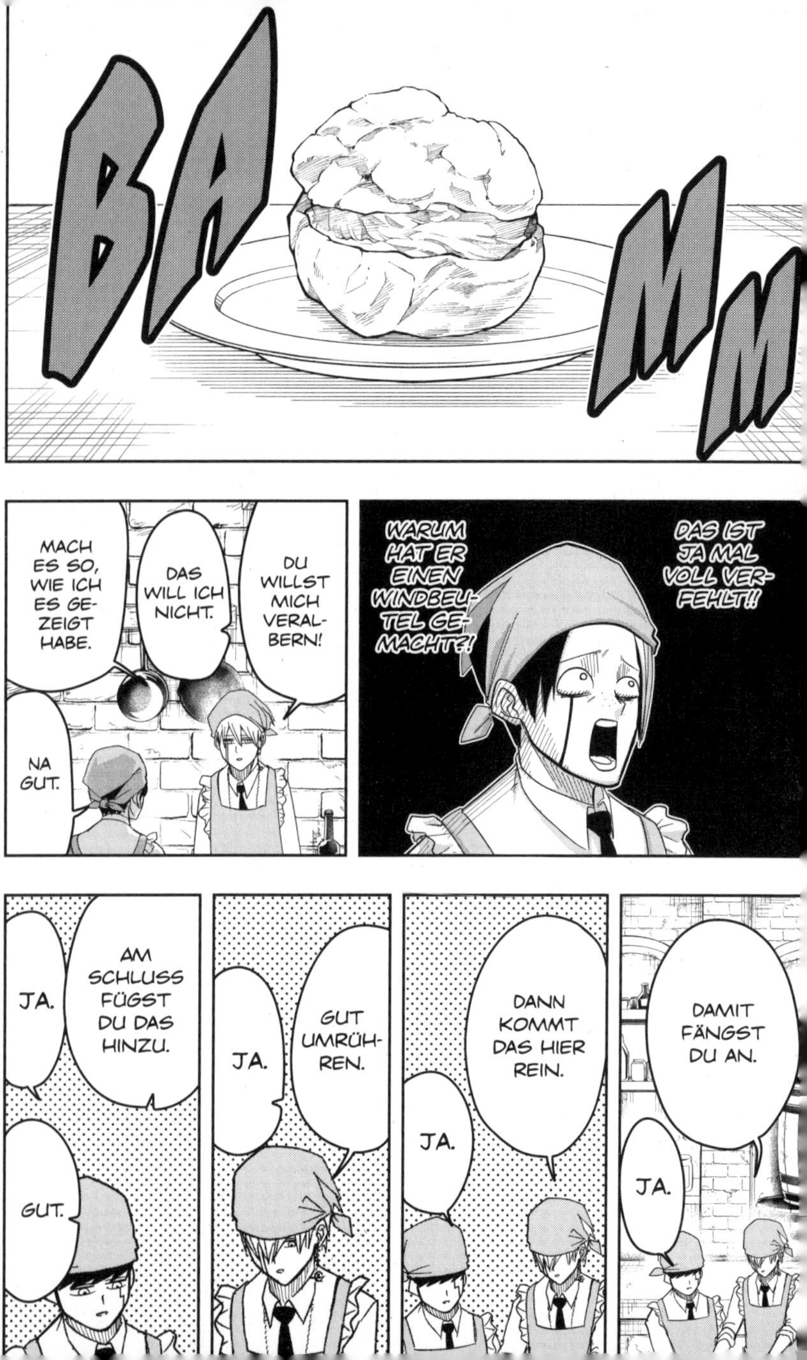
BAMM
DAS IST JA MAL VOLL VERFEHLT!!
WARUM HAT ER EINEN WINDBEUTEL GEMACHT?!
DU WILLST MICH VERALBERN!
DAS WILL ICH NICHT.
MACH ES SO, WIE ICH ES GEZEIGT HABE.
NA GUT.
DAMIT FÄNGST DU AN.
JA.
DANN KOMMT DAS HIER REIN.
JA.
GUT UMRÜHREN.
JA.
AM SCHLUSS FÜGST DU DAS HINZU.
JA.
GUT.

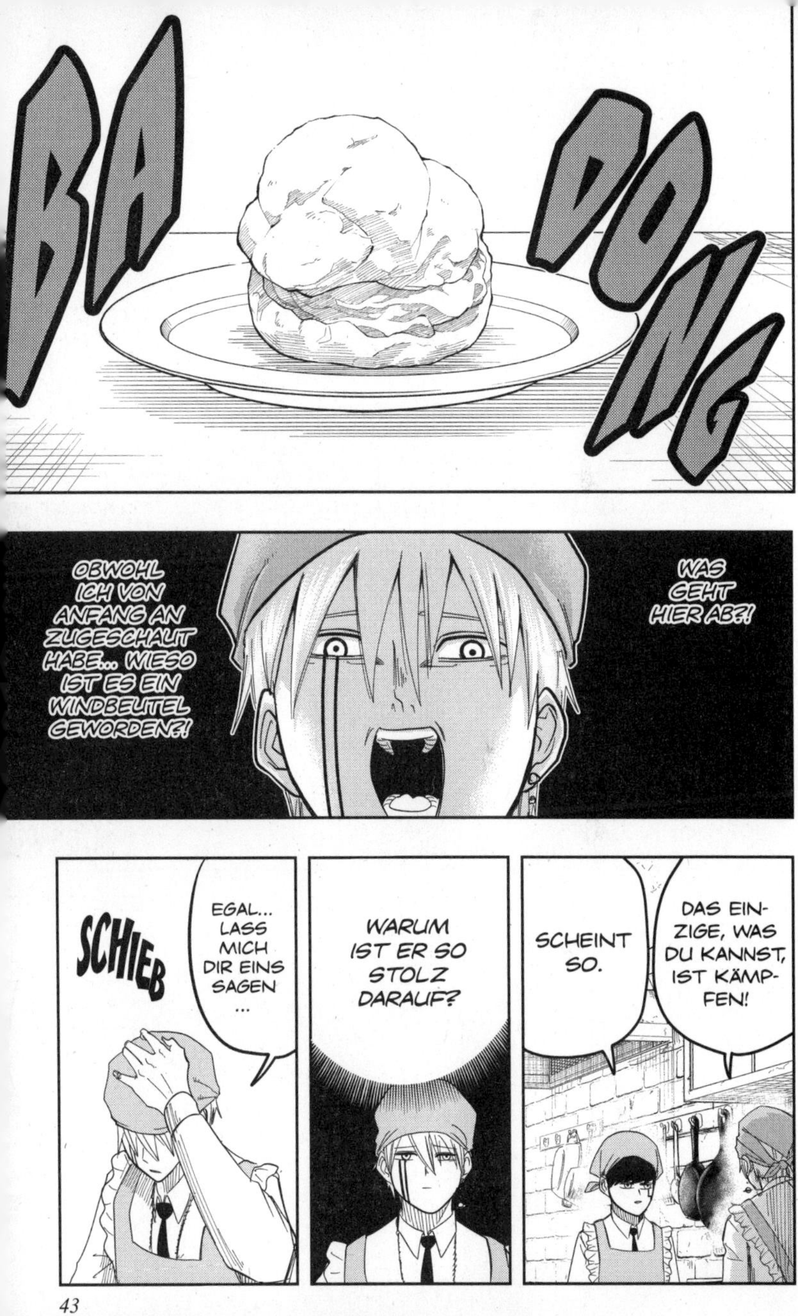
BA
DONG
WAS GEHT HIER AB?!
OBWOHL ICH VON ANFANG AN ZUGESCHAUT HABE... WIESO IST ES EIN WINDBEUTEL GEWORDEN?!
DAS EIN-ZIGE, WAS DU KANNST, IST KÄMP-FEN!
SCHEINT SO.
WARUM IST ER SO STOLZ DARAUF?
EGAL... LASS MICH DIR EINS SAGEN ...
SCHIEB

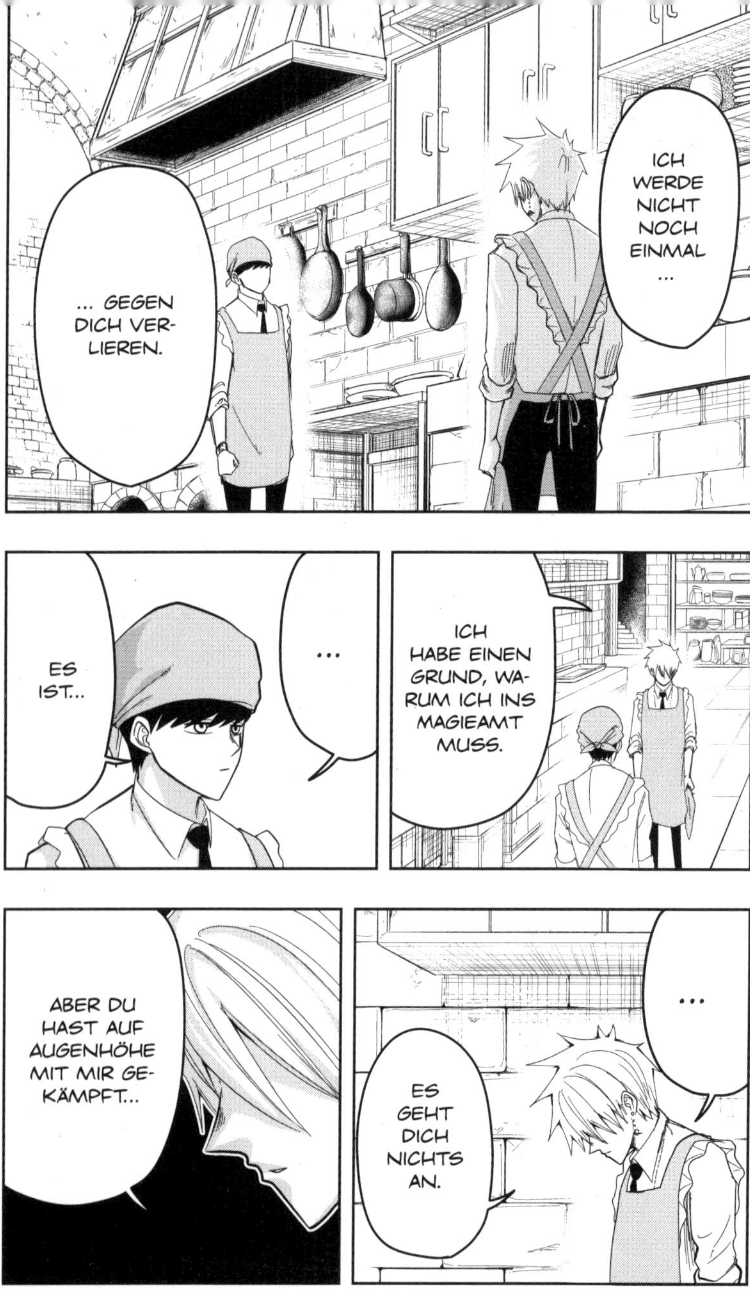
ICH WERDE NICHT NOCH EINMAL ...
... GEGEN DICH VER-LIEREN.
ICH HABE EINEN GRUND, WA-RUM ICH INS MAGIEAMT MUSS.
...
ES IST...
...
ES GEHT DICH NICHTS AN.
ABER DU HAST AUF AUGENHÖHE MIT MIR GE-KÄMPFT...

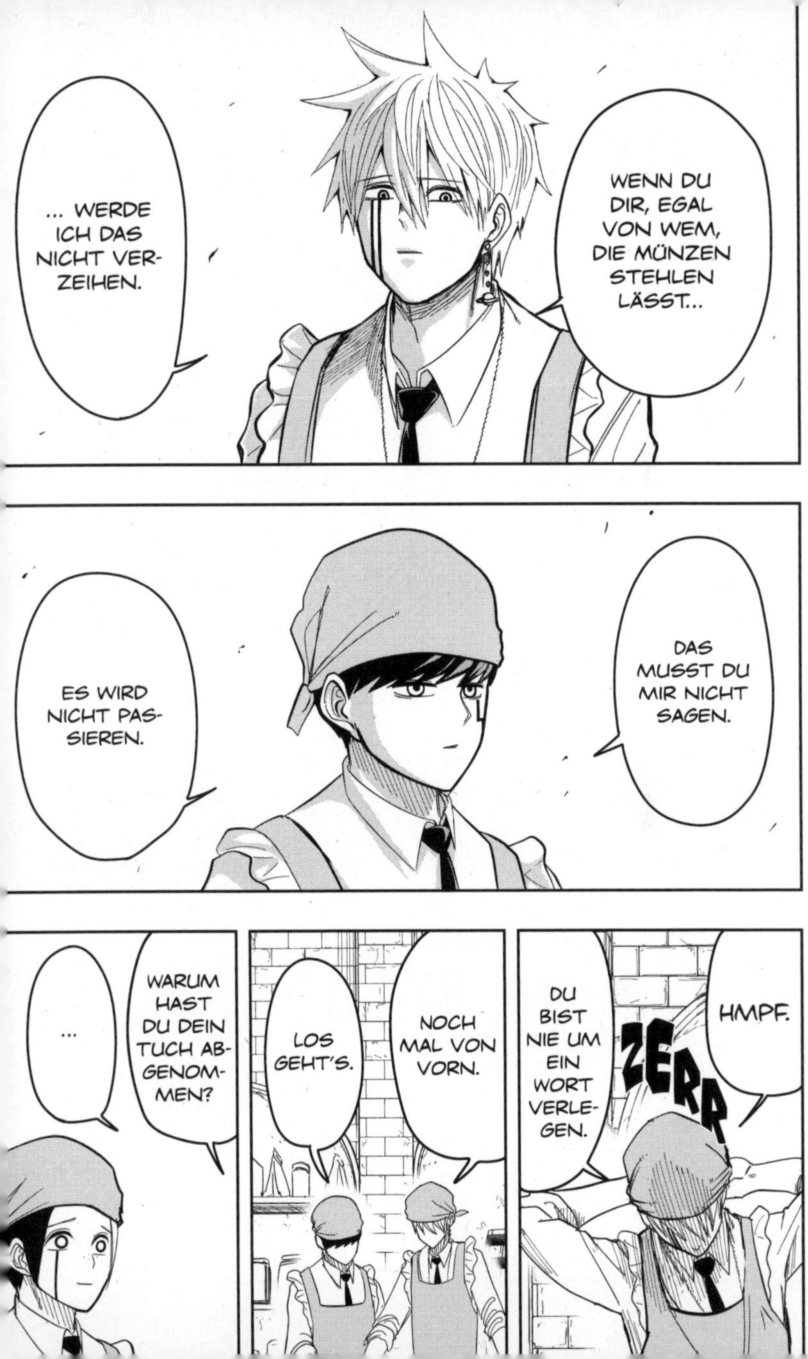
WENN DU DIR, EGAL VON WEM, DIE MÜNZEN STEHLEN LÄSST...
... WERDE ICH DAS NICHT VERZEIHEN.
DAS MUSST DU MIR NICHT SAGEN.
ES WIRD NICHT PASSIEREN.
HMPF.
ZERR
DU BIST NIE UM EIN WORT VERLEGEN.
NOCH MAL VON VORN.
LOS GEHT'S.
WARUM HAST DU DEIN TUCH ABGENOMMEN?
...

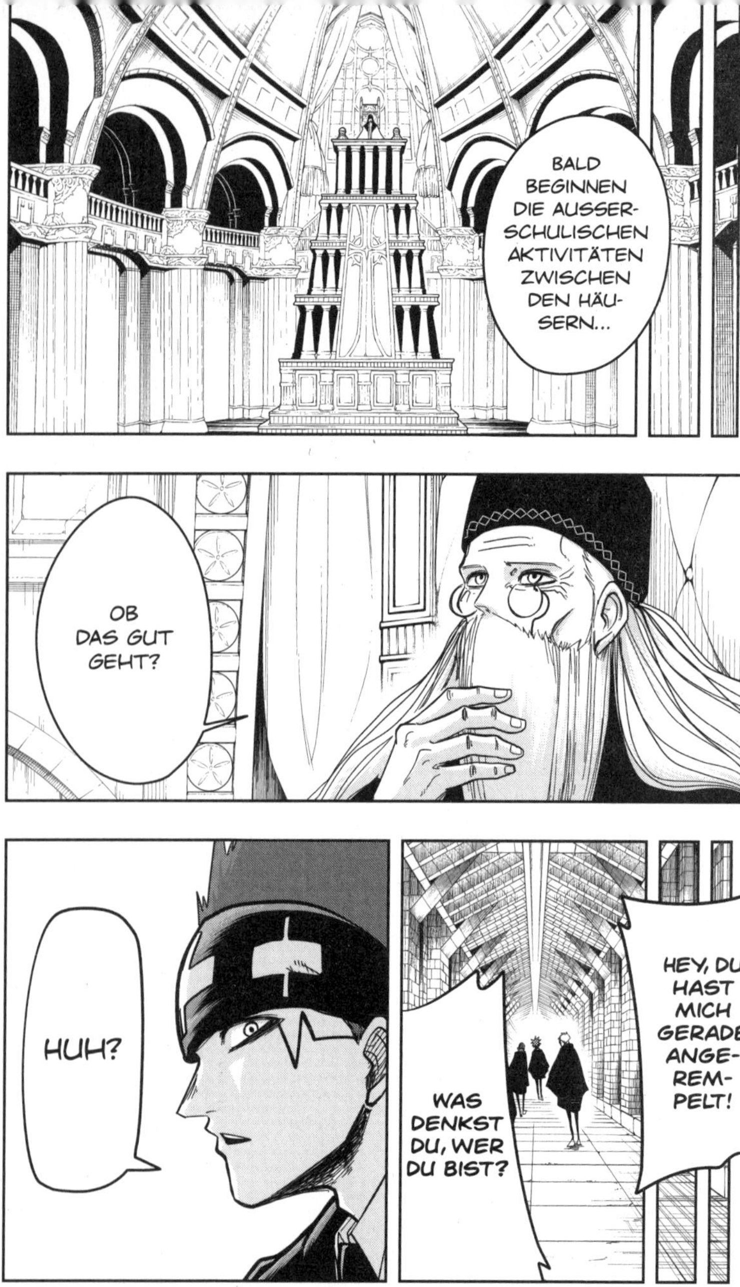
BALD BEGINNEN DIE AUSSER-SCHULISCHEN AKTIVITÄTEN ZWISCHEN DEN HÄU-SERN...
OB DAS GUT GEHT?
HEY, DU HAST MICH GERADE ANGE-REM-PELT!
WAS DENKST DU, WER DU BIST?
HUH?

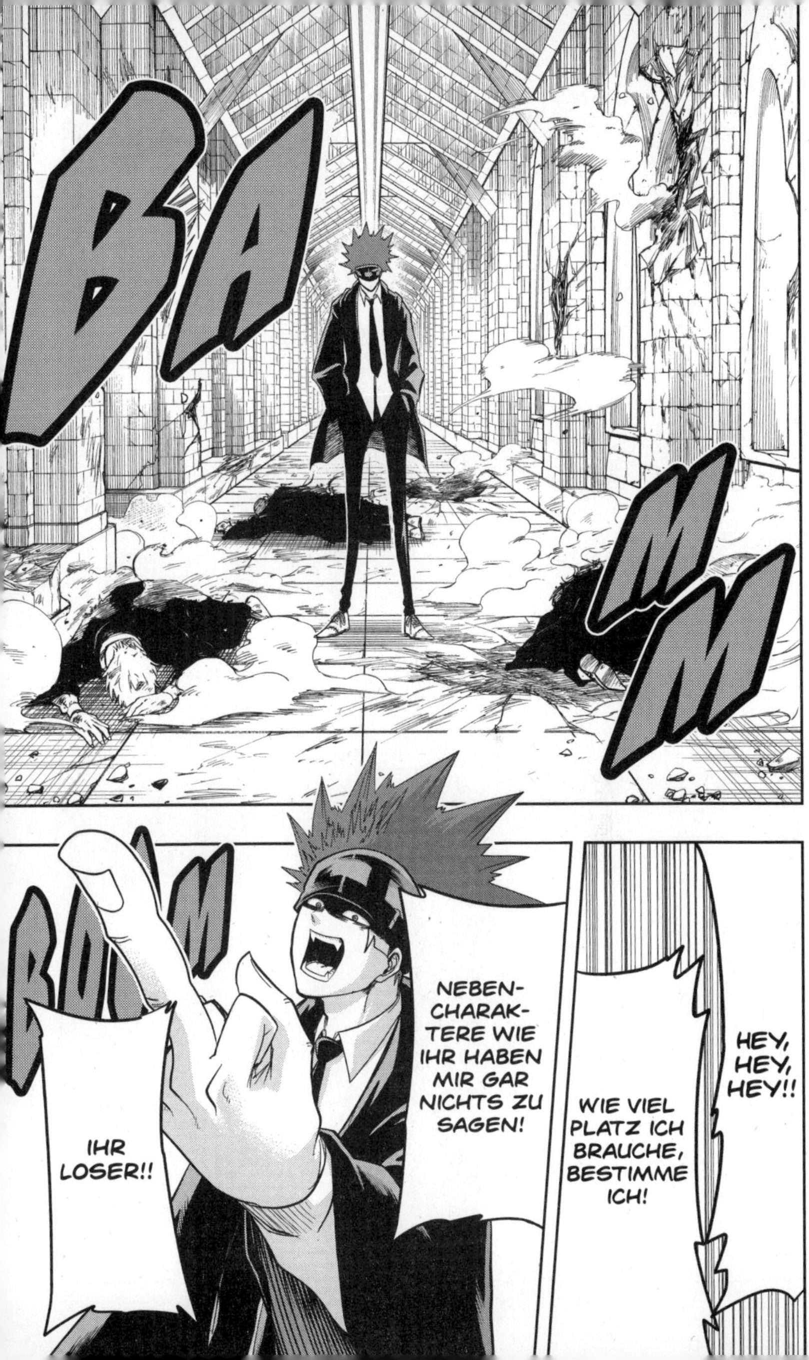
BA
MM
HEY, HEY, HEY!!
WIE VIEL PLATZ ICH BRAUCHE, BESTIMME ICH!
NEBEN-CHARAKTERE WIE IHR HABEN MIR GAR NICHTS ZU SAGEN!
IHR LOSER!!

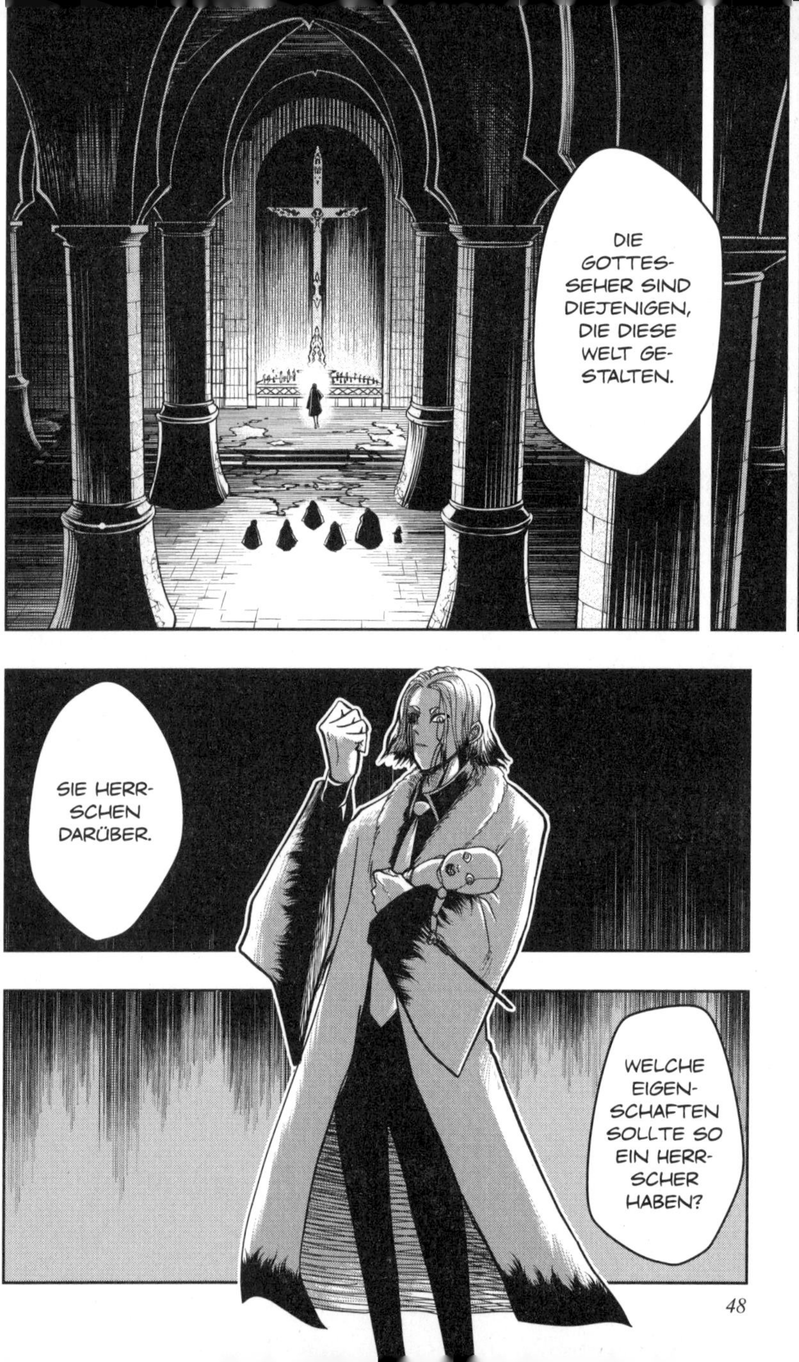
DIE GOTTES-SEHER SIND DIEJENIGEN, DIE DIESE WELT GE-STALTEN.
SIE HERR-SCHEN DARÜBER.
WELCHE EIGEN-SCHAFTEN SOLLTE SO EIN HERR-SCHER HABEN?

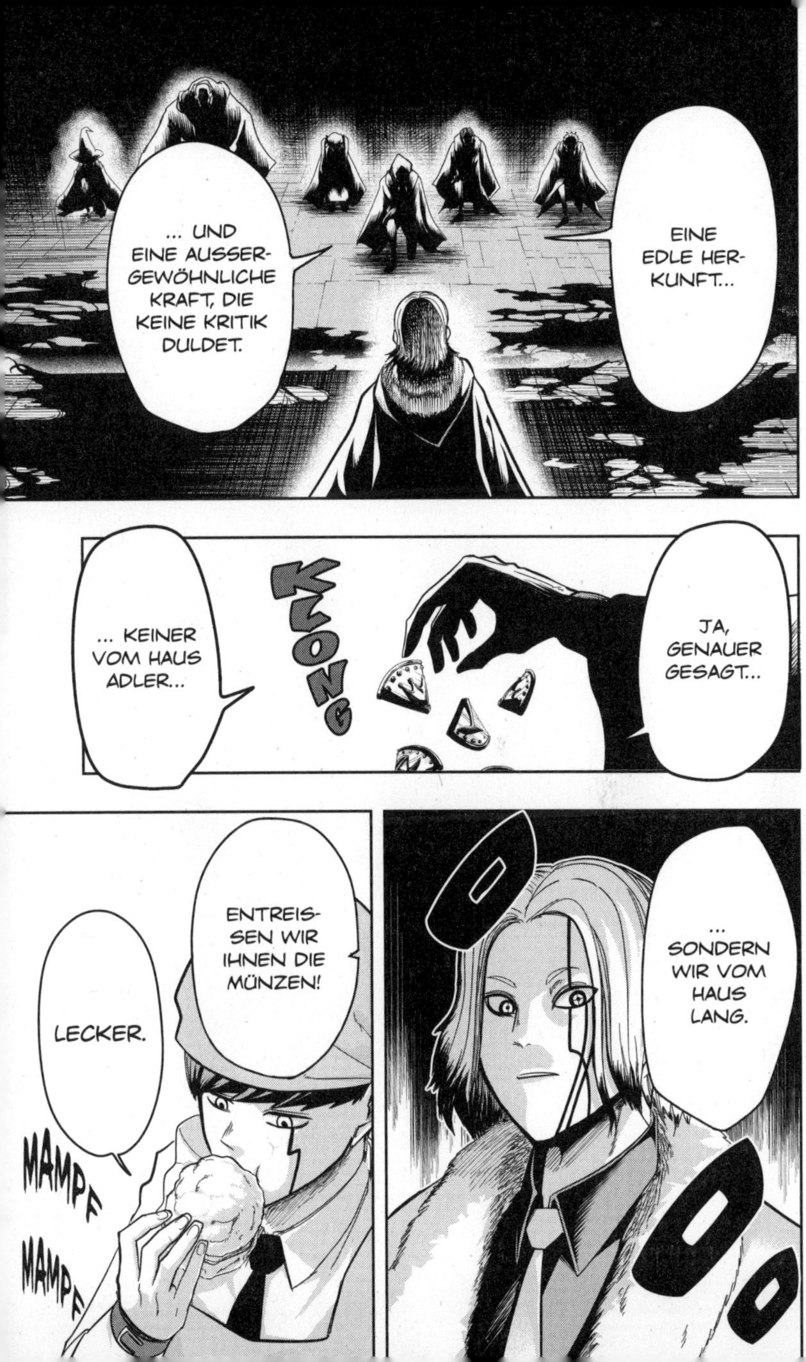
EINE EDLE HER-
KUNFT...
... UND EINE AUSSER-
GEWÖHNLICHE KRAFT, DIE KEINE KRITIK DULDET.
JA, GENAUER GESAGT...
KLONG
... KEINER VOM HAUS ADLER...
... SONDERN WIR VOM HAUS LANG.
ENTREIS-
SEN WIR IHNEN DIE MÜNZEN!
LECKER.
MAMPF
MAMPF

Drachenmeister Hajime Komoto

In der Grundschule hab ich immer diese Drachenschwert-Anhänger vom Souvenirladen gekauft. Ich hatte auch ein Drachen-Nähset zu Hause.

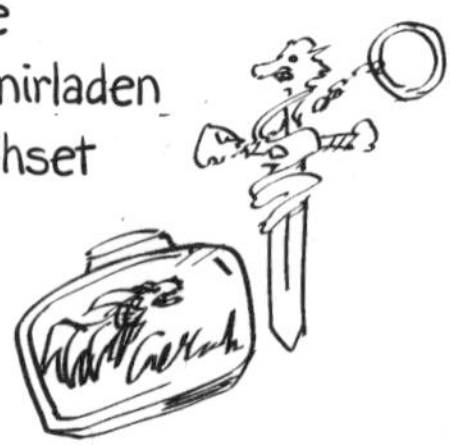

In der Mittel- und Oberschule habe ich – wie alle anderen – Klamotten mit englischen Wörtern drauf getragen. Aber ich war so schlecht in Englisch und musste sogar fast ein Jahr deswegen wiederholen. Ich war eins von diesen einfältigen Kindern, die dachten, sie brauchen kein Englisch, da sie Japaner sind.
Vor Kurzem habe ich meine Haare gefärbt und jemand meinte, ich sähe aus wie jemand, der »vergeblich versucht extrovertiert zu sein«.
Danke für eure Treue.

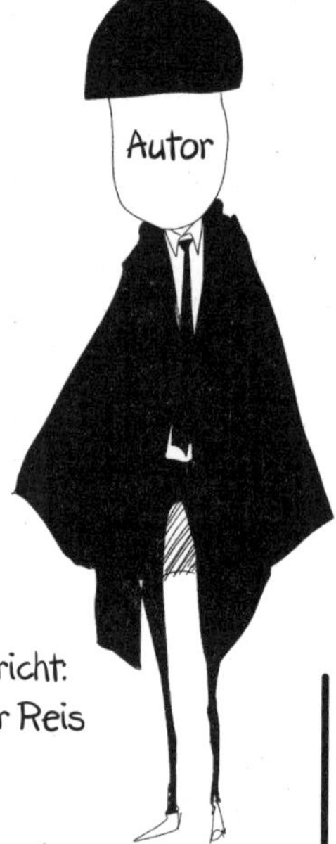

Spezialgericht:
gebratener Reis

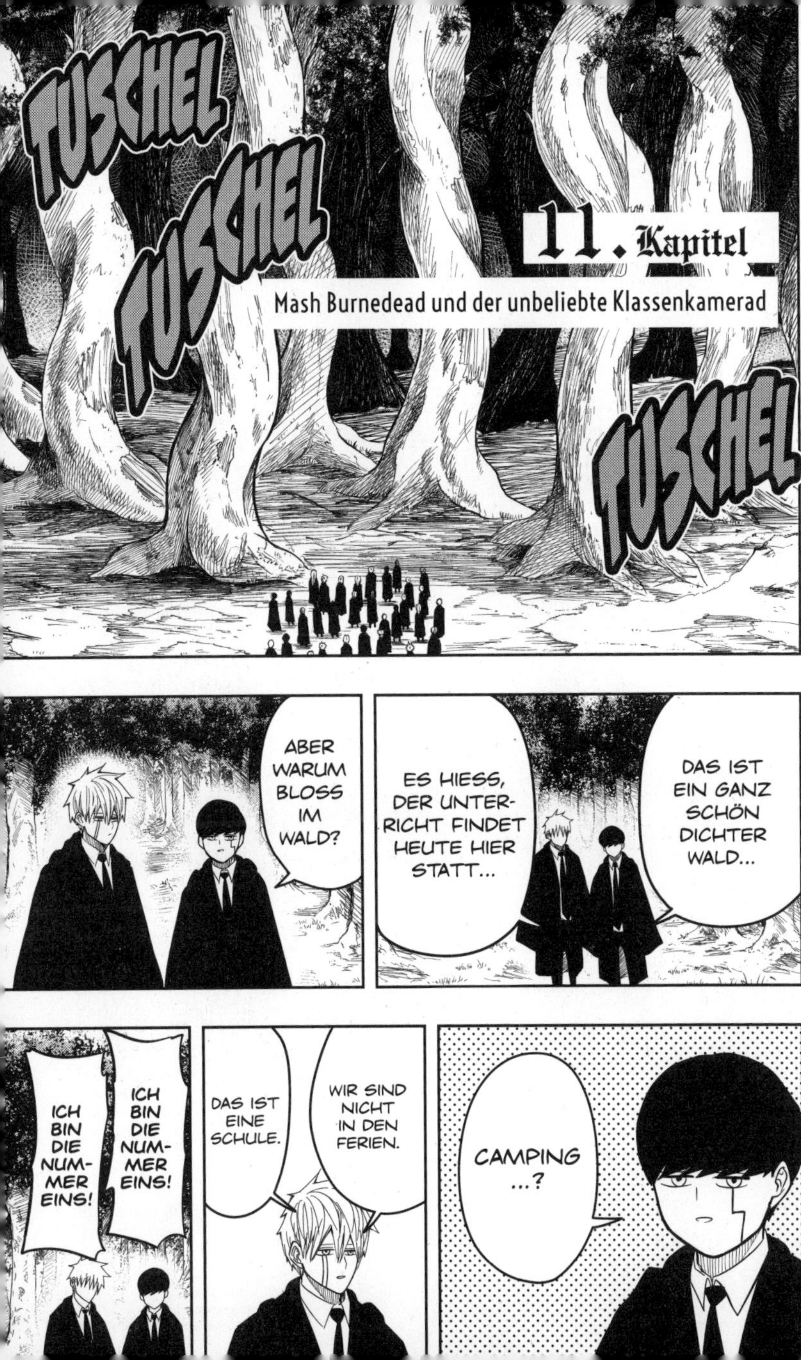

TUSCHEL
TUSCHEL
TUSCHEL
11. Kapitel
Mash Burnedead und der unbeliebte Klassenkamerad
DAS IST EIN GANZ SCHÖN DICHTER WALD...
ES HIESS, DER UNTERRICHT FINDET HEUTE HIER STATT...
ABER WARUM BLOSS IM WALD?
CAMPING ...?
WIR SIND NICHT IN DEN FERIEN.
DAS IST EINE SCHULE.
ICH BIN DIE NUMMER EINS!
ICH BIN DIE NUMMER EINS!

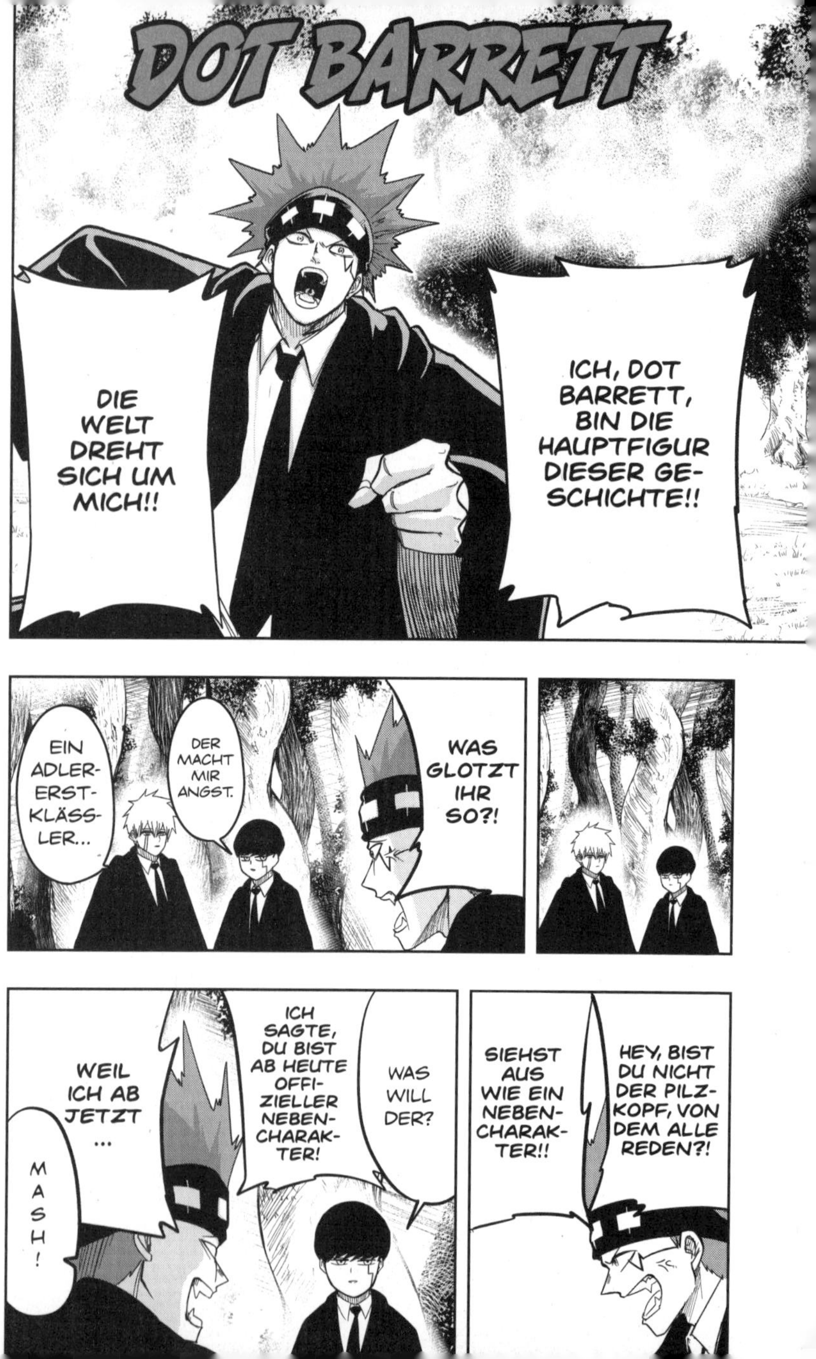
DOT BARRETT
ICH, DOT BARRETT, BIN DIE HAUPTFIGUR DIESER GESCHICHTE!!
DIE WELT DREHT SICH UM MICH!!
WAS GLOTZT IHR SO?!
DER MACHT MIR ANGST.
EIN ADLER-ERSTKLÄSSLER...
HEY, BIST DU NICHT DER PILZKOPF, VON DEM ALLE REDEN?!
SIEHST AUS WIE EIN NEBENCHARAKTER!!
WAS WILL DER?
ICH SAGTE, DU BIST AB HEUTE OFFIZIELLER NEBENCHARAKTER!
WEIL ICH AB JETZT ...
MASH!

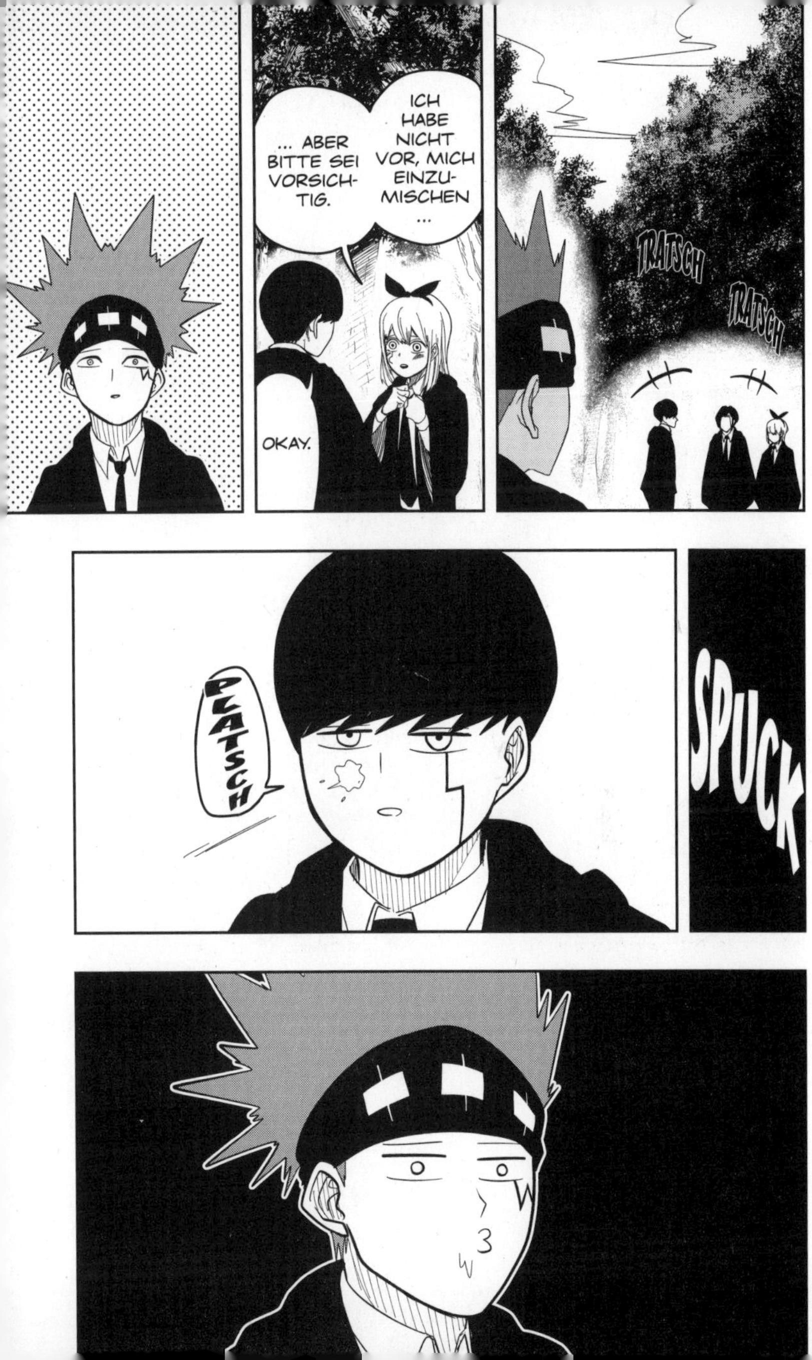

TRATSCH
TRATSCH
ICH HABE NICHT VOR, MICH EINZU-MISCHEN …
… ABER BITTE SEI VORSICH-TIG.
OKAY.
SPUCK
PLATSCH

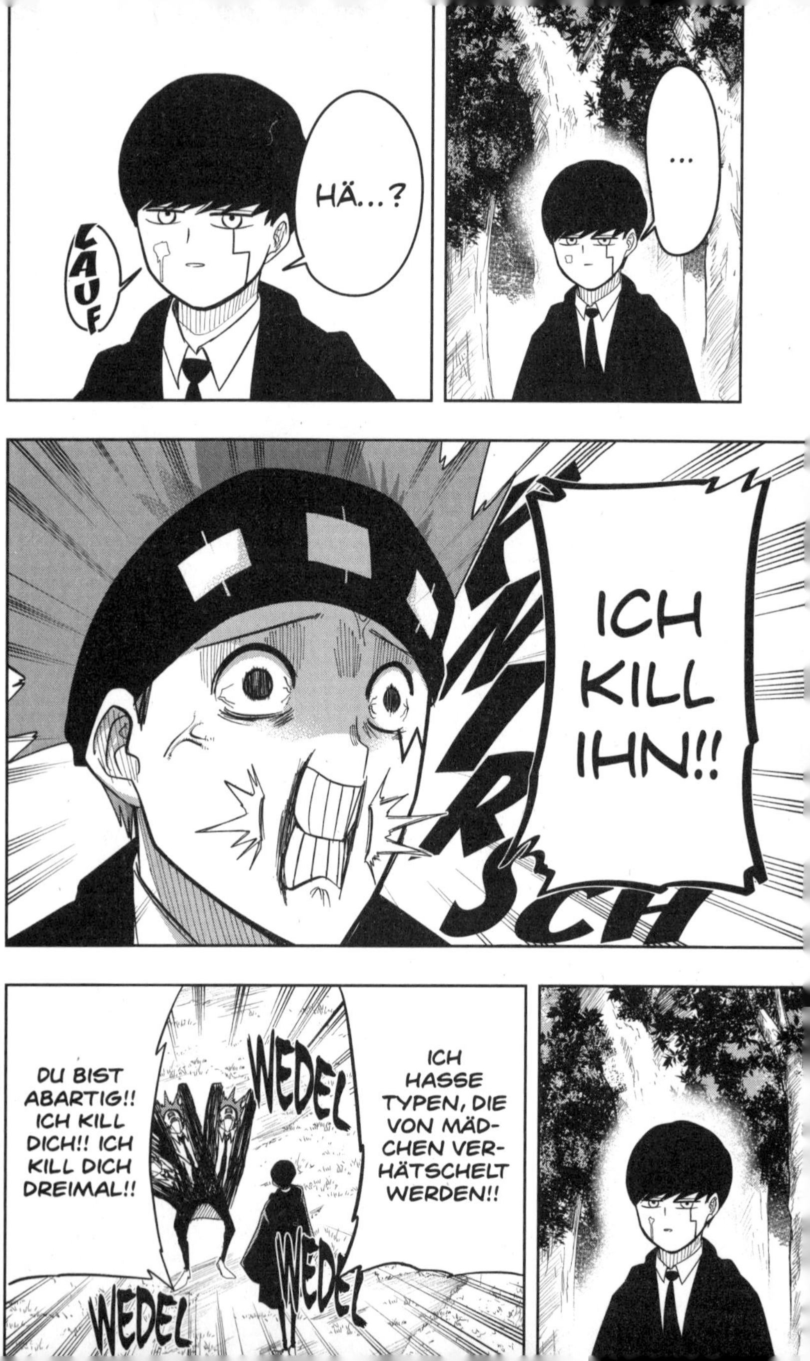
...
HÄ...?
LAUF
ICH KILL IHN!!
ICH HASSE TYPEN, DIE VON MÄD-CHEN VER-HÄTSCHELT WERDEN!!
WEDEL
DU BIST ABARTIG!! ICH KILL DICH!! ICH KILL DICH DREIMAL!!
WEDEL
WEDEL

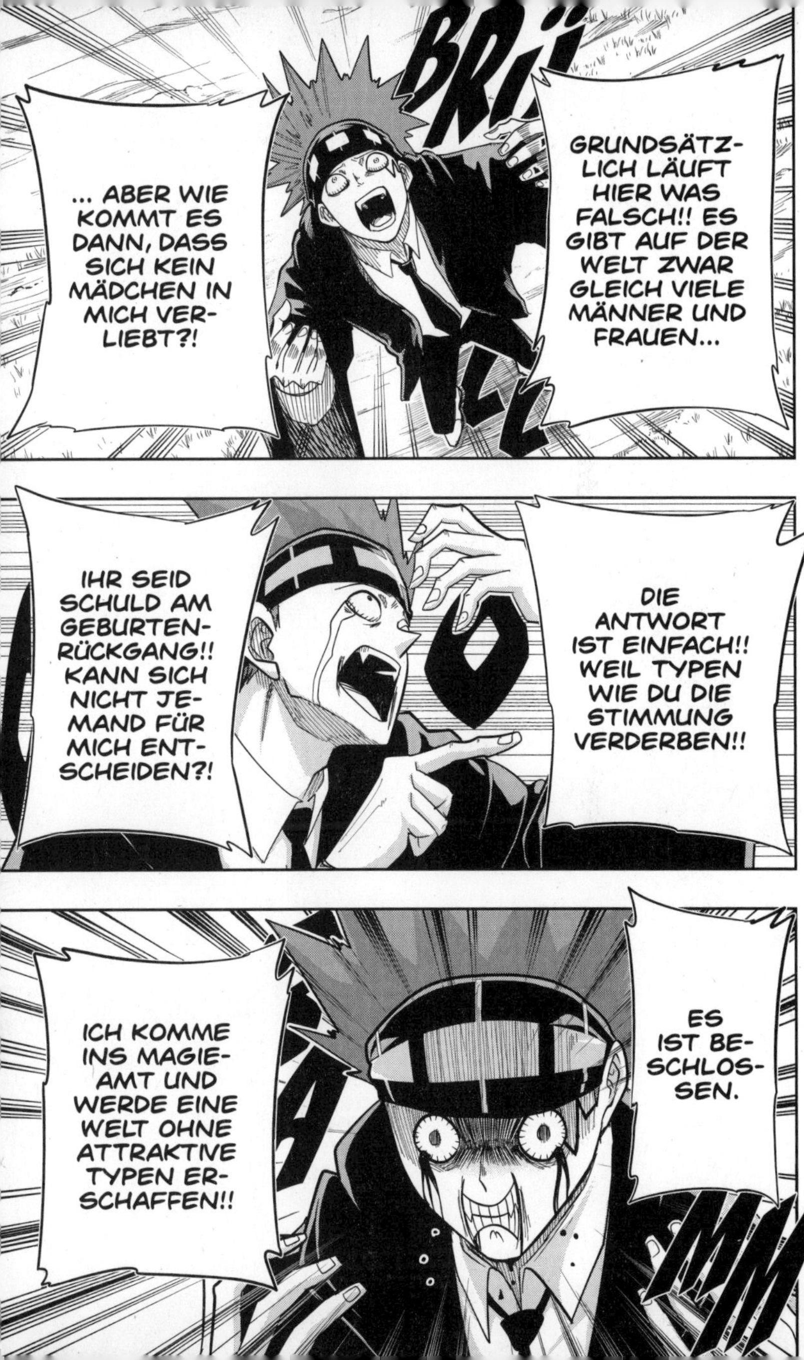
GRUNDSÄTZLICH LÄUFT HIER WAS FALSCH!! ES GIBT AUF DER WELT ZWAR GLEICH VIELE MÄNNER UND FRAUEN...
... ABER WIE KOMMT ES DANN, DASS SICH KEIN MÄDCHEN IN MICH VERLIEBT?!
DIE ANTWORT IST EINFACH!! WEIL TYPEN WIE DU DIE STIMMUNG VERDERBEN!!
IHR SEID SCHULD AM GEBURTENRÜCKGANG!! KANN SICH NICHT JEMAND FÜR MICH ENTSCHEIDEN?!
ES IST BESCHLOSSEN.
ICH KOMME INS MAGIEAMT UND WERDE EINE WELT OHNE ATTRAKTIVE TYPEN ERSCHAFFEN!!

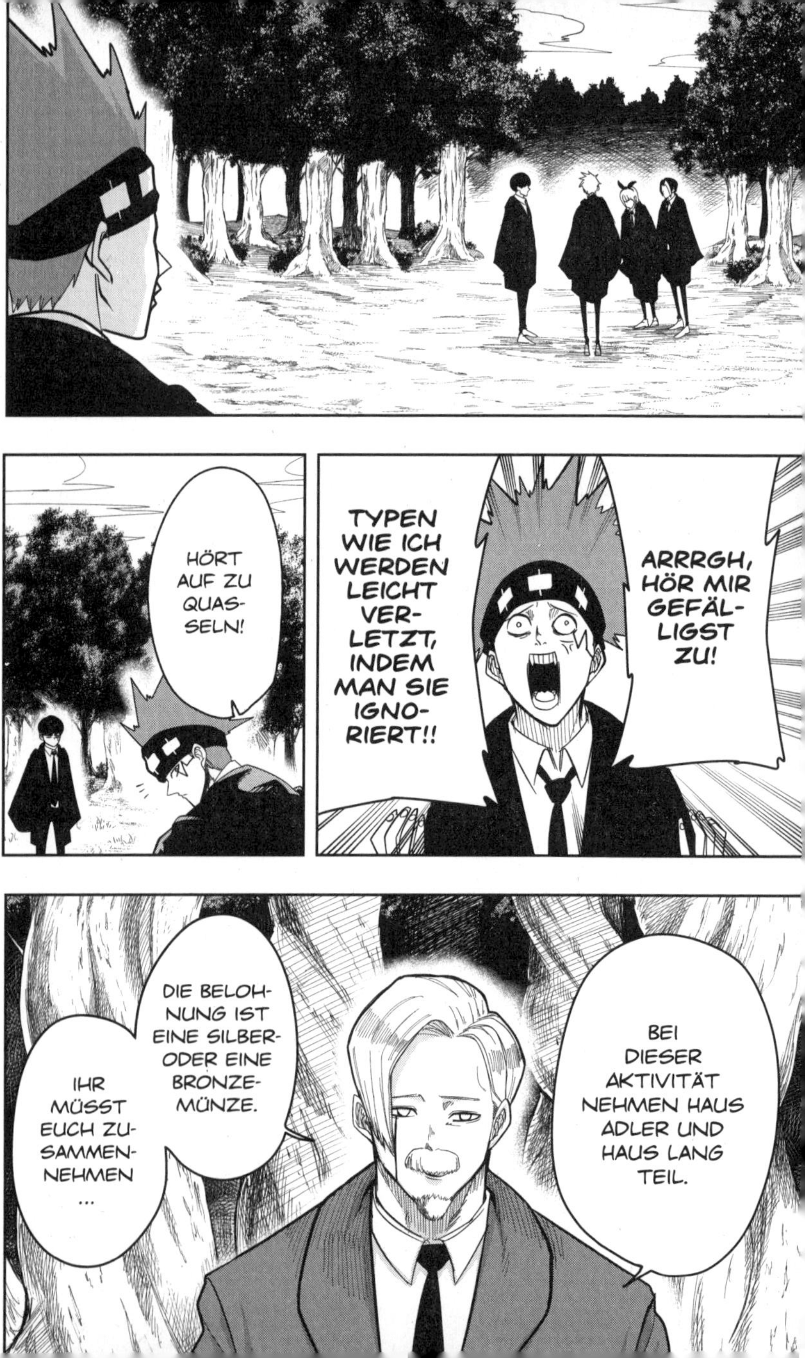
ARRRGH, HÖR MIR GEFÄLLIGST ZU!
TYPEN WIE ICH WERDEN LEICHT VERLETZT, INDEM MAN SIE IGNORIERT!!
HÖRT AUF ZU QUASSELN!
BEI DIESER AKTIVITÄT NEHMEN HAUS ADLER UND HAUS LANG TEIL.
DIE BELOHNUNG IST EINE SILBER- ODER EINE BRONZEMÜNZE.
IHR MÜSST EUCH ZUSAMMENNEHMEN ...

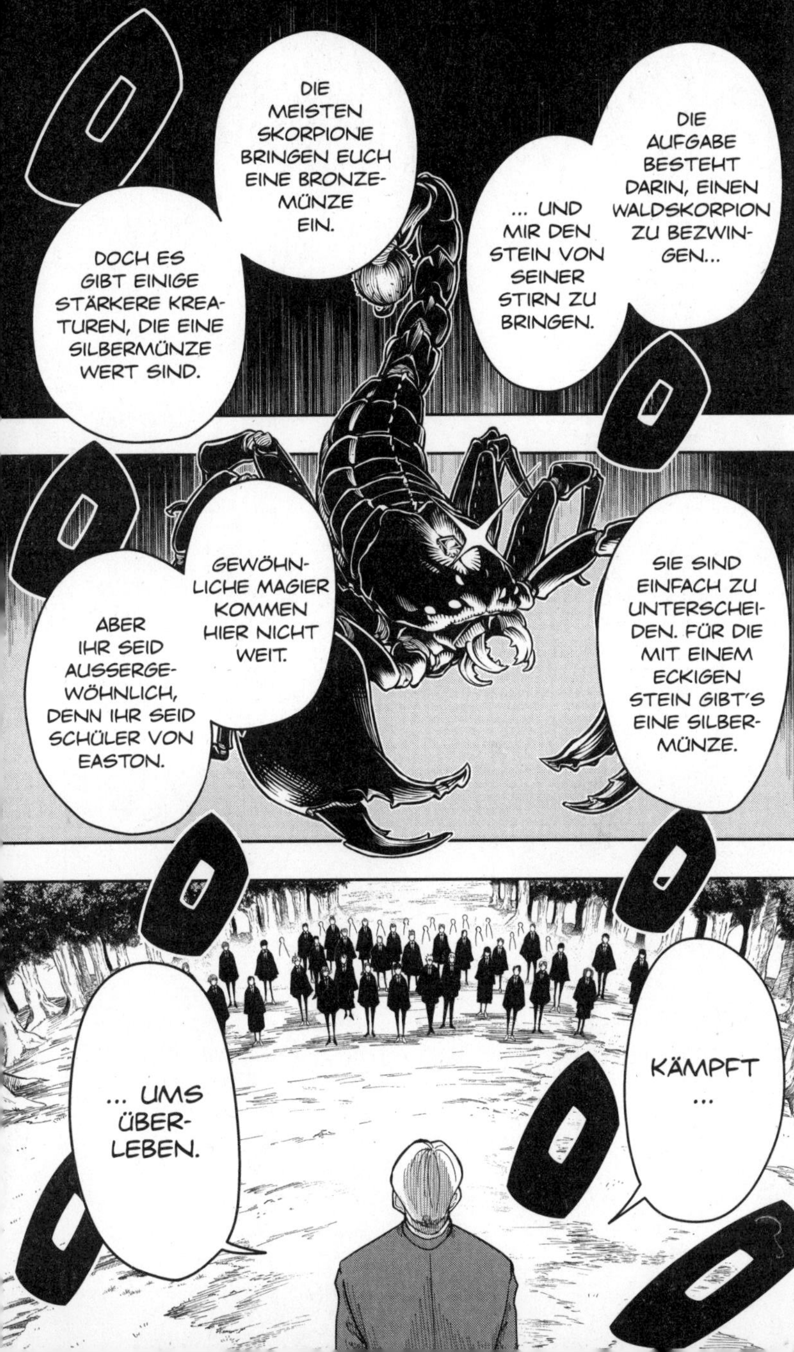
DIE AUFGABE BESTEHT DARIN, EINEN WALDSKORPION ZU BEZWINGEN...
... UND MIR DEN STEIN VON SEINER STIRN ZU BRINGEN.
DIE MEISTEN SKORPIONE BRINGEN EUCH EINE BRONZE-MÜNZE EIN.
DOCH ES GIBT EINIGE STÄRKERE KREATUREN, DIE EINE SILBERMÜNZE WERT SIND.
SIE SIND EINFACH ZU UNTERSCHEIDEN. FÜR DIE MIT EINEM ECKIGEN STEIN GIBT'S EINE SILBER-MÜNZE.
GEWÖHNLICHE MAGIER KOMMEN HIER NICHT WEIT.
ABER IHR SEID AUSSERGEWÖHNLICH, DENN IHR SEID SCHÜLER VON EASTON.
KÄMPFT ...
... UMS ÜBERLEBEN.

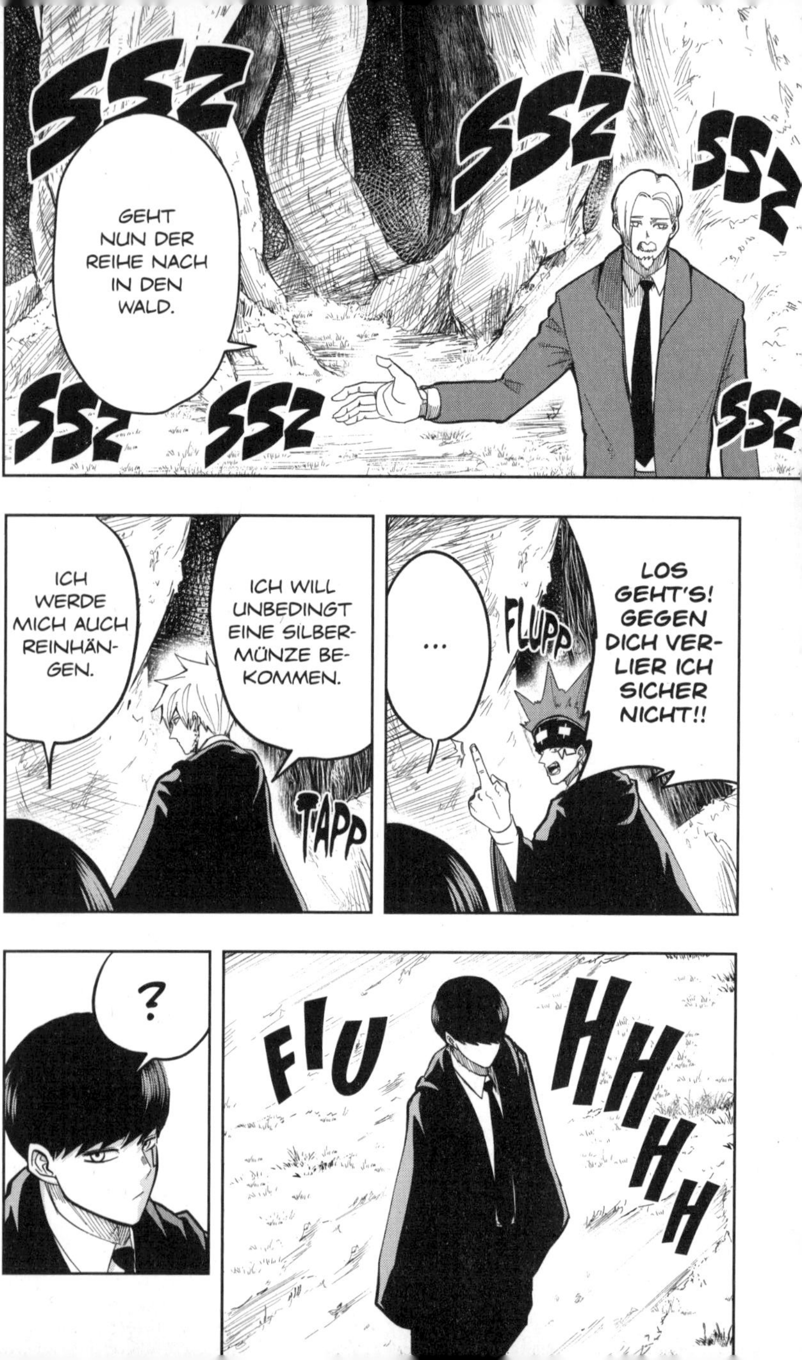
SSZ SSZ SSZ
GEHT NUN DER REIHE NACH IN DEN WALD.
SSZ SSZ SSZ
LOS GEHT'S! GEGEN DICH VERLIER ICH SICHER NICHT!!
FLUPP
...
ICH WILL UNBEDINGT EINE SILBERMÜNZE BEKOMMEN.
TAPP
ICH WERDE MICH AUCH REINHÄNGEN.
FIUHHHHH
?

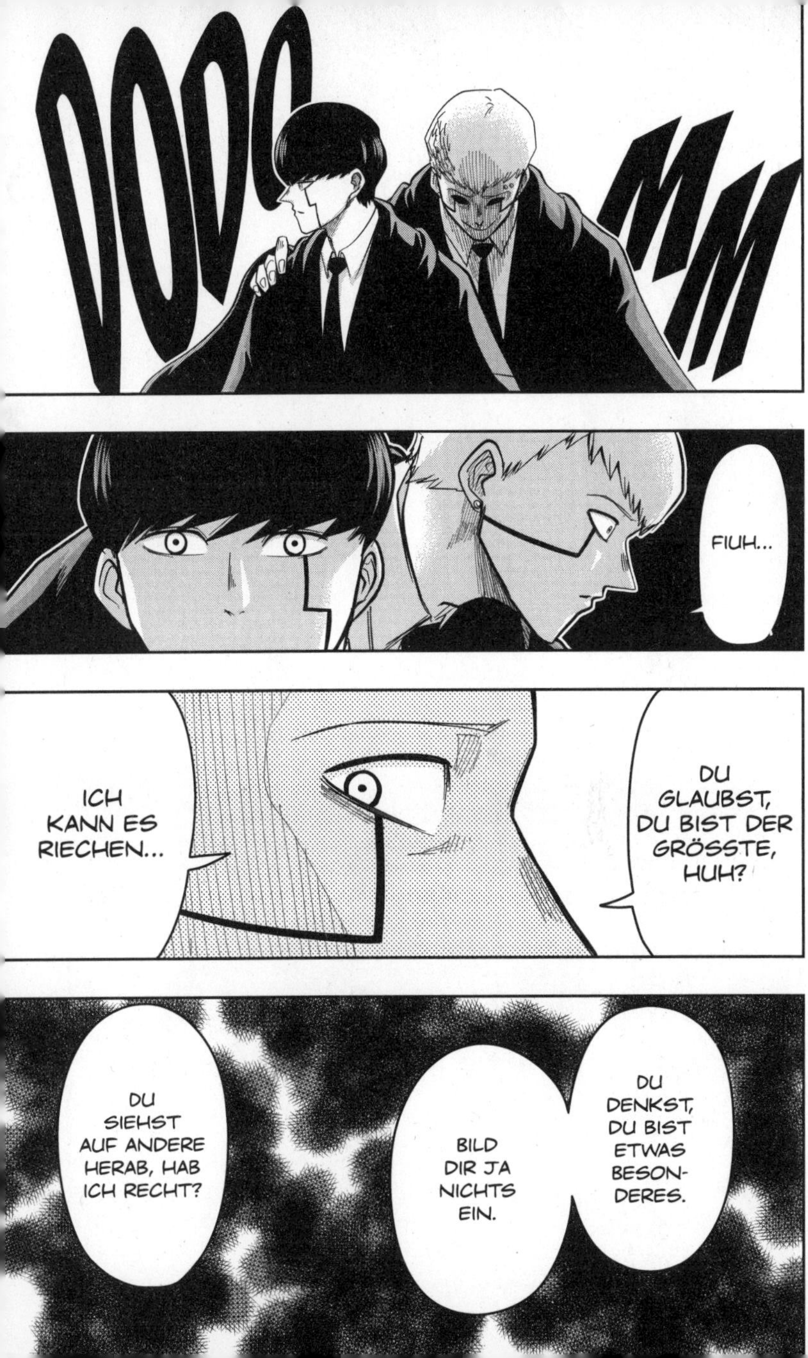
DOOO
MMM
FIUH...
DU GLAUBST, DU BIST DER GRÖSSTE, HUH?
ICH KANN ES RIECHEN...
DU DENKST, DU BIST ETWAS BESON-DERES.
BILD DIR JA NICHTS EIN.
DU SIEHST AUF ANDERE HERAB, HAB ICH RECHT?

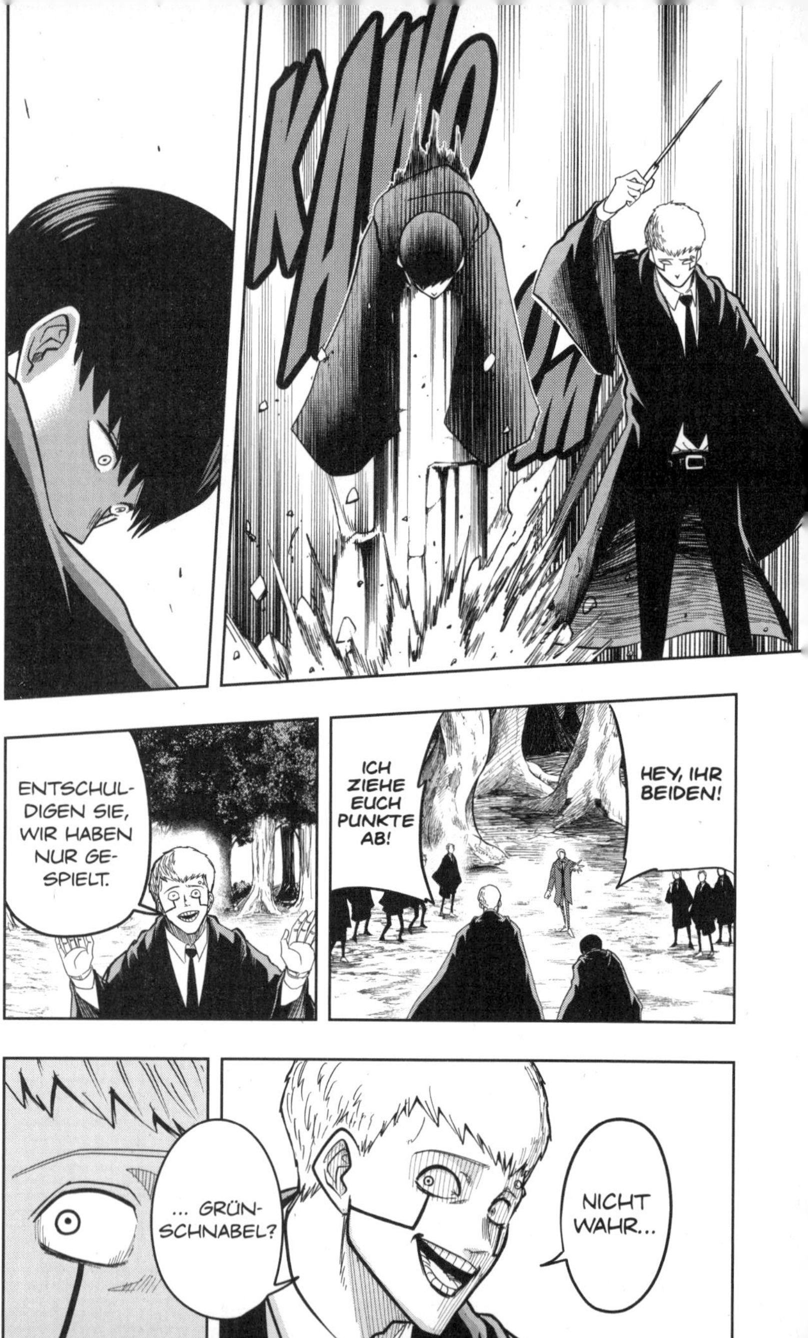

HEY, IHR BEIDEN!
ICH ZIEHE EUCH PUNKTE AB!
ENTSCHULDIGEN SIE, WIR HABEN NUR GESPIELT.
NICHT WAHR...
... GRÜNSCHNABEL?

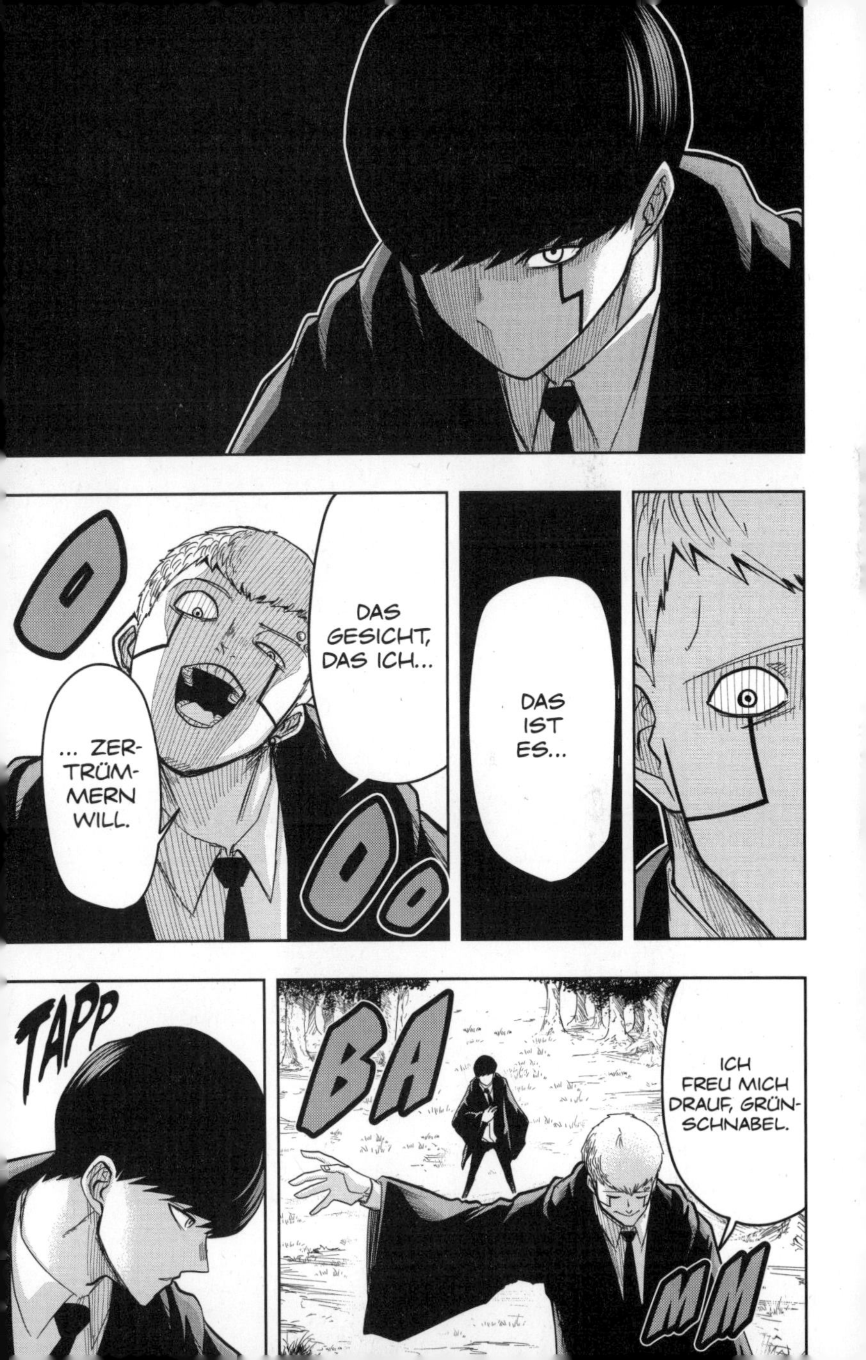
DAS IST ES...
DAS GESICHT, DAS ICH...
... ZERTRÜMMERN WILL.
ICH FREU MICH DRAUF, GRÜNSCHNABEL.
BA
MM
TAPP

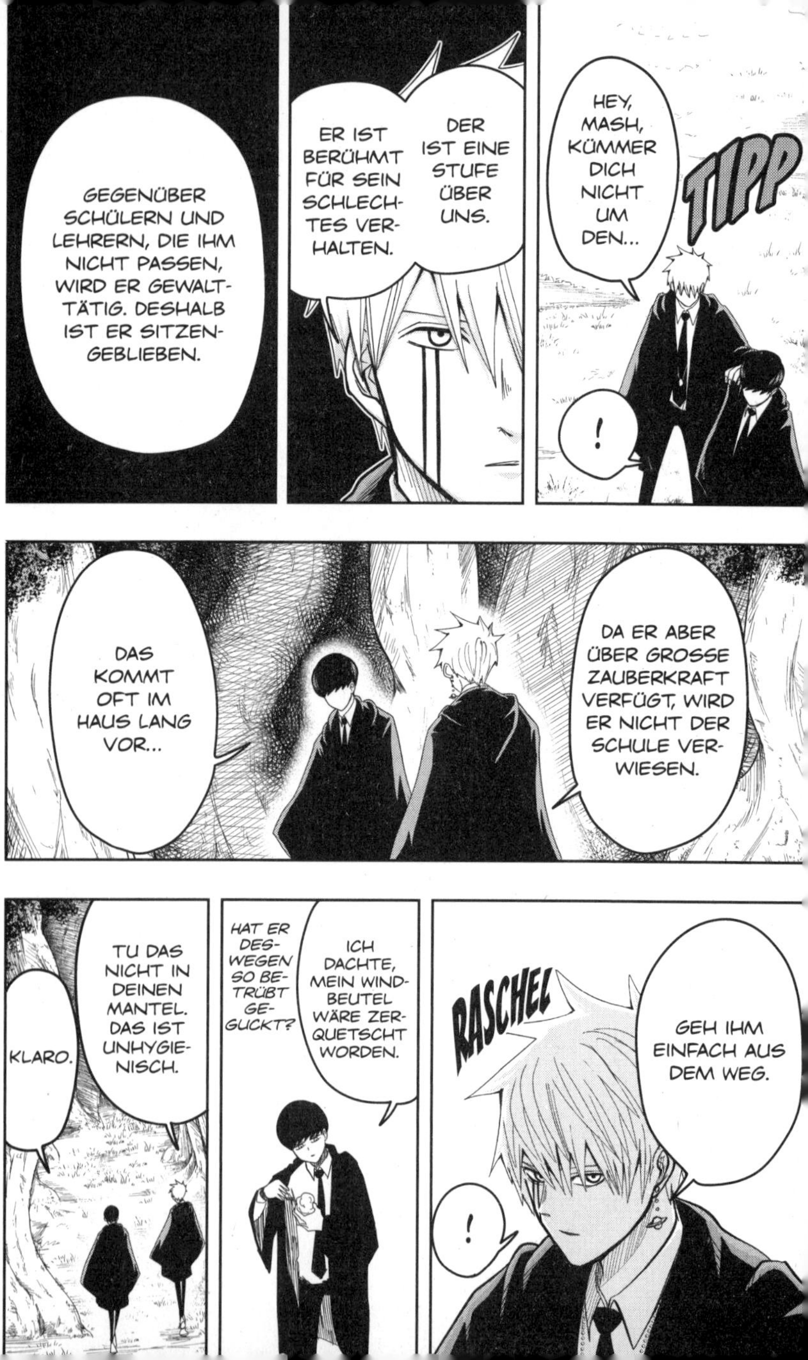

HEY, MASH, KÜMMER DICH NICHT UM DEN...
TIPP
!
DER IST EINE STUFE ÜBER UNS.
ER IST BERÜHMT FÜR SEIN SCHLECHTES VERHALTEN.
GEGENÜBER SCHÜLERN UND LEHRERN, DIE IHM NICHT PASSEN, WIRD ER GEWALTTÄTIG. DESHALB IST ER SITZENGEBLIEBEN.
DA ER ABER ÜBER GROSSE ZAUBERKRAFT VERFÜGT, WIRD ER NICHT DER SCHULE VERWIESEN.
DAS KOMMT OFT IM HAUS LANG VOR...
RASCHEL
GEH IHM EINFACH AUS DEM WEG.
!
ICH DACHTE, MEIN WINDBEUTEL WÄRE ZERQUETSCHT WORDEN.
HAT ER DESWEGEN SO BETRÜBT GEGUCKT?
TU DAS NICHT IN DEINEN MANTEL. DAS IST UNHYGIENISCH.
KLARO.

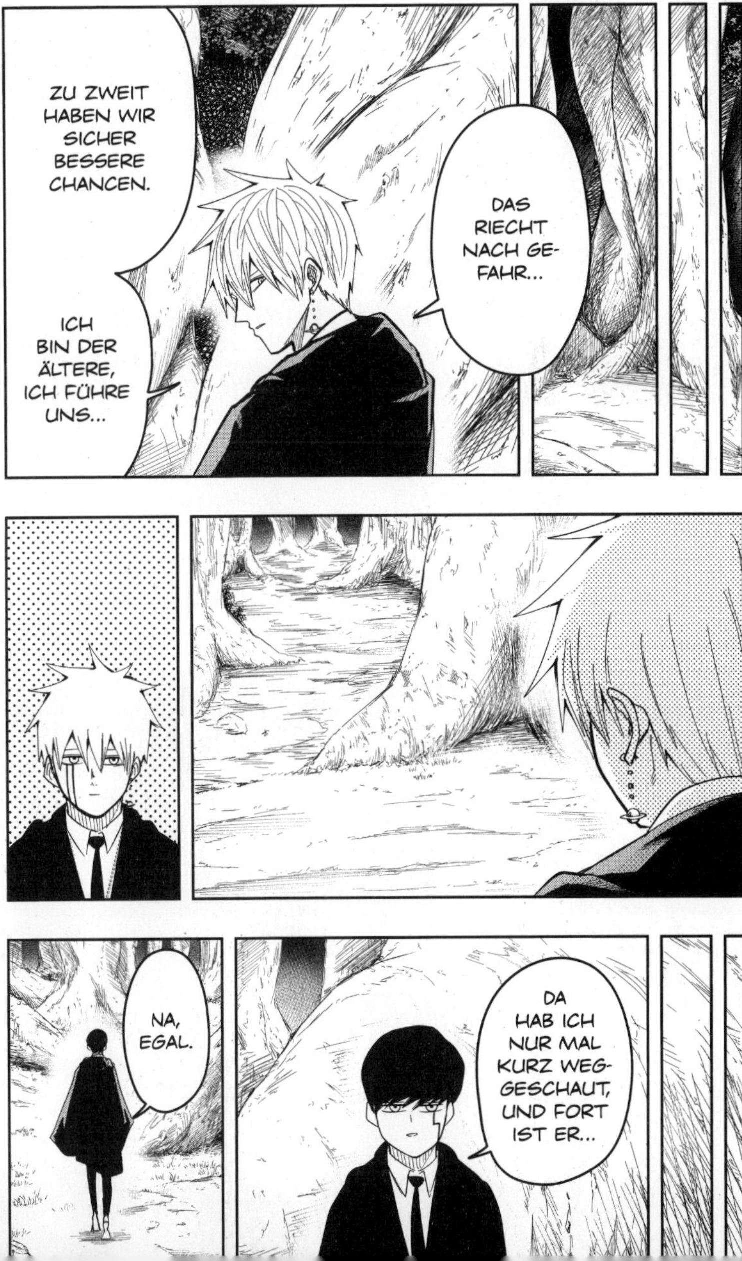

DAS RIECHT NACH GE-FAHR...
ZU ZWEIT HABEN WIR SICHER BESSERE CHANCEN.
ICH BIN DER ÄLTERE, ICH FÜHRE UNS...
DA HAB ICH NUR MAL KURZ WEG-GESCHAUT, UND FORT IST ER...
NA, EGAL.

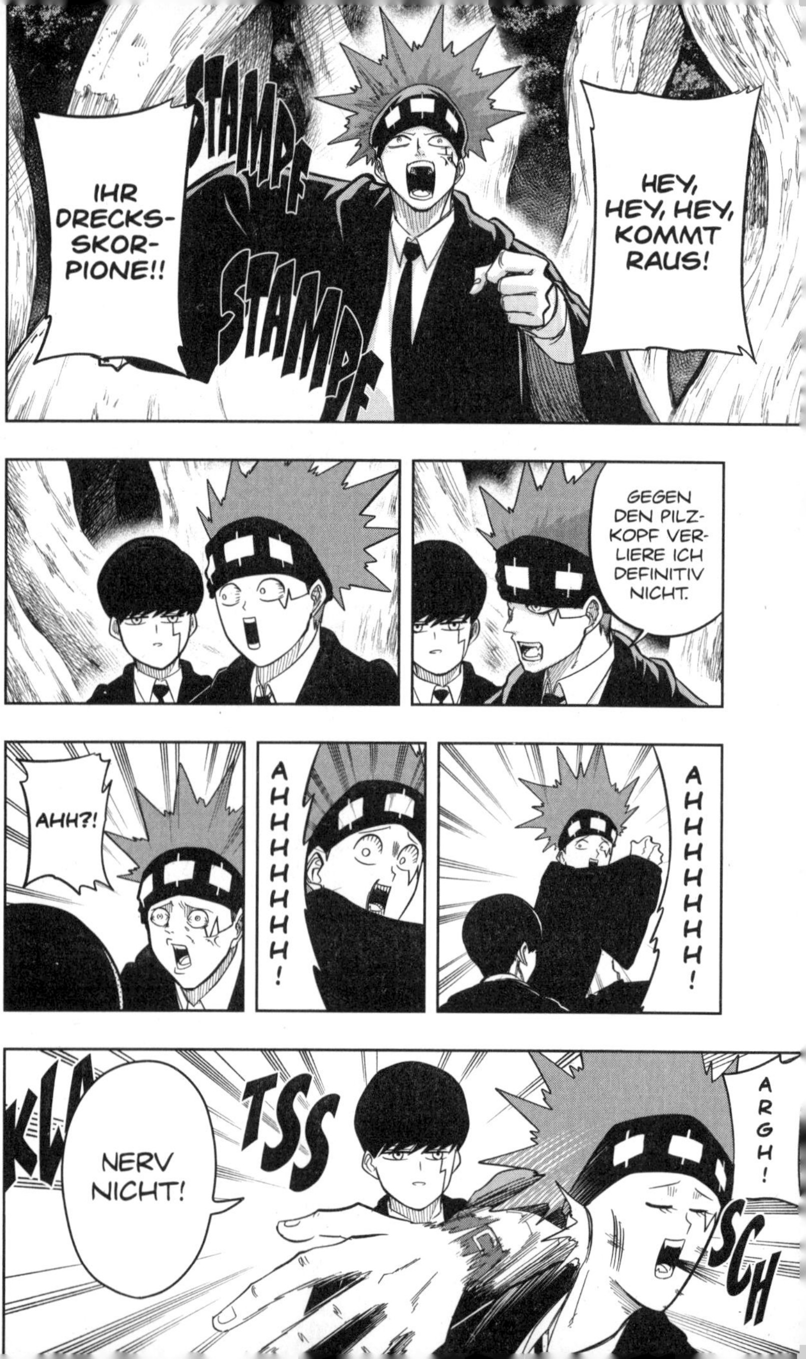
HEY, HEY, HEY, KOMMT RAUS!
STAMPF
STAMPF
IHR DRECKS-SKORPIONE!!
GEGEN DEN PILZKOPF VERLIERE ICH DEFINITIV NICHT.
AHHHHHHH!
AHHHHHHH!
AHH?!
ARGH!
SCH
TSS
KWA
NERV NICHT!

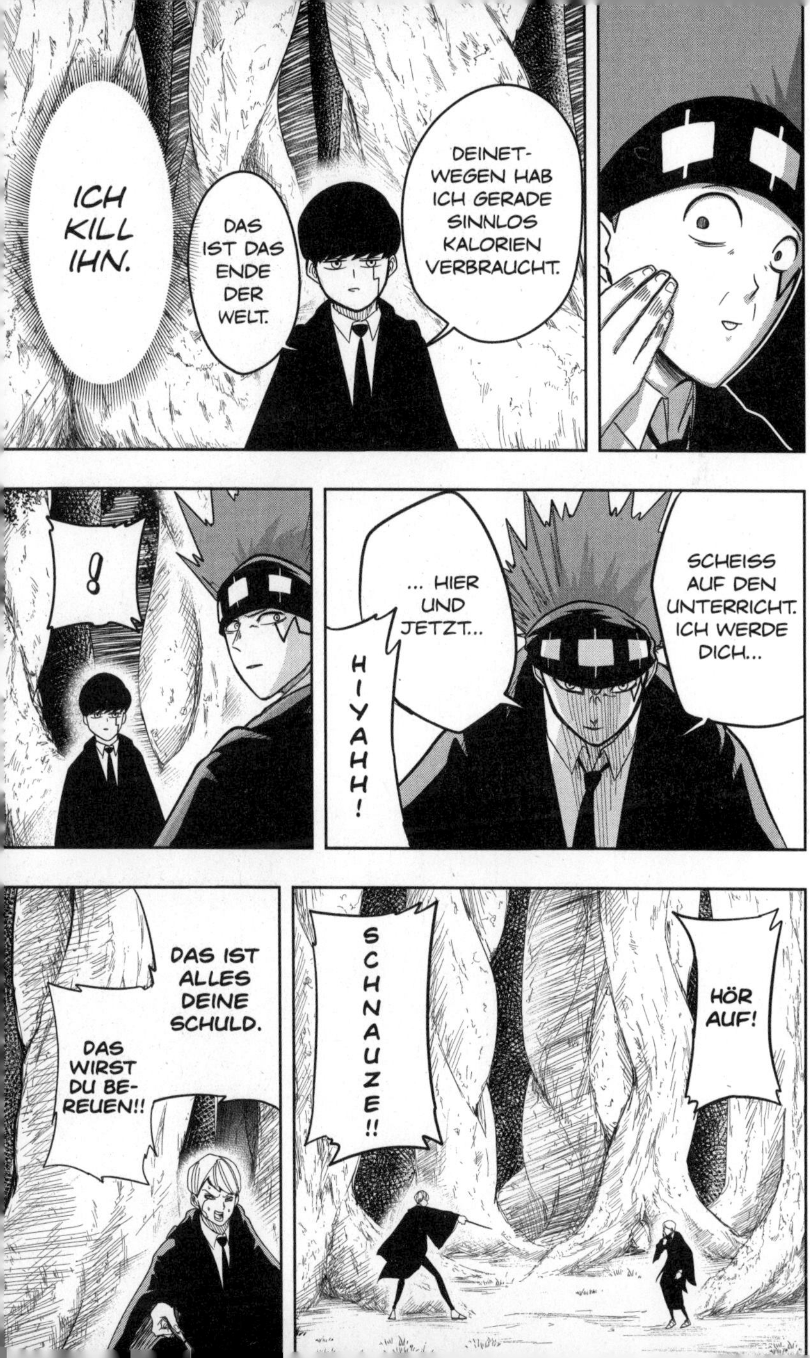
DEINET-WEGEN HAB ICH GERADE SINNLOS KALORIEN VERBRAUCHT.
DAS IST DAS ENDE DER WELT.
ICH KILL IHN.
SCHEISS AUF DEN UNTERRICHT. ICH WERDE DICH...
... HIER UND JETZT...
HIYAHH!
!
HÖR AUF!
SCHNAUZE!!
DAS IST ALLES DEINE SCHULD.
DAS WIRST DU BE-REUEN!!

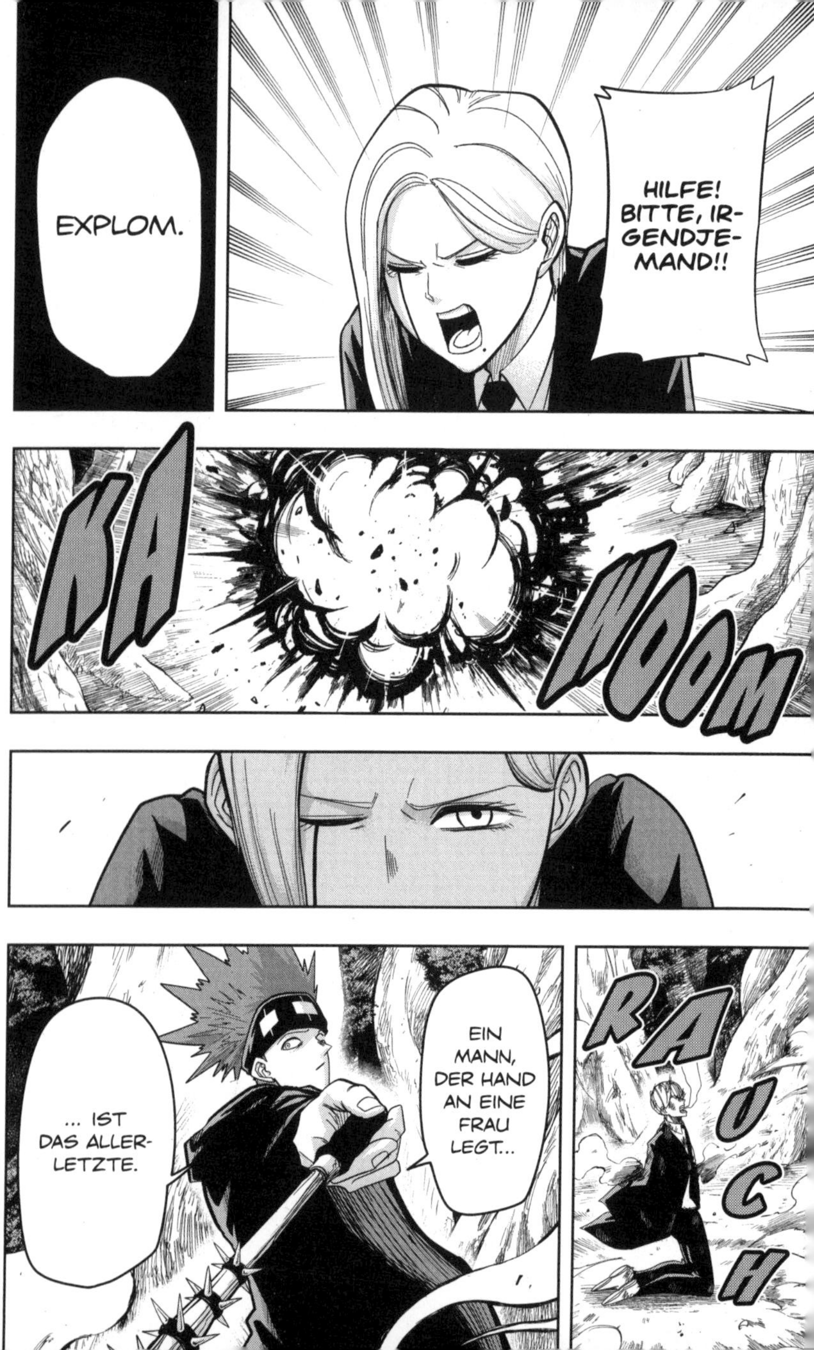
HILFE! BITTE, IR-GENDJE-MAND!!
EXPLOM.
KA
WOOM
EIN MANN, DER HAND AN EINE FRAU LEGT...
... IST DAS ALLER-LETZTE.
RAUCH

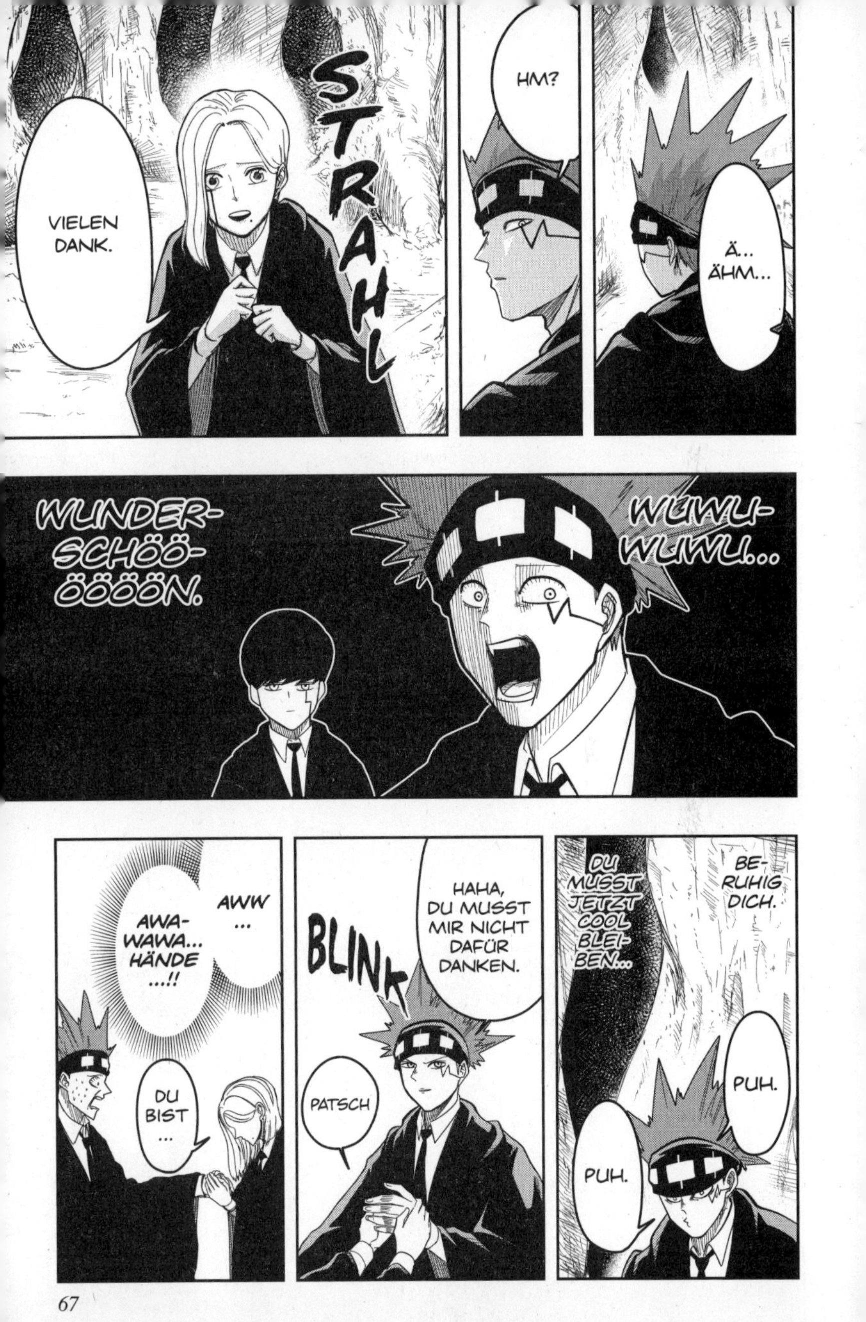
STRAHL
VIELEN DANK.
HM?
Ä... ÄHM...
WUNDER-SCHÖÖ-ÖÖÖÖN.
WUWU-WUWU...
BE-RUHIG DICH.
DU MUSST JETZT COOL BLEI-BEN...
PUH.
PUH.
HAHA, DU MUSST MIR NICHT DAFÜR DANKEN.
BLINK
PATSCH
AWW ...
AWA-WAWA... HÄNDE ...!!
DU BIST ...

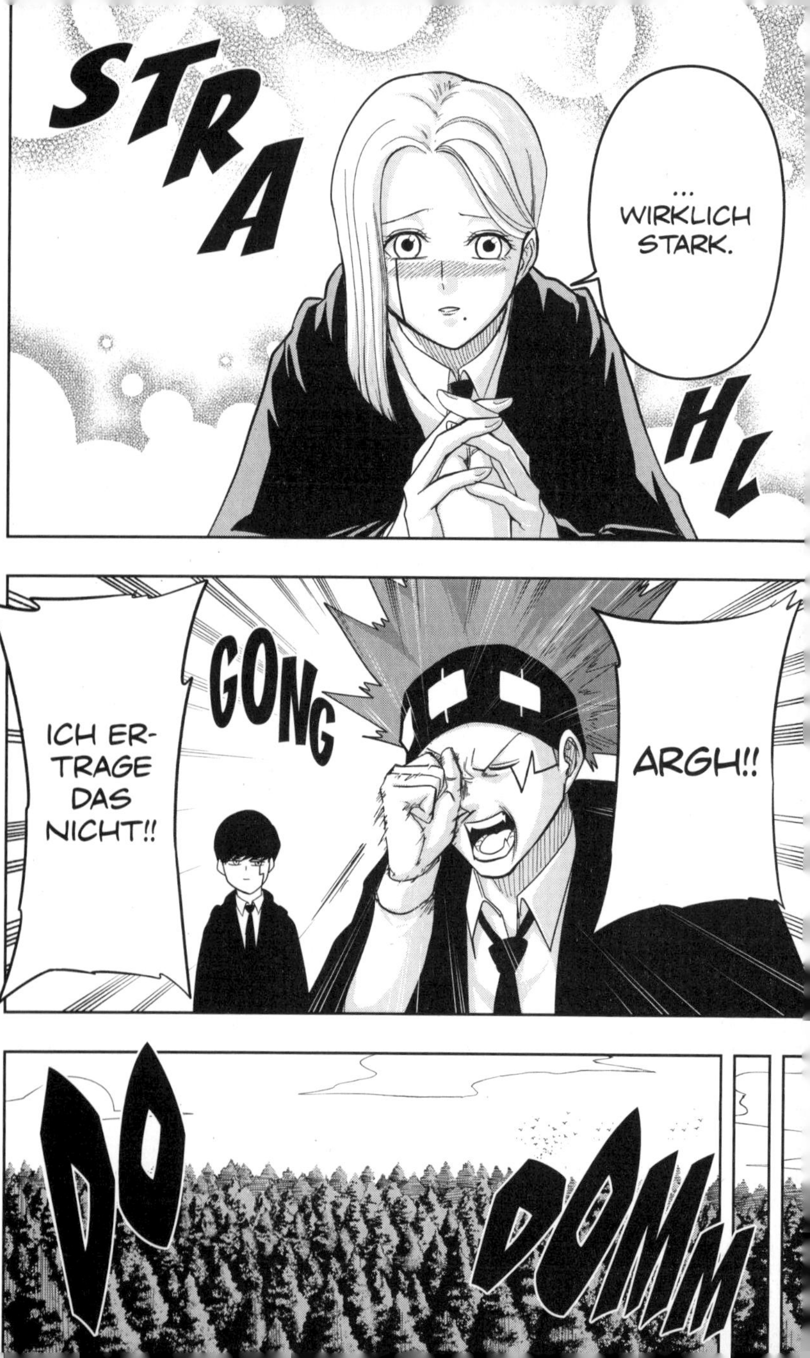
STRAHL
... WIRKLICH STARK.
ARGH!!
GONG
ICH ER- TRAGE DAS NICHT!!
DODOMM

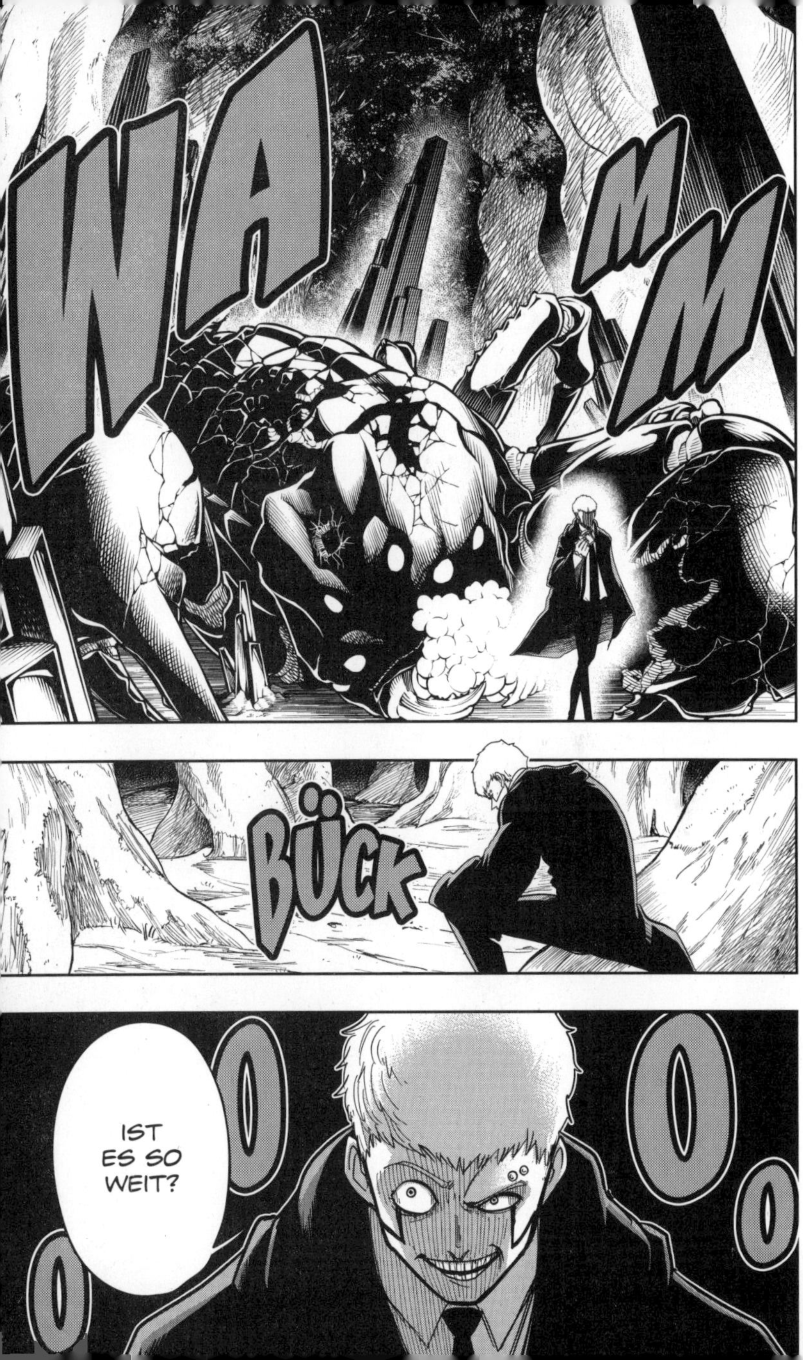
WAMM
BÜCK
IST ES SO WEIT?
OOOO

Lance Crown

Ich lasse ihn als den gut aussehenden Rivalen auftreten. Es kann spannend werden (im Shonen-Manga-Stil), wenn jemand so Starkes auftaucht wie die Hauptfigur. Es ist toll, dass er sich um seine kleine Schwester sorgt und wie eine Mama fürs Team ist. Zuerst sollte er ein kampfwütiges Genie werden, aber jetzt strotzt er nur so vor übersprudelnder freundlicher Energie. Währenddessen verschreibe ich mich dem Zeichnen von hübschen Jungs!!

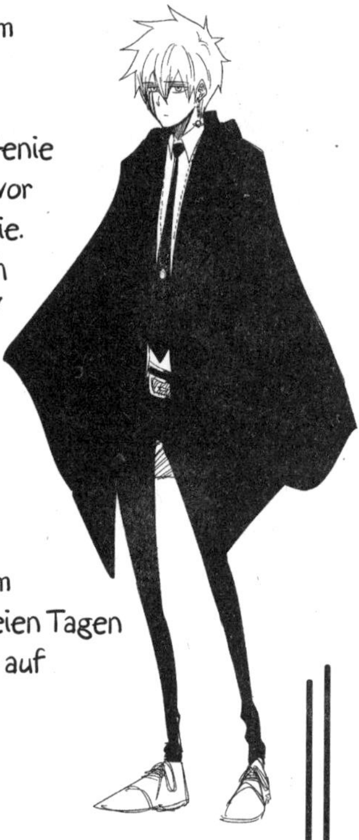

Größe: 178 cm
Räumt an freien Tagen sein Zimmer auf

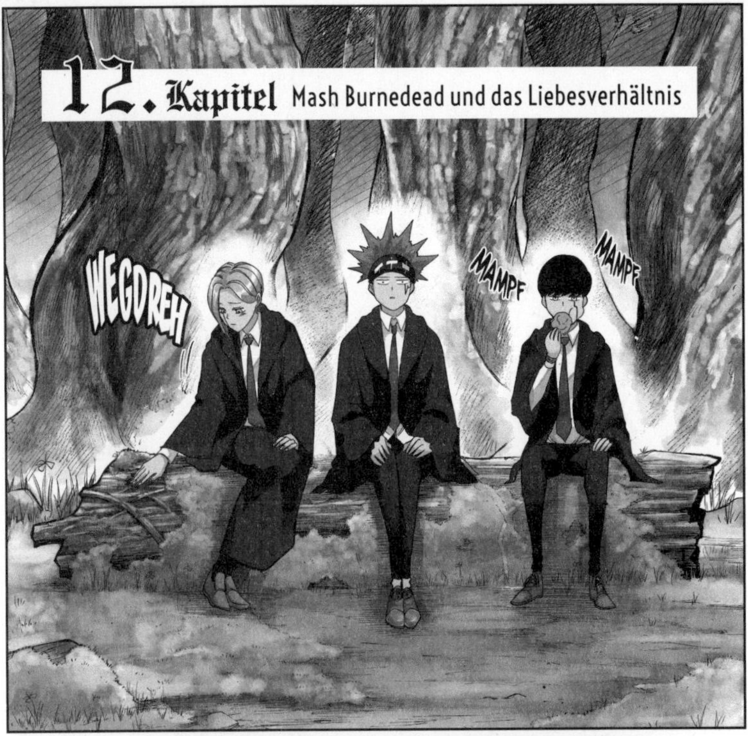
12. Kapitel Mash Burnedead und das Liebesverhältnis
WEGDREH
MAMPF
MAMPF

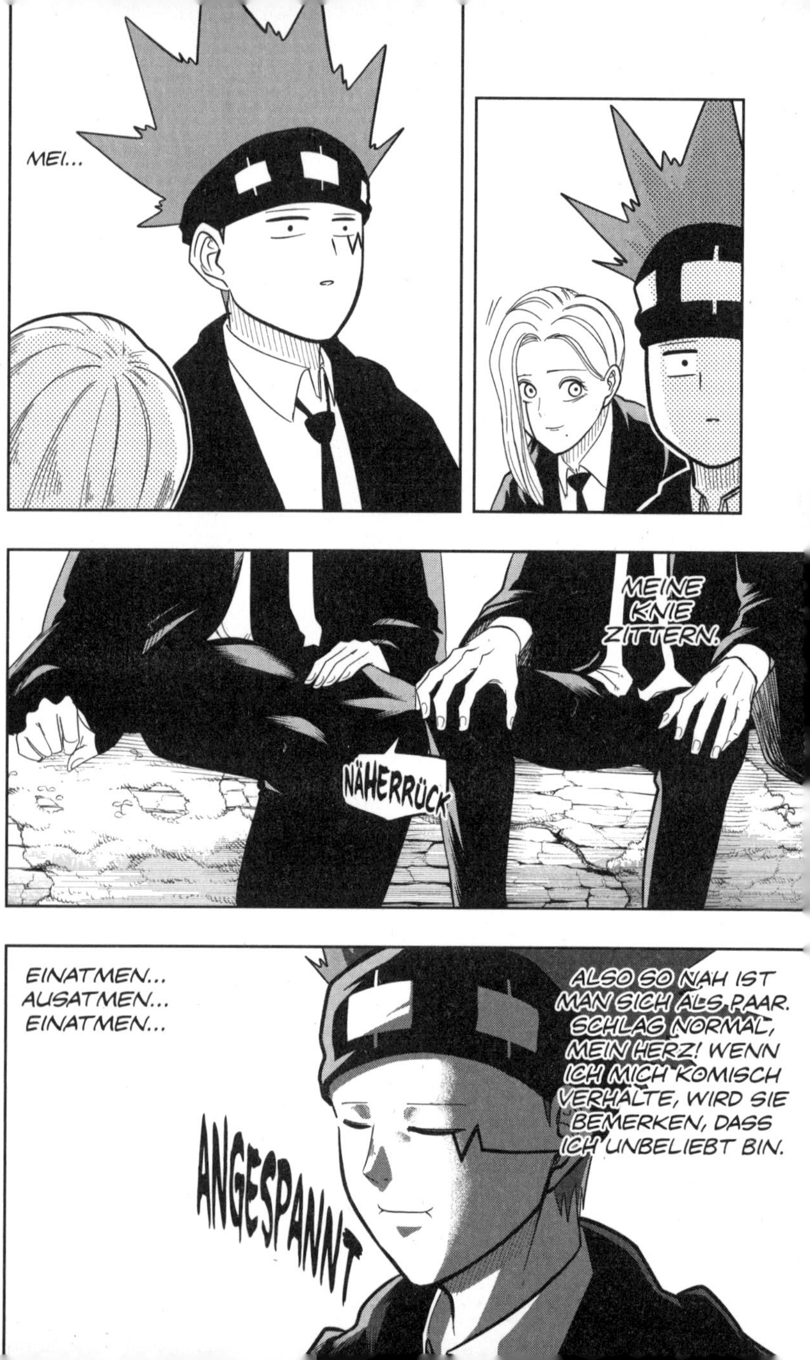
MEI...
MEINE KNIE ZITTERN.
NÄHERRÜCK
EINATMEN... AUSATMEN... EINATMEN...
ALSO SO NAH IST MAN SICH ALS PAAR. SCHLAG NORMAL, MEIN HERZ! WENN ICH MICH KOMISCH VERHALTE, WIRD SIE BEMERKEN, DASS ICH UNBELIEBT BIN.
ANGESPANNT

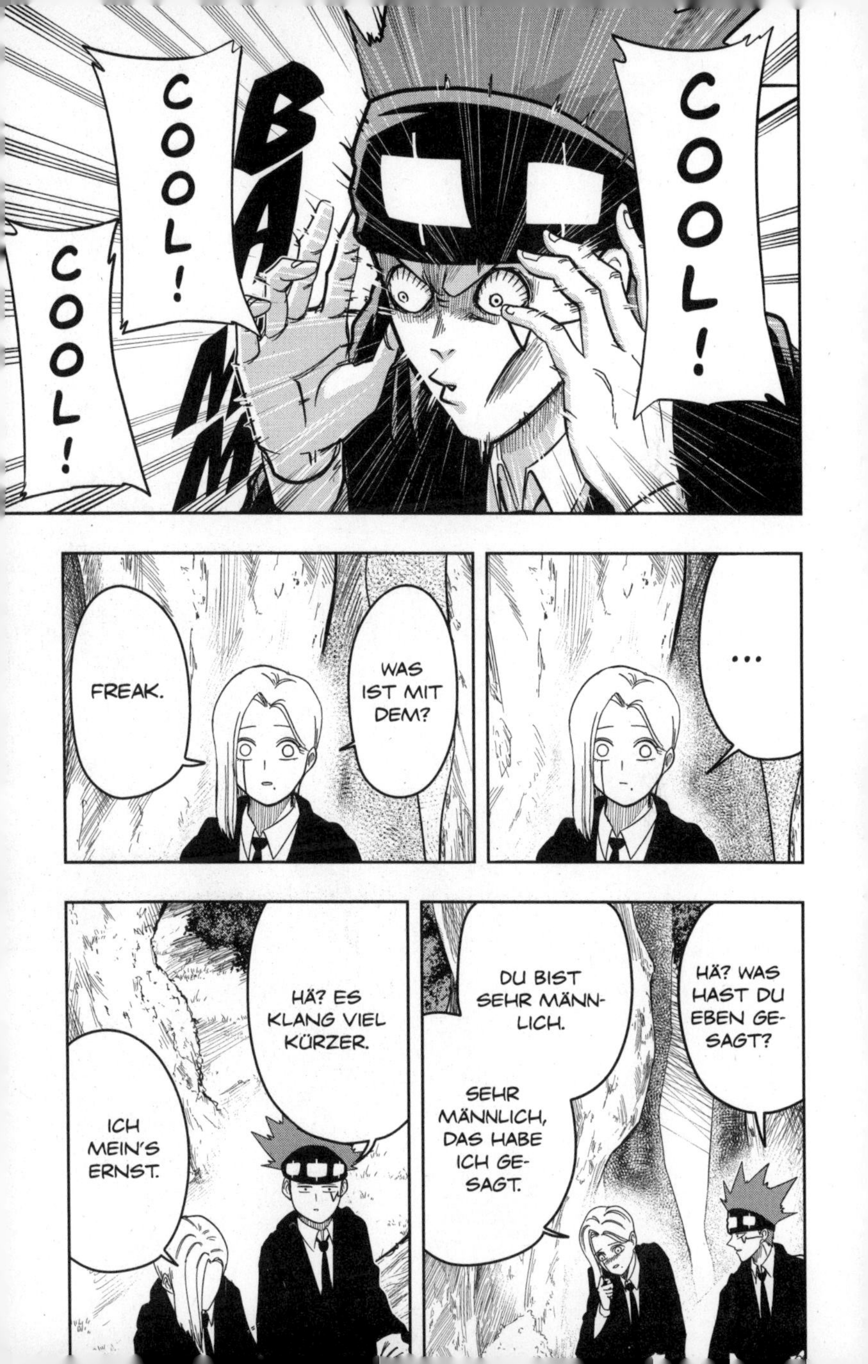
COOL!
COOL!
COOL!
BAMM
...
WAS IST MIT DEM?
FREAK.
HÄ? WAS HAST DU EBEN GESAGT?
DU BIST SEHR MÄNNLICH.
SEHR MÄNNLICH, DAS HABE ICH GESAGT.
HÄ? ES KLANG VIEL KÜRZER.
ICH MEIN'S ERNST.

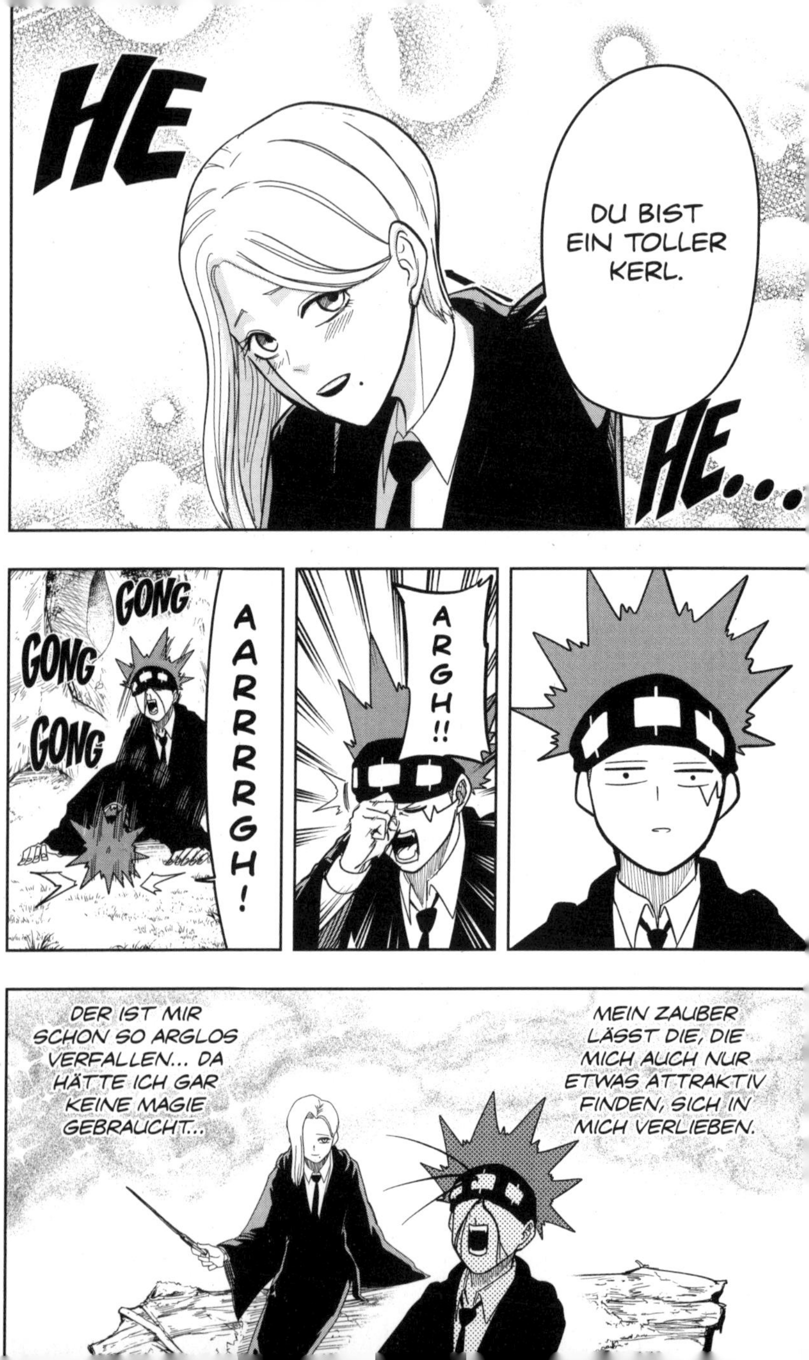
HE
DU BIST EIN TOLLER KERL.
HE...
AARRRRGH!
GONG
GONG
GONG
ARGH!!
DER IST MIR SCHON SO ARGLOS VERFALLEN... DA HÄTTE ICH GAR KEINE MAGIE GEBRAUCHT...
MEIN ZAUBER LÄSST DIE, DIE MICH AUCH NUR ETWAS ATTRAKTIV FINDEN, SICH IN MICH VERLIEBEN.

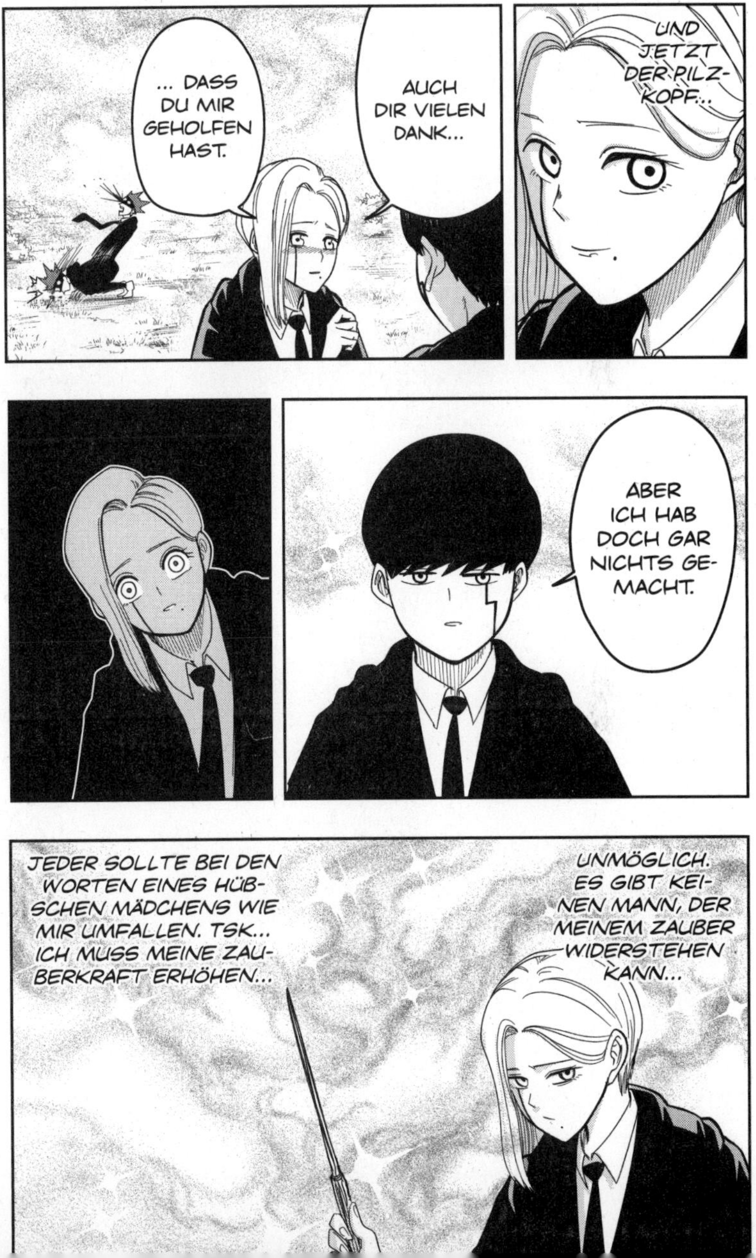
UND JETZT DER PILZ-KOPF...
AUCH DIR VIELEN DANK...
... DASS DU MIR GEHOLFEN HAST.
ABER ICH HAB DOCH GAR NICHTS GE-MACHT.
UNMÖGLICH. ES GIBT KEI-NEN MANN, DER MEINEM ZAUBER WIDERSTEHEN KANN...
JEDER SOLLTE BEI DEN WORTEN EINES HÜB-SCHEN MÄDCHENS WIE MIR UMFALLEN. TSK... ICH MUSS MEINE ZAU-BERKRAFT ERHÖHEN...

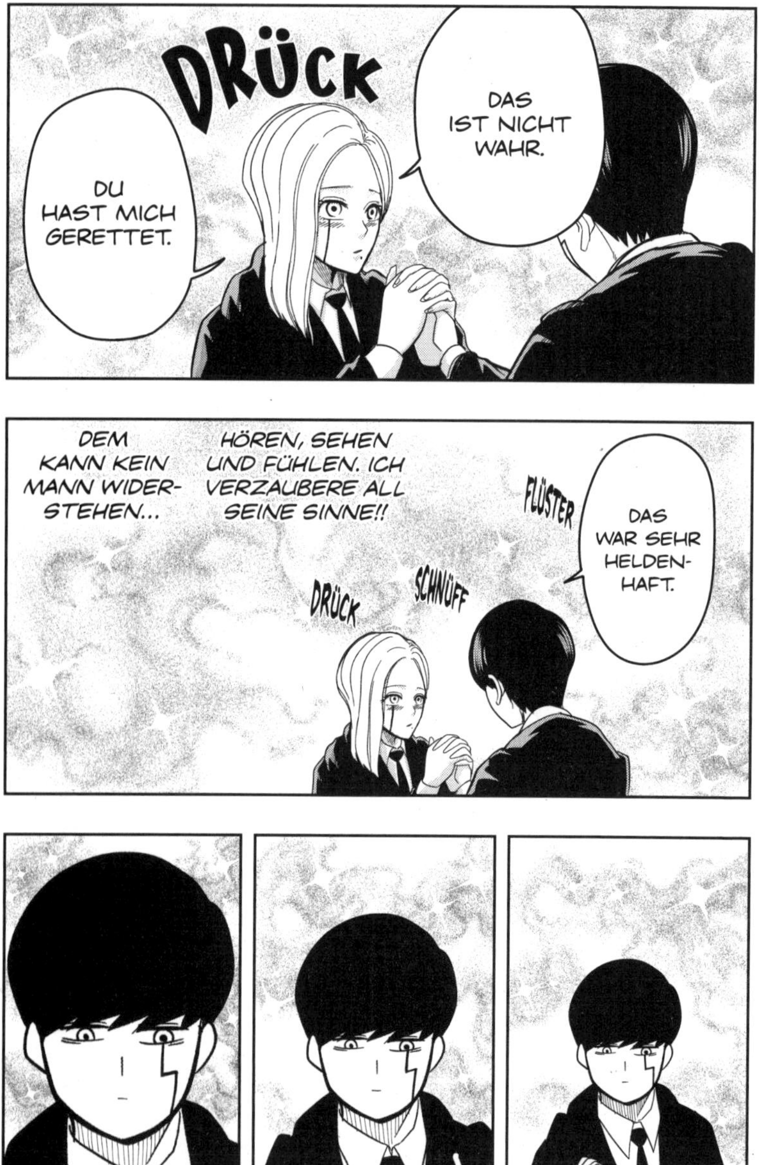
DAS IST NICHT WAHR.
DRÜCK
DU HAST MICH GERETTET.
FLÜSTER
DAS WAR SEHR HELDEN-HAFT.
SCHNÜFF
DRÜCK
HÖREN, SEHEN UND FÜHLEN. ICH VERZAUBERE ALL SEINE SINNE!!
DEM KANN KEIN MANN WIDER-STEHEN...

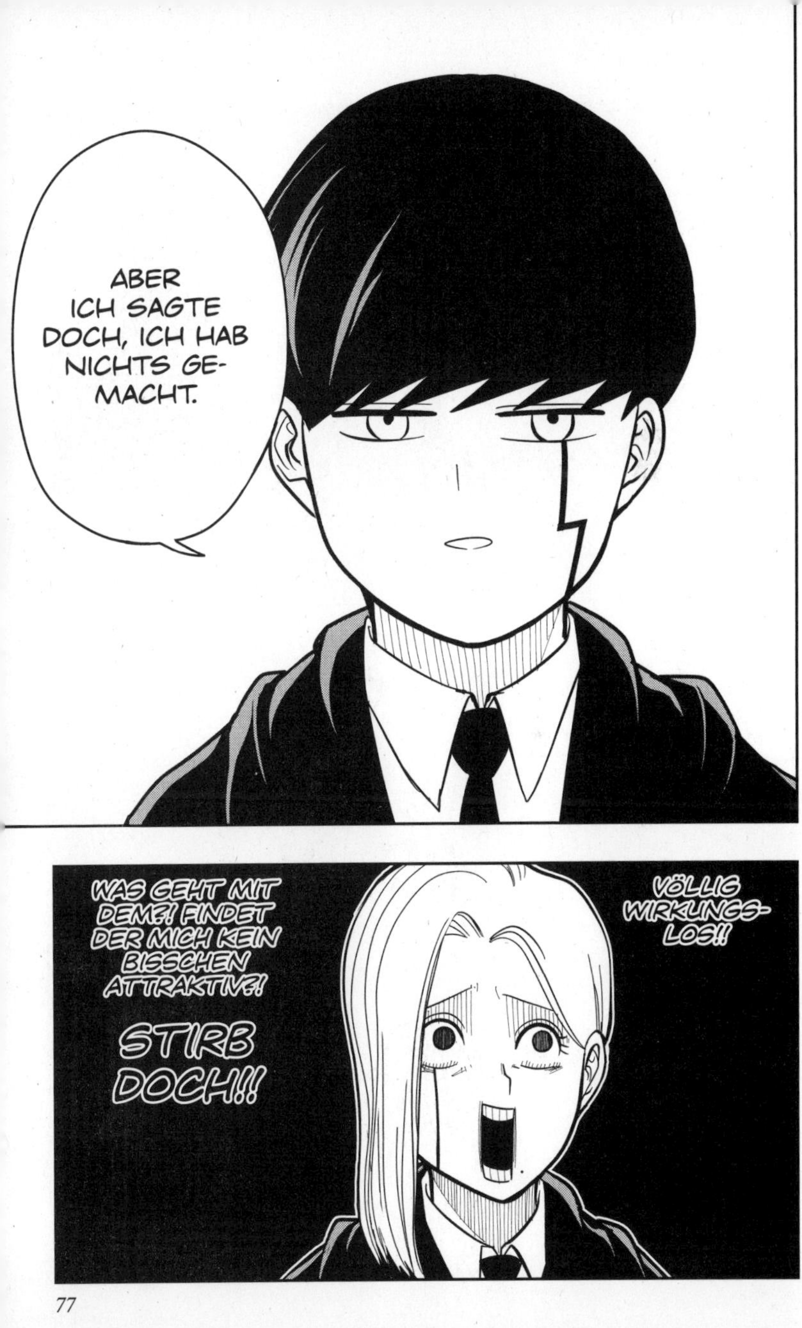
ABER ICH SAGTE DOCH, ICH HAB NICHTS GE-MACHT.
VÖLLIG WIRKUNGS-LOS!!
WAS GEHT MIT DEM?! FINDET DER MICH KEIN BISSCHEN ATTRAKTIV?!
STIRB DOCH!!

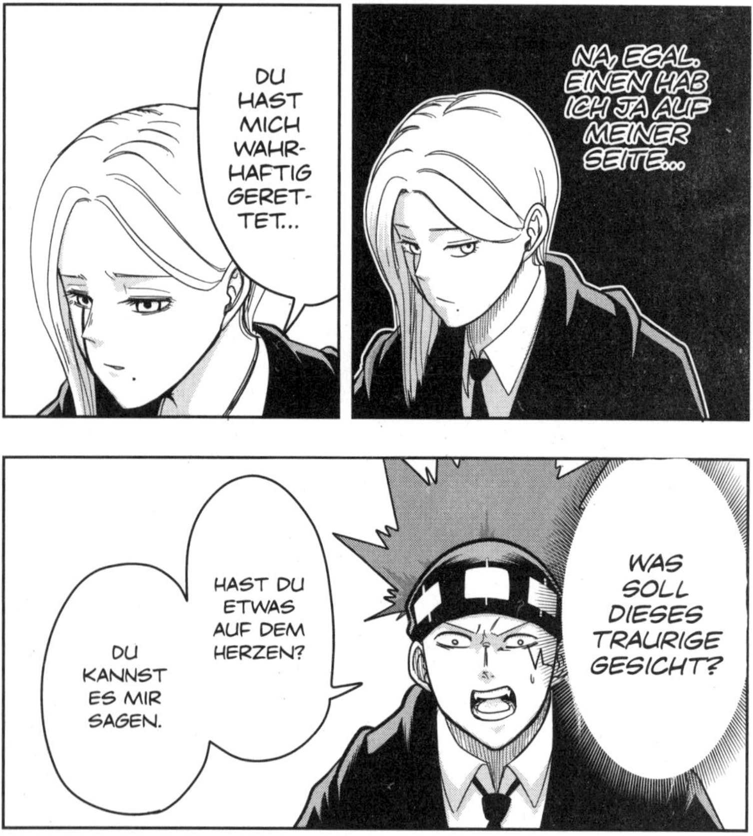
NA, EGAL. EINEN HAB ICH JA AUF MEINER SEITE...
DU HAST MICH WAHR-HAFTIG GERET-TET...
WAS SOLL DIESES TRAURIGE GESICHT?
HAST DU ETWAS AUF DEM HERZEN?
DU KANNST ES MIR SAGEN.
EHRLICH GESAGT ...
... WERDE ICH BE-DROHT.
WER IST ES...?

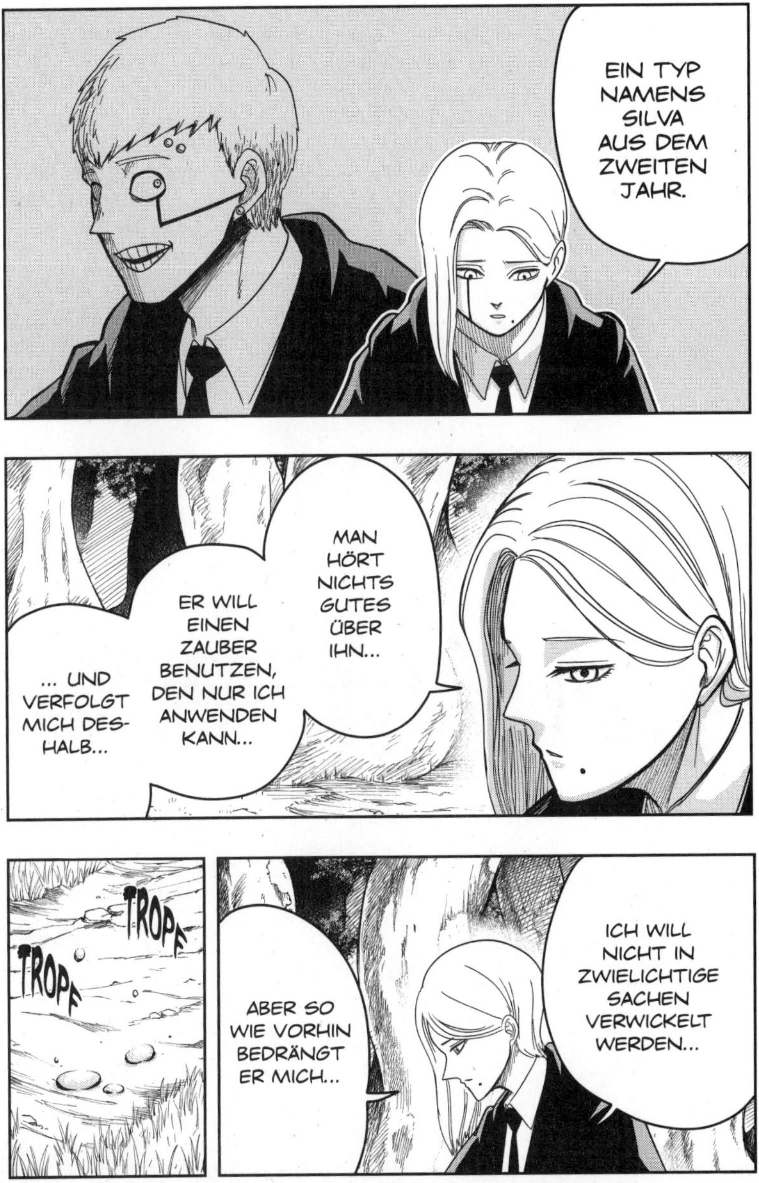
EIN TYP NAMENS SILVA AUS DEM ZWEITEN JAHR.
MAN HÖRT NICHTS GUTES ÜBER IHN...
ER WILL EINEN ZAUBER BENUTZEN, DEN NUR ICH ANWENDEN KANN...
... UND VERFOLGT MICH DES-HALB...
ICH WILL NICHT IN ZWIELICHTIGE SACHEN VERWICKELT WERDEN...
ABER SO WIE VORHIN BEDRÄNGT ER MICH...
TROPF
TROPF

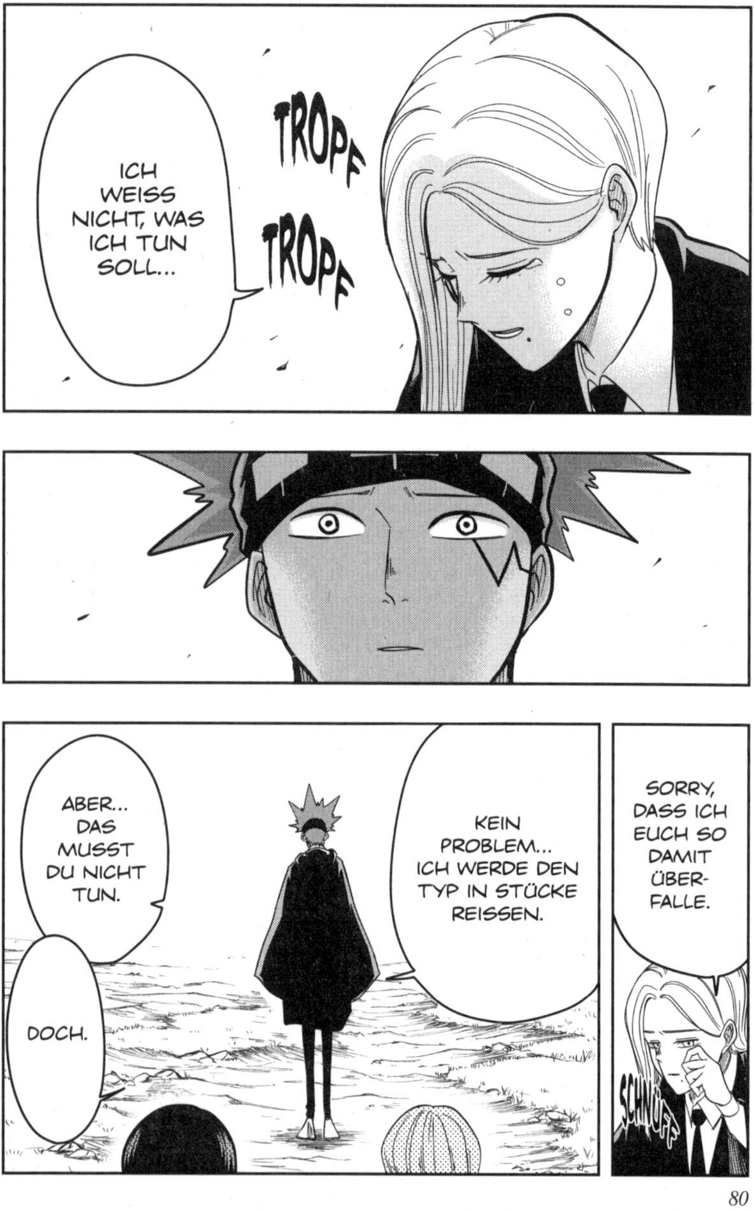
TROPF
TROPF
ICH WEISS NICHT, WAS ICH TUN SOLL...
SORRY, DASS ICH EUCH SO DAMIT ÜBER-FALLE.
SCHNUFF
KEIN PROBLEM... ICH WERDE DEN TYP IN STÜCKE REISSEN.
ABER... DAS MUSST DU NICHT TUN.
DOCH.

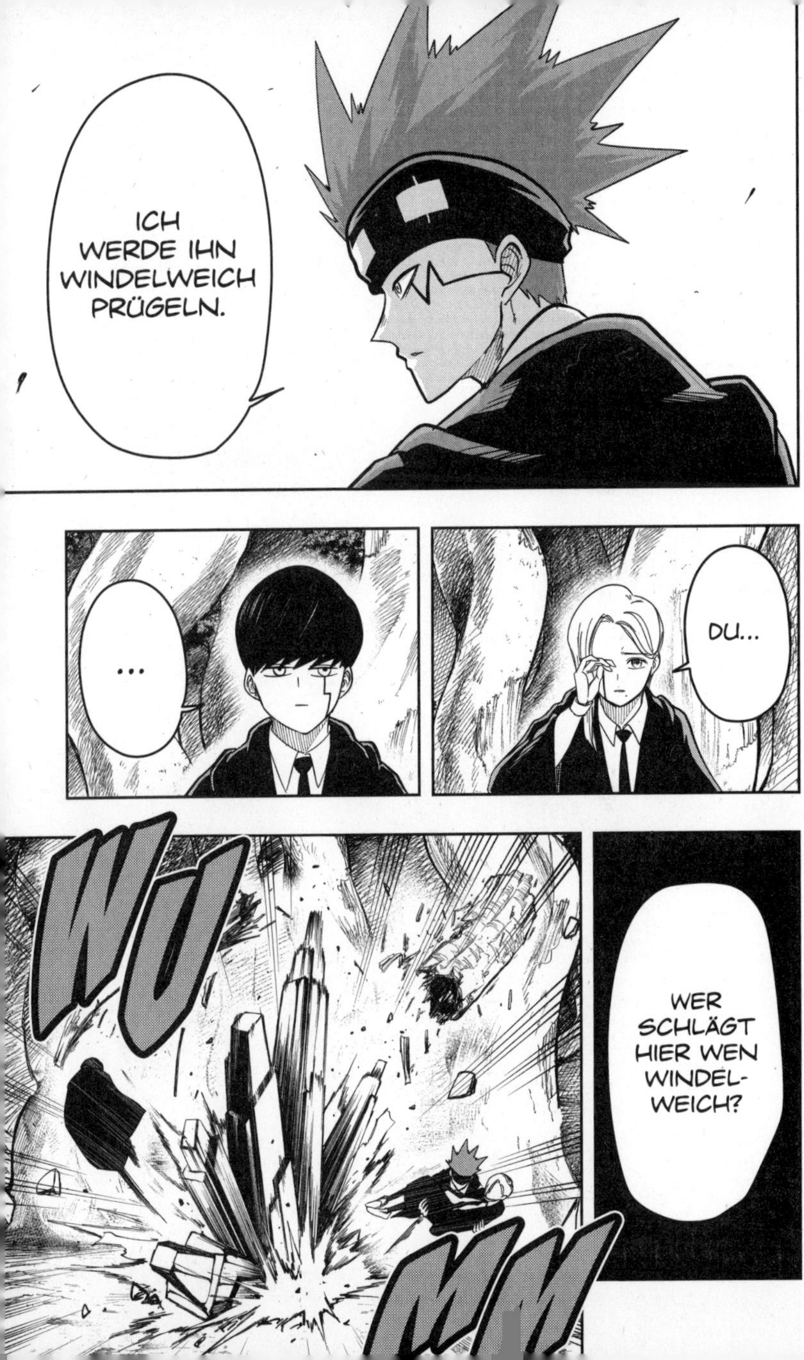
ICH WERDE IHN WINDELWEICH PRÜGELN.
DU...
...
WER SCHLÄGT HIER WEN WINDEL-WEICH?
WUMM

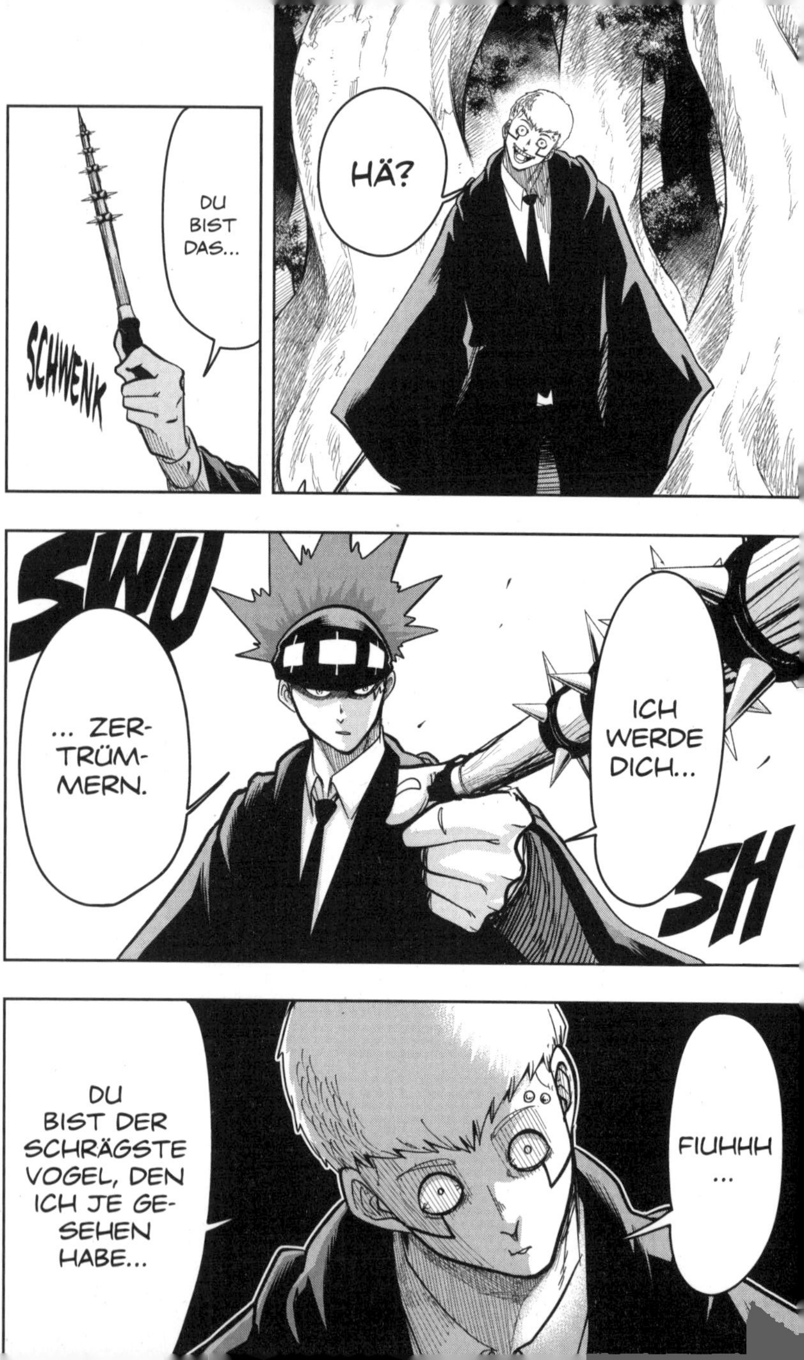
HÄ?
DU BIST DAS...
SCHWENK
ICH WERDE DICH...
... ZERTRÜMMERN.
SWO
SH
FIUHHH ...
DU BIST DER SCHRÄGSTE VOGEL, DEN ICH JE GESEHEN HABE...

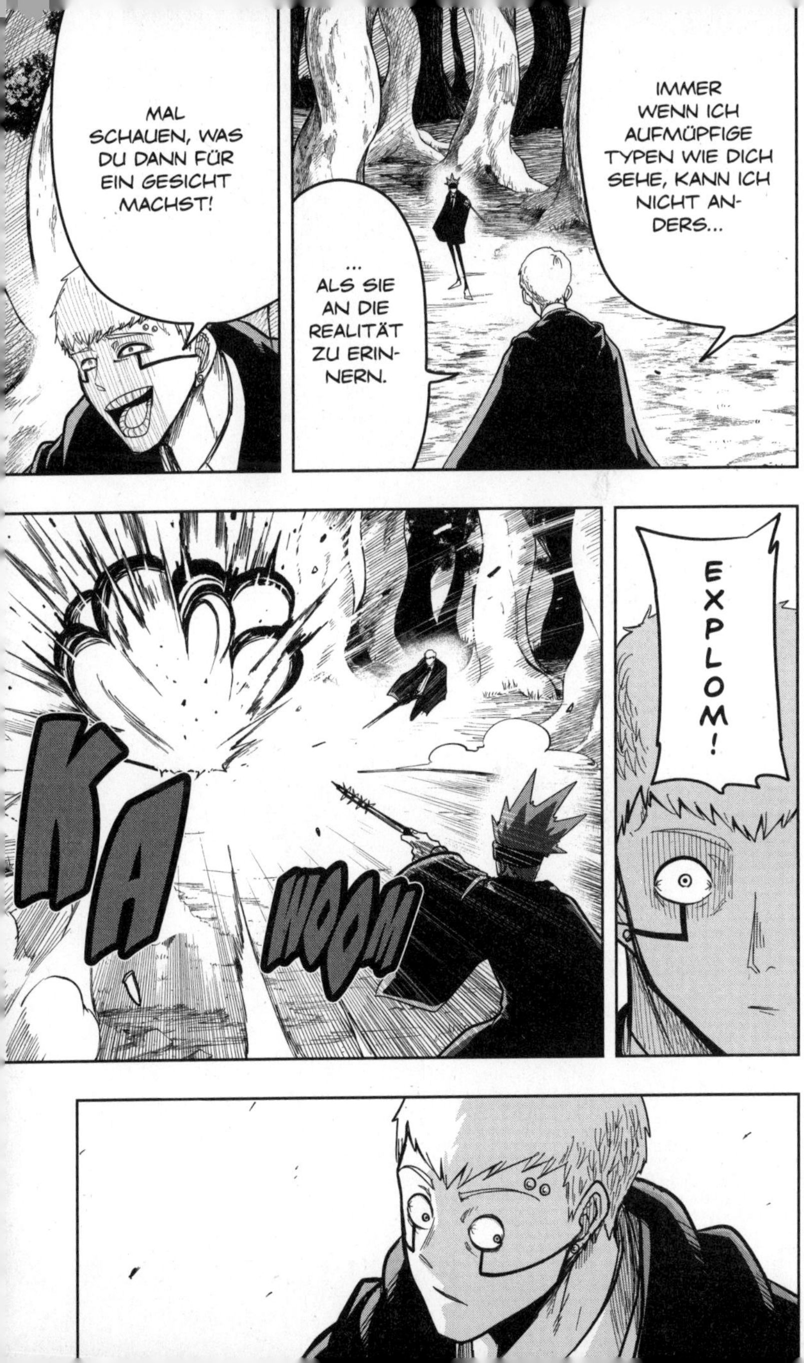
IMMER WENN ICH AUFMÜPFIGE TYPEN WIE DICH SEHE, KANN ICH NICHT ANDERS...
... ALS SIE AN DIE REALITÄT ZU ERINNERN.
MAL SCHAUEN, WAS DU DANN FÜR EIN GESICHT MACHST!
EXPLOM!
KA WOOM

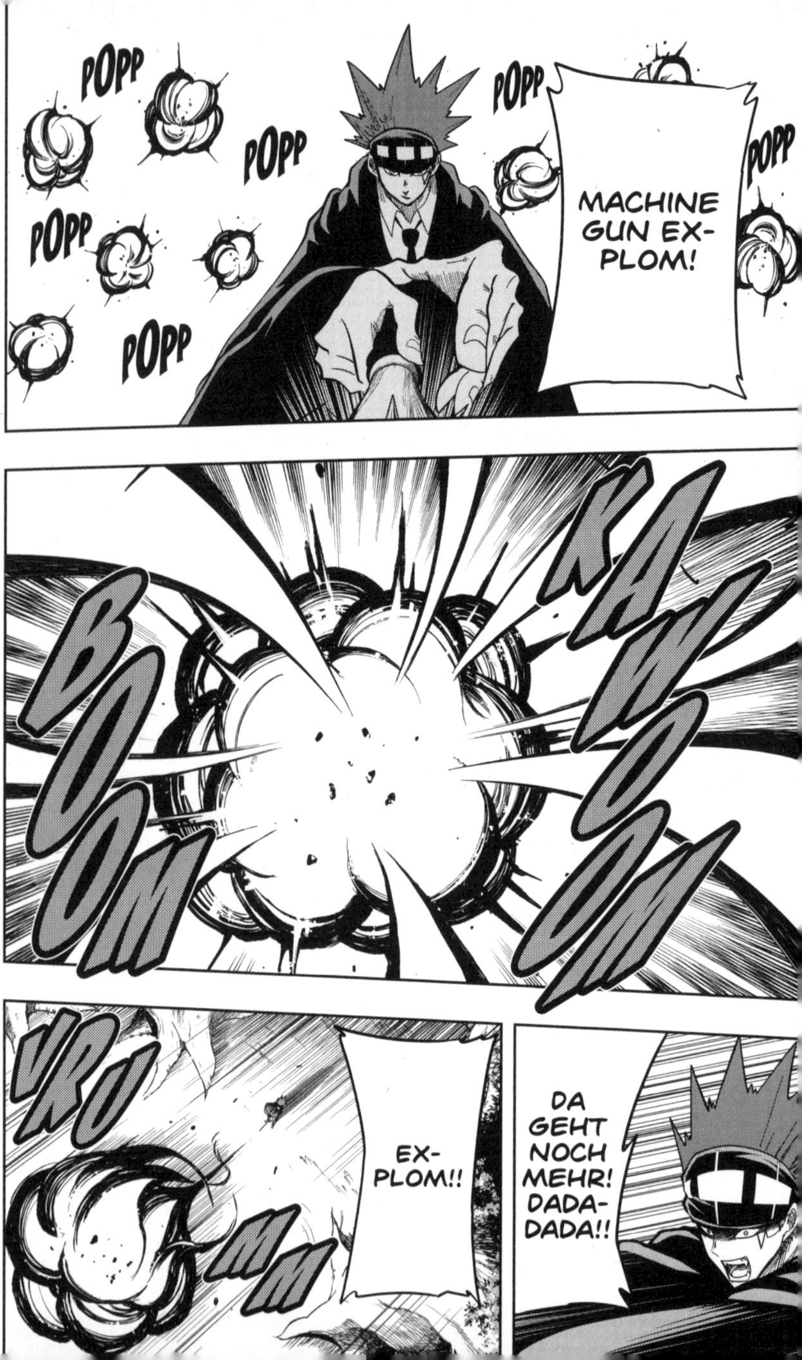
POPP
POPP
POPP
POPP
POPP
POPP
MACHINE GUN EX-PLOM!
KAWOOOM
BOOOM
DA GEHT NOCH MEHR! DADA-DADA!!
EX-PLOM!!
VRUMM

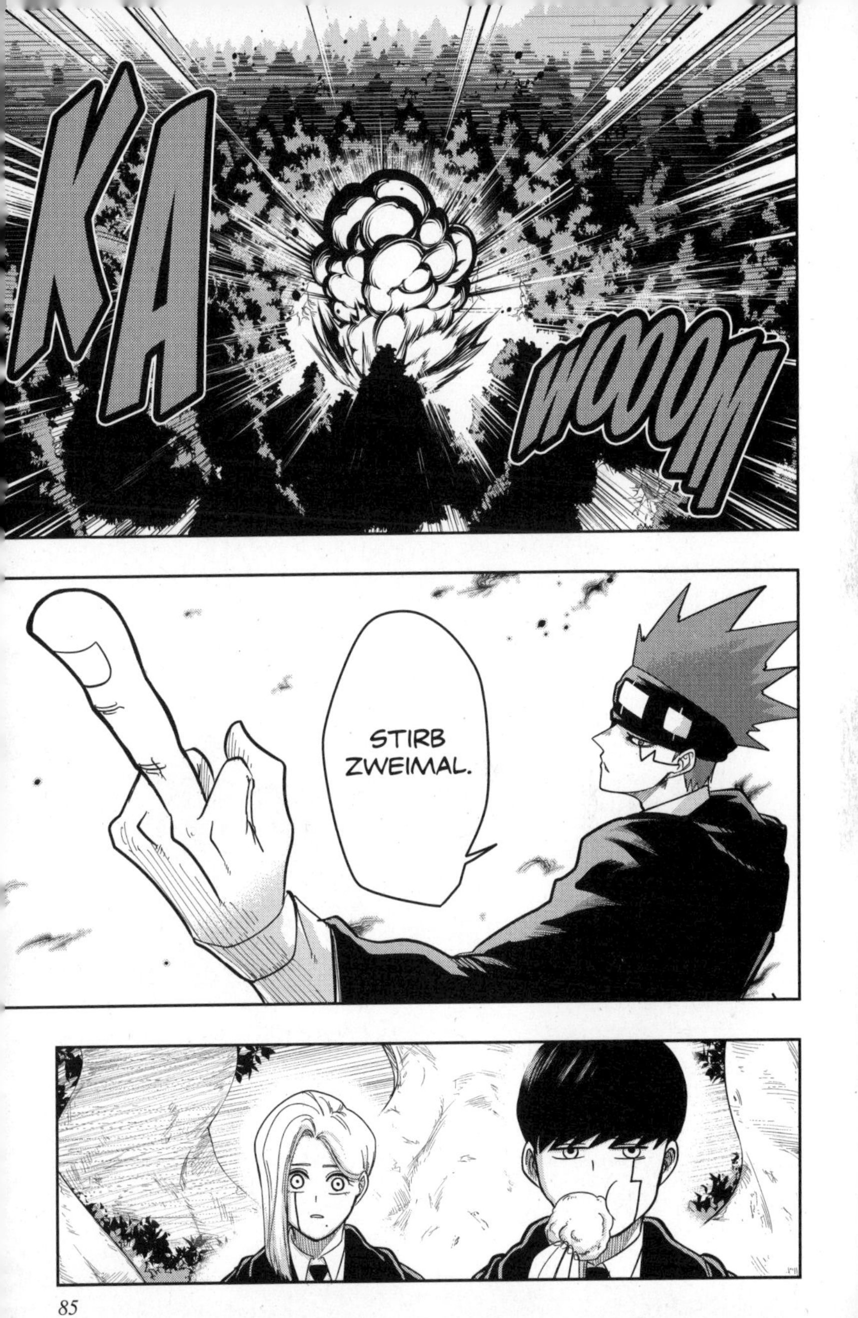

WOOOM
KA
STIRB ZWEIMAL.

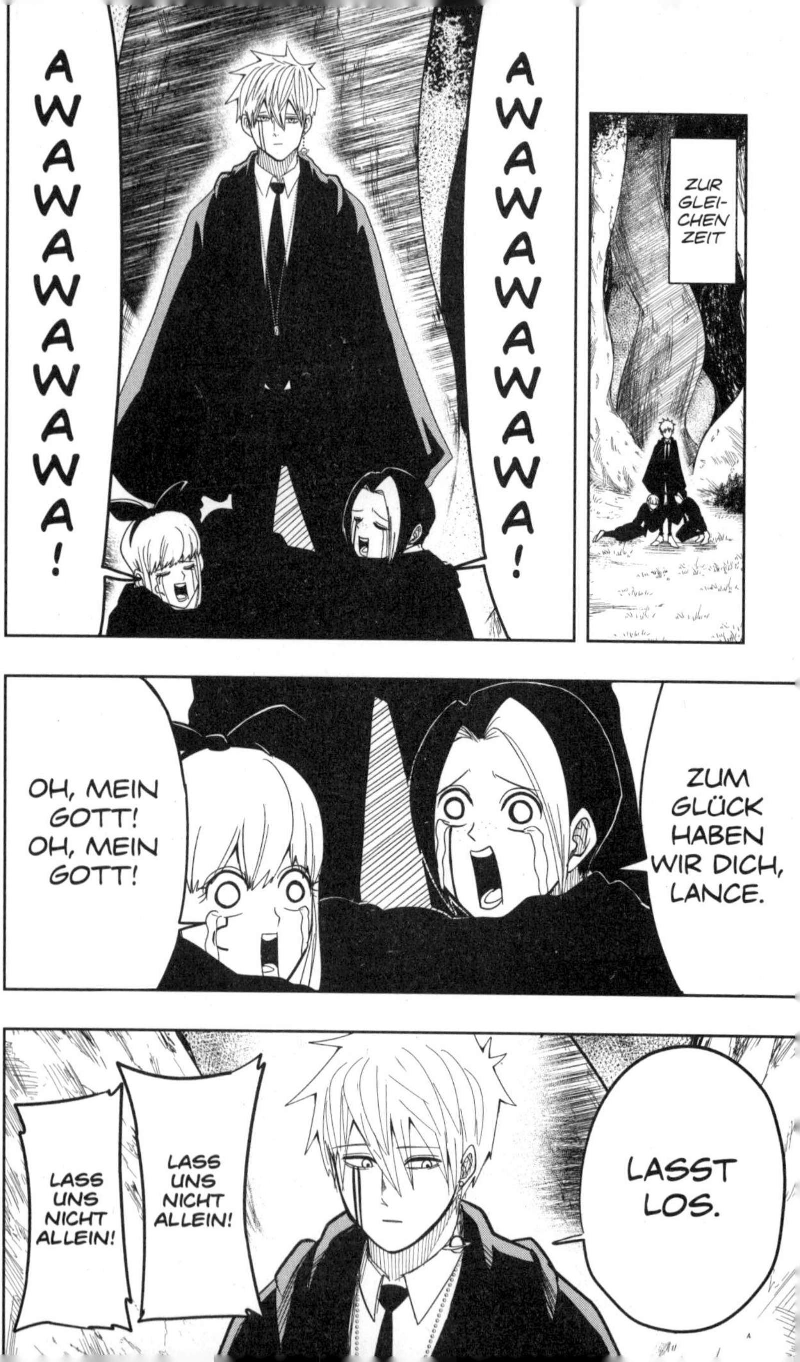

ZUR GLEICHEN ZEIT
AWAWAWAWAWA!
AWAWAWAWAWA!
ZUM GLÜCK HABEN WIR DICH, LANCE.
OH, MEIN GOTT! OH, MEIN GOTT!
LASST LOS.
LASS UNS NICHT ALLEIN!
LASS UNS NICHT ALLEIN!

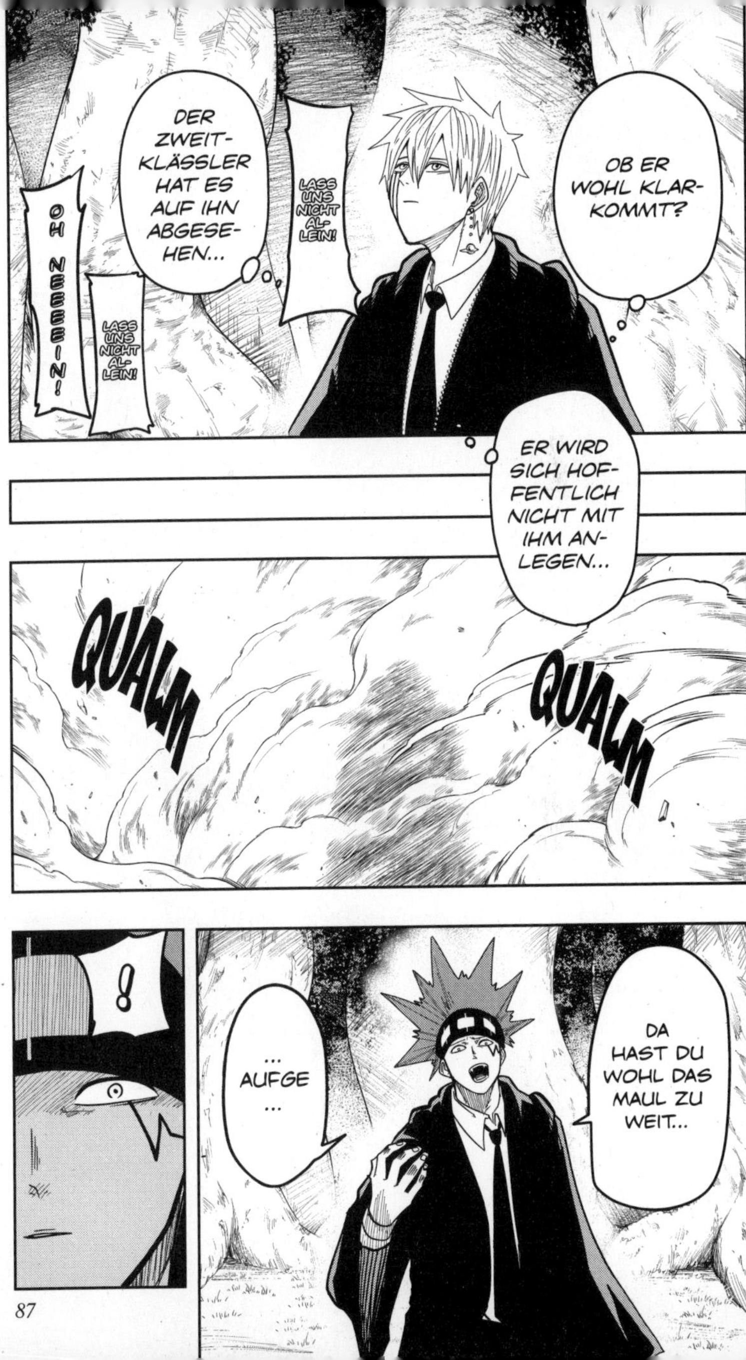
OB ER WOHL KLAR-KOMMT?
DER ZWEIT-KLÄSSLER HAT ES AUF IHN ABGESE-HEN...
LASS UNS NICHT AL-LEIN!
LASS UNS NICHT AL-LEIN!
OH NEEEEIN!
ER WIRD SICH HOF-FENTLICH NICHT MIT IHM AN-LEGEN...
QUALM
QUALM
DA HAST DU WOHL DAS MAUL ZU WEIT...
... AUFGE ...
!

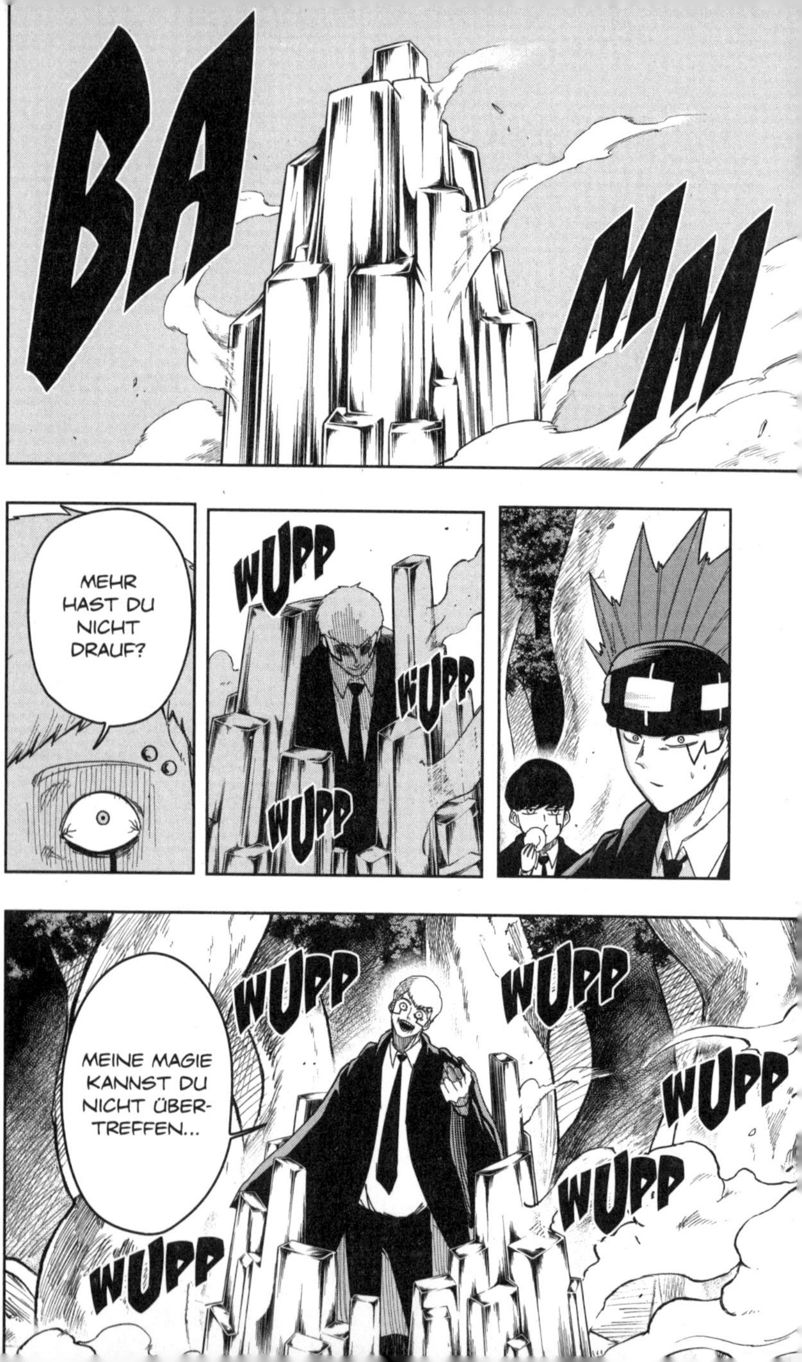
BA
MM
WUPP
WUPP
WUPP
MEHR HAST DU NICHT DRAUF?
WUPP
WUPP
WUPP
WUPP
MEINE MAGIE KANNST DU NICHT ÜBER-TREFFEN...
WUPP

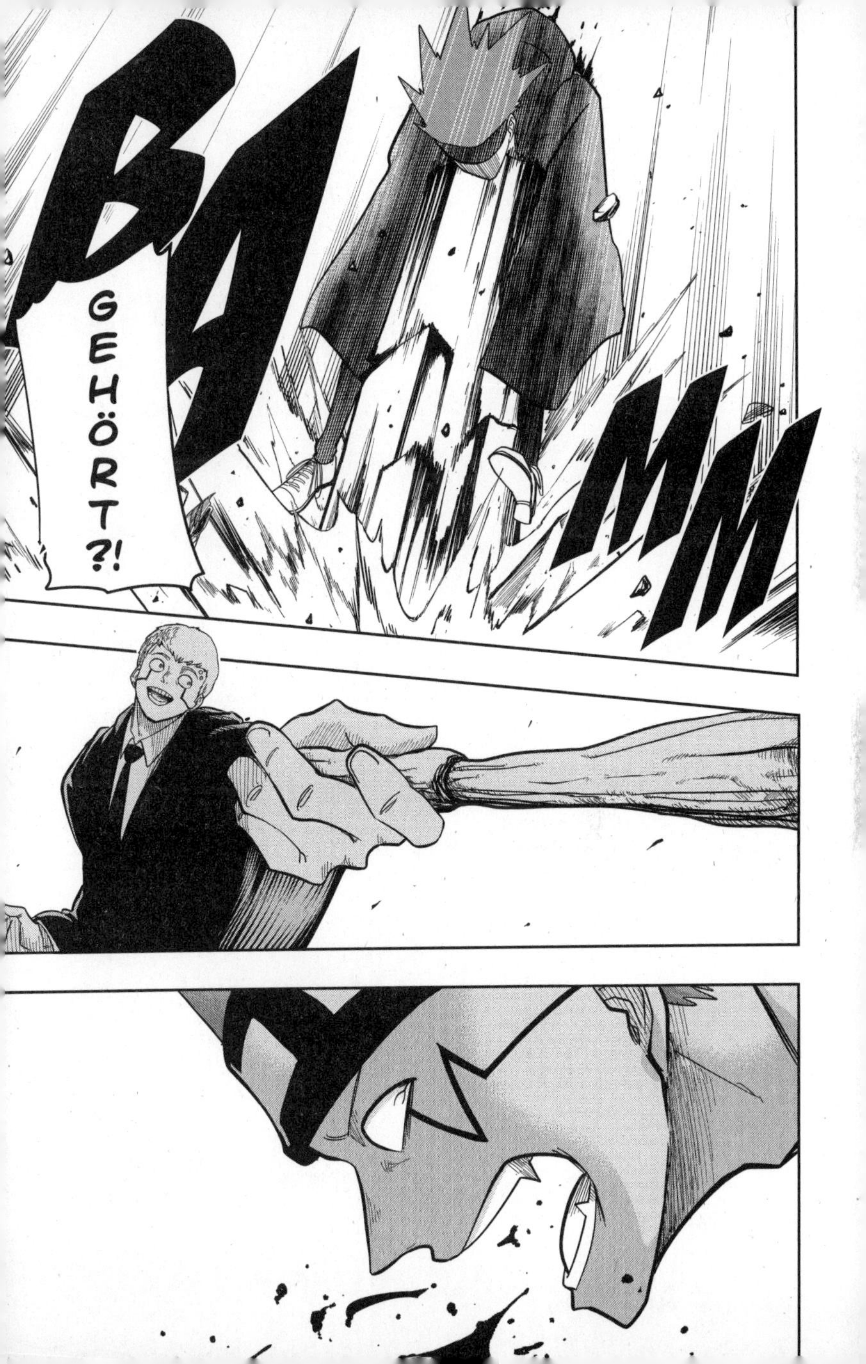
BAMM
GEHÖRT?!

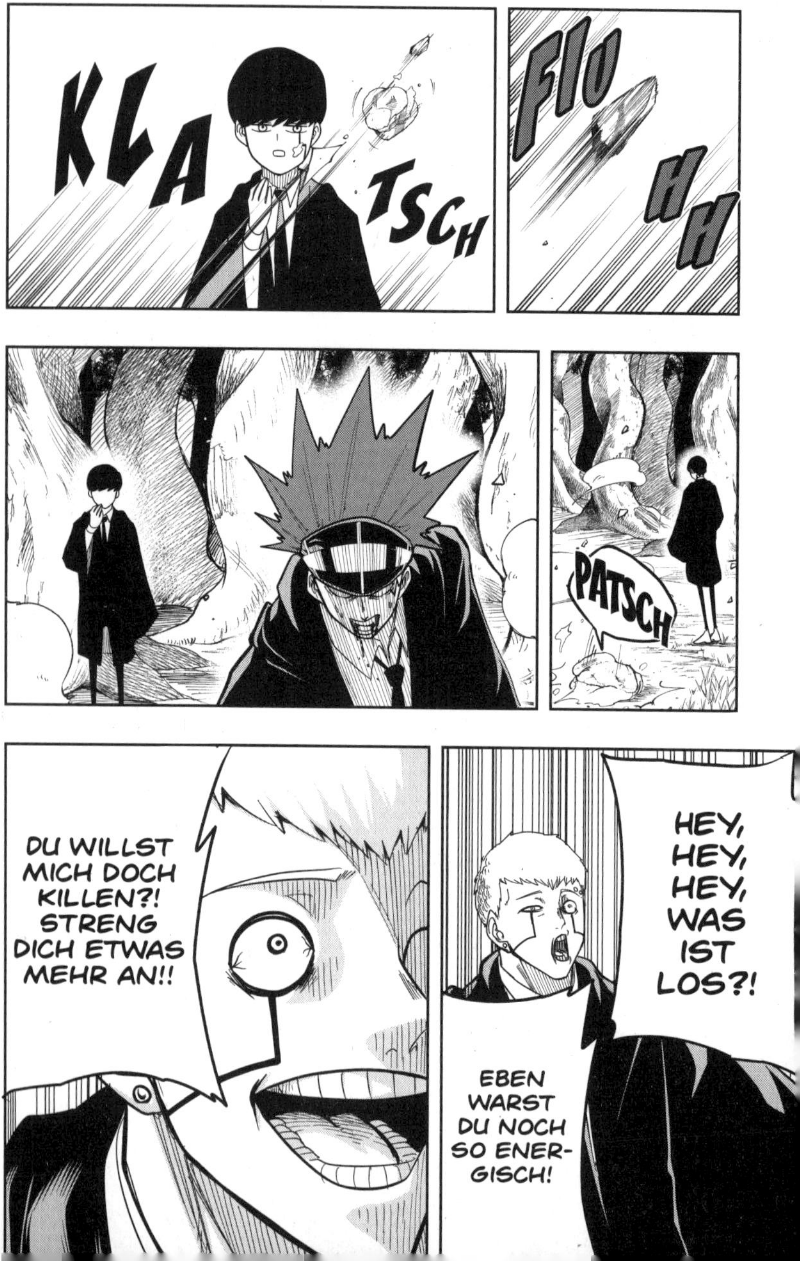

FIUHHH
KLATSCH
PATSCH
HEY, HEY, HEY, WAS IST LOS?!
EBEN WARST DU NOCH SO ENER-GISCH!
DU WILLST MICH DOCH KILLEN?! STRENG DICH ETWAS MEHR AN!!

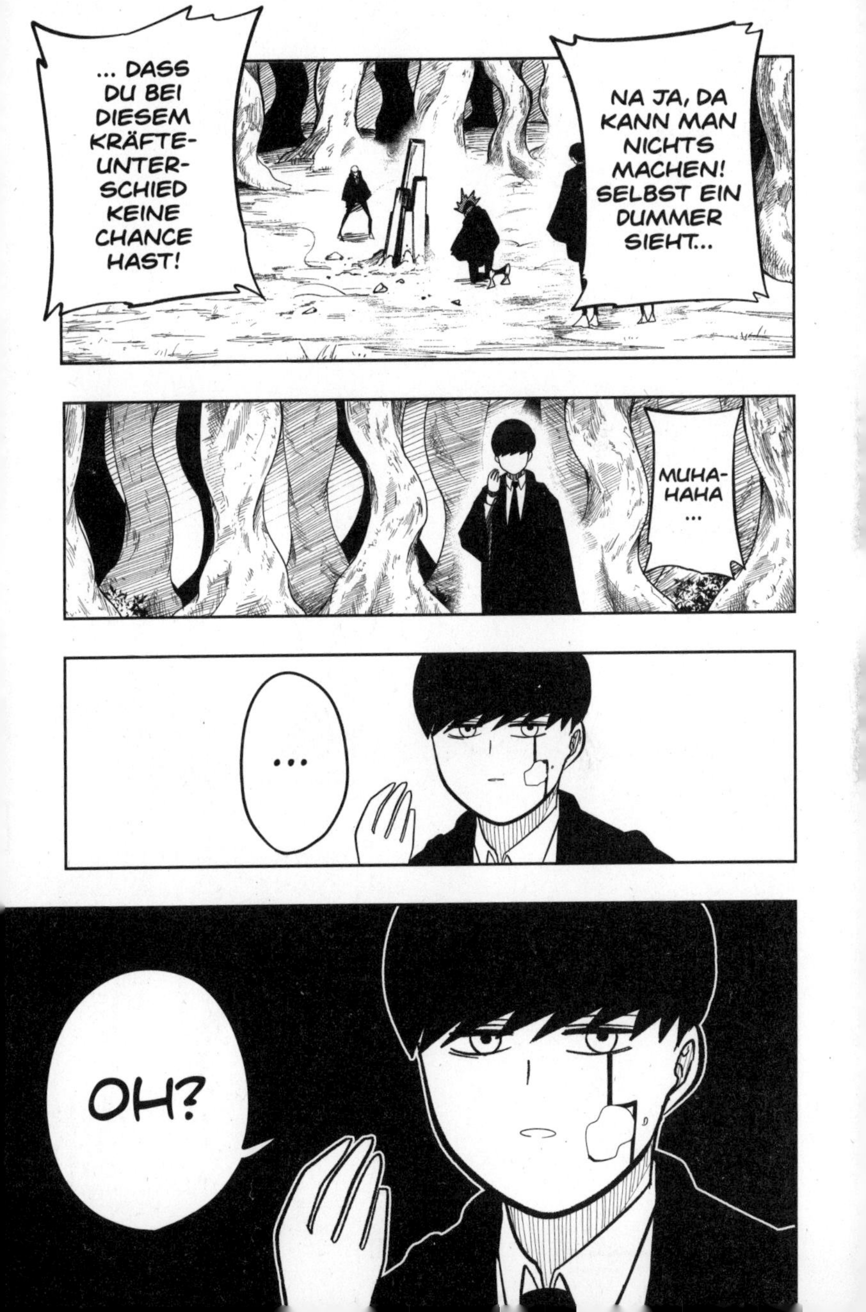
NA JA, DA KANN MAN NICHTS MACHEN! SELBST EIN DUMMER SIEHT...
... DASS DU BEI DIESEM KRÄFTE-UNTER-SCHIED KEINE CHANCE HAST!
MUHA-HAHA ...
...
OH?

Dot Barrett

Er ist der Hauptcharakter, den ich anfangs entworfen hatte. Eigentlich wollte ich die Story mit ihm fortsetzen, aber mein früherer Redakteur wollte mich feuern. Mein jetziger Redakteur mag ihn auch nicht wirklich... Nach alldem habe ich etwas Mitleid mit Dot.
Mir wurde gesagt, dass ich nicht so an Charakteren hängen soll, aber für mich persönlich ist es schwer, ihn nicht zu bemitleiden.

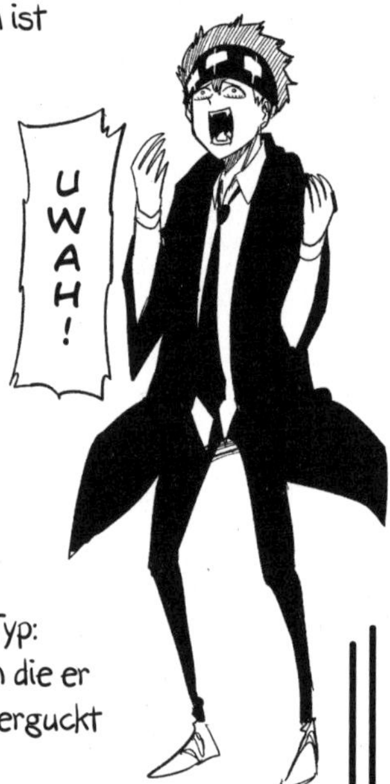

sein Typ:
alle, in die er sich verguckt

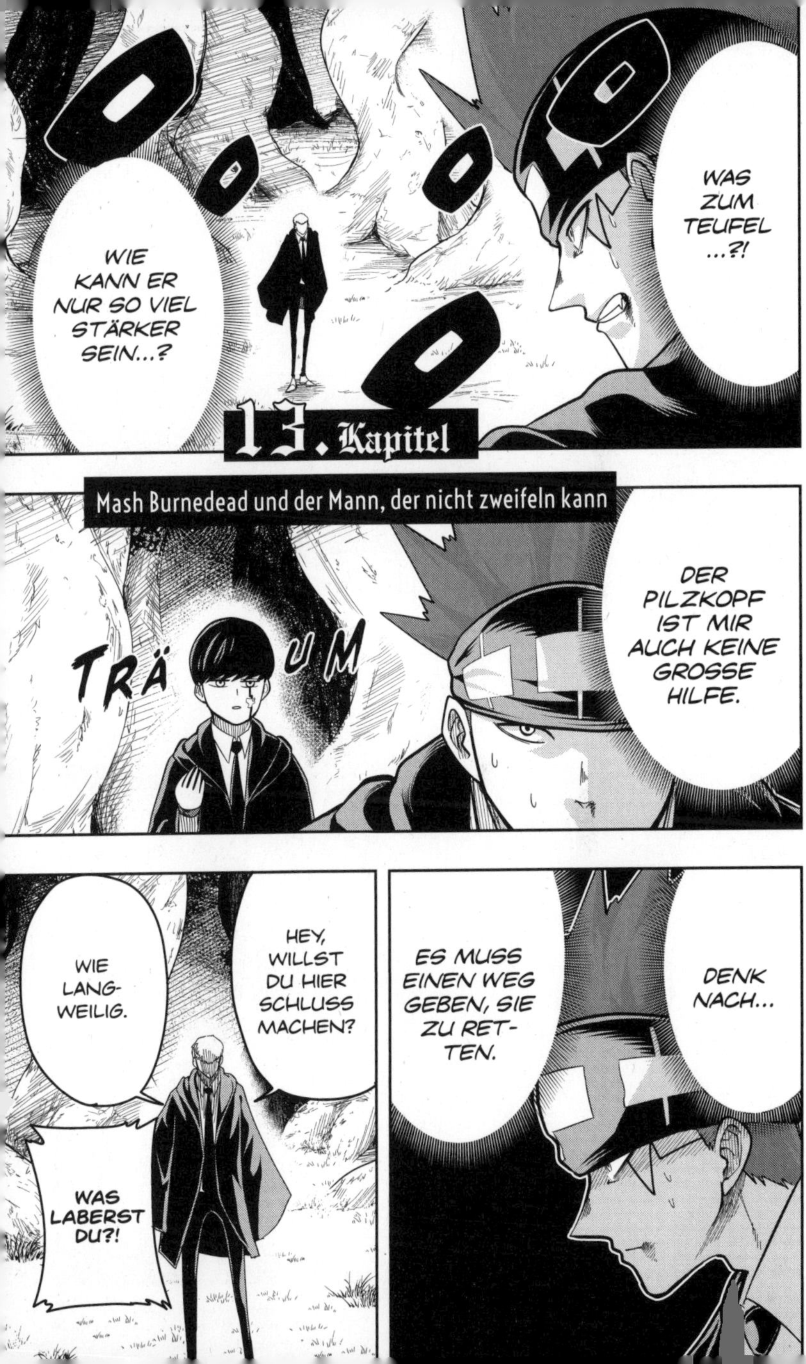
WAS ZUM TEUFEL ...?!
WIE KANN ER NUR SO VIEL STÄRKER SEIN...?
13. Kapitel
Mash Burnedead und der Mann, der nicht zweifeln kann
DER PILZKOPF IST MIR AUCH KEINE GROSSE HILFE.
TRÄUM
DENK NACH...
ES MUSS EINEN WEG GEBEN, SIE ZU RETTEN.
HEY, WILLST DU HIER SCHLUSS MACHEN?
WIE LANGWEILIG.
WAS LABERST DU?!

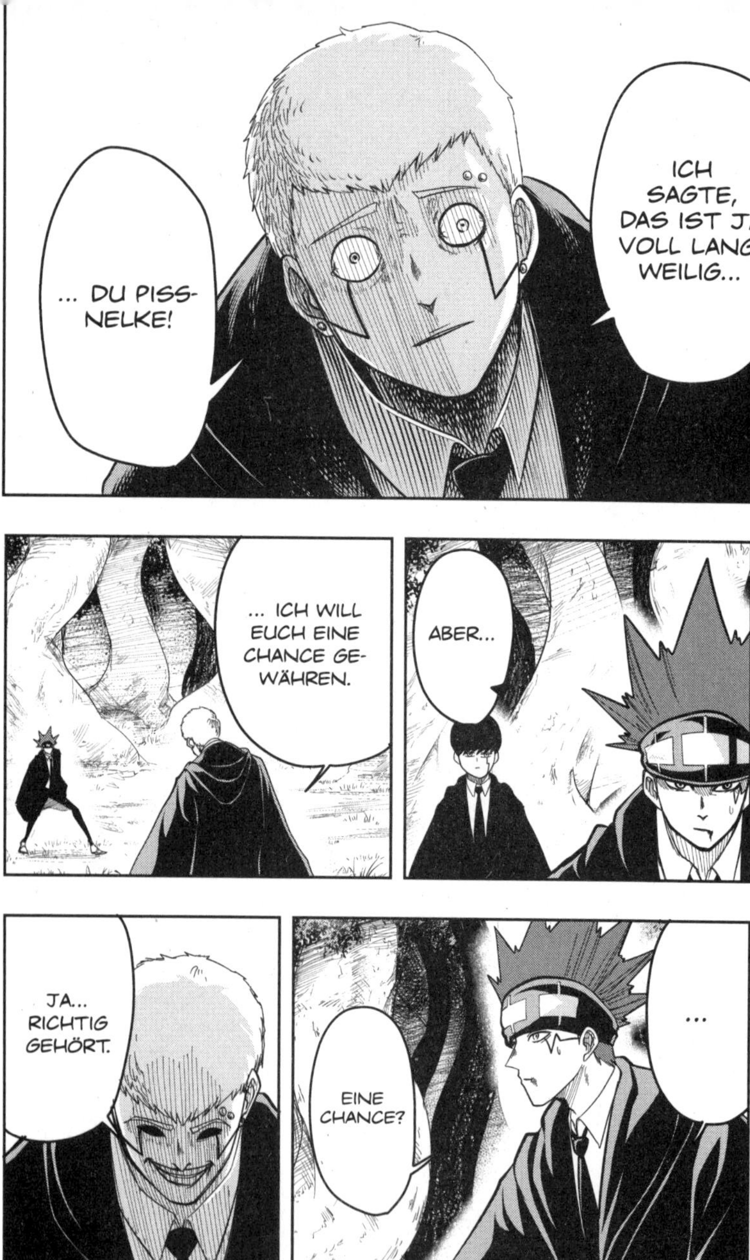
ICH SAGTE, DAS IST JA VOLL LANG-WEILIG...
... DU PISS-NELKE!
ABER...
... ICH WILL EUCH EINE CHANCE GE-WÄHREN.
...
EINE CHANCE?
JA... RICHTIG GEHÖRT.

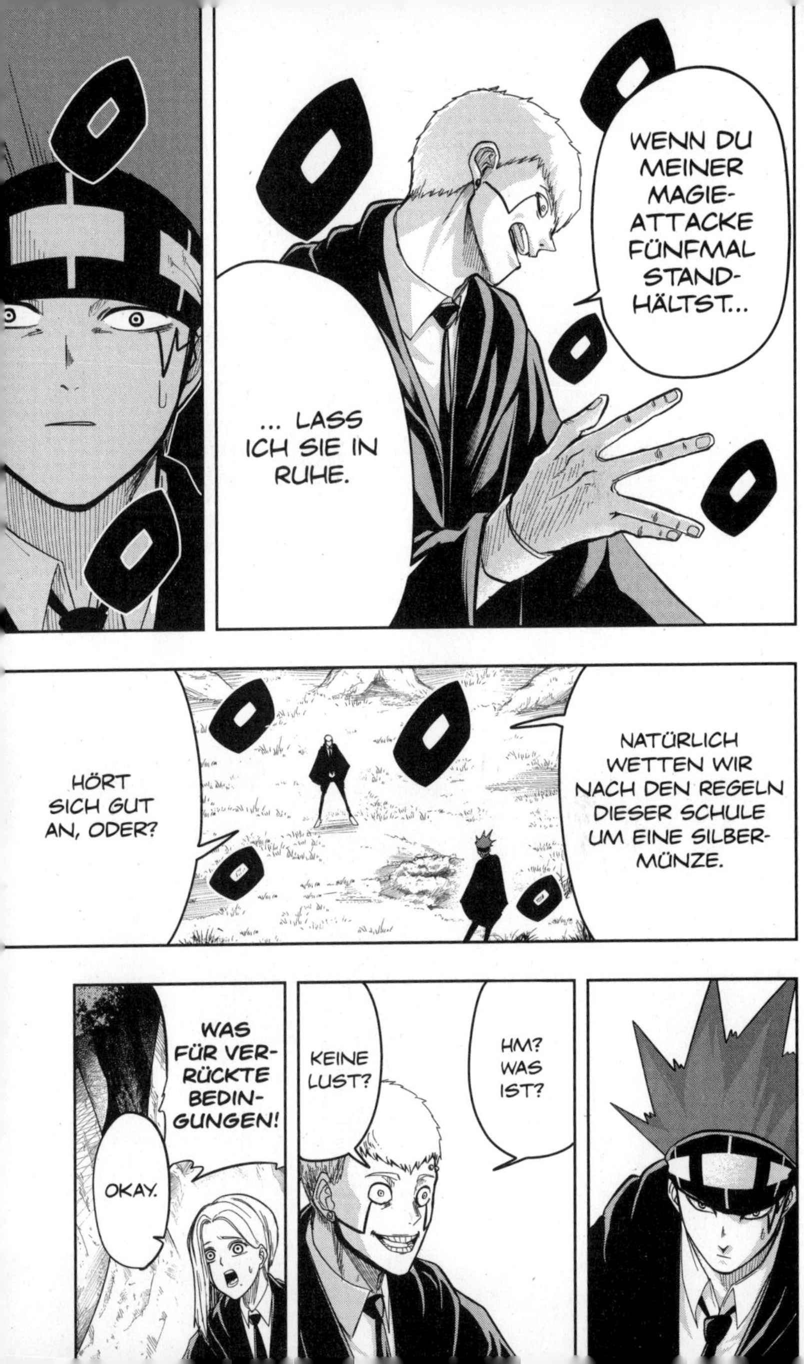
WENN DU MEINER MAGIE-ATTACKE FÜNFMAL STAND-HÄLTST...
... LASS ICH SIE IN RUHE.
NATÜRLICH WETTEN WIR NACH DEN REGELN DIESER SCHULE UM EINE SILBER-MÜNZE.
HÖRT SICH GUT AN, ODER?
HM? WAS IST?
KEINE LUST?
OKAY.
WAS FÜR VER-RÜCKTE BEDIN-GUNGEN!

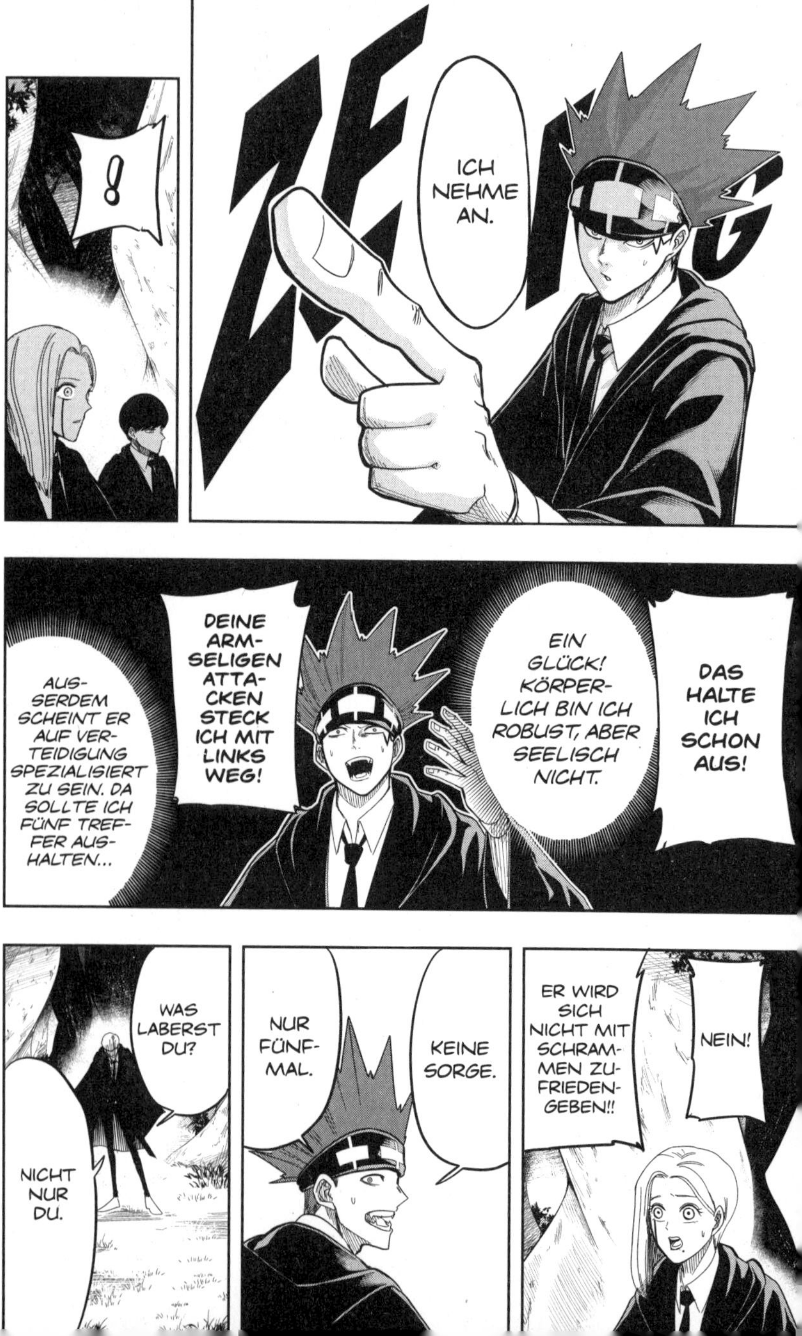

ICH NEHME AN.
!
DAS HALTE ICH SCHON AUS!
EIN GLÜCK! KÖRPERLICH BIN ICH ROBUST, ABER SEELISCH NICHT.
DEINE ARMSELIGEN ATTACKEN STECK ICH MIT LINKS WEG!
AUSSERDEM SCHEINT ER AUF VERTEIDIGUNG SPEZIALISIERT ZU SEIN. DA SOLLTE ICH FÜNF TREFFER AUSHALTEN...
NEIN!
ER WIRD SICH NICHT MIT SCHRAMMEN ZUFRIEDENGEBEN!!
KEINE SORGE.
NUR FÜNFMAL.
WAS LABERST DU?
NICHT NUR DU.

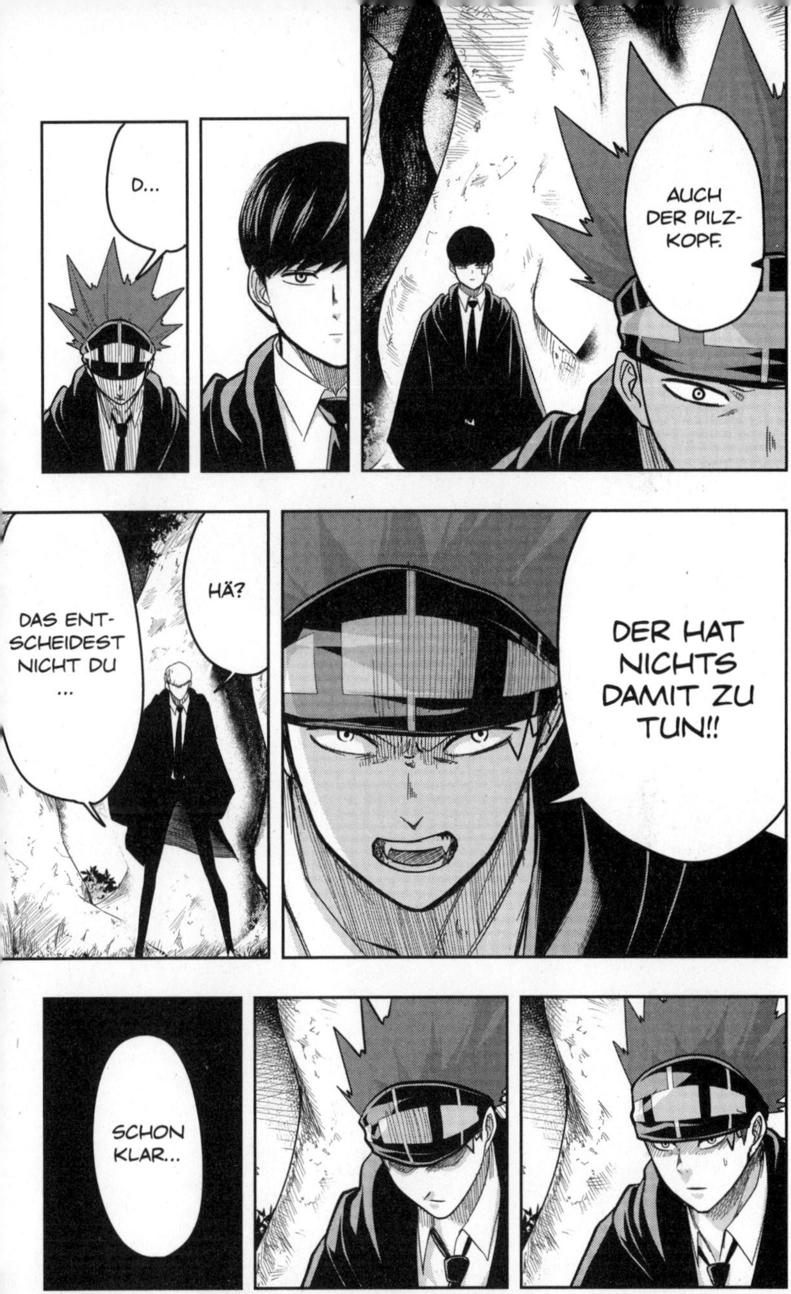
AUCH DER PILZ-KOPF.
D...
DER HAT NICHTS DAMIT ZU TUN!!
HÄ?
DAS ENT-SCHEIDEST NICHT DU ...
SCHON KLAR...

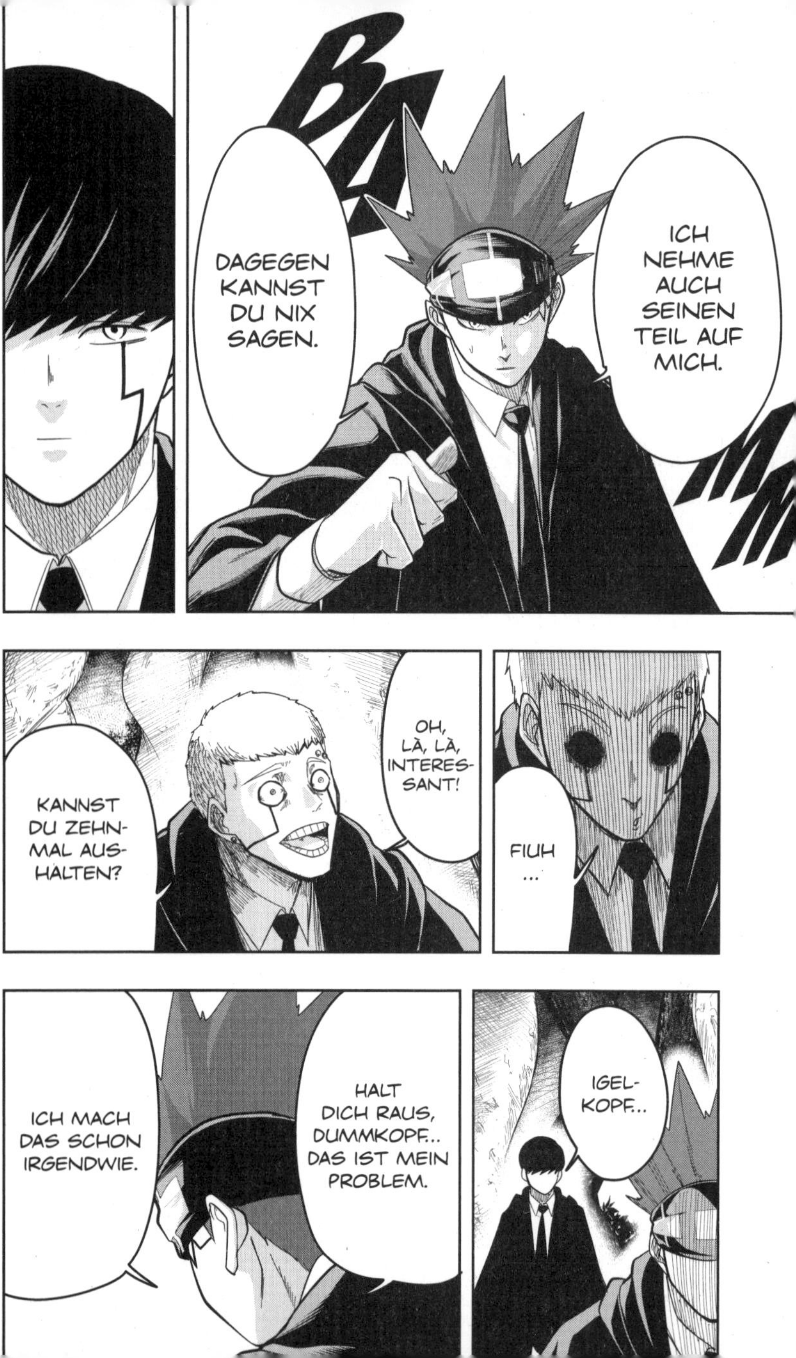
ICH NEHME AUCH SEINEN TEIL AUF MICH.
DAGEGEN KANNST DU NIX SAGEN.
FIUH ...
OH, LÀ, LÀ, INTERES-SANT!
KANNST DU ZEHN-MAL AUS-HALTEN?
IGEL-KOPF...
HALT DICH RAUS, DUMMKOPF... DAS IST MEIN PROBLEM.
ICH MACH DAS SCHON IRGENDWIE.

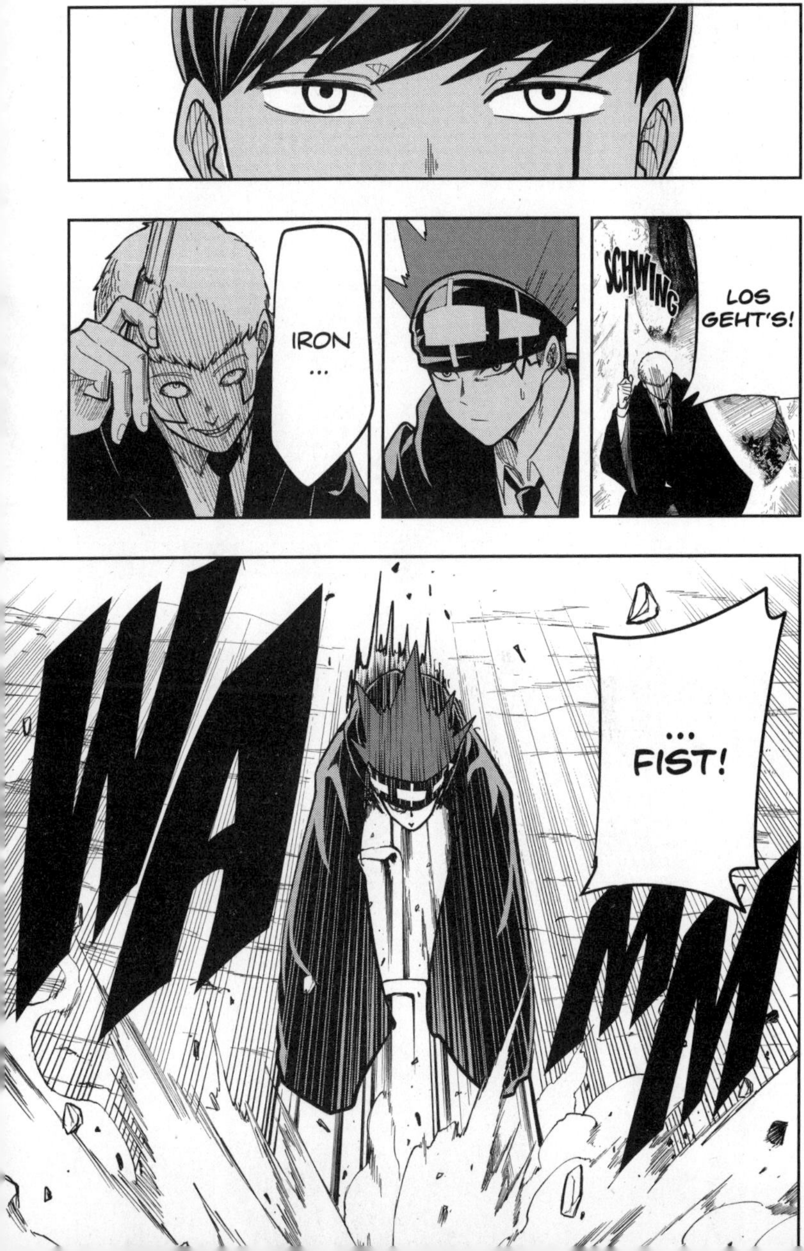
LOS GEHT'S!
SCHWING
IRON
...
... FIST!
WAMM

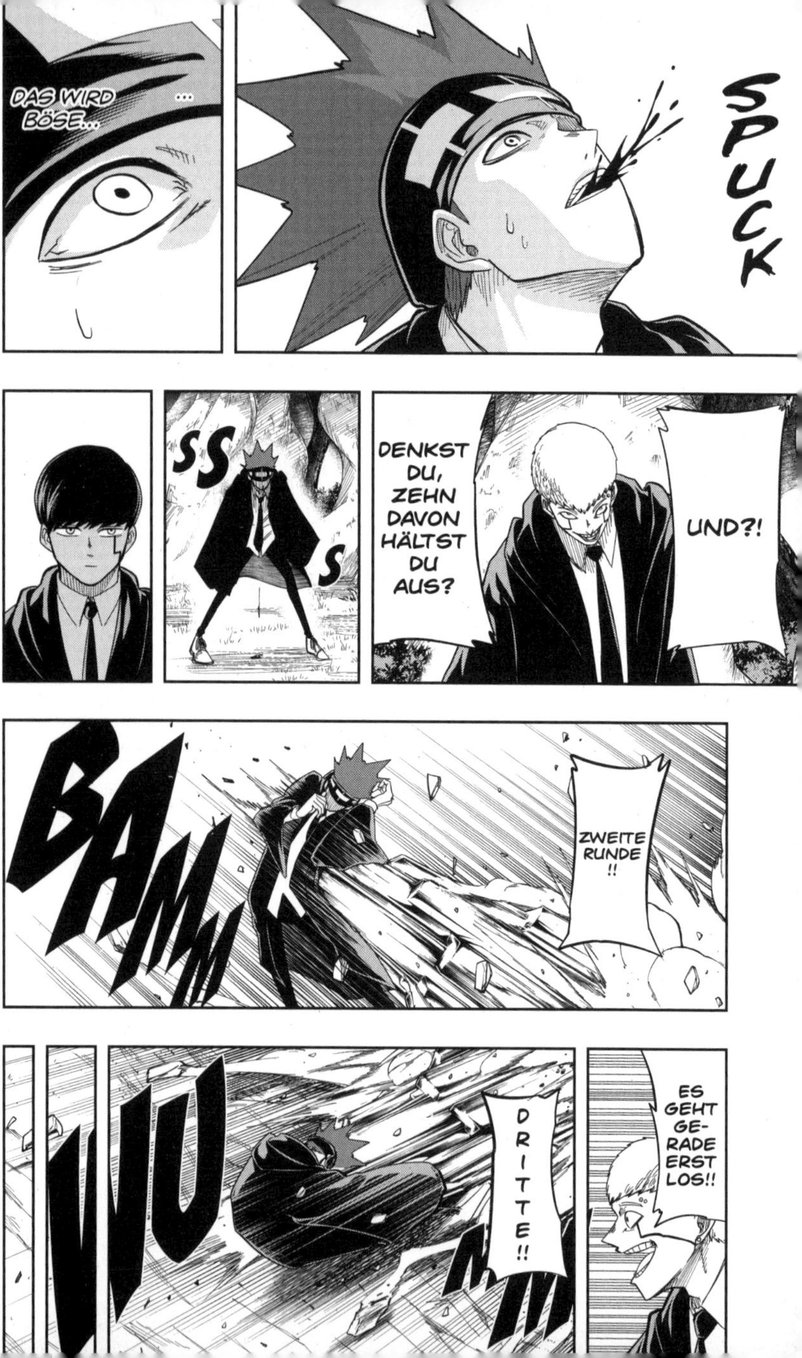
SPUCK
...
DAS WIRD BÖSE...
UND?!
DENKST DU, ZEHN DAVON HÄLTST DU AUS?
SSS
ZWEITE RUNDE!!
BAMM
ES GEHT GERADE ERST LOS!!
DRITTE!!
WUMM

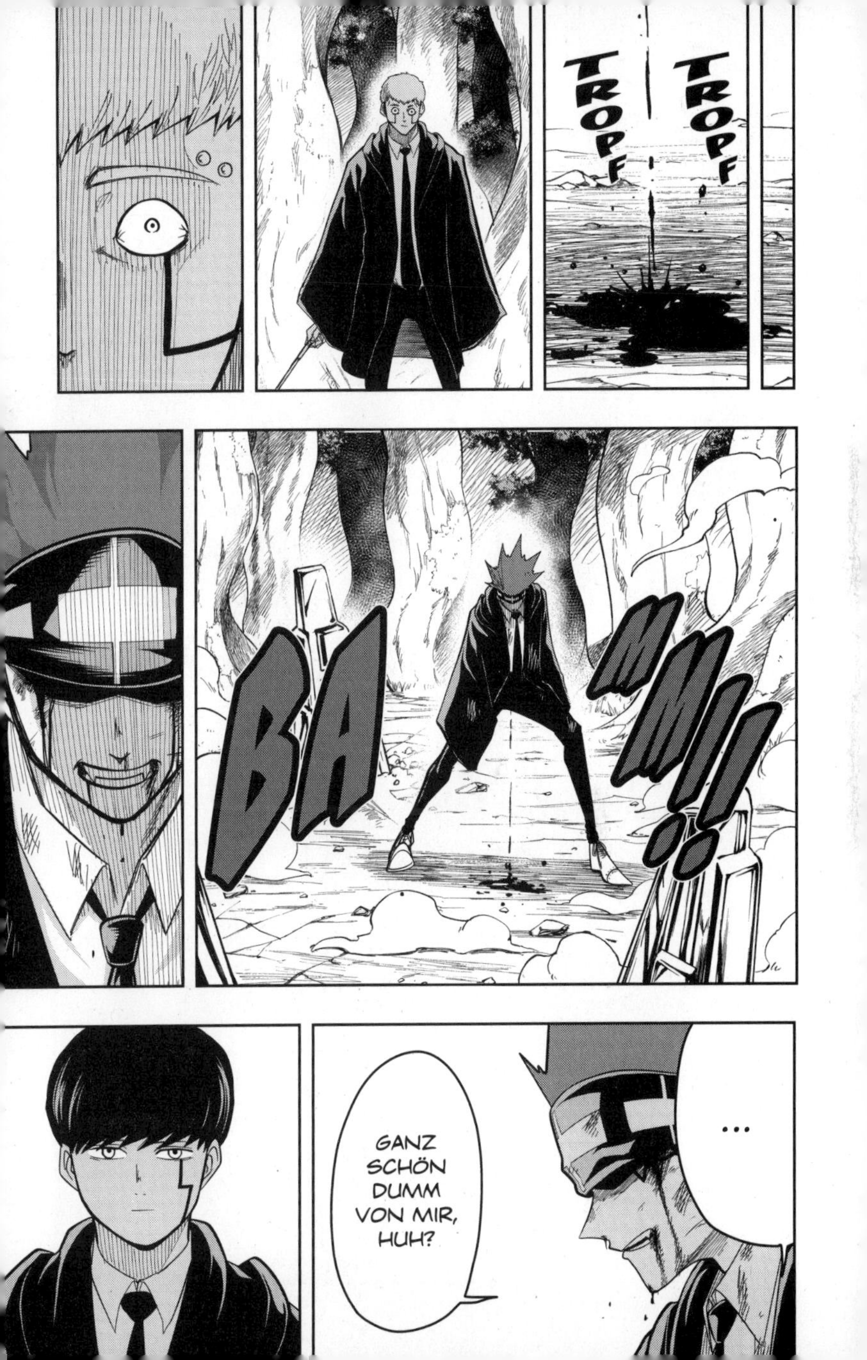
TROPF
TROPF
BAM!!
...
GANZ SCHÖN DUMM VON MIR, HUH?

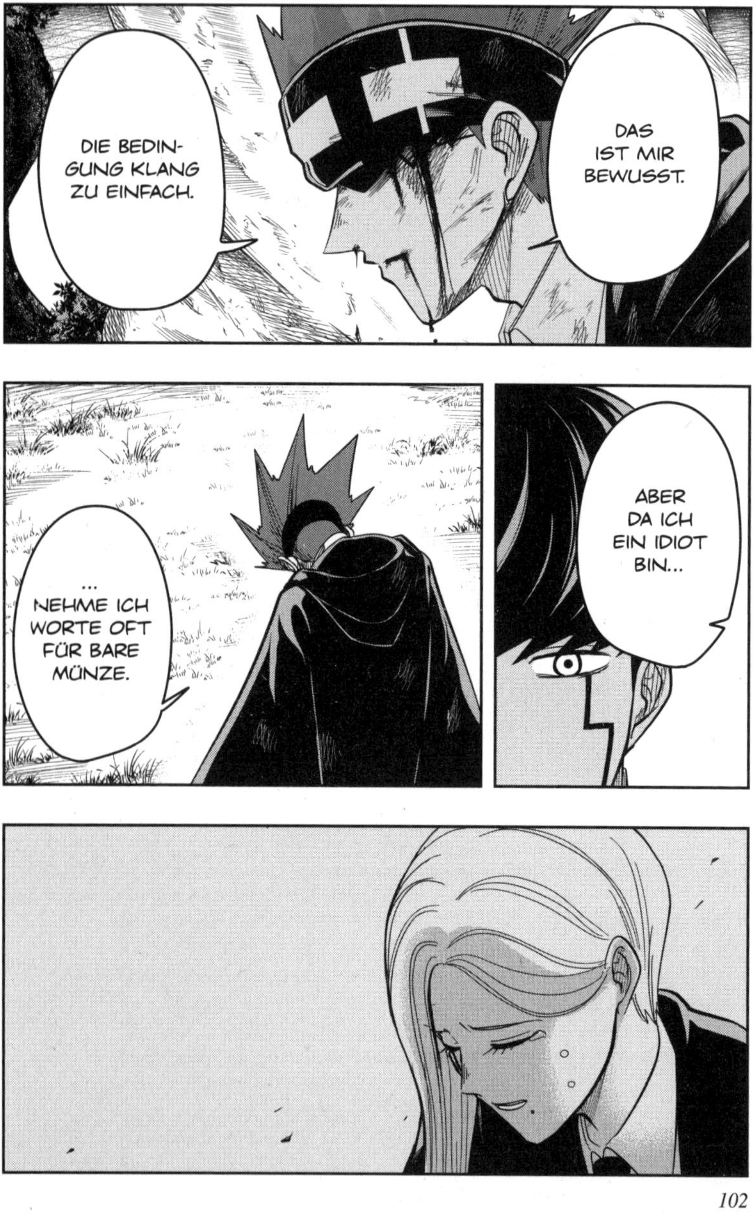
DAS IST MIR BEWUSST.
DIE BEDIN-GUNG KLANG ZU EINFACH.
ABER DA ICH EIN IDIOT BIN...
... NEHME ICH WORTE OFT FÜR BARE MÜNZE.

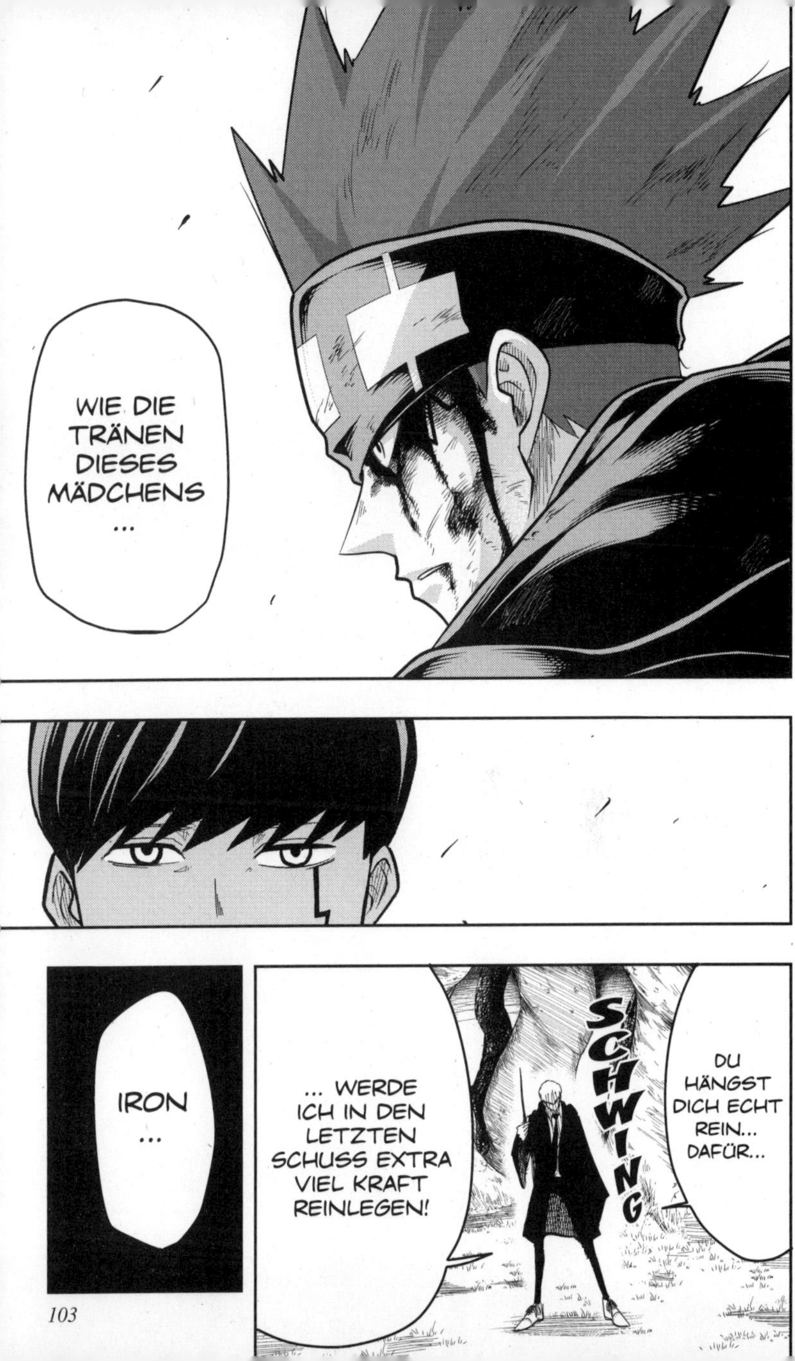
WIE DIE TRÄNEN DIESES MÄDCHENS ...
DU HÄNGST DICH ECHT REIN... DAFÜR...
SCHWING
... WERDE ICH IN DEN LETZTEN SCHUSS EXTRA VIEL KRAFT REINLEGEN!
IRON ...

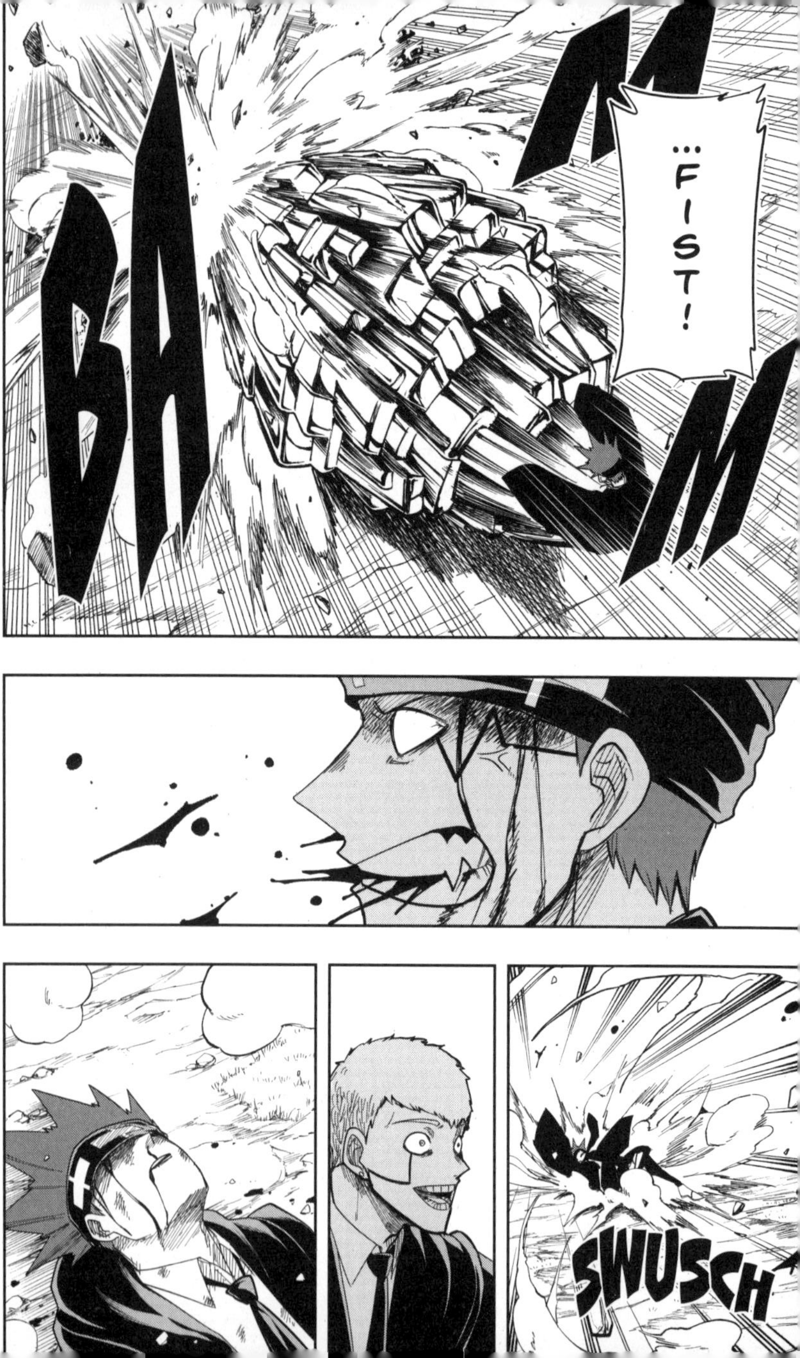
BAM
...FIST!
SWUSCH

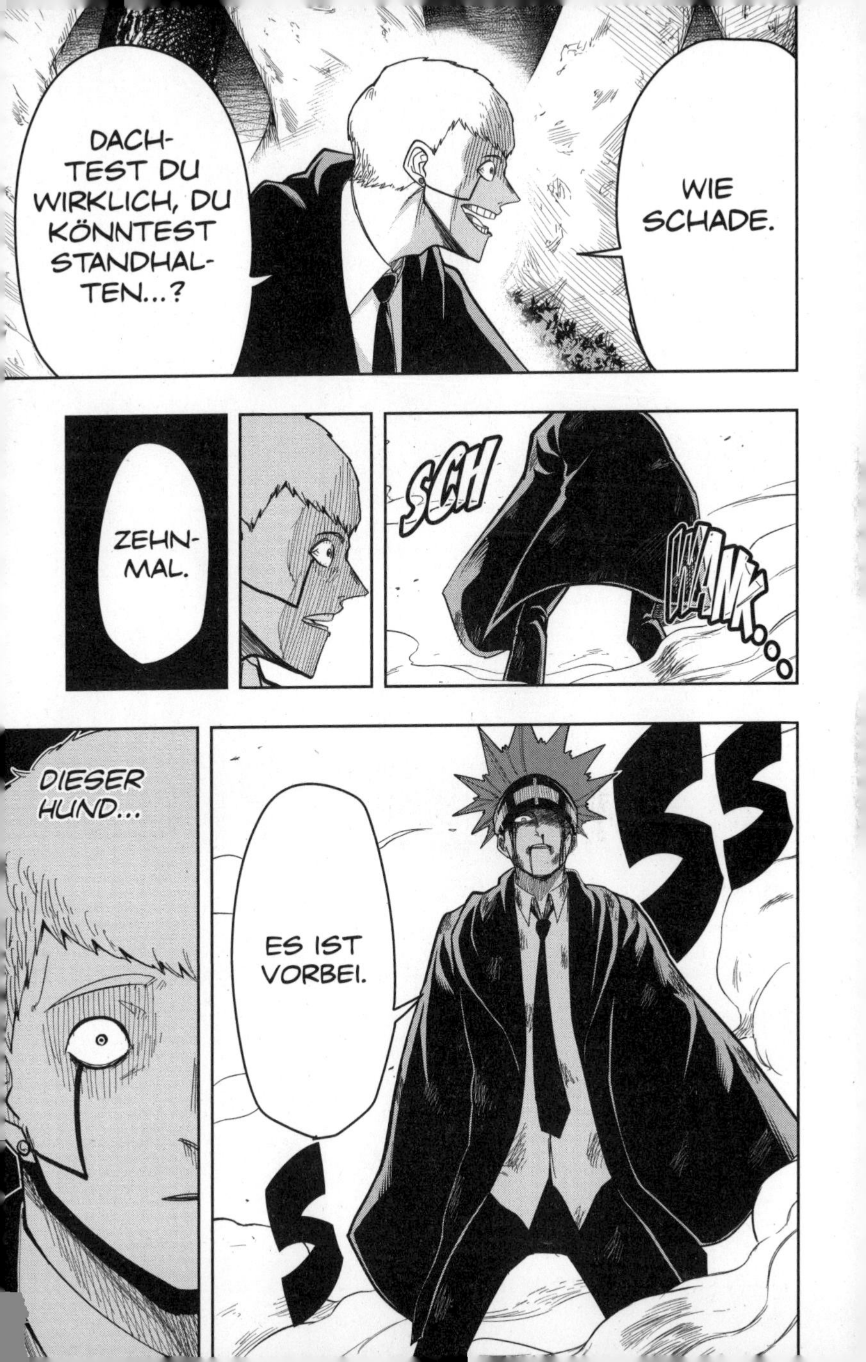
WIE SCHADE.
DACH-TEST DU WIRKLICH, DU KÖNNTEST STANDHAL-TEN...?
SCH
WANK...
ZEHN-MAL.
ES IST VORBEI.
DIESER HUND...

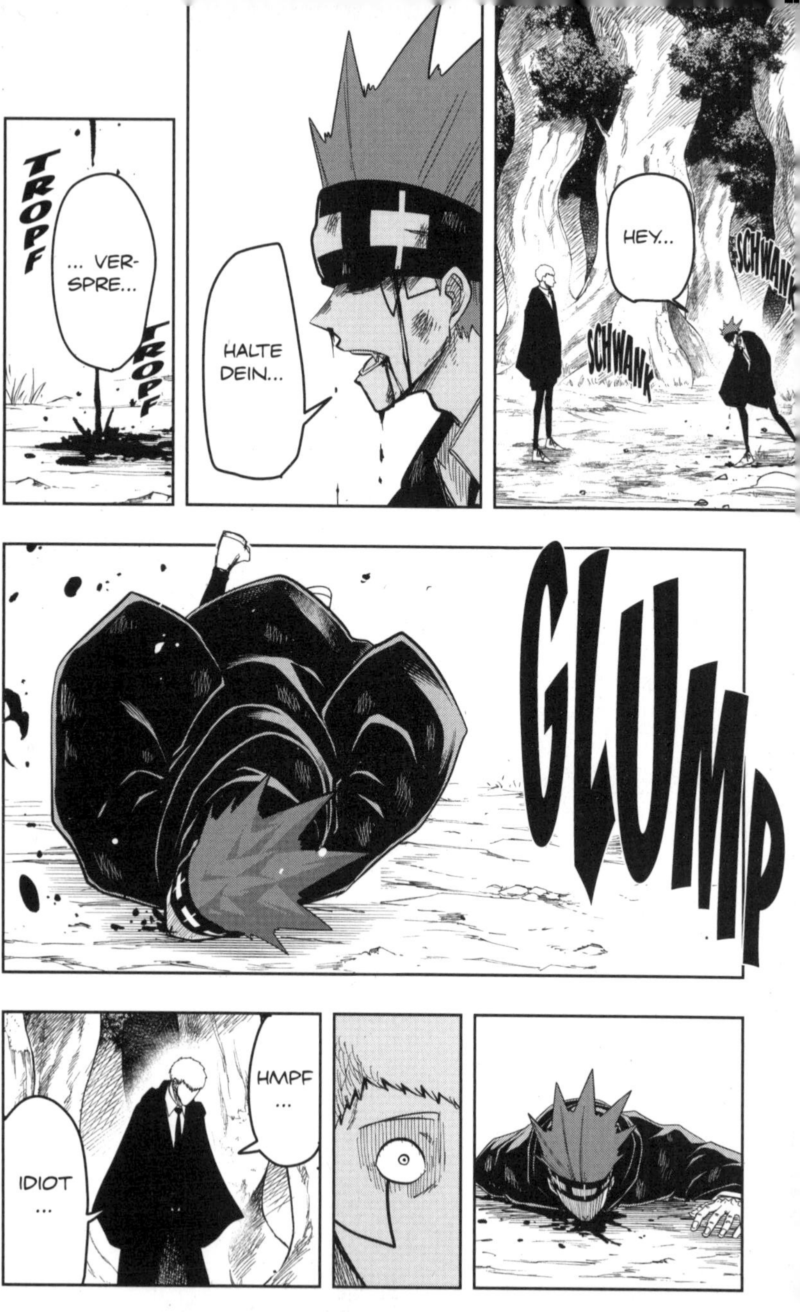
HEY...
SCHWANK
SCHWANK
HALTE DEIN...
TROPF
... VER-
SPRE...
TROPF
GLUMP
HMPF
...
IDIOT
...

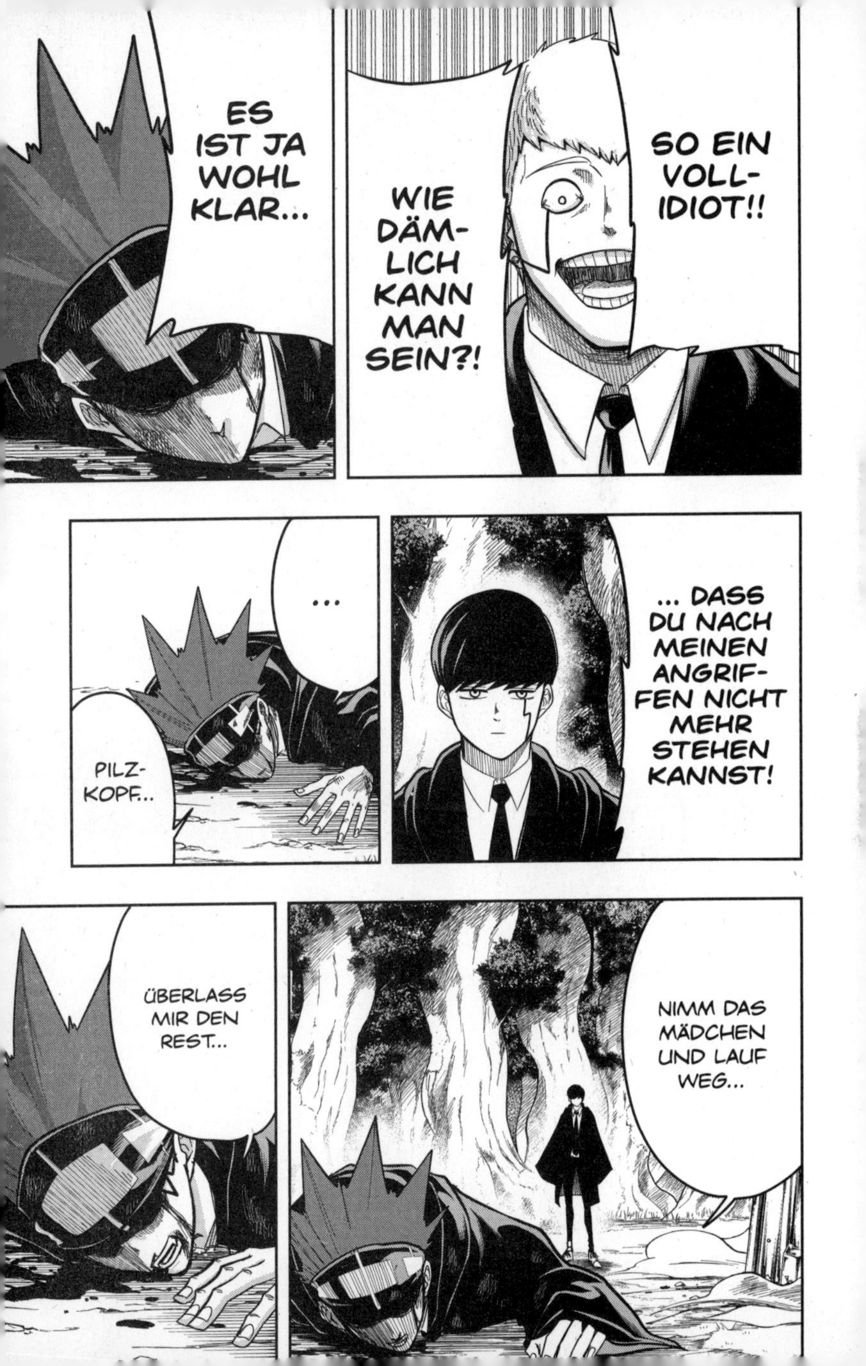
SO EIN VOLL-IDIOT!!
WIE DÄMLICH KANN MAN SEIN?!
ES IST JA WOHL KLAR...
... DASS DU NACH MEINEN ANGRIFFEN NICHT MEHR STEHEN KANNST!
...
PILZKOPF...
NIMM DAS MÄDCHEN UND LAUF WEG...
ÜBERLASS MIR DEN REST...

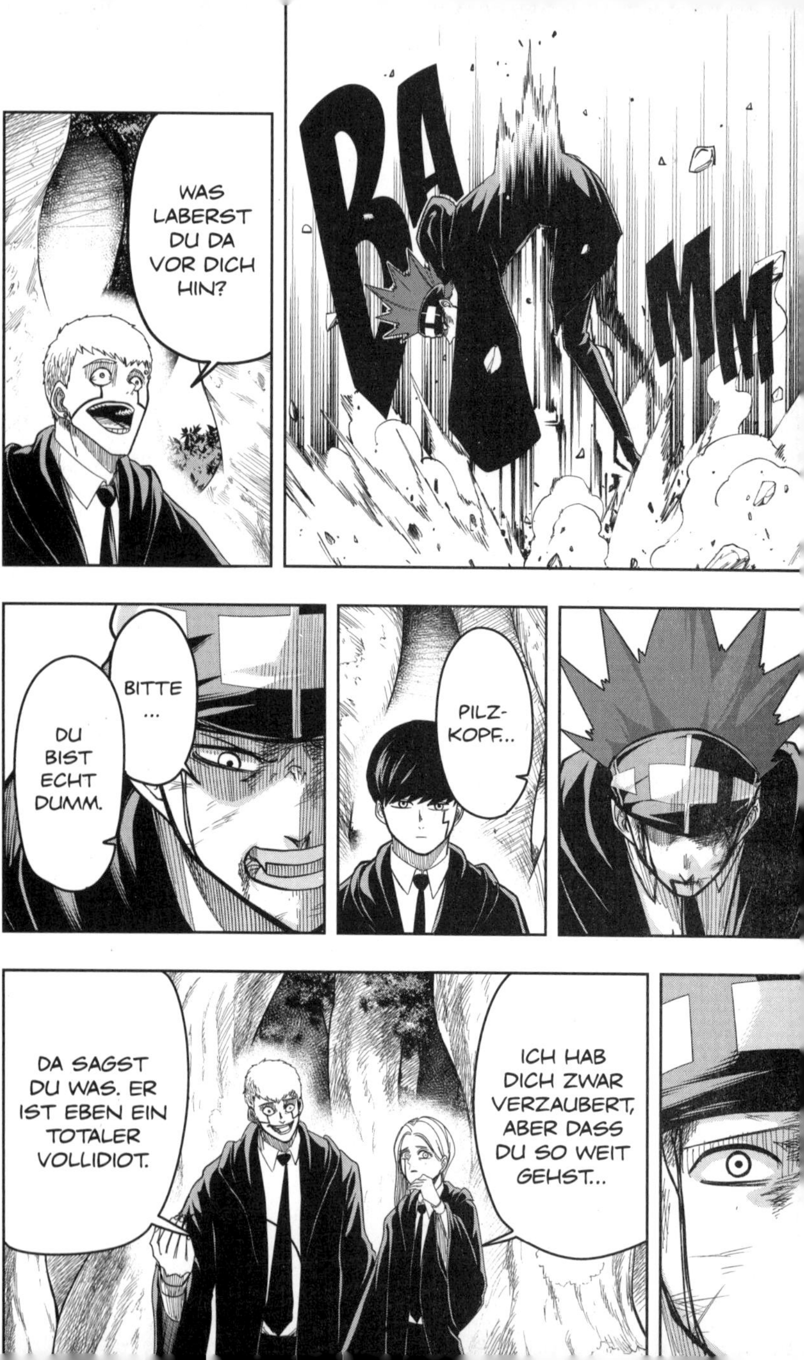
WAS LABERST DU DA VOR DICH HIN?
PILZ-KOPF...
BITTE ...
DU BIST ECHT DUMM.
ICH HAB DICH ZWAR VERZAUBERT, ABER DASS DU SO WEIT GEHST...
DA SAGST DU WAS. ER IST EBEN EIN TOTALER VOLLIDIOT.

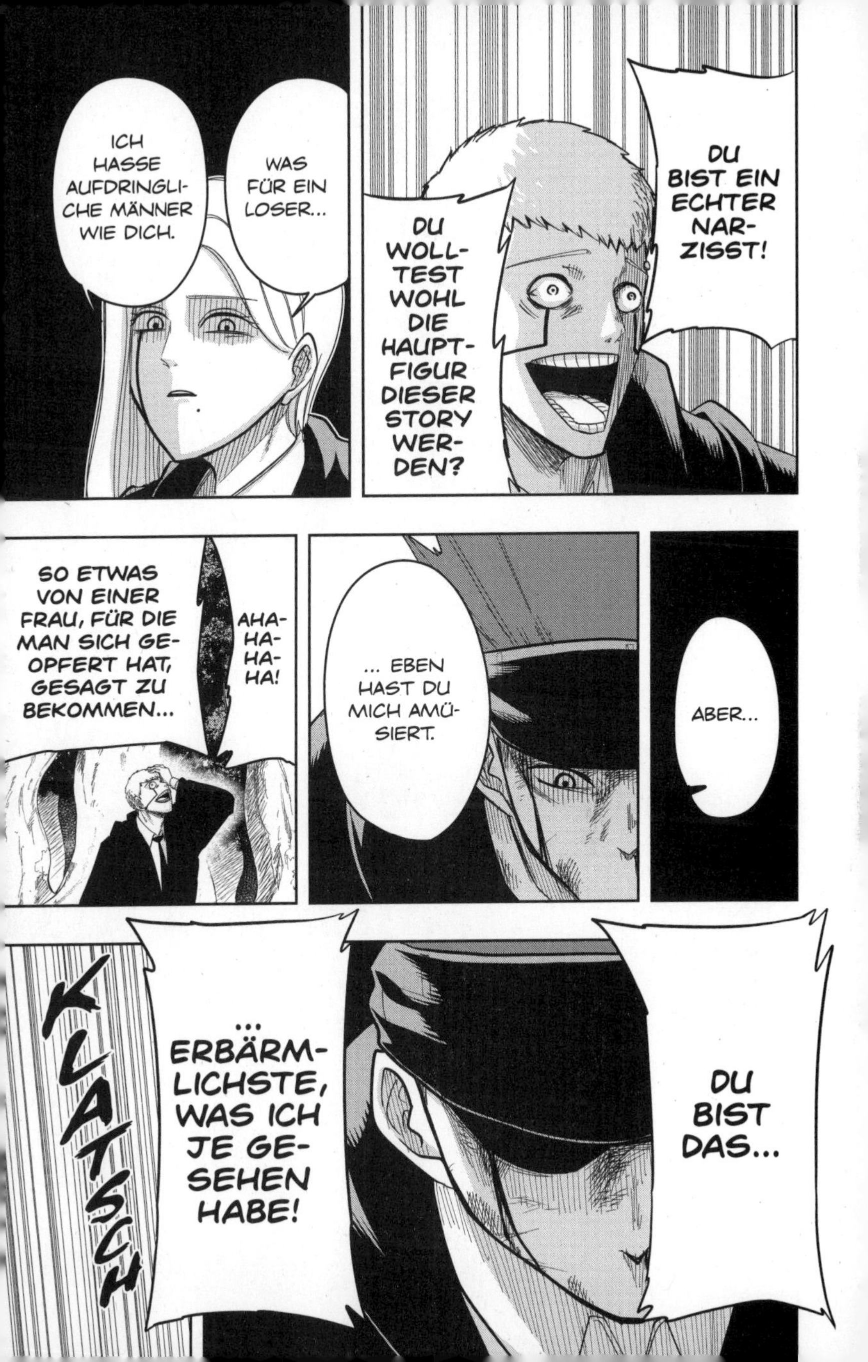

DU BIST EIN ECHTER NARZISST!
DU WOLLTEST WOHL DIE HAUPTFIGUR DIESER STORY WERDEN?
WAS FÜR EIN LOSER...
ICH HASSE AUFDRINGLICHE MÄNNER WIE DICH.
ABER...
... EBEN HAST DU MICH AMÜSIERT.
AHAHAHAHA!
SO ETWAS VON EINER FRAU, FÜR DIE MAN SICH GEOPFERT HAT, GESAGT ZU BEKOMMEN...
DU BIST DAS...
... ERBÄRMLICHSTE, WAS ICH JE GESEHEN HABE!
KLATSCH

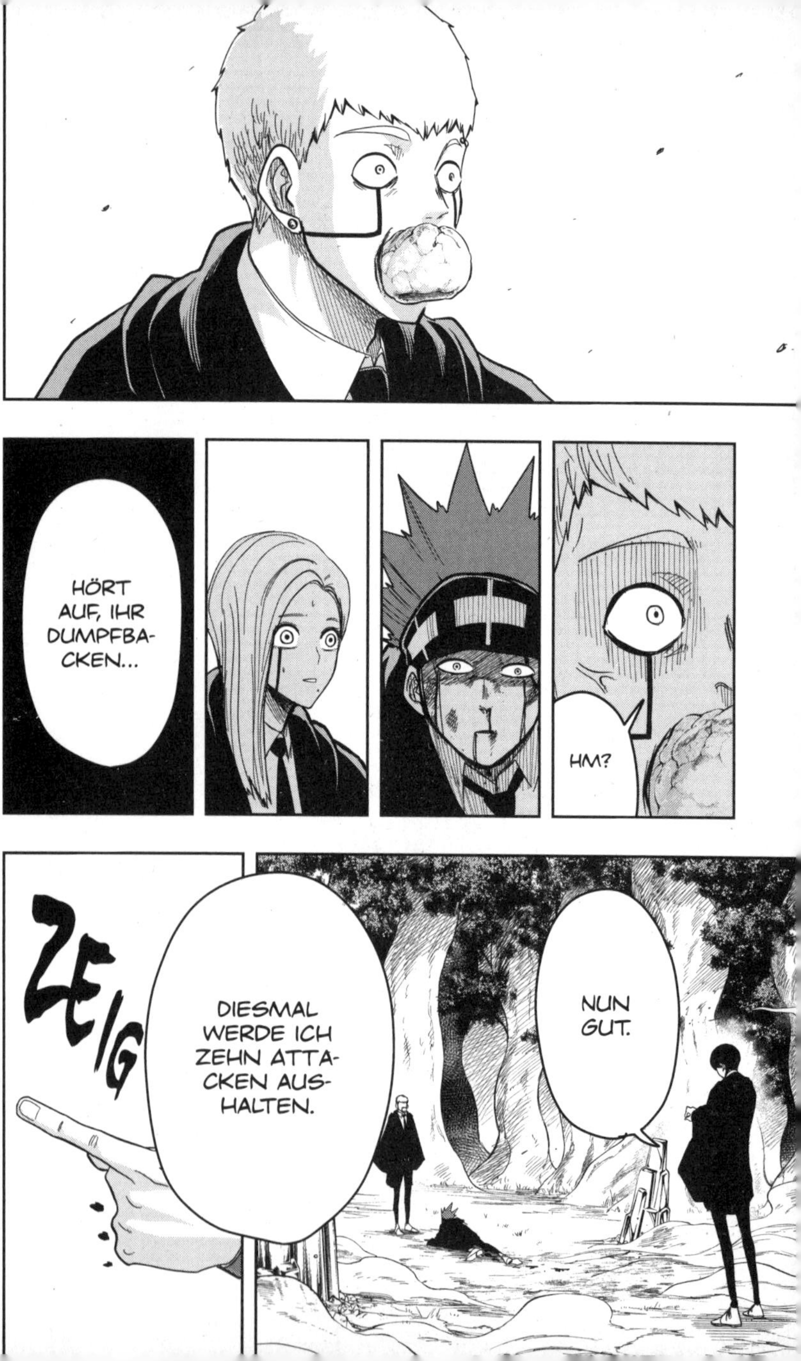
HM?
HÖRT AUF, IHR DUMPFBA-CKEN...
NUN GUT.
DIESMAL WERDE ICH ZEHN ATTA-CKEN AUS-HALTEN.
ZEIG

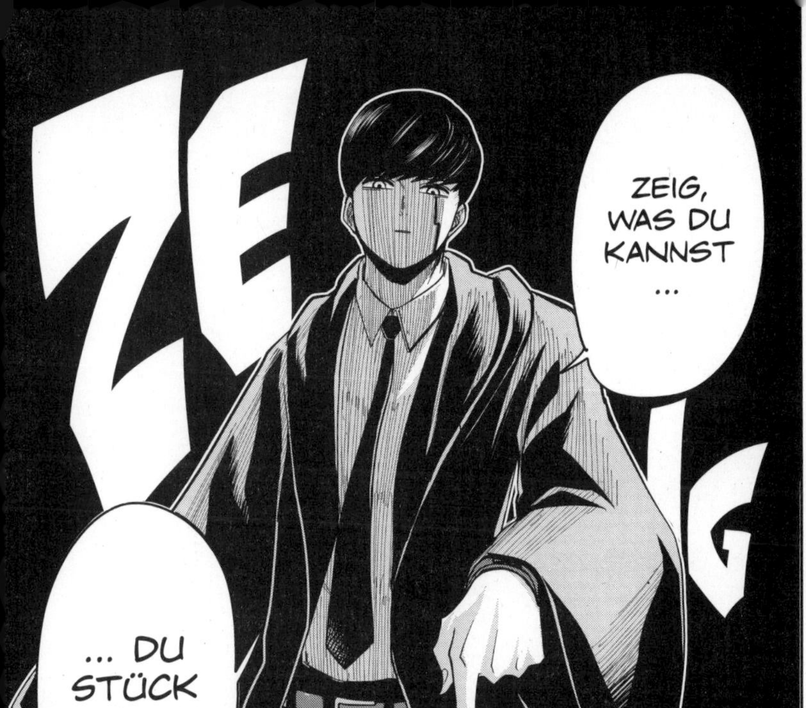
ZEIG, WAS DU KANNST ...
... DU STÜCK DRECK!

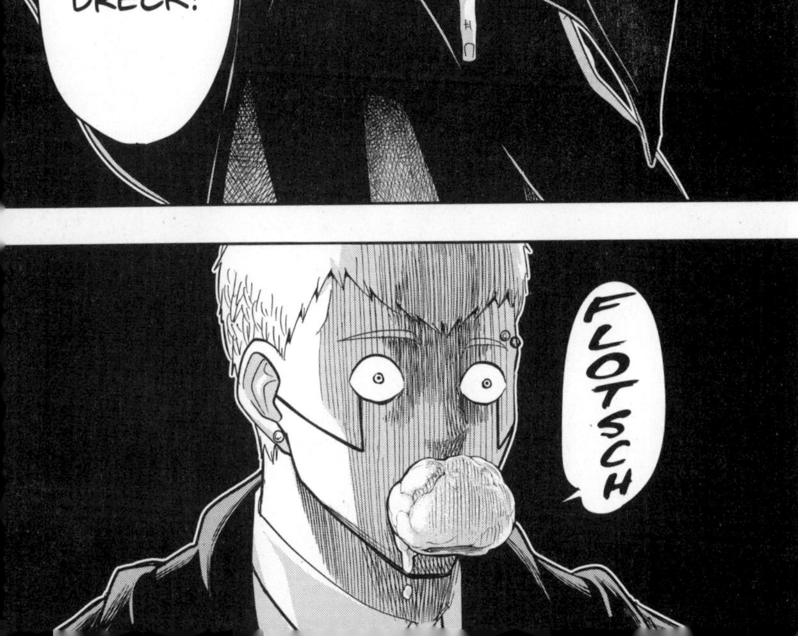
FLOTSCH

falsche Vorschauen im Jump-Magazin 1

In Shonen Jump gibt es diese kleinen Vorschauen vom nächsten Kapitel am Rand. Redakteur A, der völlig überarbeitet ist, setzt diese Lügen da rein, also lasst sie uns auseinandernehmen (und meine Beziehung zu Redakteur A).

Weekly Shonen Jump 13 : Mash gerät in ein Wrestling-Match mit einem Troll...?! Mashle – Magic and Muscles, Ausg. Sa., 22. Februar

5. Kapitel...
Es gibt keinen Troll und auch kein Wrestling. Aber Redakteur A ist ungefähr siebenmal schlauer als ich, also muss ich mich damit abfinden, was er sagt.

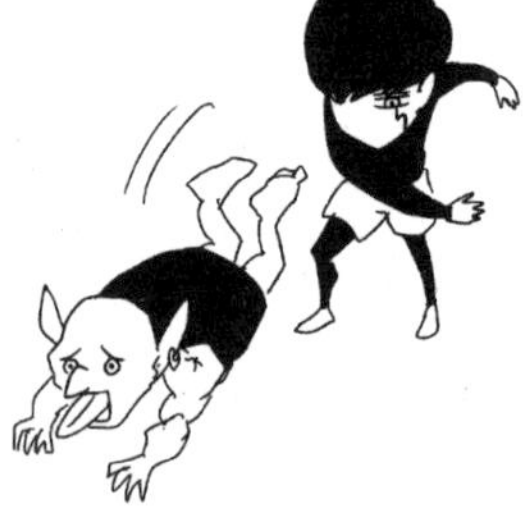

Weekly Shonen Jump 14 : Mashs Schutzengel ist ein Trapezmuskel?! Mashle – Magic and Muscles, Ausg. Mo., 2. März

6. Kapitel...
Der Gedanke, dass ein Schutzengel ein Trapezmuskel ist, ist beängstigend. Redakteur A muss sehr erschöpft sein. Zu der Zeit bearbeitete er einen bestimmten berühmten Manga neben diesem hier.

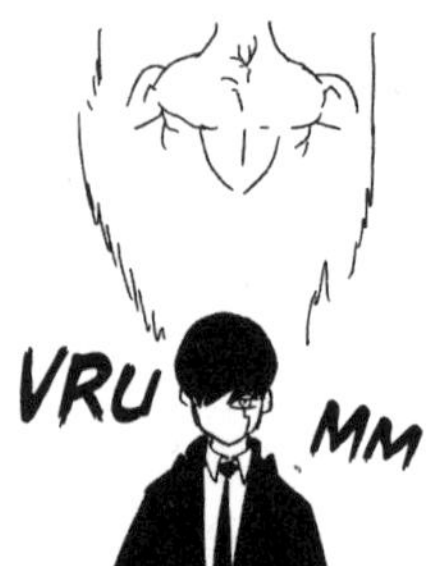

14. Kapitel

Mash Burnedead und die Eisenmagie

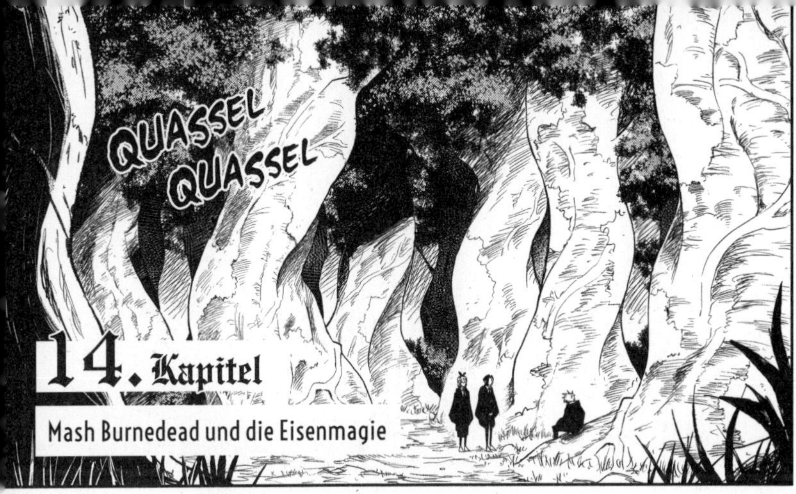

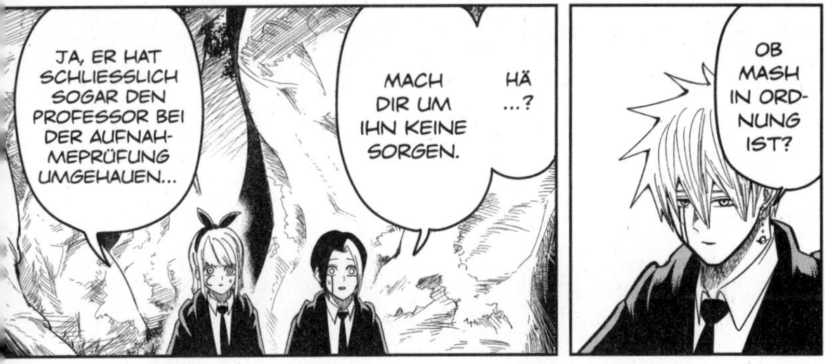

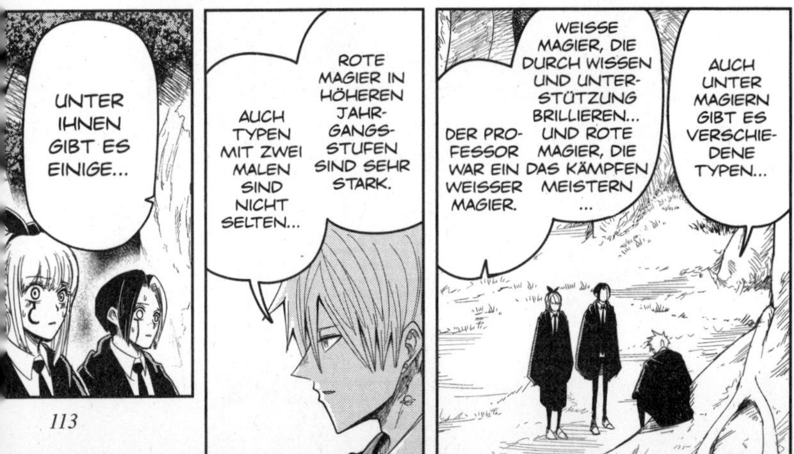

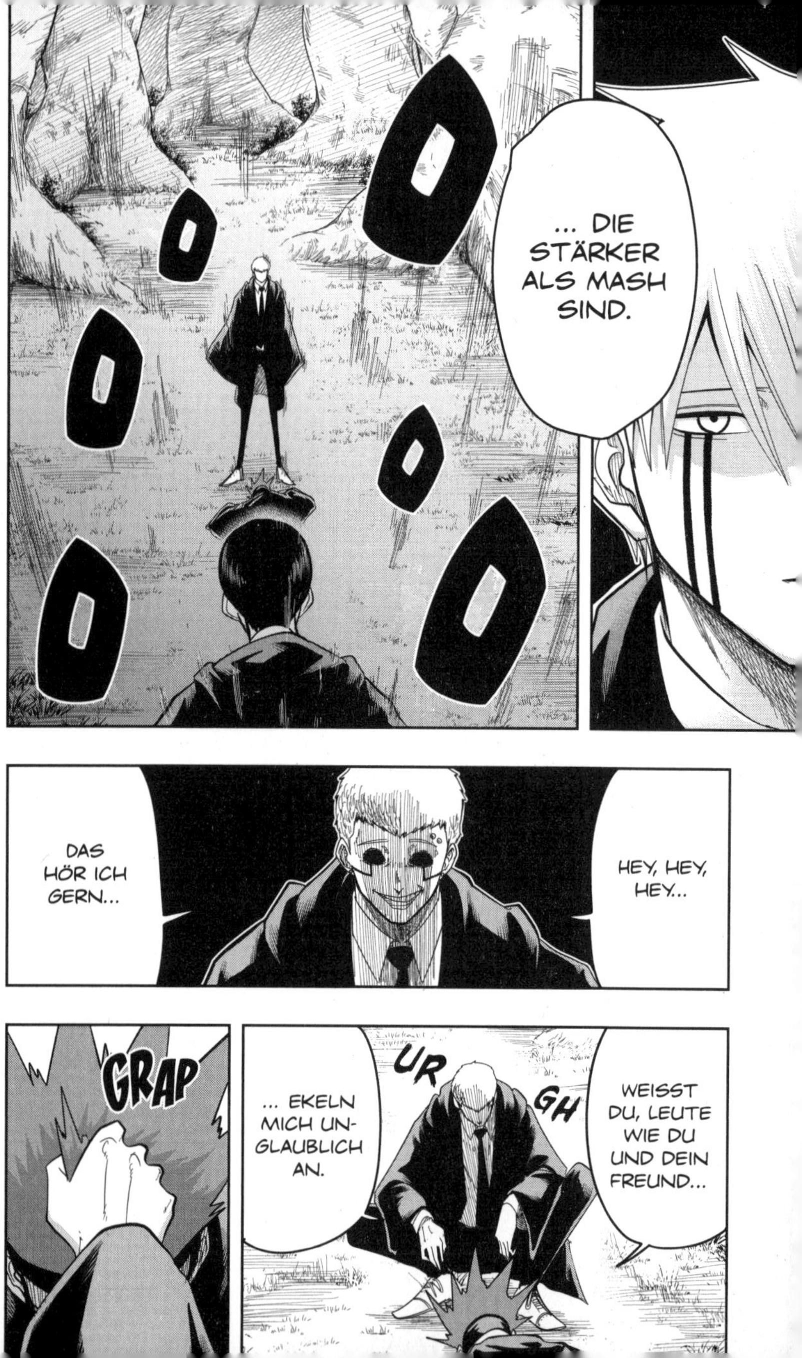
... DIE STÄRKER ALS MASH SIND.
HEY, HEY, HEY...
DAS HÖR ICH GERN...
WEISST DU, LEUTE WIE DU UND DEIN FREUND...
URGH
... EKELN MICH UN-GLAUBLICH AN.
GRAP

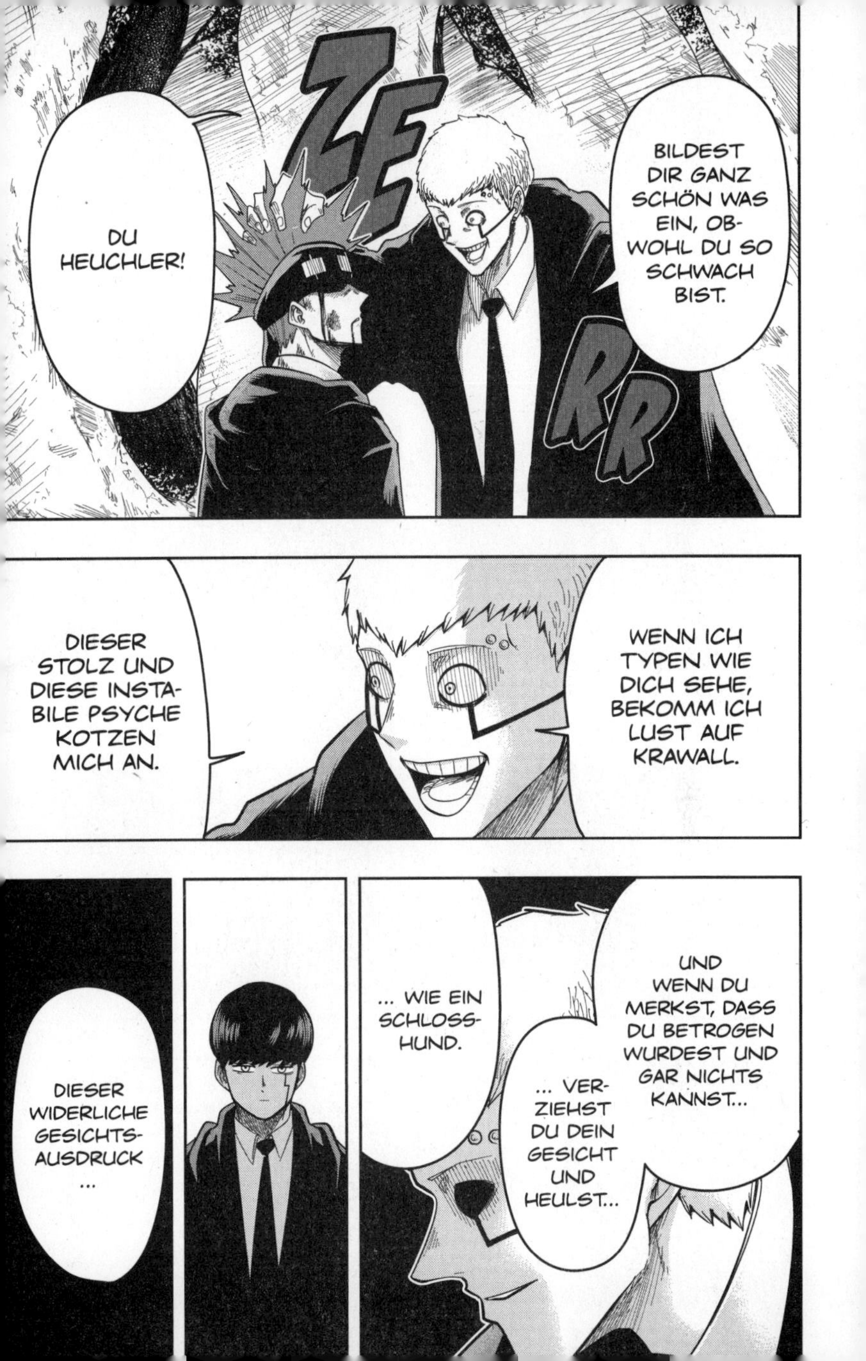
BILDEST DIR GANZ SCHÖN WAS EIN, OB-WOHL DU SO SCHWACH BIST.
ZE
RR
DU HEUCHLER!
WENN ICH TYPEN WIE DICH SEHE, BEKOMM ICH LUST AUF KRAWALL.
DIESER STOLZ UND DIESE INSTA-BILE PSYCHE KOTZEN MICH AN.
UND WENN DU MERKST, DASS DU BETROGEN WURDEST UND GAR NICHTS KANNST...
... VER-ZIEHST DU DEIN GESICHT UND HEULST...
... WIE EIN SCHLOSS-HUND.
DIESER WIDERLICHE GESICHTS-AUSDRUCK ...

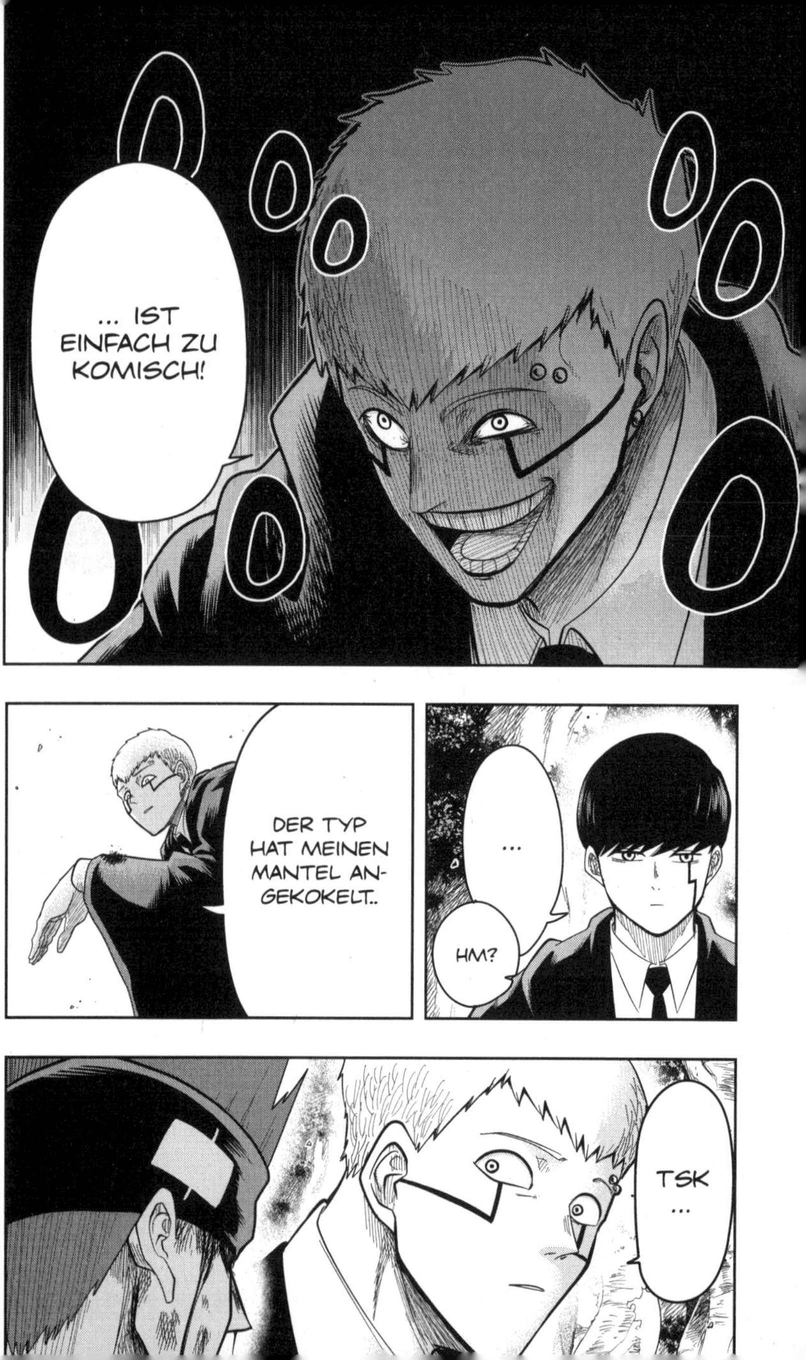
... IST EINFACH ZU KOMISCH!
...
HM?
DER TYP HAT MEINEN MANTEL AN-GEKOKELT..
TSK ...

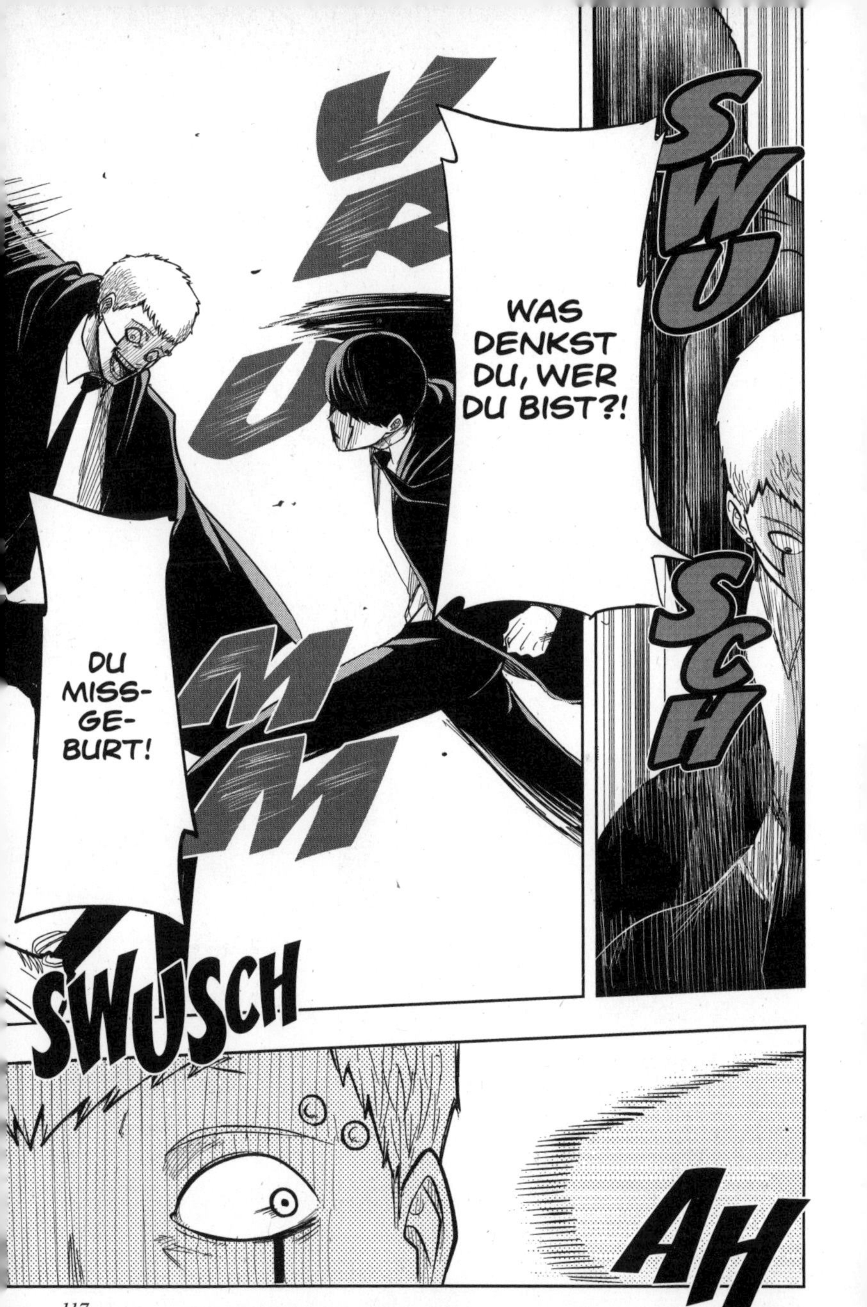
SWUSCH
WAS DENKST DU, WER DU BIST?!
VRUMM
DU MISS-GE-BURT!
SWUSCH
AH

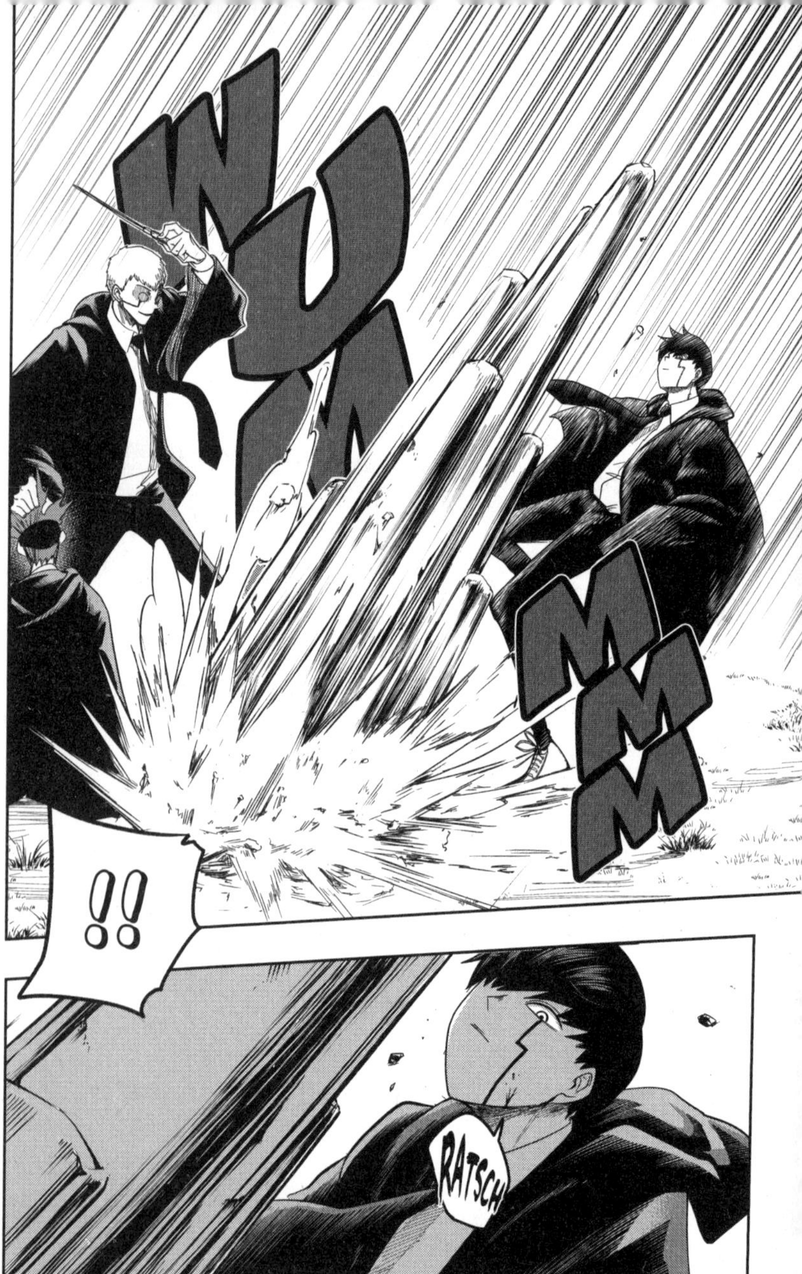
WUM
MMM
!!
RATSCH

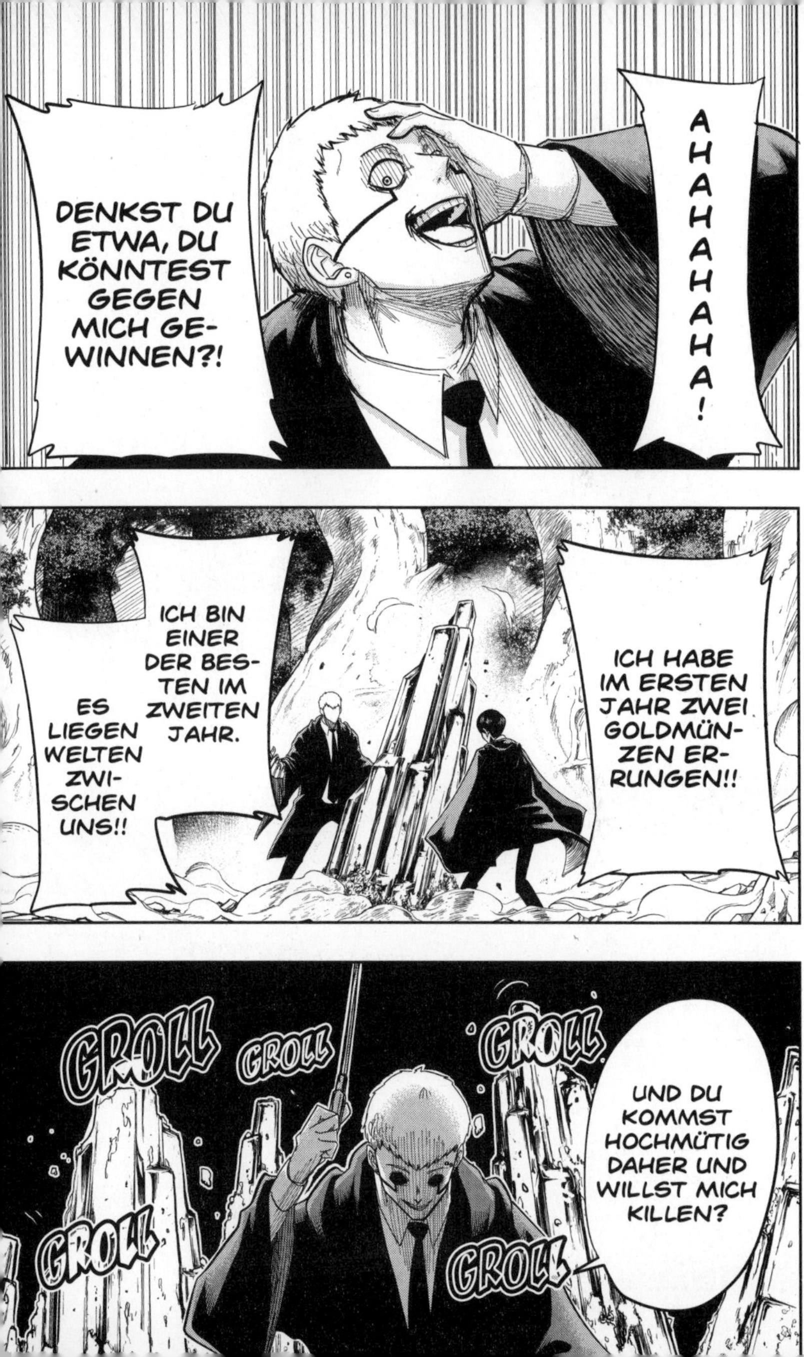
AHAHAHAHAHA!
DENKST DU ETWA, DU KÖNNTEST GEGEN MICH GEWINNEN?!
ICH HABE IM ERSTEN JAHR ZWEI GOLDMÜNZEN ERRUNGEN!!
ICH BIN EINER DER BESTEN IM ZWEITEN JAHR.
ES LIEGEN WELTEN ZWISCHEN UNS!!
GROLL
GROLL
GROLL
UND DU KOMMST HOCHMÜTIG DAHER UND WILLST MICH KILLEN?
GROLL
GROLL

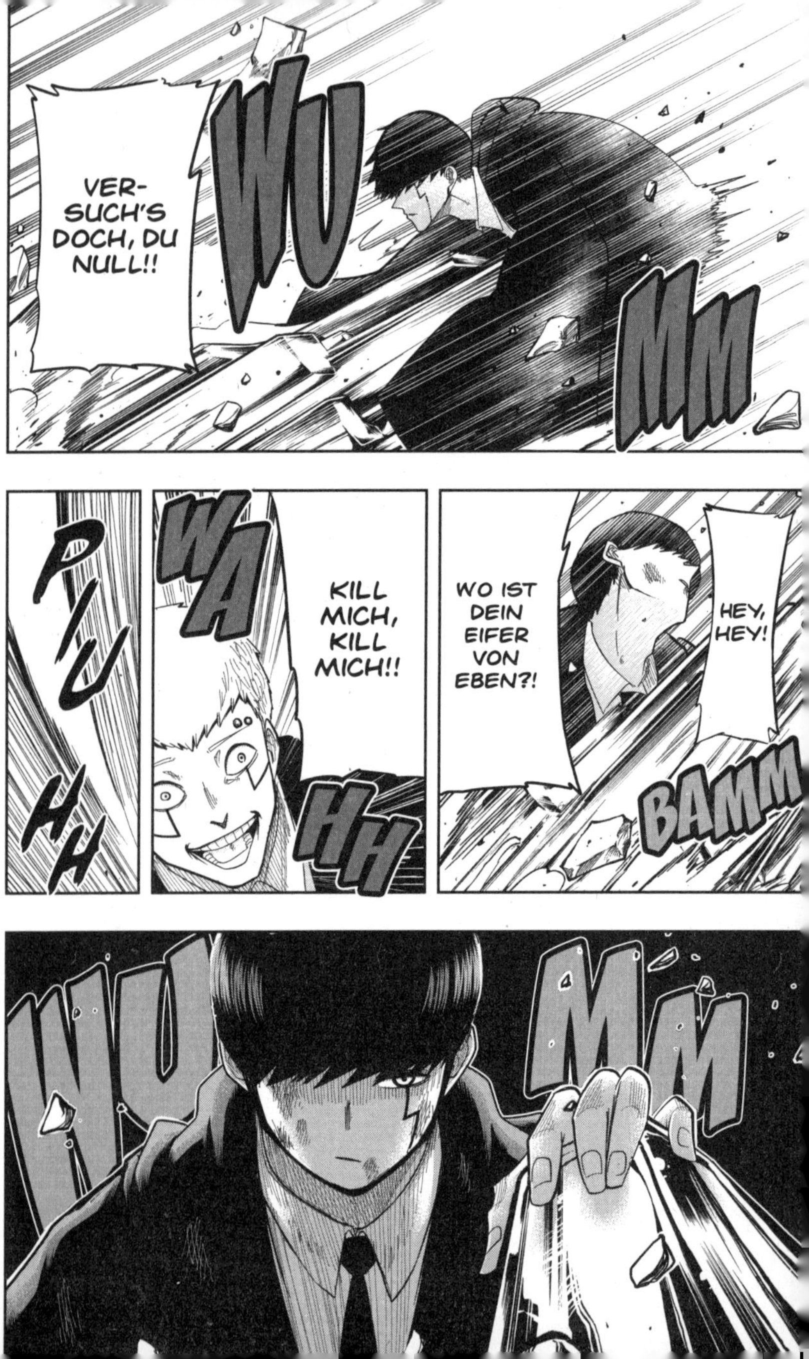
WUMM
VERSUCH'S DOCH, DU NULL!!
HEY, HEY!
WO IST DEIN EIFER VON EBEN?!
BAMM
WAHH
KILL MICH, KILL MICH!!
WUMM

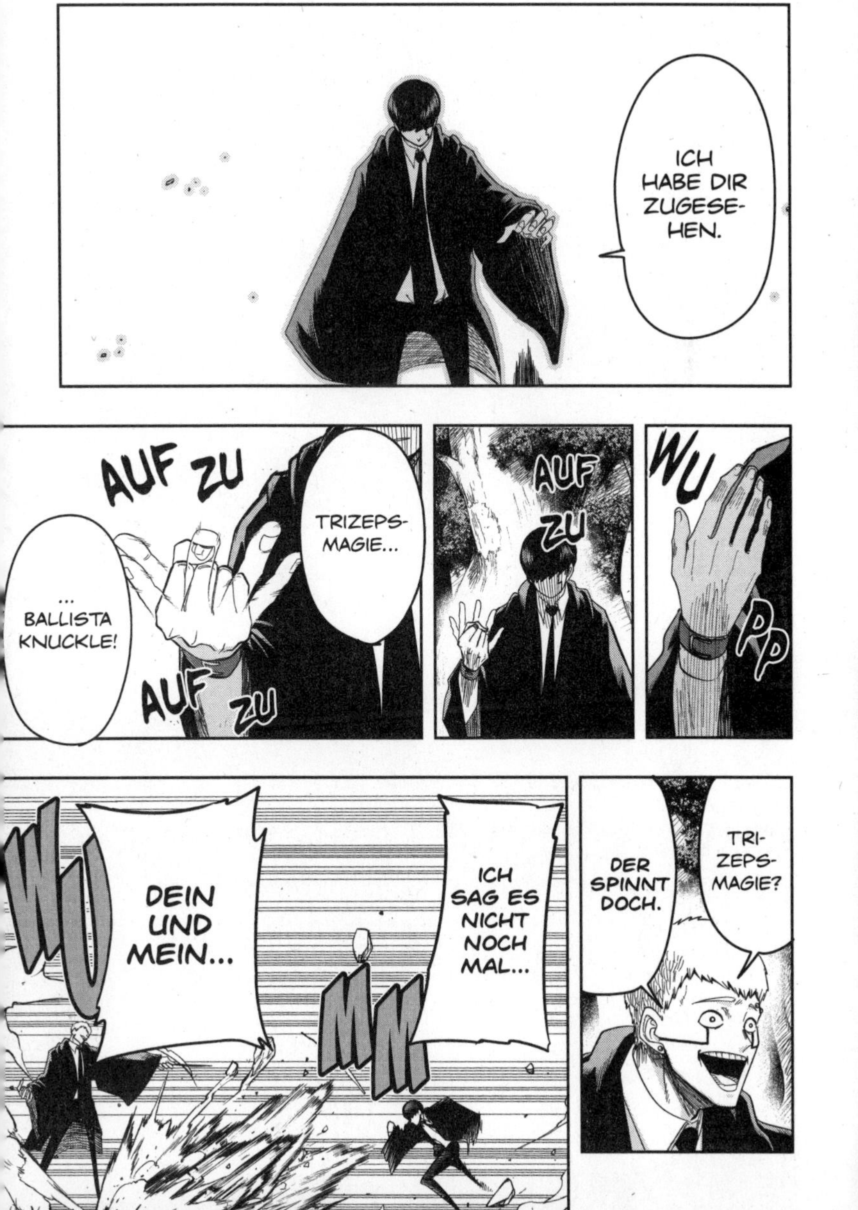
ICH HABE DIR ZUGESE-HEN.
WUPP
AUF ZU
TRIZEPS-MAGIE...
AUF ZU
AUF ZU
... BALLISTA KNUCKLE!
TRI-ZEPS-MAGIE?
DER SPINNT DOCH.
ICH SAG ES NICHT NOCH MAL...
DEIN UND MEIN...
WUMM

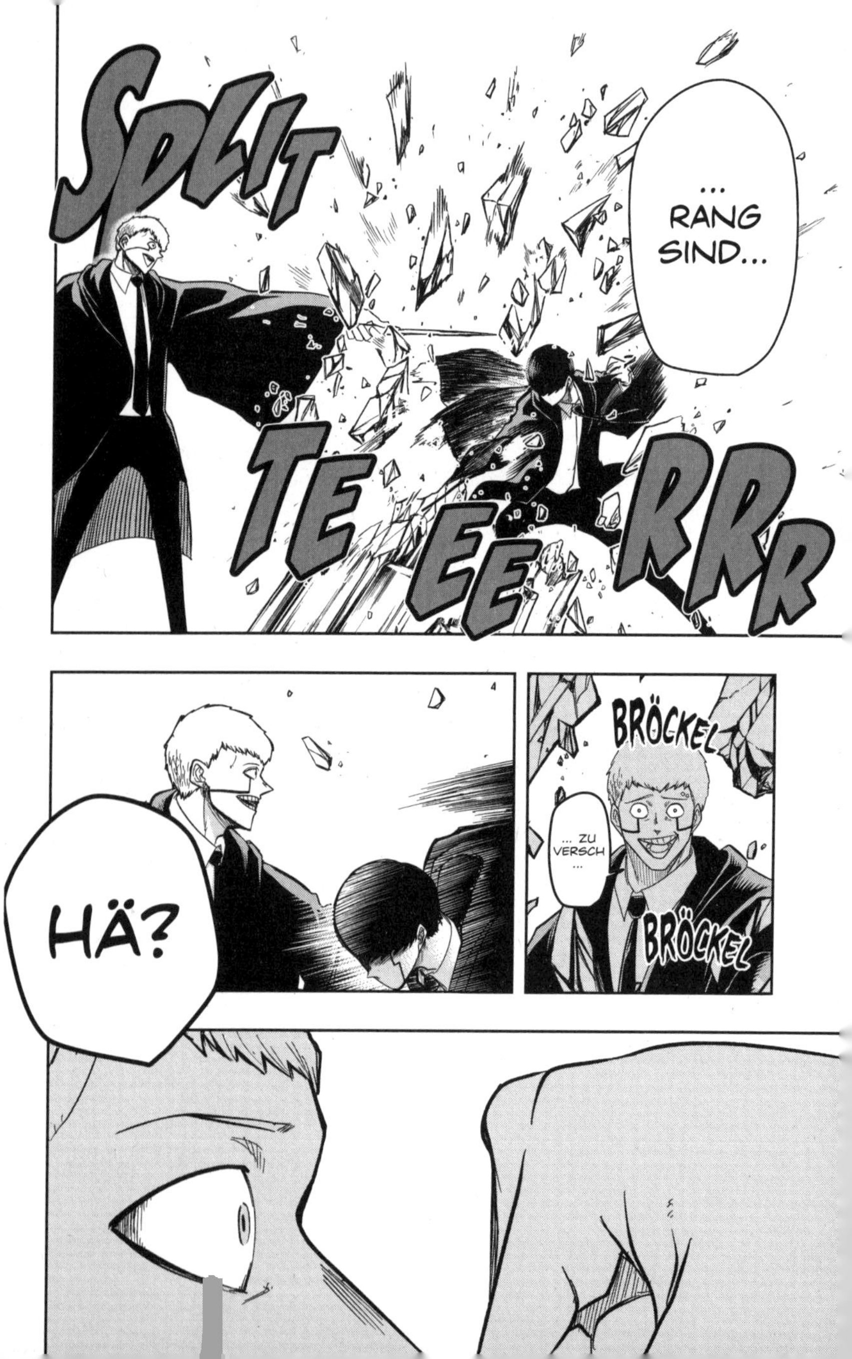
SPLIT
... RANG SIND...
TEEERRR
HÄ?
BRÖCKEL
... ZU VERSCH ...
BRÖCKEL

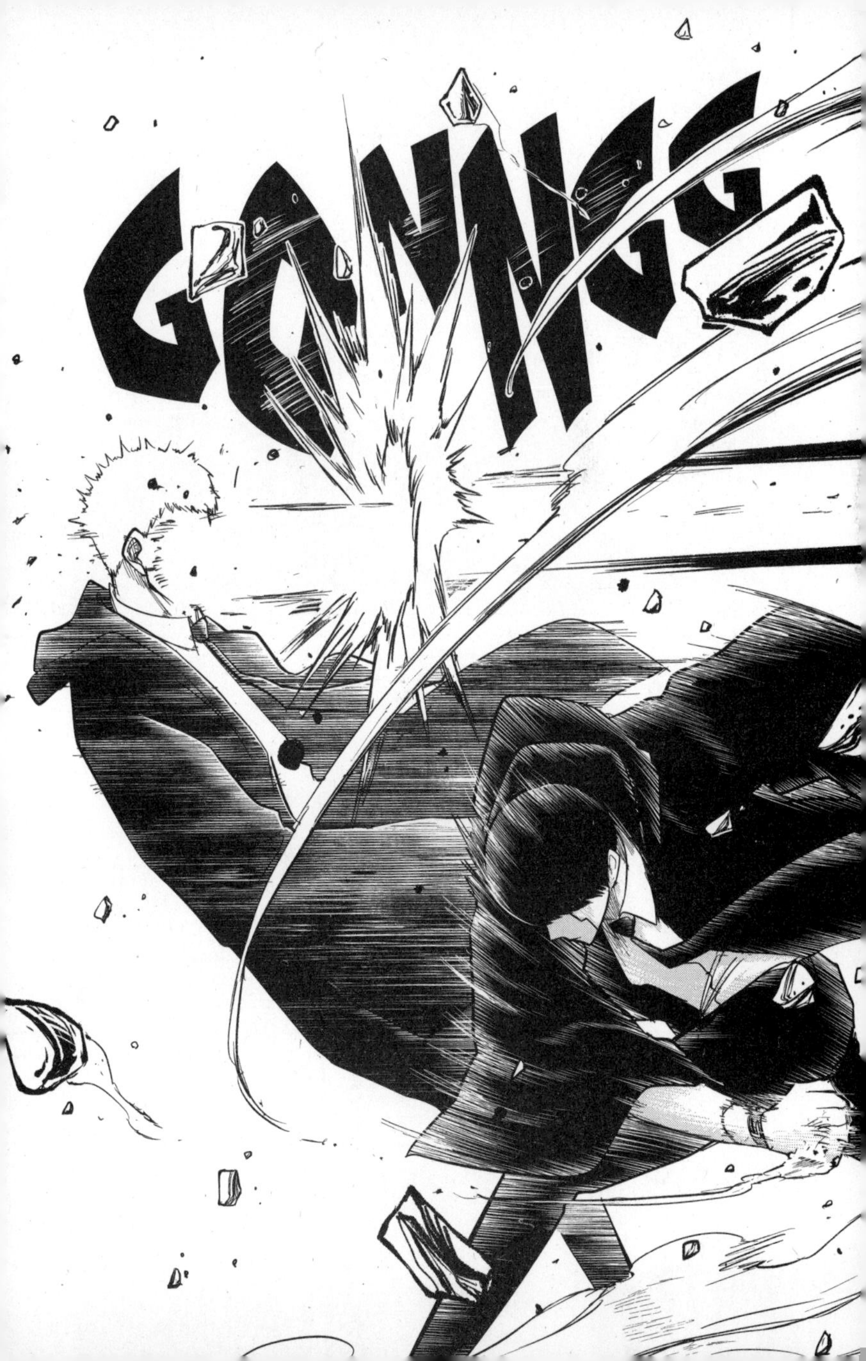
GONNGG

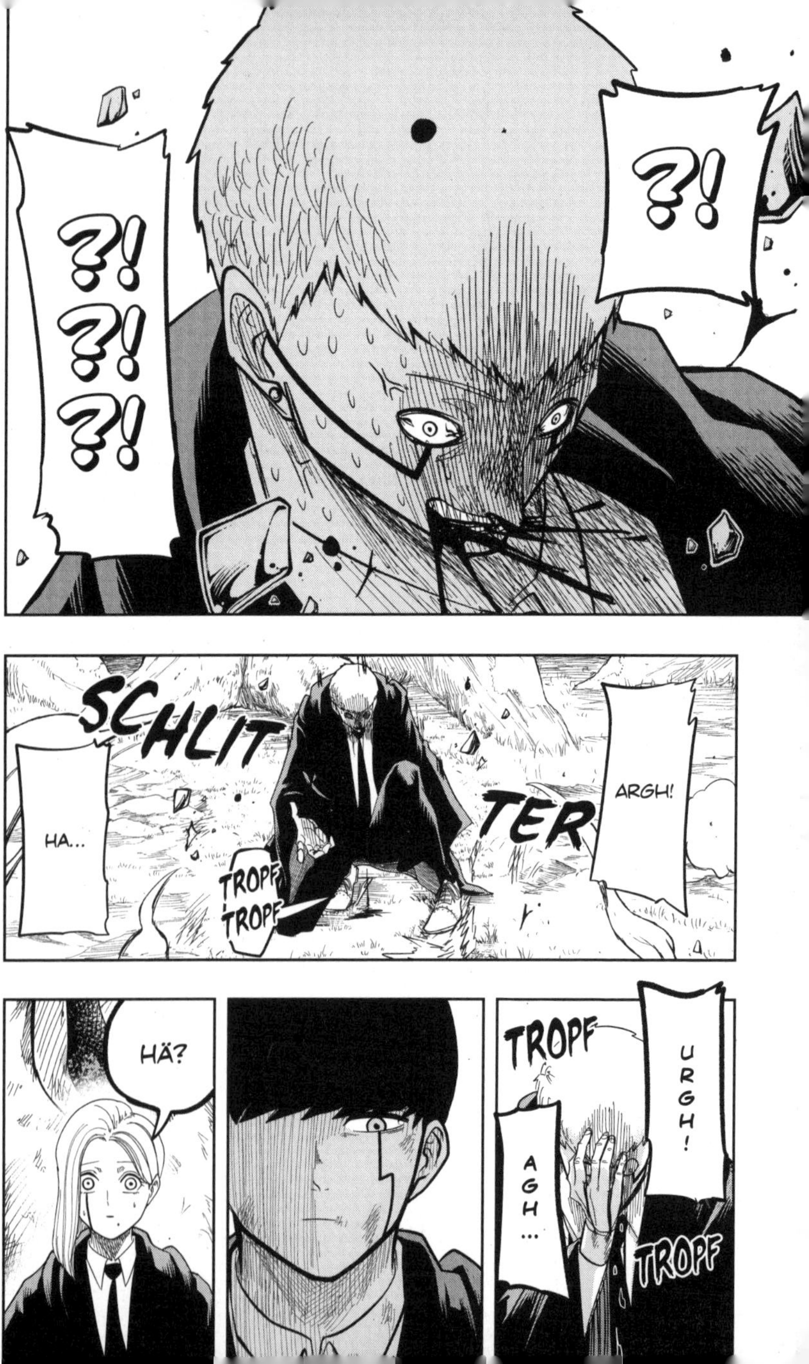
?!
?!
?!
?!
ARGH!
SCHLITTER
HA...
TROPF
TROPF
URGH!
AGH...
TROPF
TROPF
HÄ?

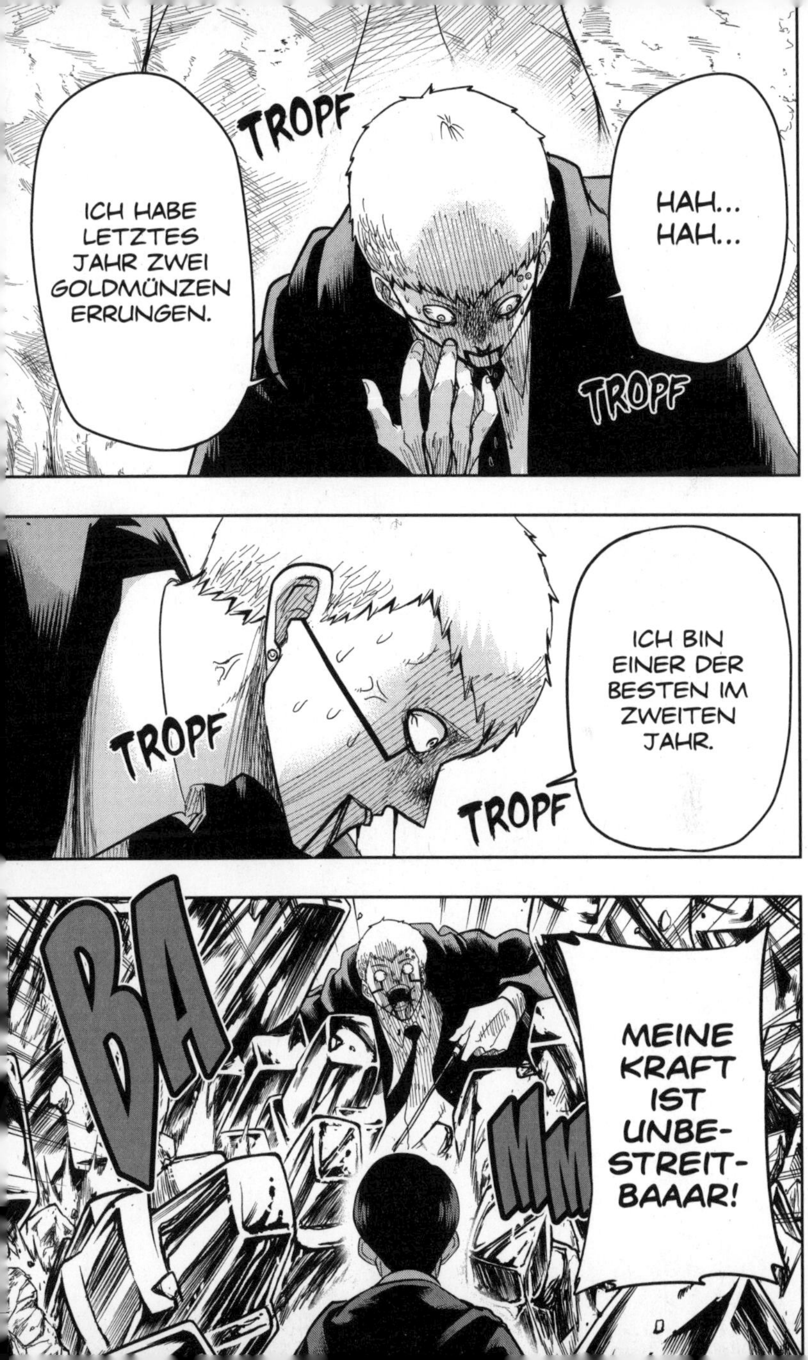
HAH...
HAH...
TROPF
ICH HABE LETZTES JAHR ZWEI GOLDMÜNZEN ERRUNGEN.
TROPF
ICH BIN EINER DER BESTEN IM ZWEITEN JAHR.
TROPF
TROPF
MEINE KRAFT IST UNBE-STREIT-BAAAR!
BA
MM

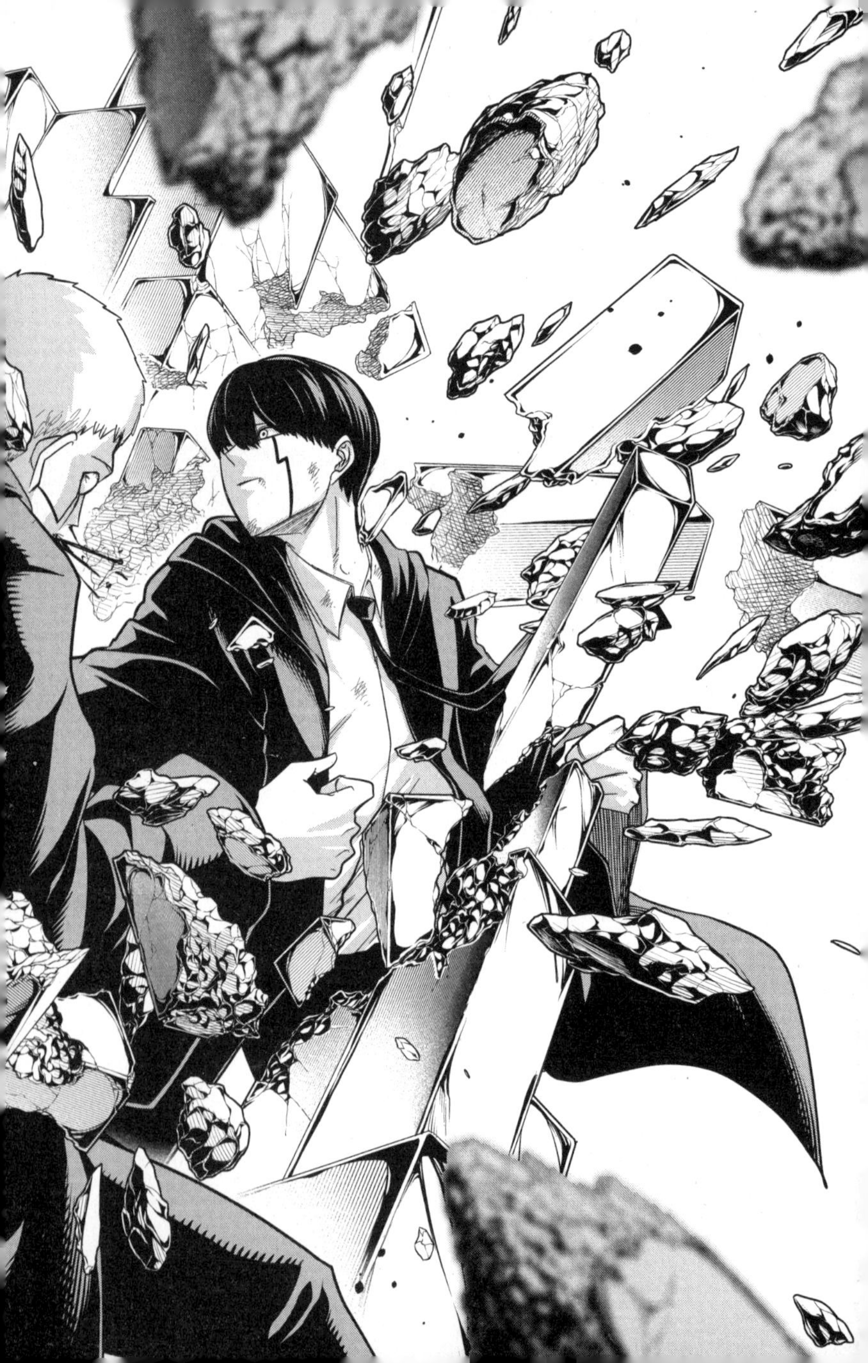

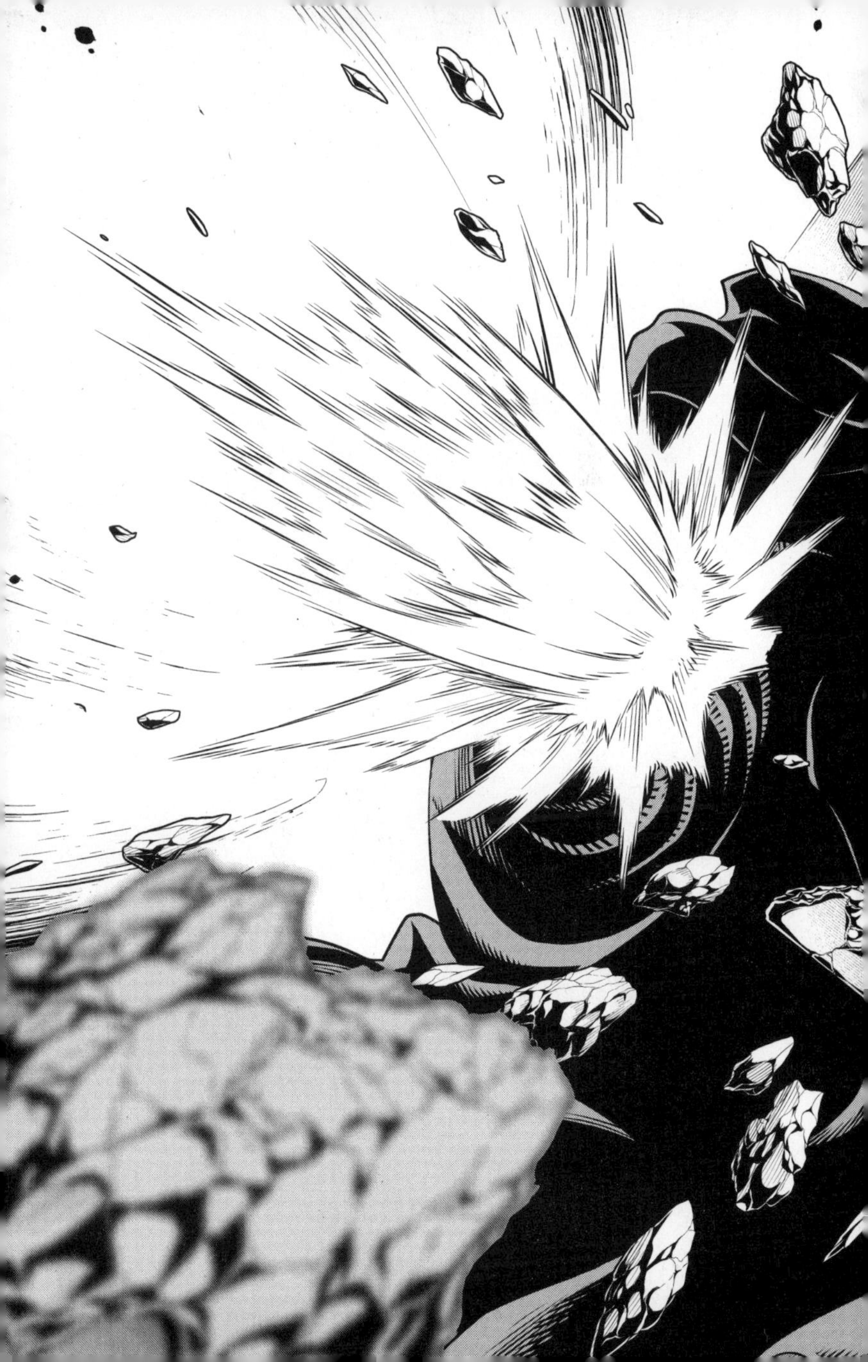

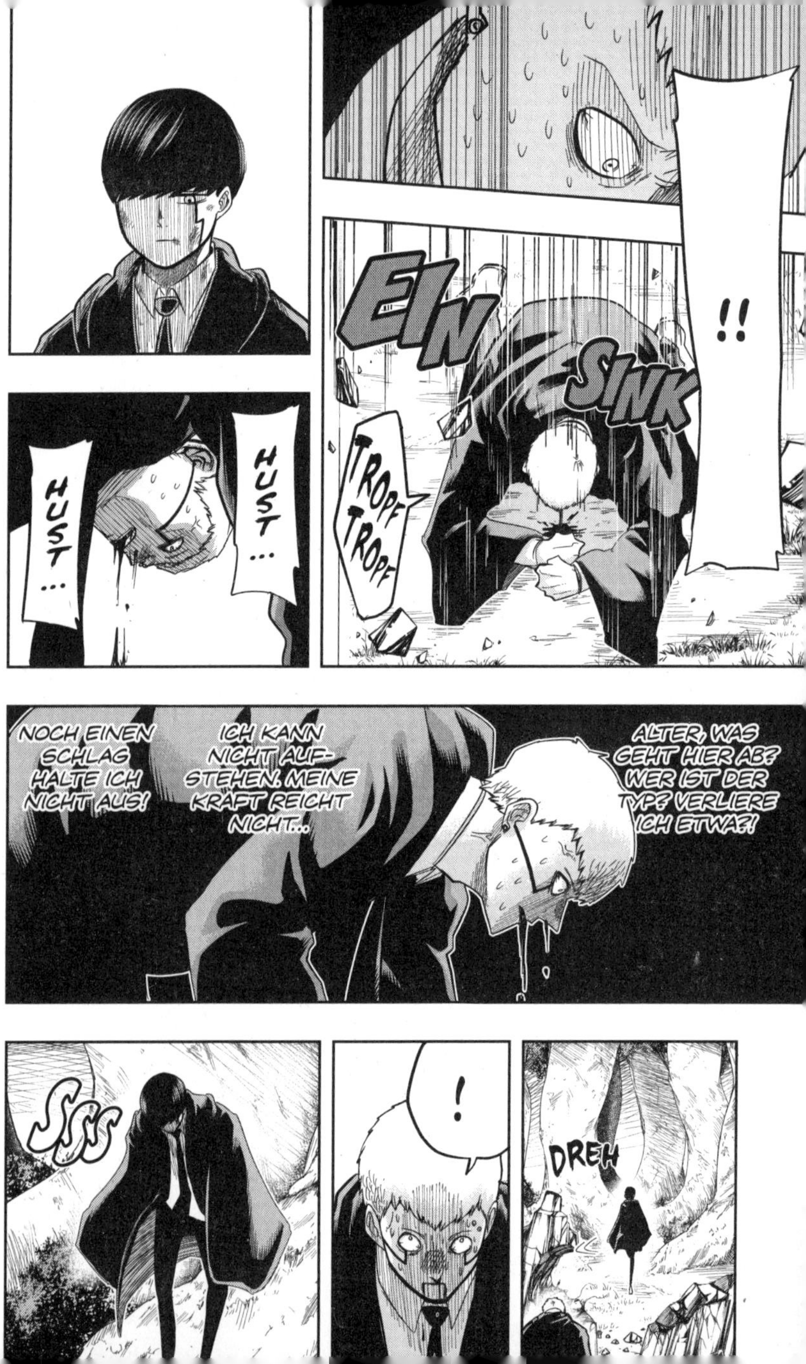
!!
EIN SINK
TROPF TROPF
HUST …
HUST …
ALTER, WAS GEHT HIER AB? WER IST DER TYP? VERLIERE ICH ETWA?!
ICH KANN NICHT AUF-STEHEN. MEINE KRAFT REICHT NICHT…
NOCH EINEN SCHLAG HALTE ICH NICHT AUS!
DREH
!
SSS

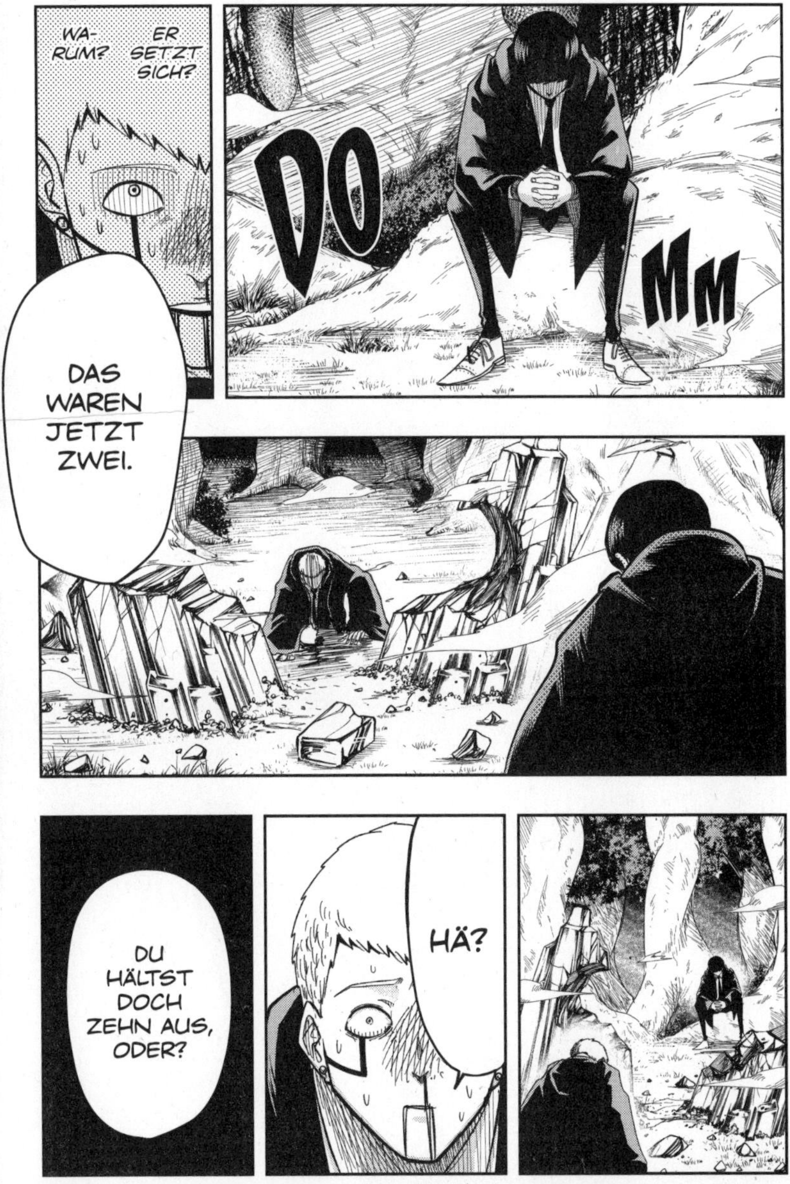
DOMM
WA-RUM? ER SETZT SICH?
DAS WAREN JETZT ZWEI.
HÄ?
DU HÄLTST DOCH ZEHN AUS, ODER?

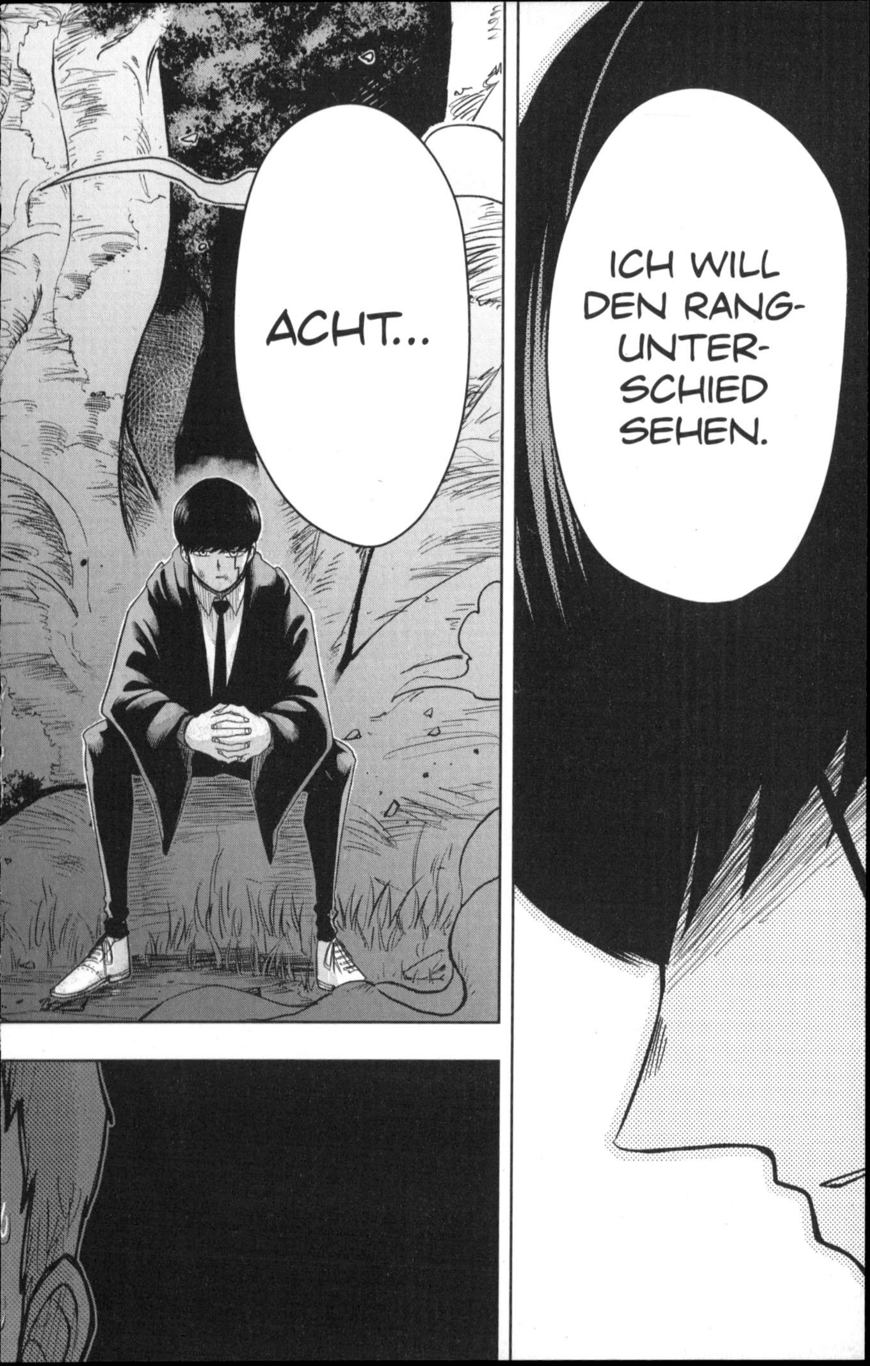
ICH WILL DEN RANG-UNTER-SCHIED SEHEN.
ACHT...

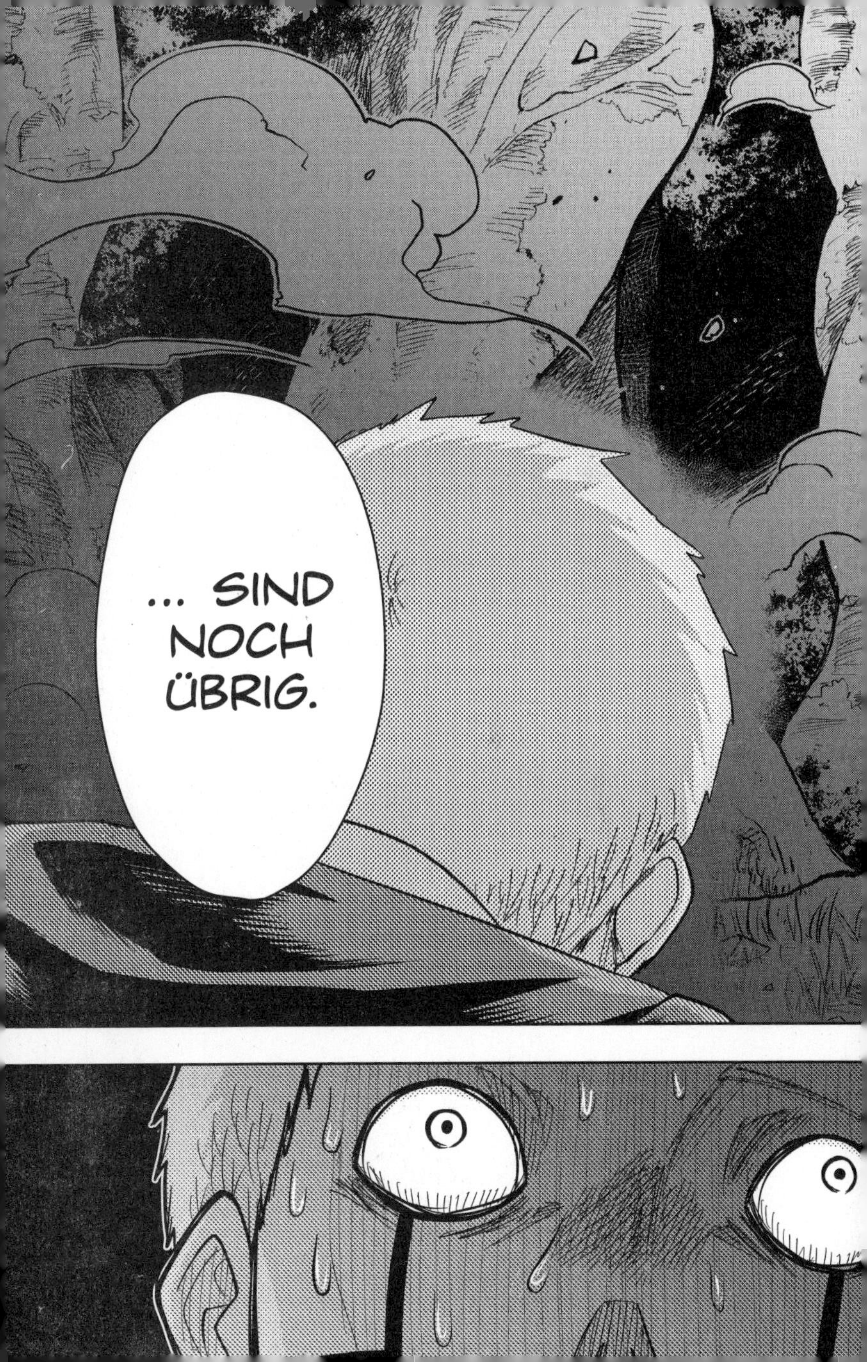
... SIND
NOCH
ÜBRIG.

falsche Vorschauen im Jump-Magazin 2

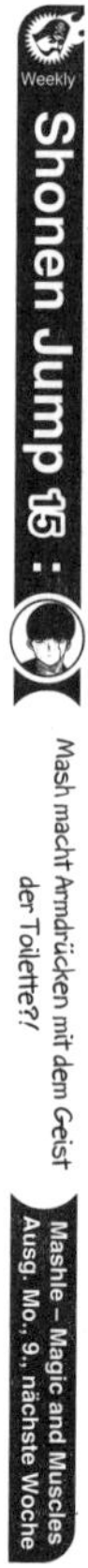

7. Kapitel…
Und wieder Wrestling. Redakteur A hat keine neuen Ideen mehr. Zudem sagte er mir, ich hätte keine Zeit für Urlaub, aber er selbst flog nach Thailand. Ich habe ihn respektiert, aber jetzt weiß ich nicht mehr, was ich von ihm halten soll.

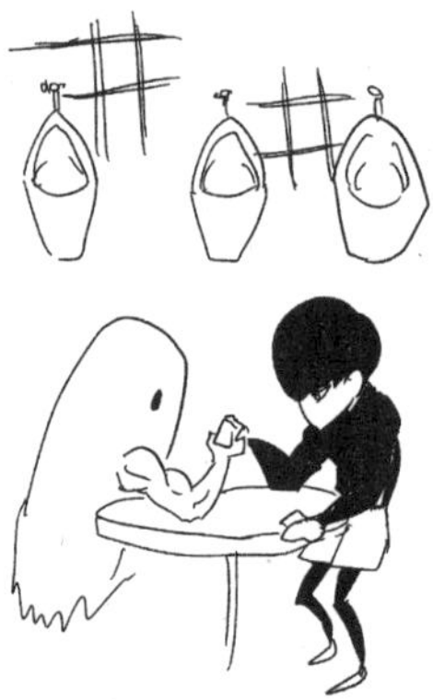

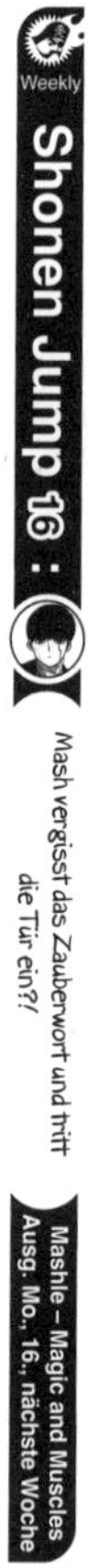

8. Kapitel…
Es gab nicht einmal eine Tür in diesem Kapitel!! Redakteur A ist älter als ich und stets höflich. Er erinnert mich an einen knallharten Gangster, der seine Intelligenz versteckt. Und natürlich sind die Schlauen immer gefährlicher als die Lauten.

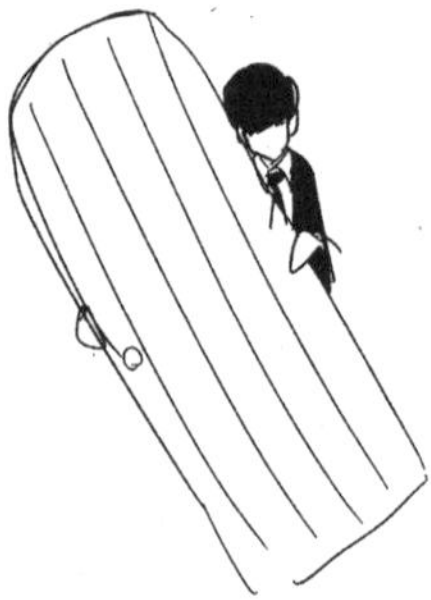

Behaltet die falschen Vorschauen im Auge. Danke für eure Hilfe.

15. Kapitel

Mash Burnedead und der riesige Waldskorpion

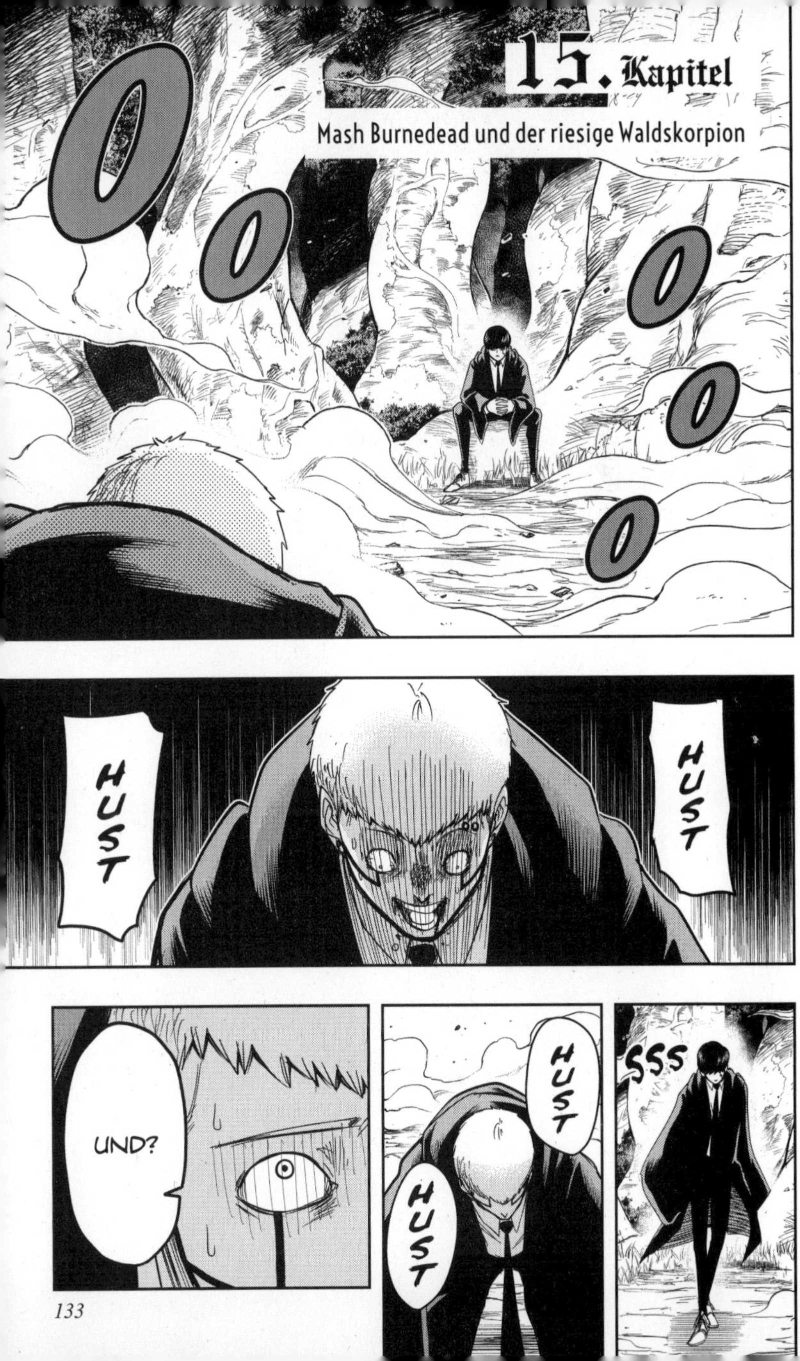

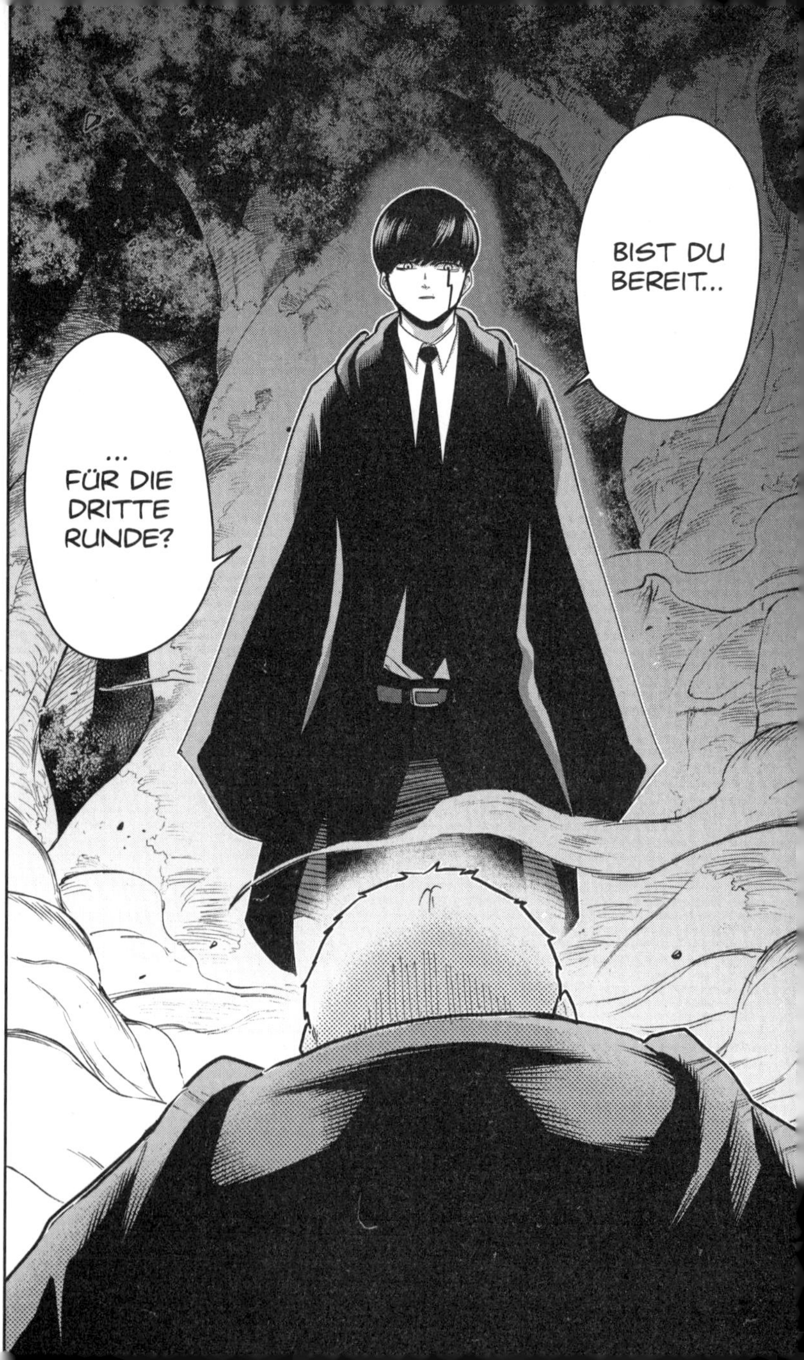
BIST DU BEREIT...
... FÜR DIE DRITTE RUNDE?

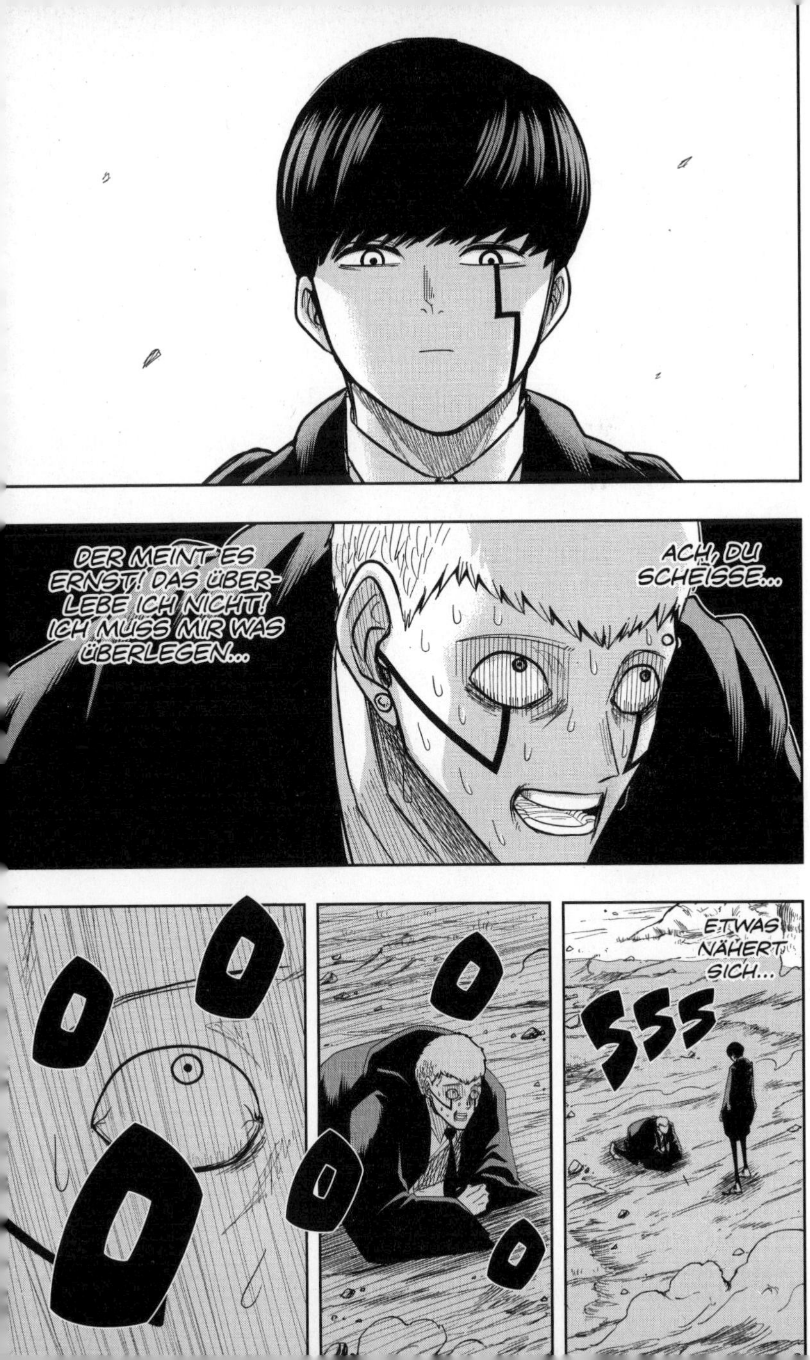
ACH, DU SCHEISSE...
DER MEINT ES ERNST! DAS ÜBERLEBE ICH NICHT! ICH MUSS MIR WAS ÜBERLEGEN...
ETWAS NÄHERT SICH...
SSS

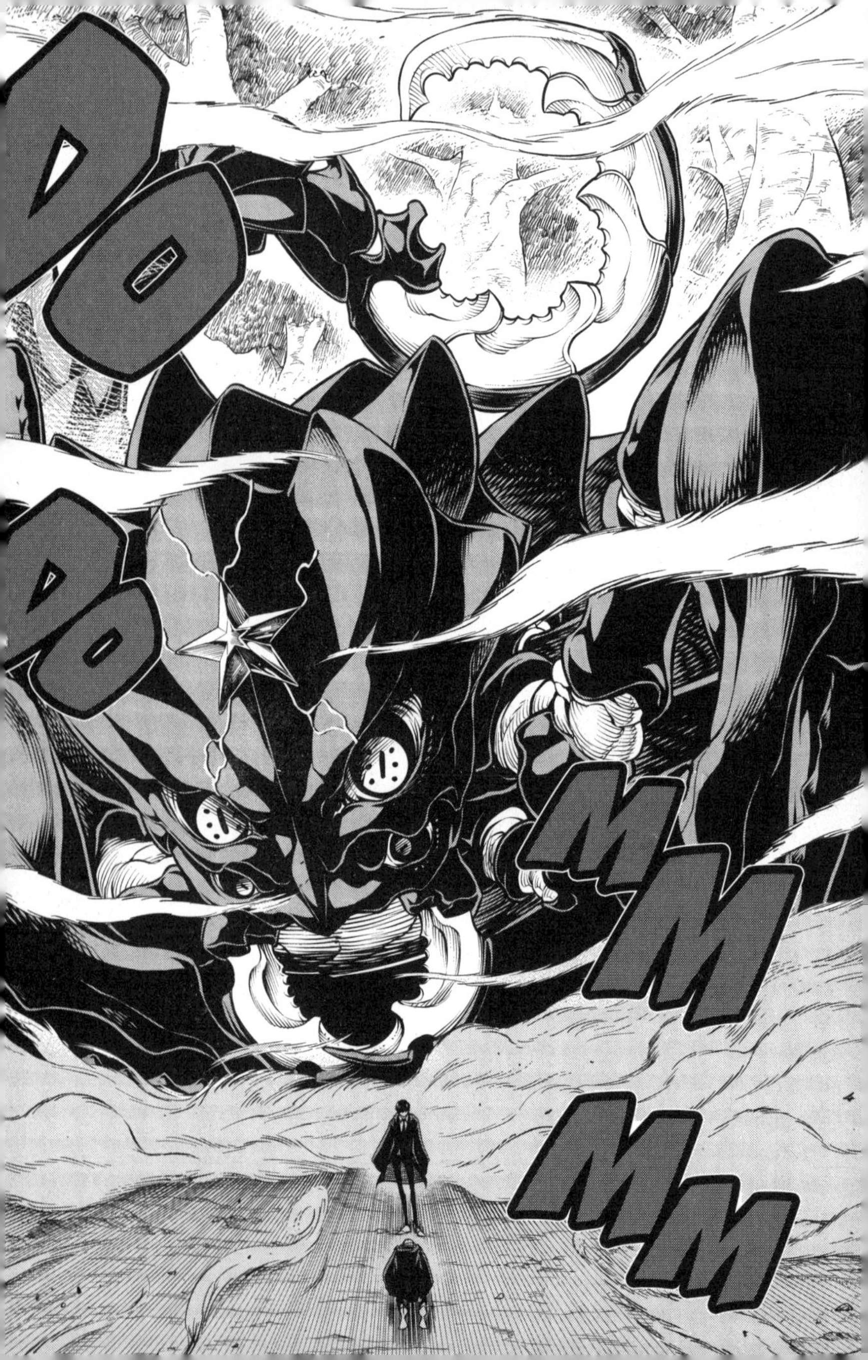
DO
DO
MMMM

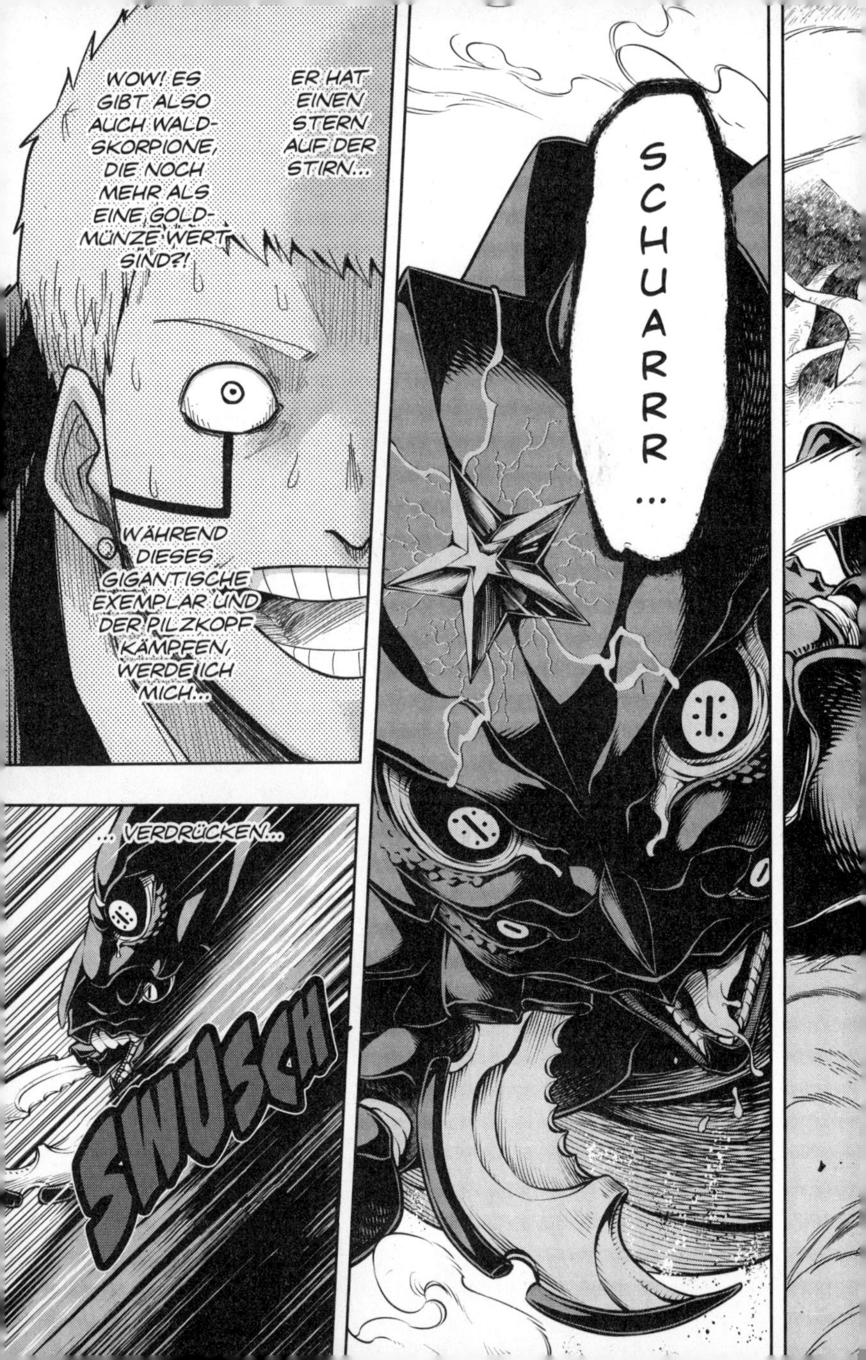
SCHUARRR ...
ER HAT EINEN STERN AUF DER STIRN...
WOW! ES GIBT ALSO AUCH WALD-SKORPIONE, DIE NOCH MEHR ALS EINE GOLD-MÜNZE WERT SIND?!
WÄHREND DIESES GIGANTISCHE EXEMPLAR UND DER PILZKOPF KÄMPFEN, WERDE ICH MICH...
... VERDRÜCKEN...
SWUSCH

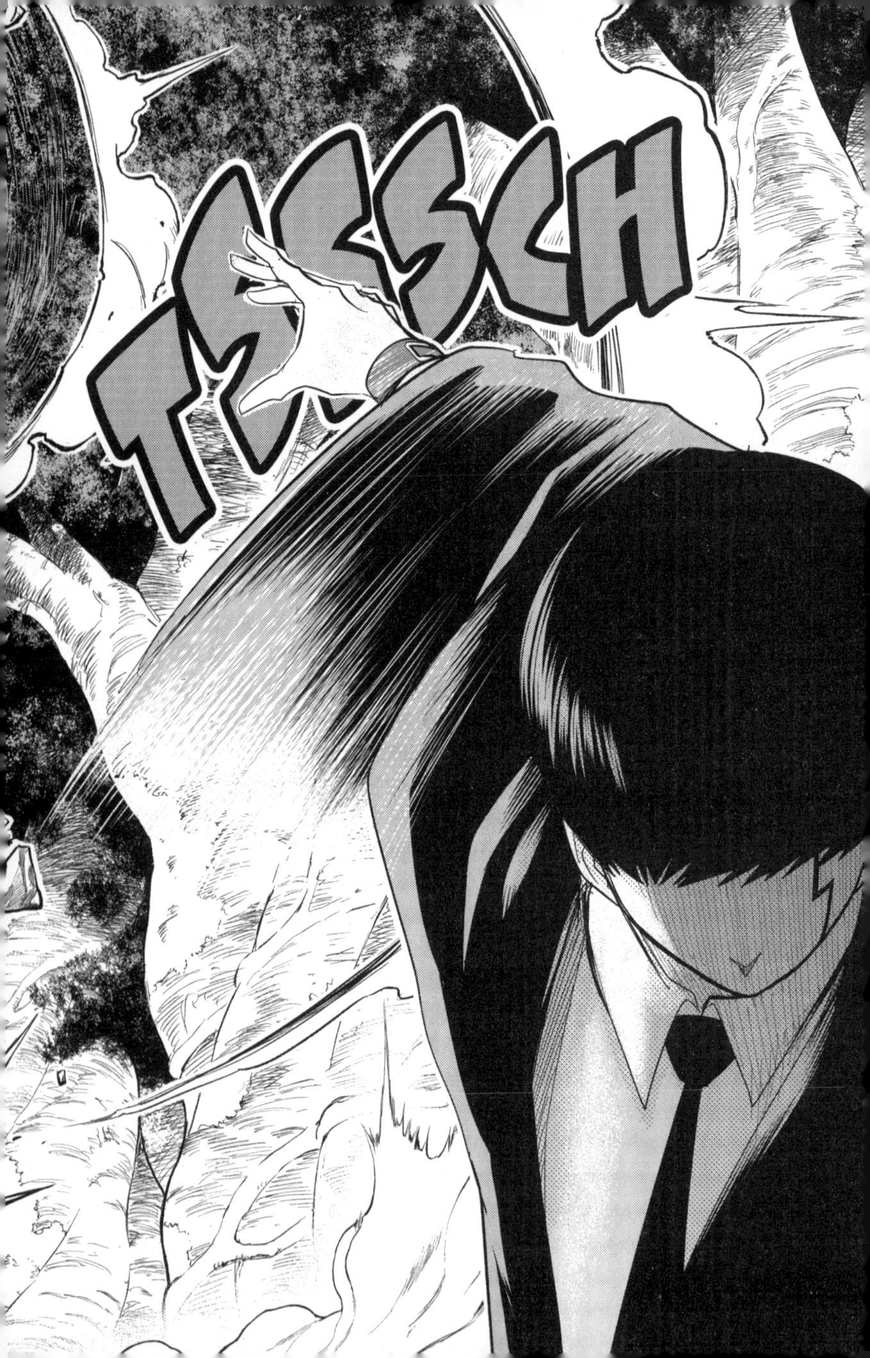
TSSCH

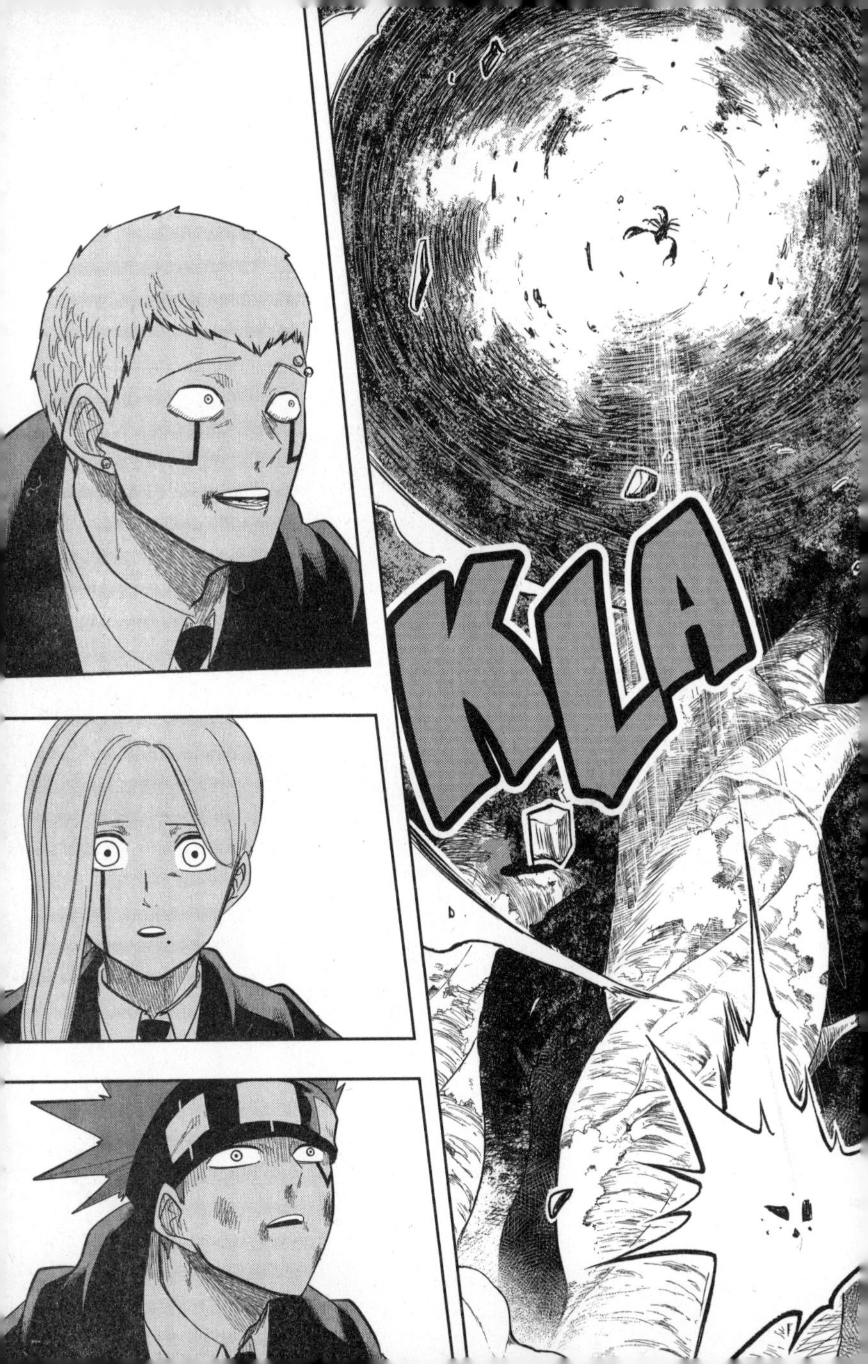
KLA

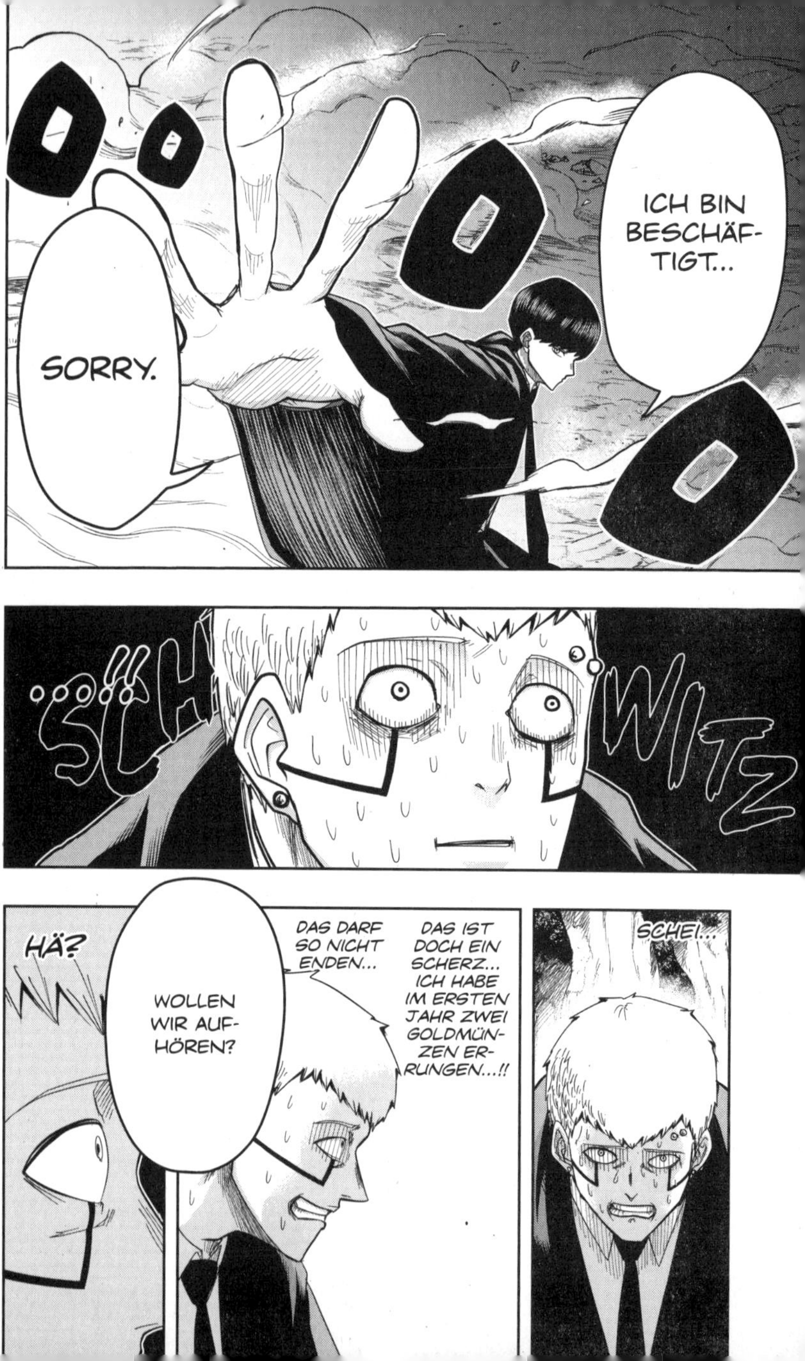
ICH BIN BESCHÄFTIGT...
SORRY.
...!!
SCHWITZ
SCHEI...
DAS IST DOCH EIN SCHERZ... ICH HABE IM ERSTEN JAHR ZWEI GOLDMÜNZEN ERRUNGEN...!!
DAS DARF SO NICHT ENDEN...
WOLLEN WIR AUFHÖREN?
HÄ?

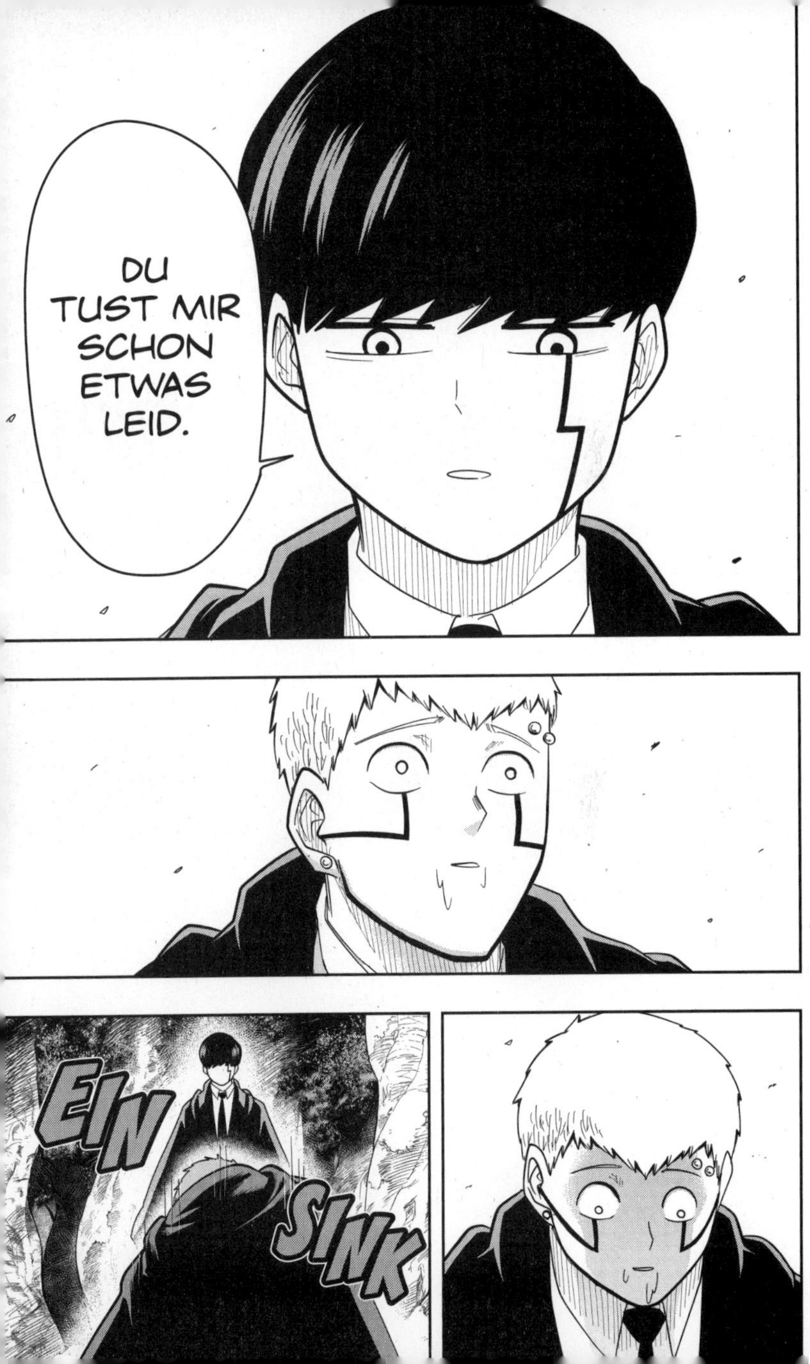
DU TUST MIR SCHON ETWAS LEID.
EIN
SINK

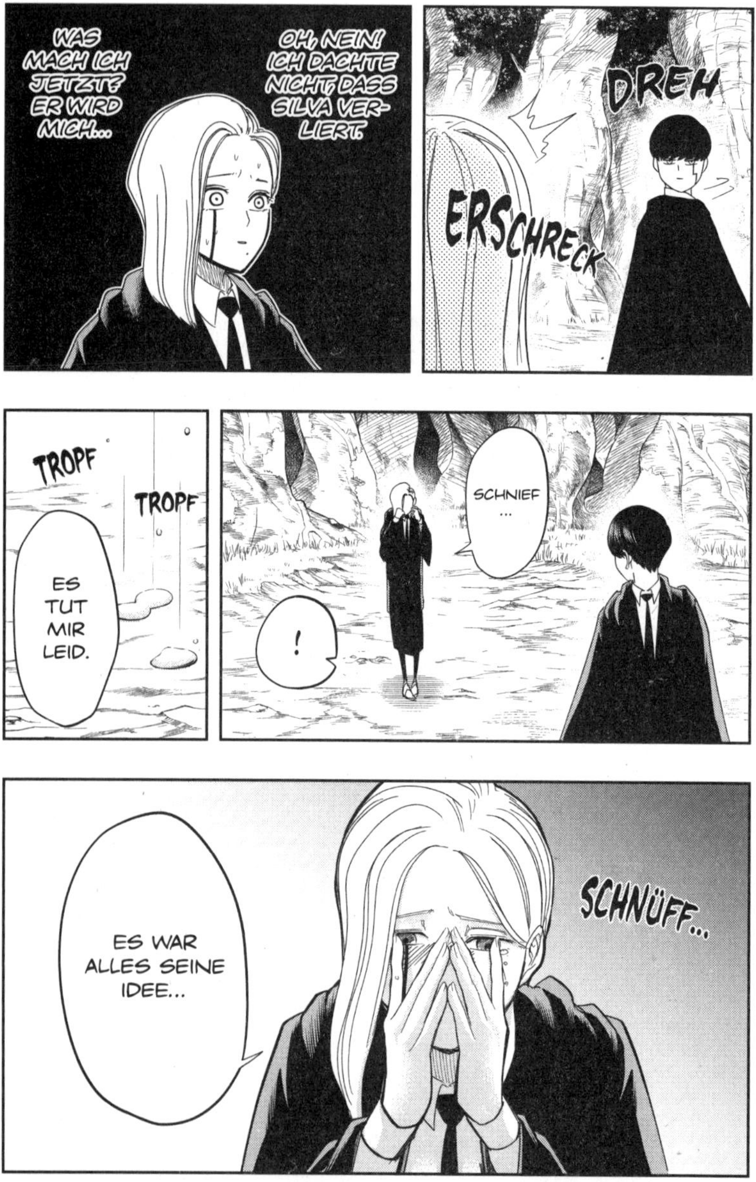

DREH
ERSCHRECK
OH, NEIN! ICH DACHTE NICHT, DASS SILVA VERLIERT.
WAS MACH ICH JETZT? ER WIRD MICH...
SCHNIEF ...
!
TROPF
TROPF
ES TUT MIR LEID.
SCHNÜFF...
ES WAR ALLES SEINE IDEE...

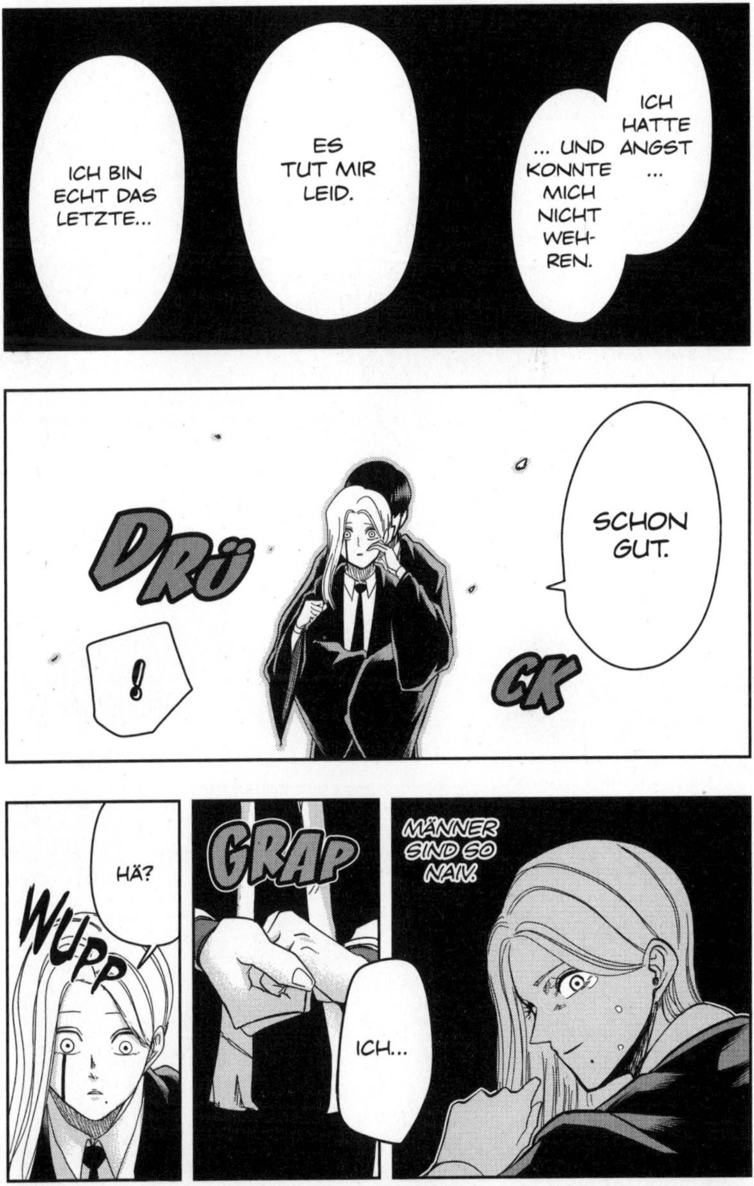
ICH HATTE ANGST ...
... UND KONNTE MICH NICHT WEH-REN.
ES TUT MIR LEID.
ICH BIN ECHT DAS LETZTE...
SCHON GUT.
DRÜCK
!
MÄNNER SIND SO NAIV.
GRAP
ICH...
HÄ?
WUPP

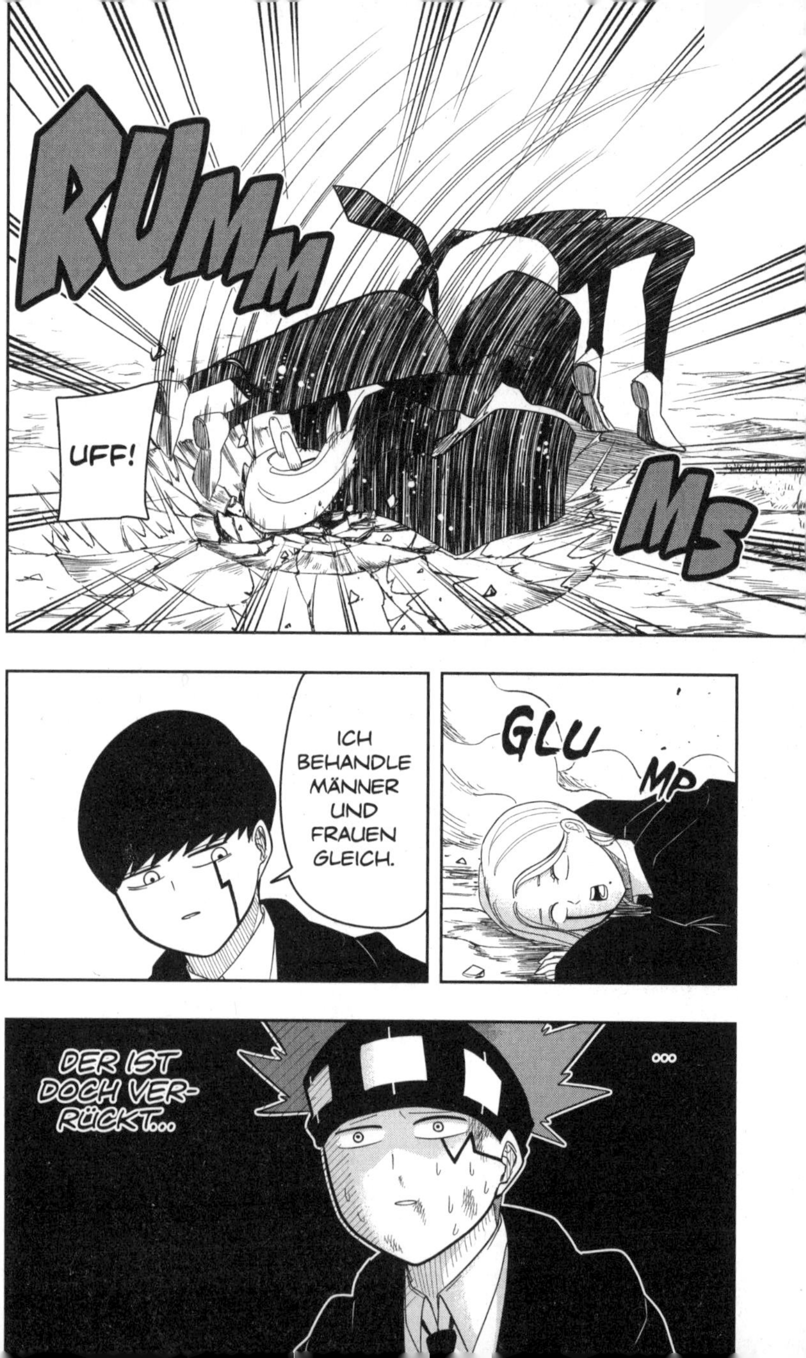
RUMMMS
UFF!
GLUMP
ICH BEHANDLE MÄNNER UND FRAUEN GLEICH.
...
DER IST DOCH VERRÜCKT...

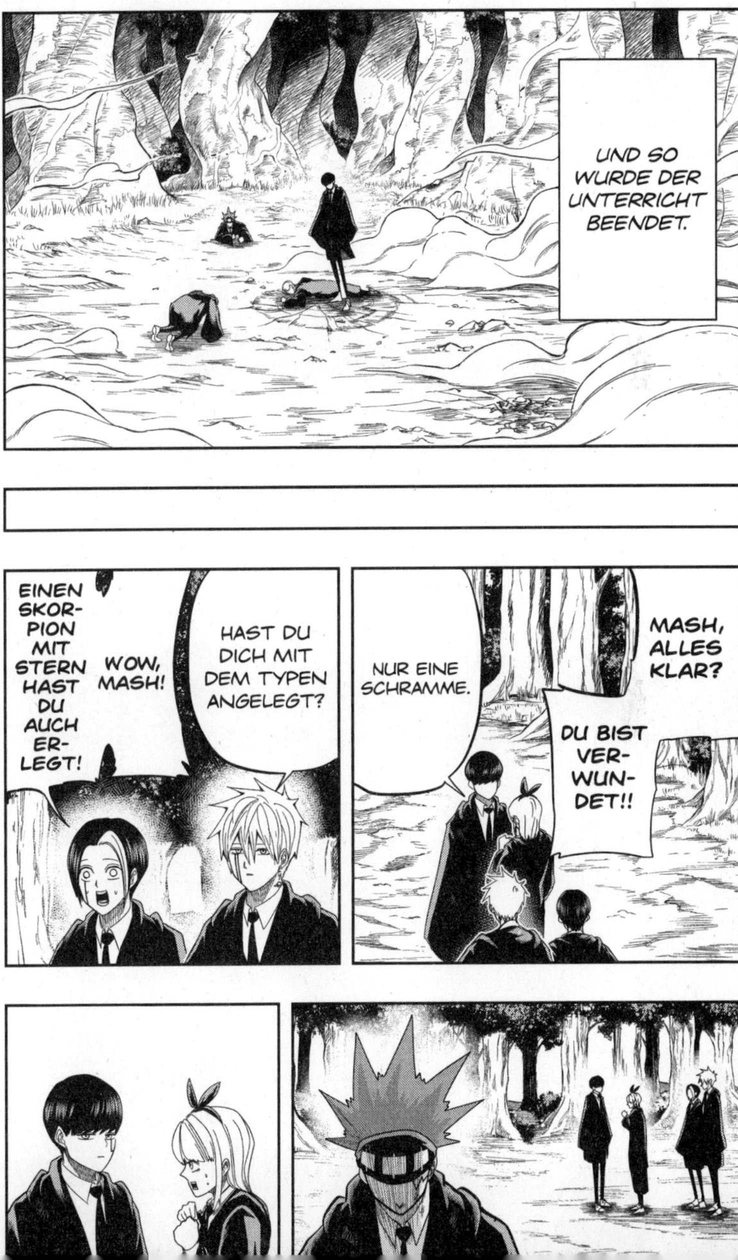
UND SO WURDE DER UNTERRICHT BEENDET.
MASH, ALLES KLAR?
DU BIST VER-WUN-DET!!
NUR EINE SCHRAMME.
HAST DU DICH MIT DEM TYPEN ANGELEGT?
WOW, MASH!
EINEN SKOR-PION MIT STERN HAST DU AUCH ER-LEGT!

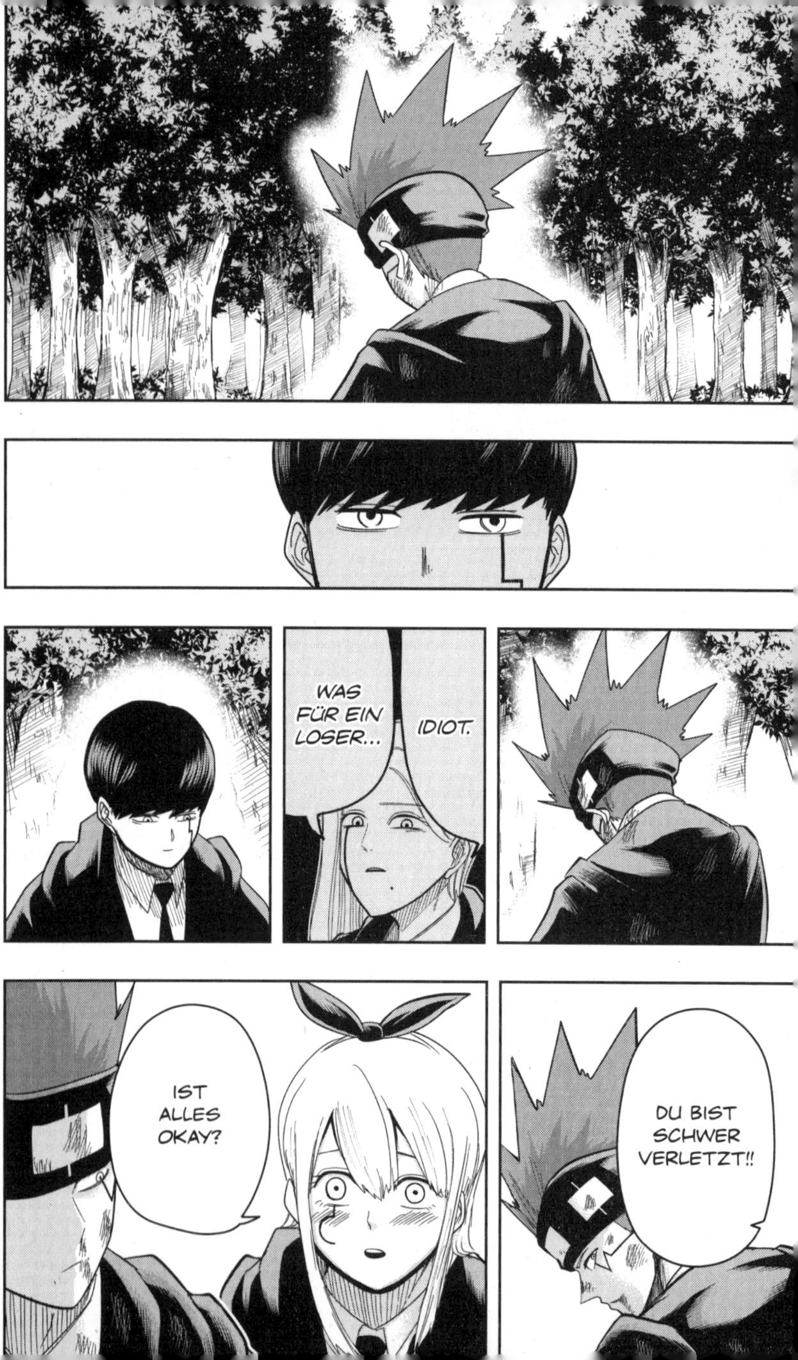
IDIOT.
WAS FÜR EIN LOSER...
DU BIST SCHWER VERLETZT!!
IST ALLES OKAY?

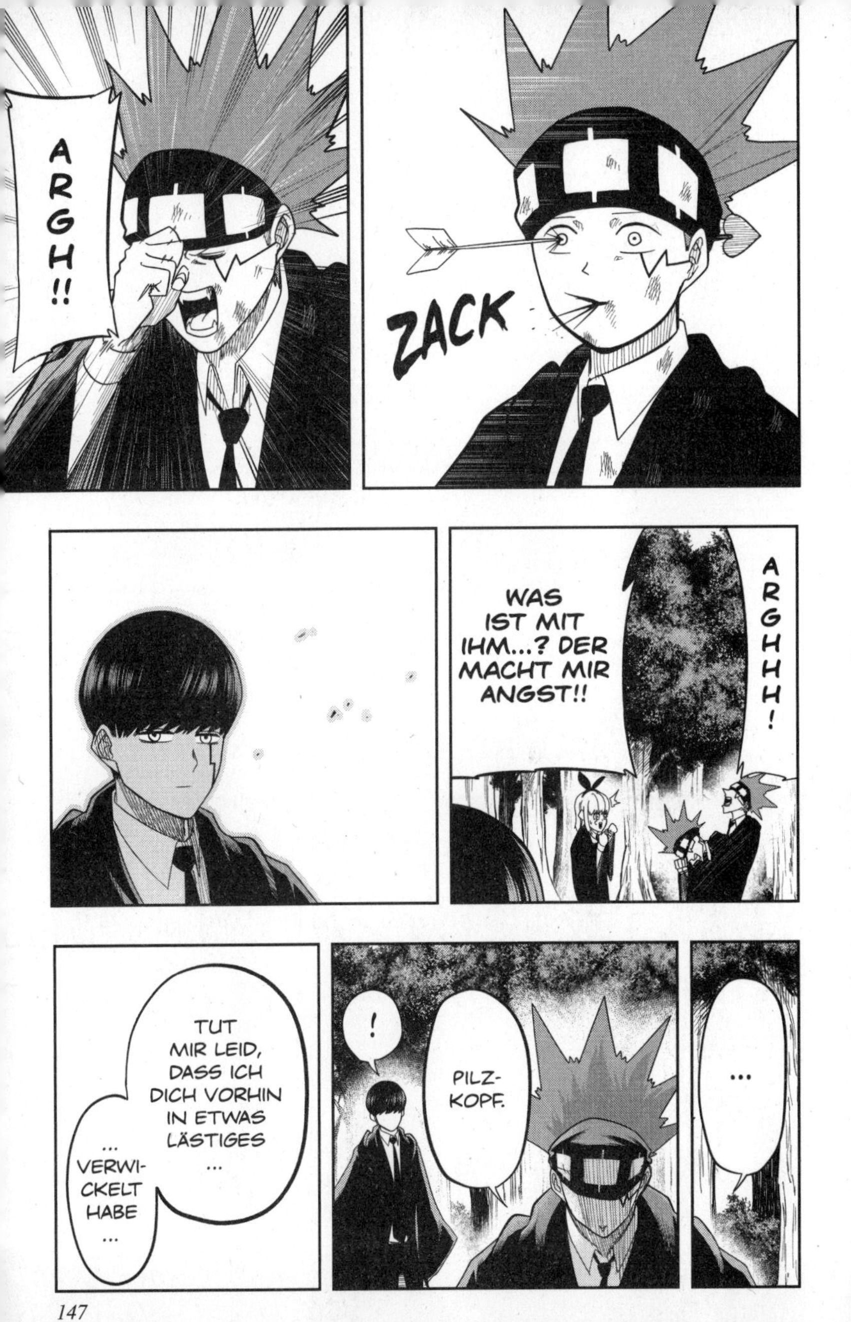
ZACK
ARGH!!
ARGHHH!
WAS IST MIT IHM...? DER MACHT MIR ANGST!!
...
PILZ-KOPF.
!
TUT MIR LEID, DASS ICH DICH VORHIN IN ETWAS LÄSTIGES ...
... VERWI-CKELT HABE ...

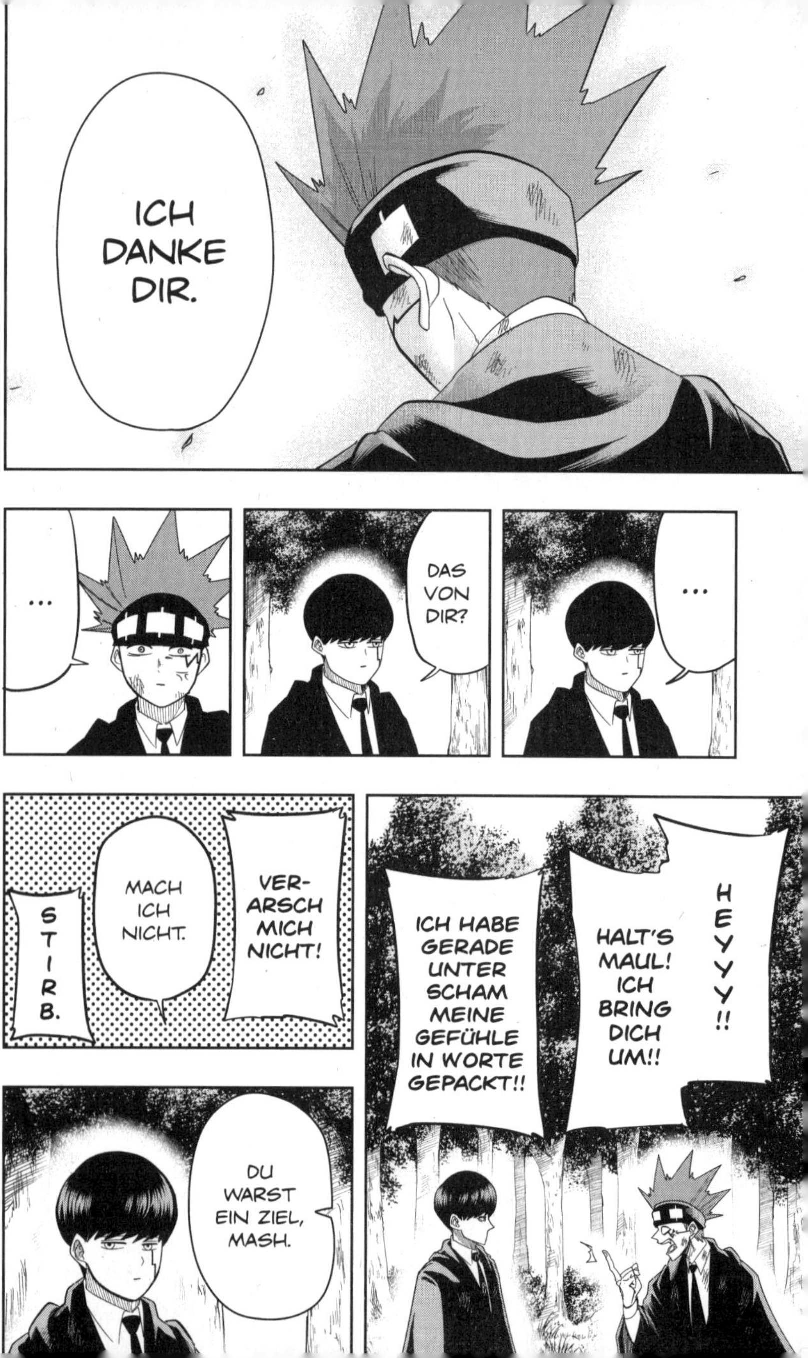
ICH DANKE DIR.
...
DAS VON DIR?
...
HEYYY!!
HALT'S MAUL! ICH BRING DICH UM!!
ICH HABE GERADE UNTER SCHAM MEINE GEFÜHLE IN WORTE GEPACKT!!
VER-ARSCH MICH NICHT!
MACH ICH NICHT.
STIRB.
DU WARST EIN ZIEL, MASH.

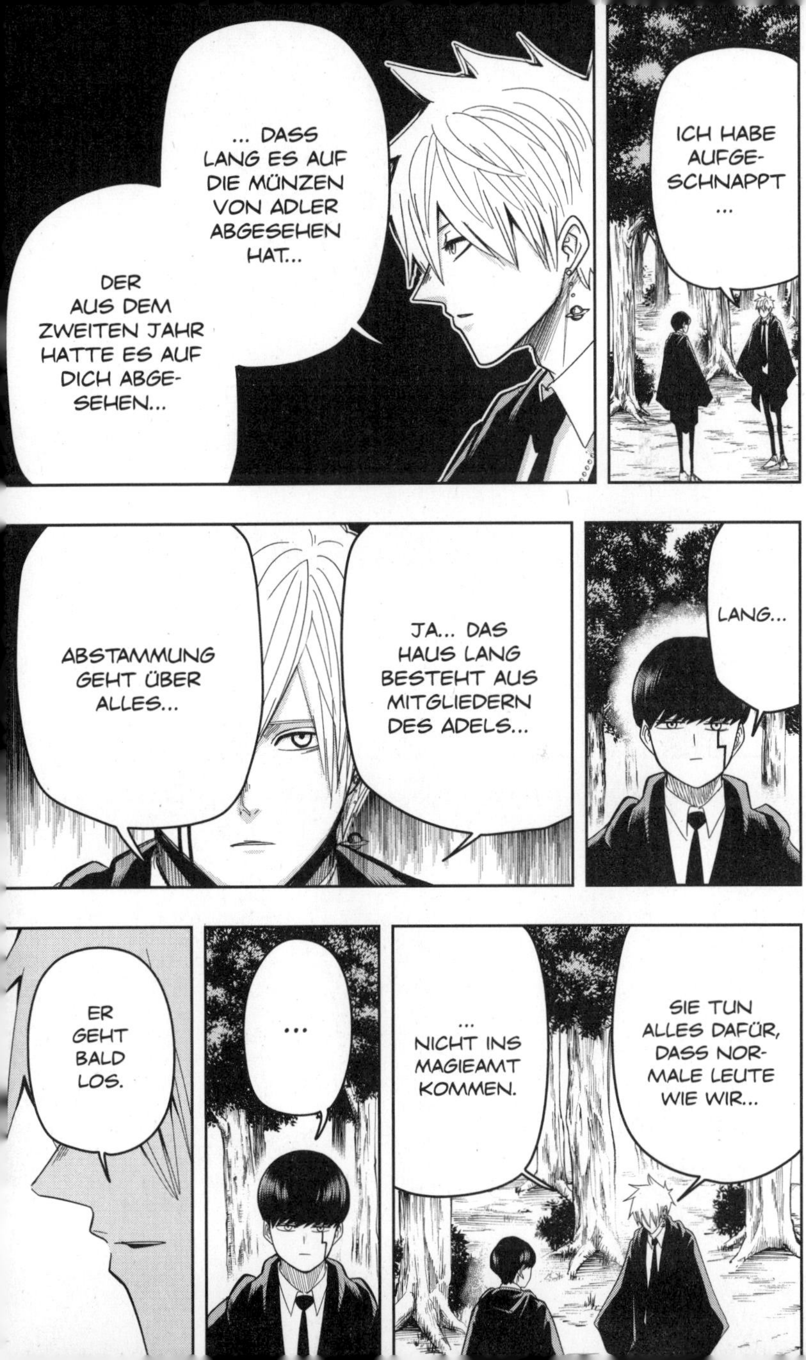
ICH HABE AUFGE-SCHNAPPT ...
... DASS LANG ES AUF DIE MÜNZEN VON ADLER ABGESEHEN HAT...
DER AUS DEM ZWEITEN JAHR HATTE ES AUF DICH ABGE-SEHEN...
LANG...
JA... DAS HAUS LANG BESTEHT AUS MITGLIEDERN DES ADELS...
ABSTAMMUNG GEHT ÜBER ALLES...
SIE TUN ALLES DAFÜR, DASS NOR-MALE LEUTE WIE WIR...
... NICHT INS MAGIEAMT KOMMEN.
...
ER GEHT BALD LOS.

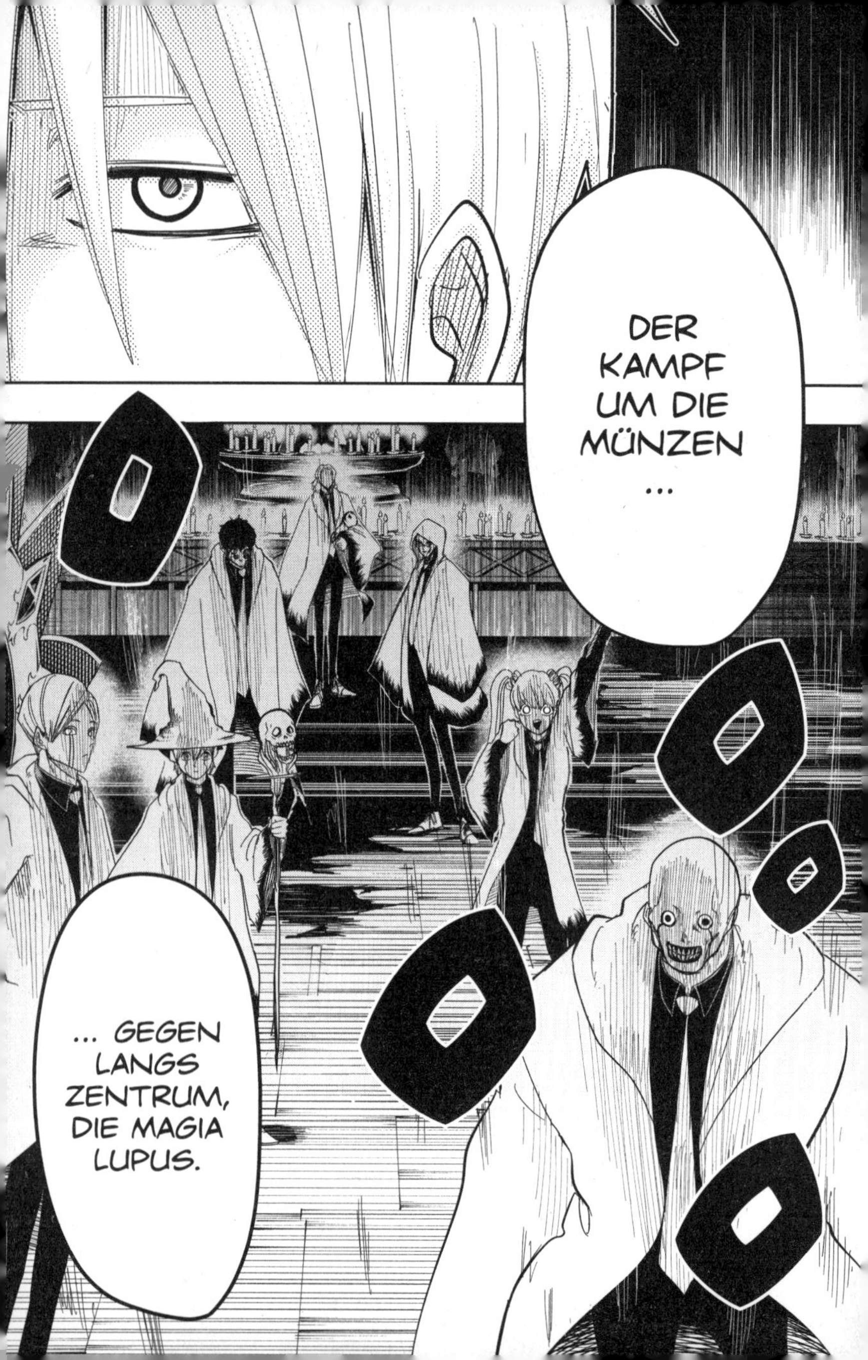
DER KAMPF UM DIE MÜNZEN …
… GEGEN LANGS ZENTRUM, DIE MAGIA LUPUS.

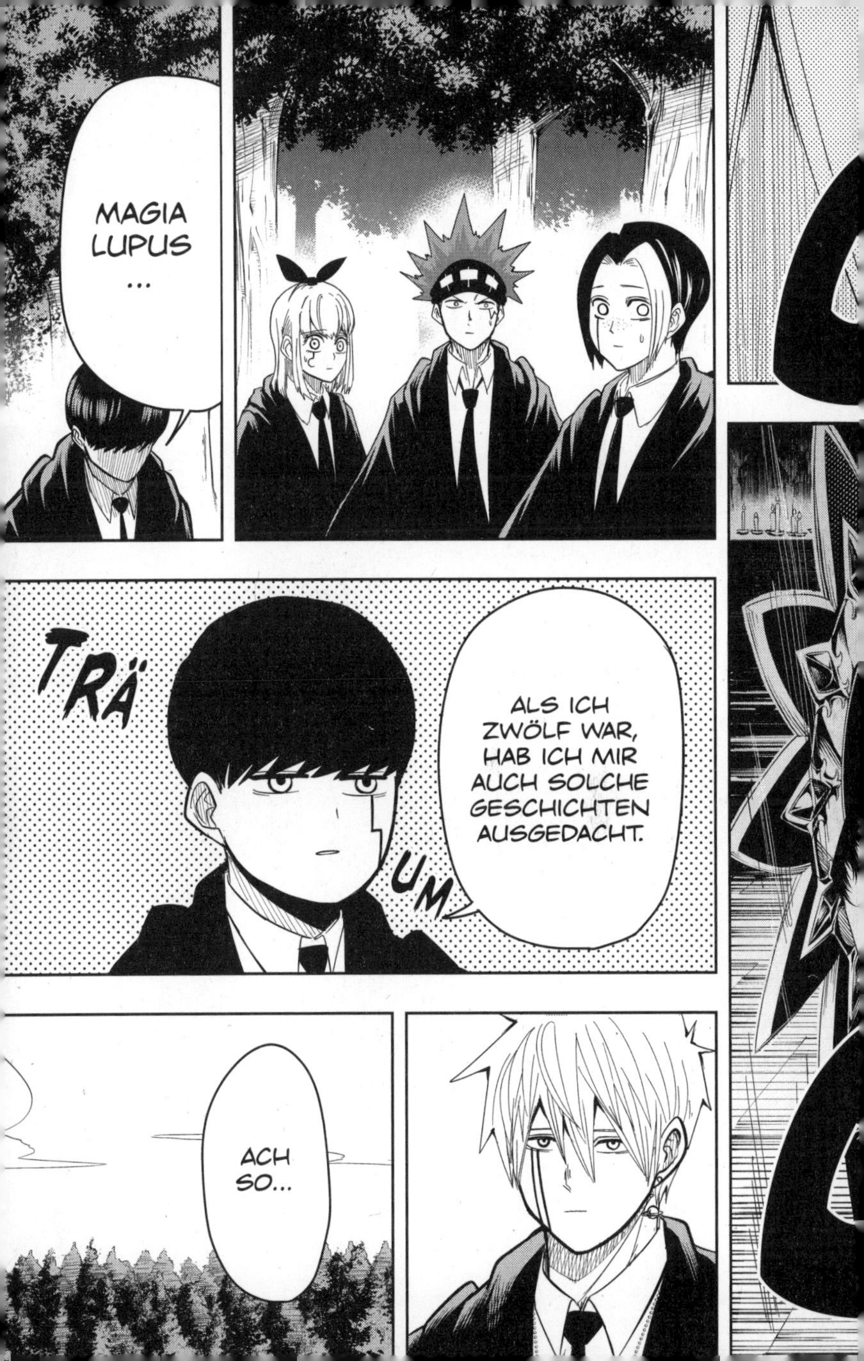
MAGIA LUPUS ...
ALS ICH ZWÖLF WAR, HAB ICH MIR AUCH SOLCHE GESCHICHTEN AUSGEDACHT.
TRÄ
UM
ACH SO...

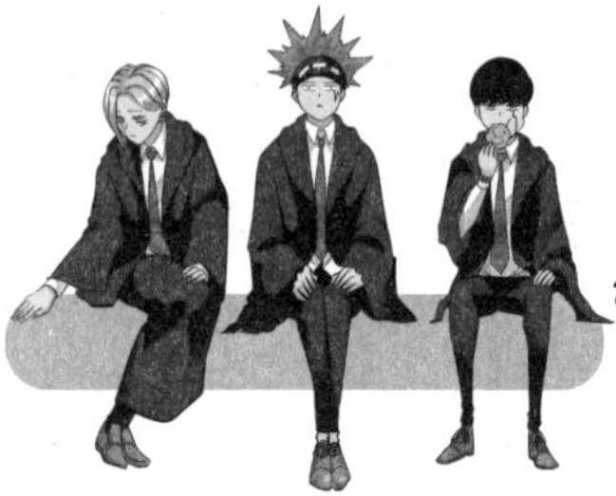

Frage-Antwort-Ecke ① Q&A

F.1 WIE HAT LANCE SEINE ZWEI SILBERMÜNZEN BEKOMMEN?

A.1 Eine für die beste Punktzahl bei der Aufnahmeprüfung und eine von einem Schüler über ihm.

F.2 WIE HAT DER PLAN VON SILVA UND DEM MÄDCHEN FUNKTIONIERT?

A.2 Nachdem das Mädchen sie getäuscht und wehrlos gemacht hat, stellt Silva ihnen eine Herausforderung, die sie nicht bestehen können. Nach einem einseitigen Kampf nehmen sie die Münzen an sich. Eine umständliche Methode, aber das ist Silvas Ding.

F.3 WANN ENTSCHEIDET SICH, OB MAN EIN WEISSER ODER EIN ROTER MAGIER IST?

A.3 Am Ende des ersten Jahres. Professor Lucci ist ein weißer, Silva ein roter Magier.

F.4 WARUM HAT DER VERFÜHRUNGSZAUBER BEI MASH NICHT GEWIRKT?

A.4 Er ist im Wald aufgewachsen. Er versteht solche Dinge nicht.

F.5 WELCHE MUSKELPARTIEN BENUTZT MASH, WENN ER ZUSCHLÄGT? NUR DIE SEINER ARME?

A.5 Tut mir leid. Ich habe mich auf seine Arme beschränkt, um es einfach zu halten.

F.6 IN WELCHEM HAUS IST SILVA UND WARUM IST SEIN MANTEL SCHWARZ?

A.6 Er ist vom Haus Lang, aber er ist sitzengeblieben und trägt deshalb einen schwarzen Mantel wie alle Erstklässler.

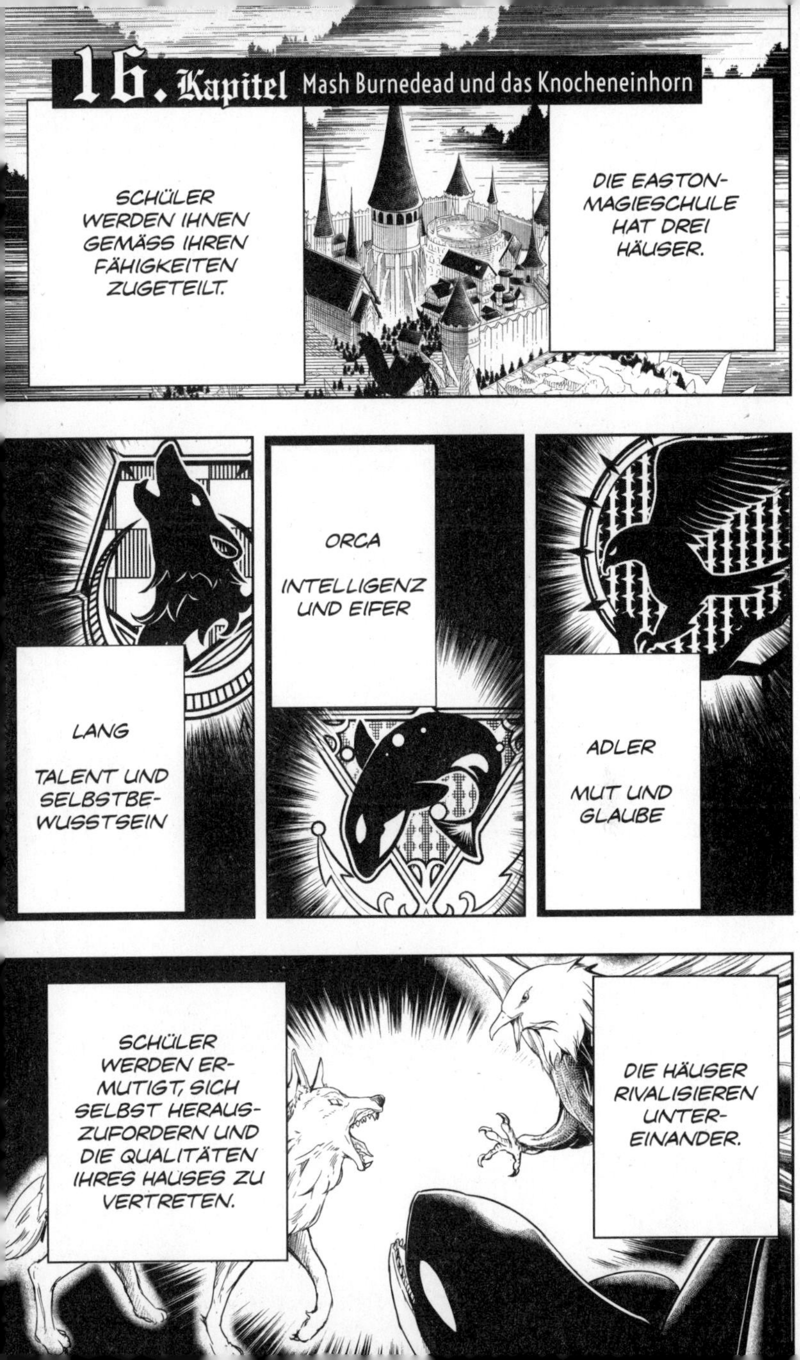
16. Kapitel Mash Burnedead und das Knocheneinhorn
DIE EASTON-MAGIESCHULE HAT DREI HÄUSER.
SCHÜLER WERDEN IHNEN GEMÄSS IHREN FÄHIGKEITEN ZUGETEILT.
ADLER
MUT UND GLAUBE
ORCA
INTELLIGENZ UND EIFER
LANG
TALENT UND SELBSTBE-WUSSTSEIN
DIE HÄUSER RIVALISIEREN UNTER-EINANDER.
SCHÜLER WERDEN ER-MUTIGT, SICH SELBST HERAUS-ZUFORDERN UND DIE QUALITÄTEN IHRES HAUSES ZU VERTRETEN.

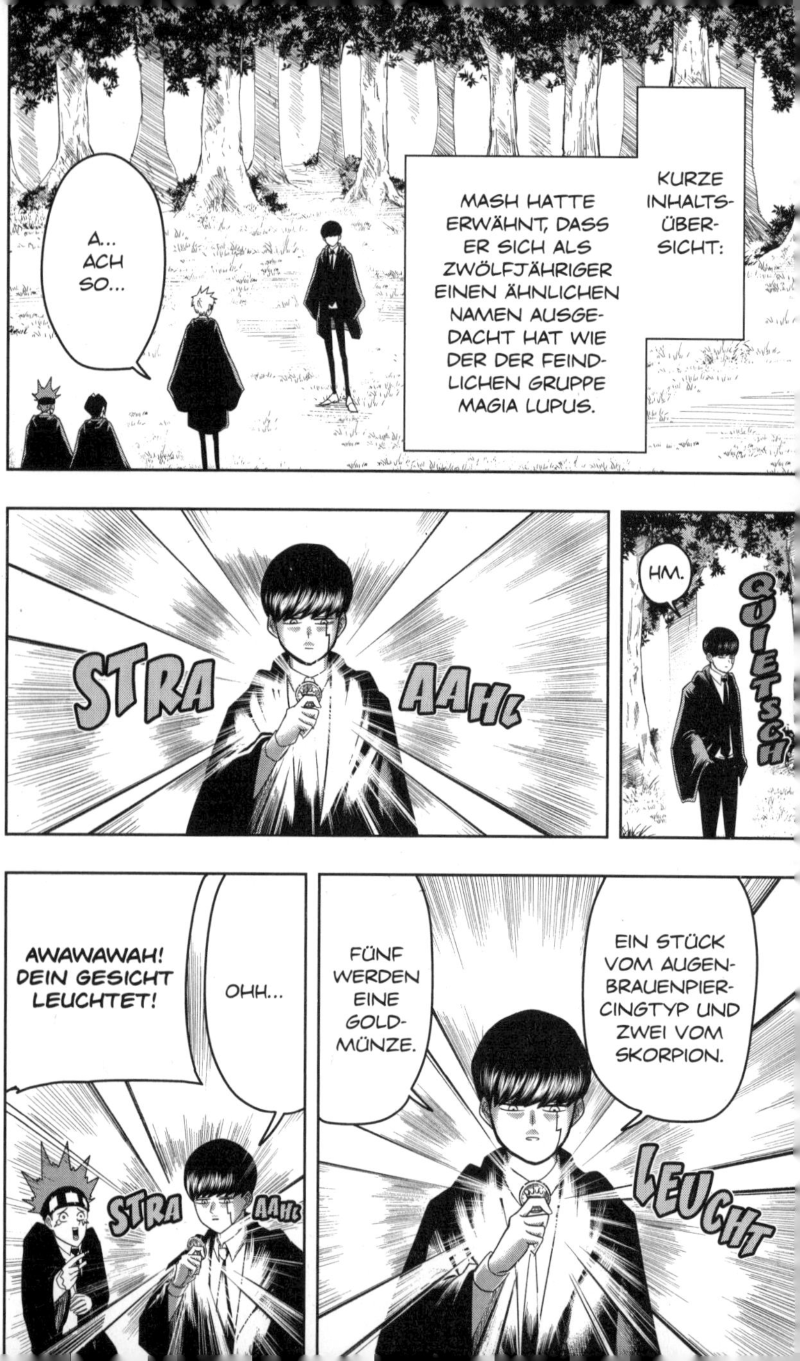
KURZE INHALTS-ÜBER-SICHT:
MASH HATTE ERWÄHNT, DASS ER SICH ALS ZWÖLFJÄHRIGER EINEN ÄHNLICHEN NAMEN AUSGE-DACHT HAT WIE DER DER FEIND-LICHEN GRUPPE MAGIA LUPUS.
A... ACH SO...
HM.
QUIETSCH
STRA AAHL
EIN STÜCK VOM AUGEN-BRAUENPIER-CINGTYP UND ZWEI VOM SKORPION.
FÜNF WERDEN EINE GOLD-MÜNZE.
LEUCHT
OHH...
AWAWAWAH! DEIN GESICHT LEUCHTET!
STRA AAHL

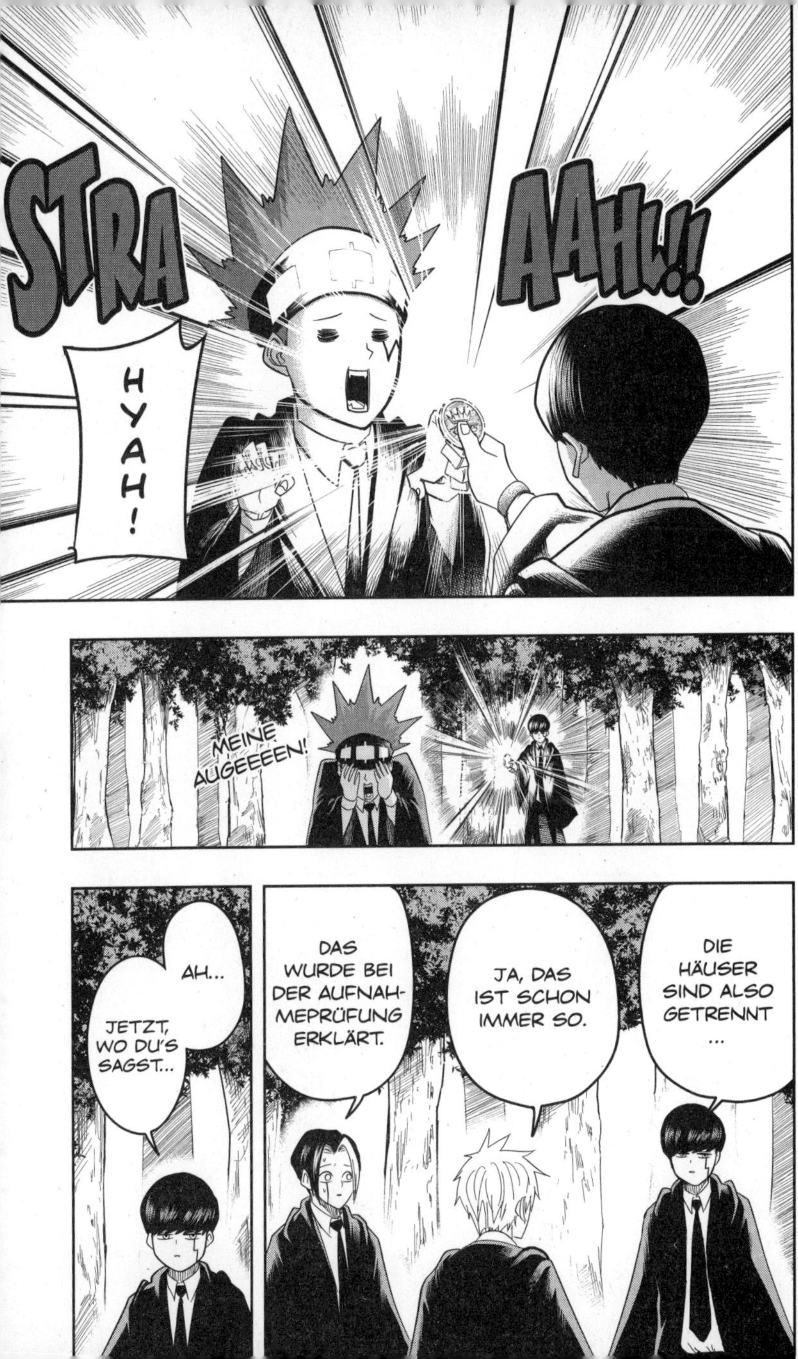
STRA
AAHL!!
HYAH!
MEINE AUGEEEEN!
DIE HÄUSER SIND ALSO GETRENNT ...
JA, DAS IST SCHON IMMER SO.
DAS WURDE BEI DER AUFNAHMEPRÜFUNG ERKLÄRT.
AH...
JETZT, WO DU'S SAGST...

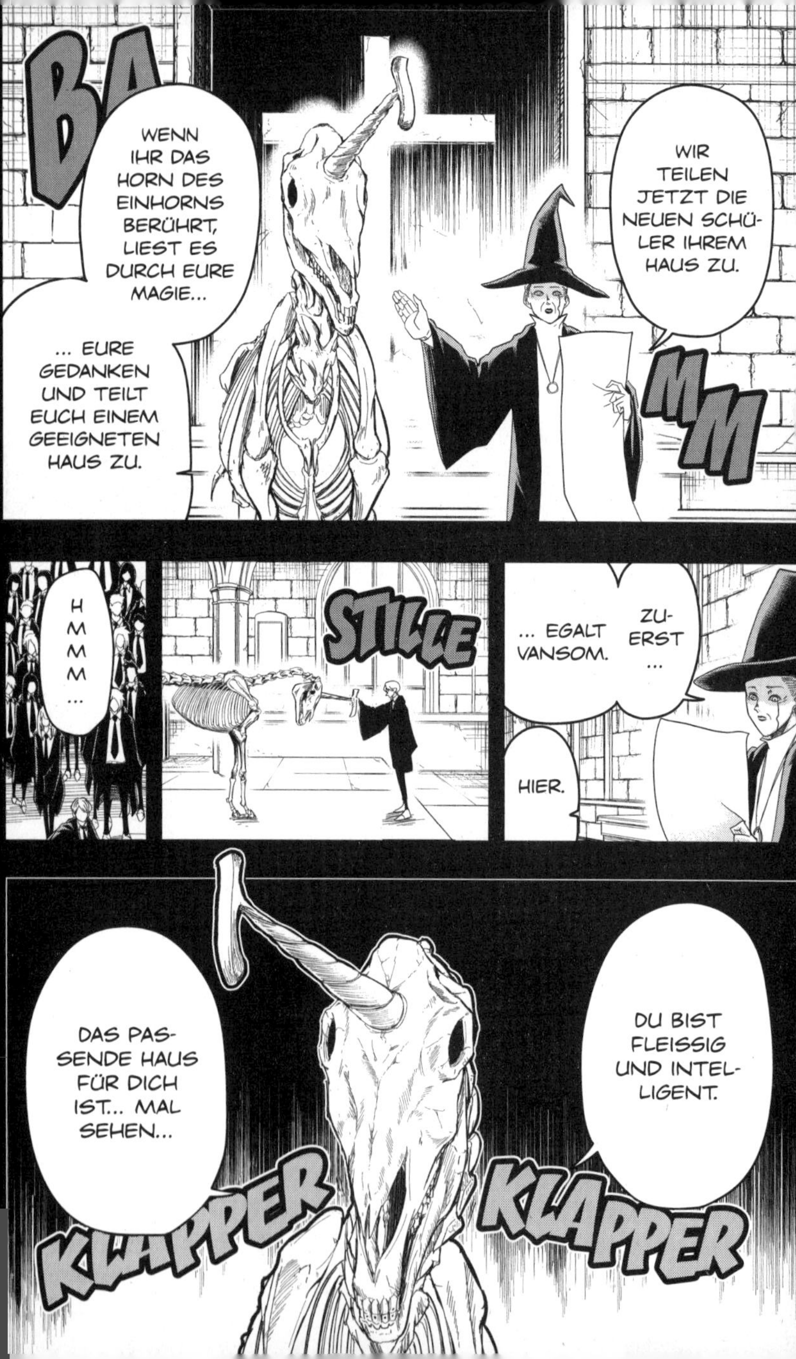
WIR TEILEN JETZT DIE NEUEN SCHÜLER IHREM HAUS ZU.
BA
MM
WENN IHR DAS HORN DES EINHORNS BERÜHRT, LIEST ES DURCH EURE MAGIE...
... EURE GEDANKEN UND TEILT EUCH EINEM GEEIGNETEN HAUS ZU.
ZU-ERST ...
... EGALT VANSOM.
HIER.
STILLE
HMMM ...
DU BIST FLEISSIG UND INTEL-LIGENT.
DAS PAS-SENDE HAUS FÜR DICH IST... MAL SEHEN...
KLAPPER
KLAPPER

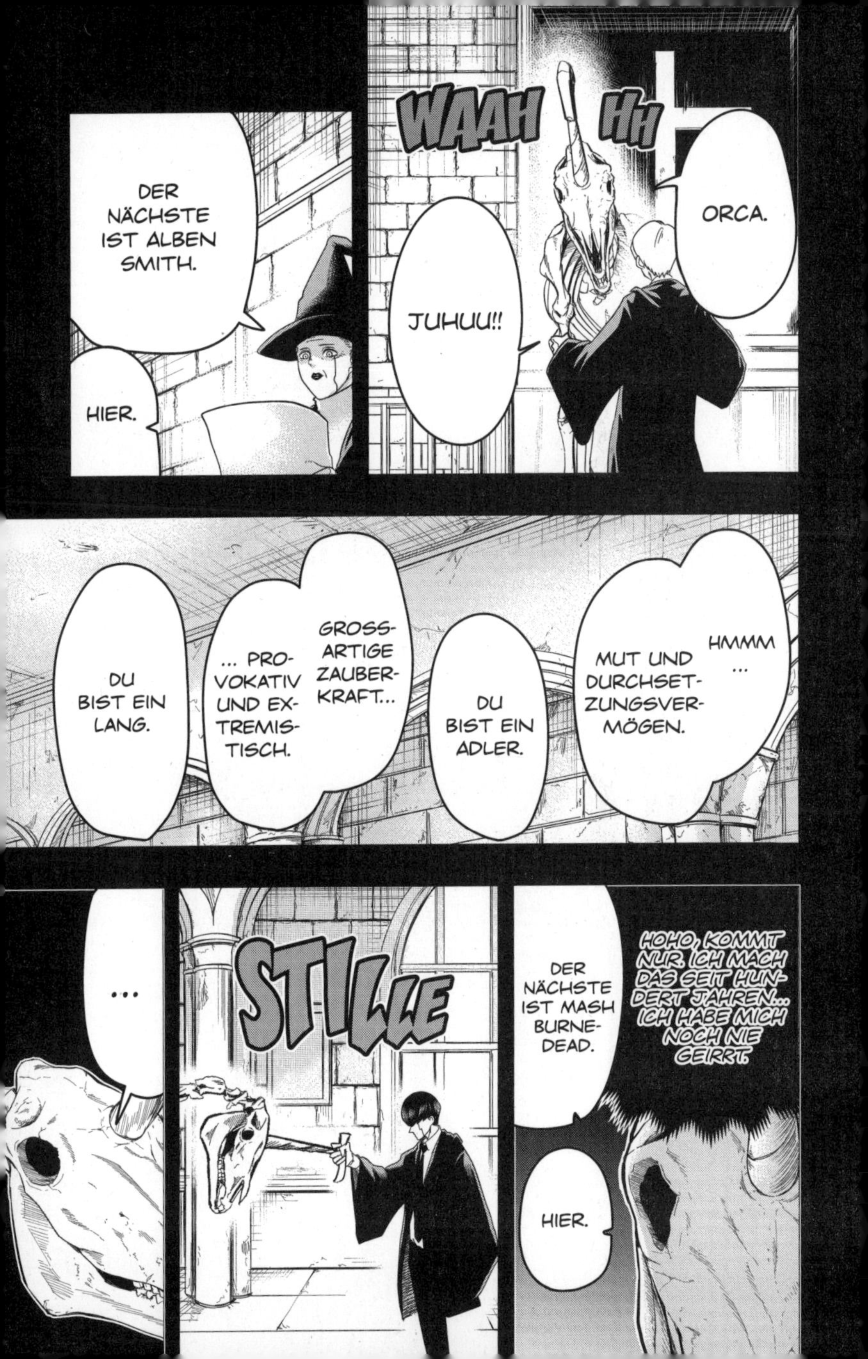
ORCA.
WAAH HH
JUHUU!!
DER NÄCHSTE IST ALBEN SMITH.
HIER.
HMMM ...
MUT UND DURCHSETZUNGSVERMÖGEN.
DU BIST EIN ADLER.
GROSSARTIGE ZAUBERKRAFT...
... PROVOKATIV UND EXTREMISTISCH.
DU BIST EIN LANG.
HOHO, KOMMT NUR. ICH MACH DAS SEIT HUNDERT JAHREN... ICH HABE MICH NOCH NIE GEIRRT.
DER NÄCHSTE IST MASH BURNEDEAD.
HIER.
STILLE
...

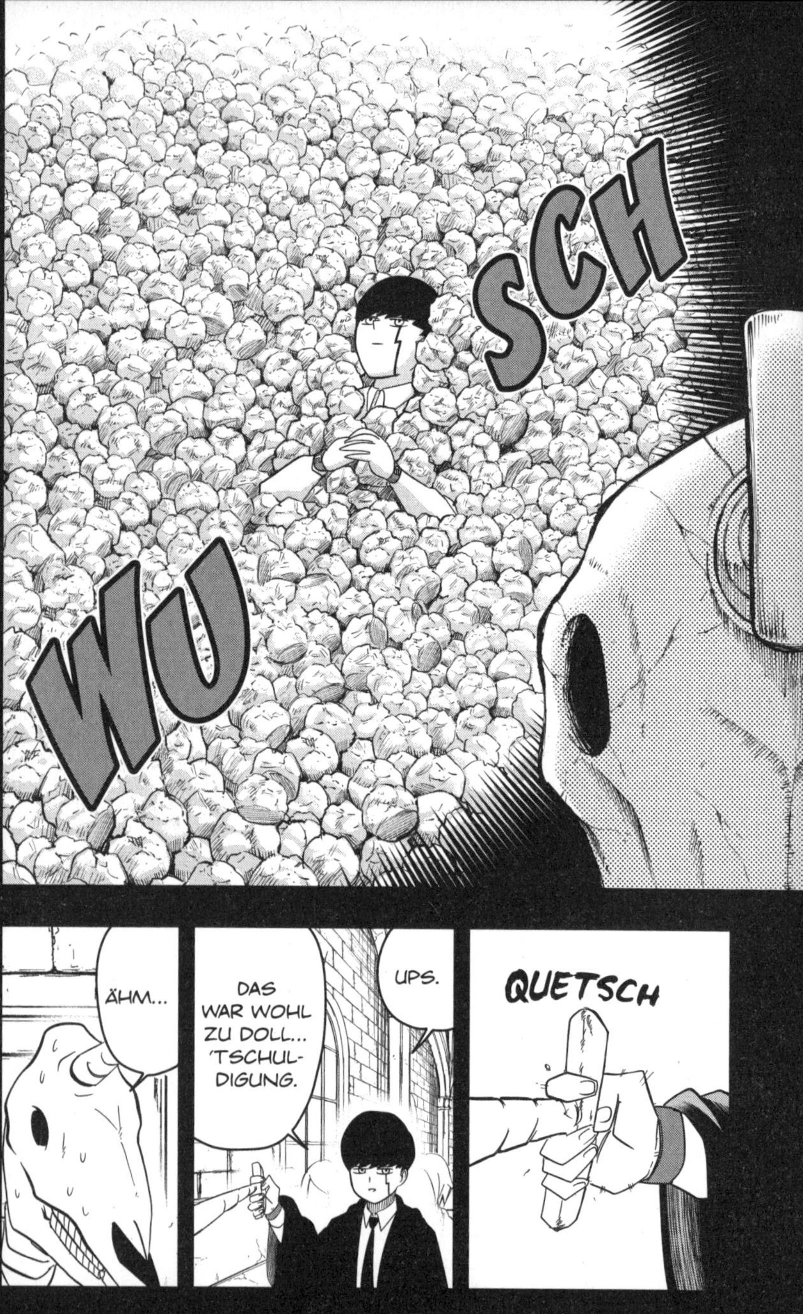
WUSCH
QUETSCH
UPS.
DAS WAR WOHL ZU DOLL... 'TSCHULDIGUNG.
ÄHM...

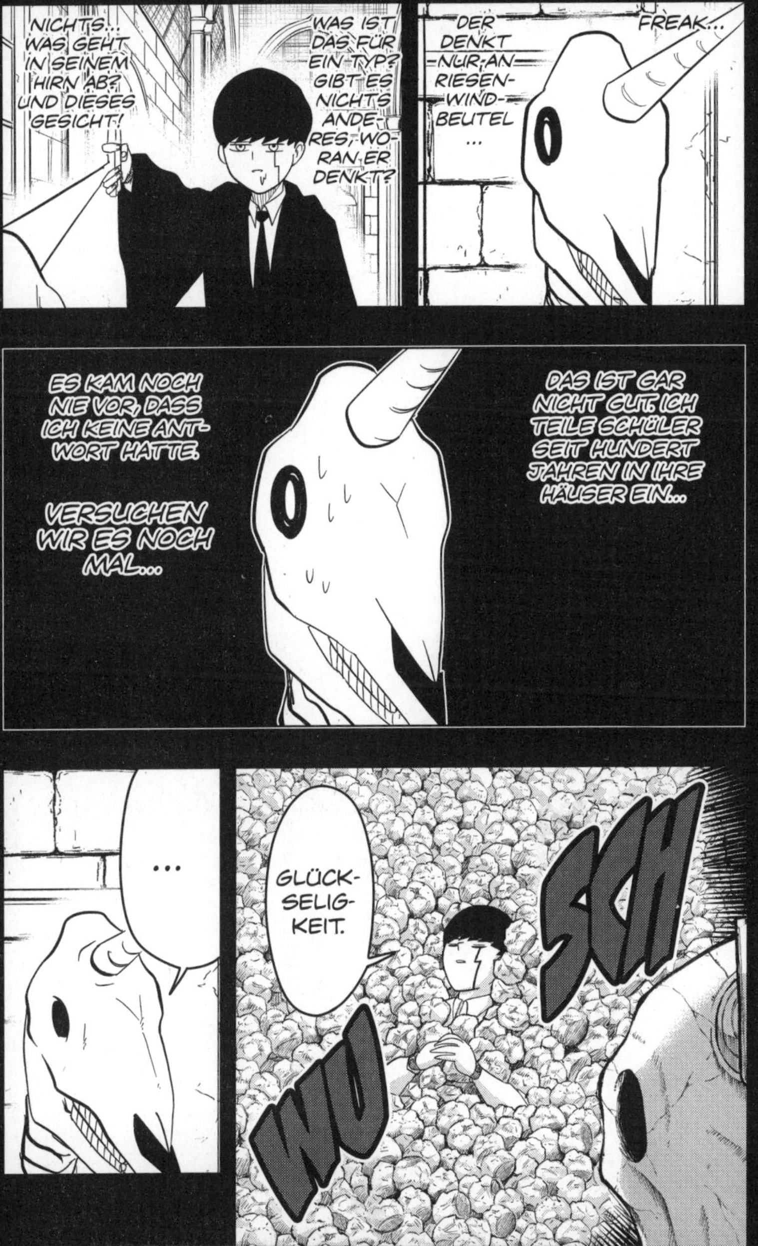
FREAK...
DER DENKT NUR AN RIESEN-WIND-BEUTEL ...
WAS IST DAS FÜR EIN TYP? GIBT ES NICHTS ANDERES, WORAN ER DENKT?
NICHTS... WAS GEHT IN SEINEM HIRN AB? UND DIESES GESICHT!
DAS IST GAR NICHT GUT. ICH TEILE SCHÜLER SEIT HUNDERT JAHREN IN IHRE HÄUSER EIN...
ES KAM NOCH NIE VOR, DASS ICH KEINE ANTWORT HATTE.
VERSUCHEN WIR ES NOCH MAL...
SCH
WU
GLÜCK-SELIG-KEIT.
...

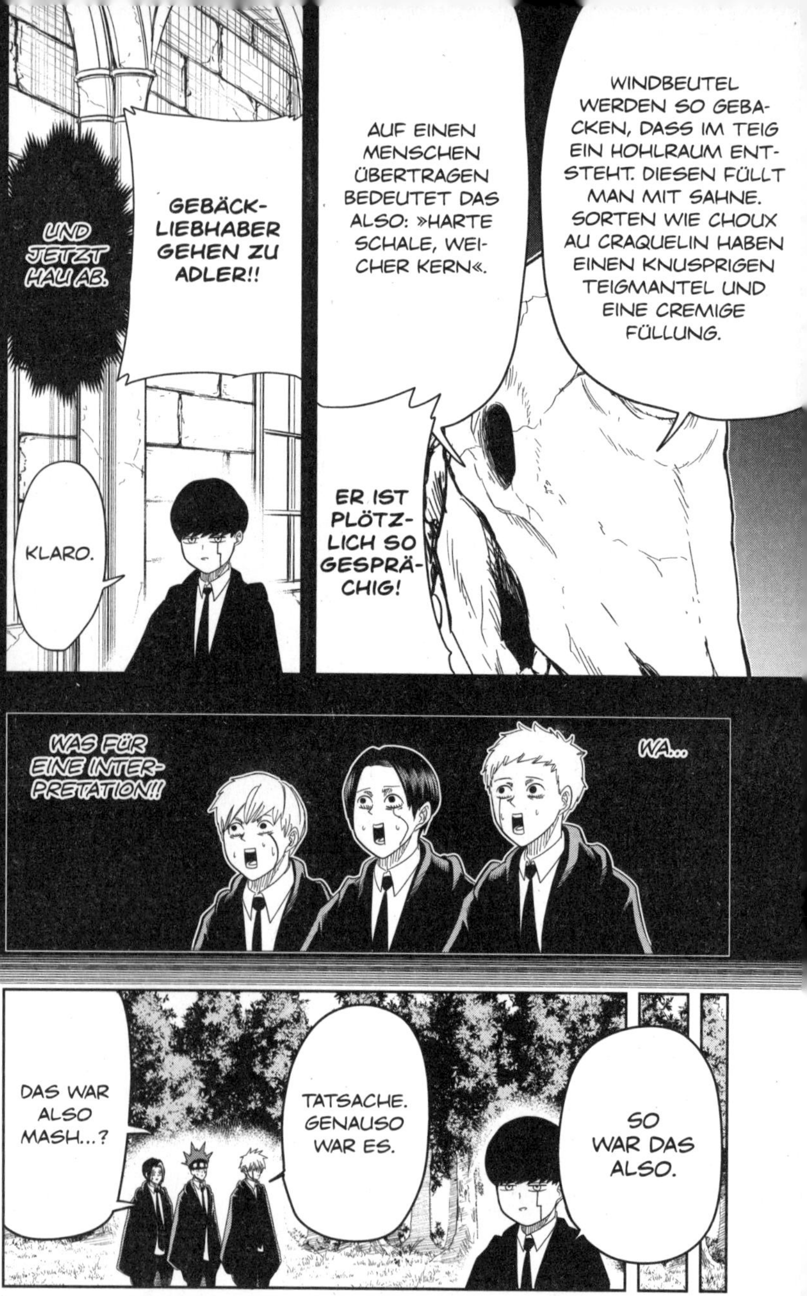
WINDBEUTEL WERDEN SO GEBACKEN, DASS IM TEIG EIN HOHLRAUM ENTSTEHT. DIESEN FÜLLT MAN MIT SAHNE. SORTEN WIE CHOUX AU CRAQUELIN HABEN EINEN KNUSPRIGEN TEIGMANTEL UND EINE CREMIGE FÜLLUNG.
AUF EINEN MENSCHEN ÜBERTRAGEN BEDEUTET DAS ALSO: »HARTE SCHALE, WEICHER KERN«.
ER IST PLÖTZLICH SO GESPRÄCHIG!
GEBÄCKLIEBHABER GEHEN ZU ADLER!!
UND JETZT HAU AB.
KLARO.
WA...
WAS FÜR EINE INTERPRETATION!!
SO WAR DAS ALSO.
TATSACHE. GENAUSO WAR ES.
DAS WAR ALSO MASH...?

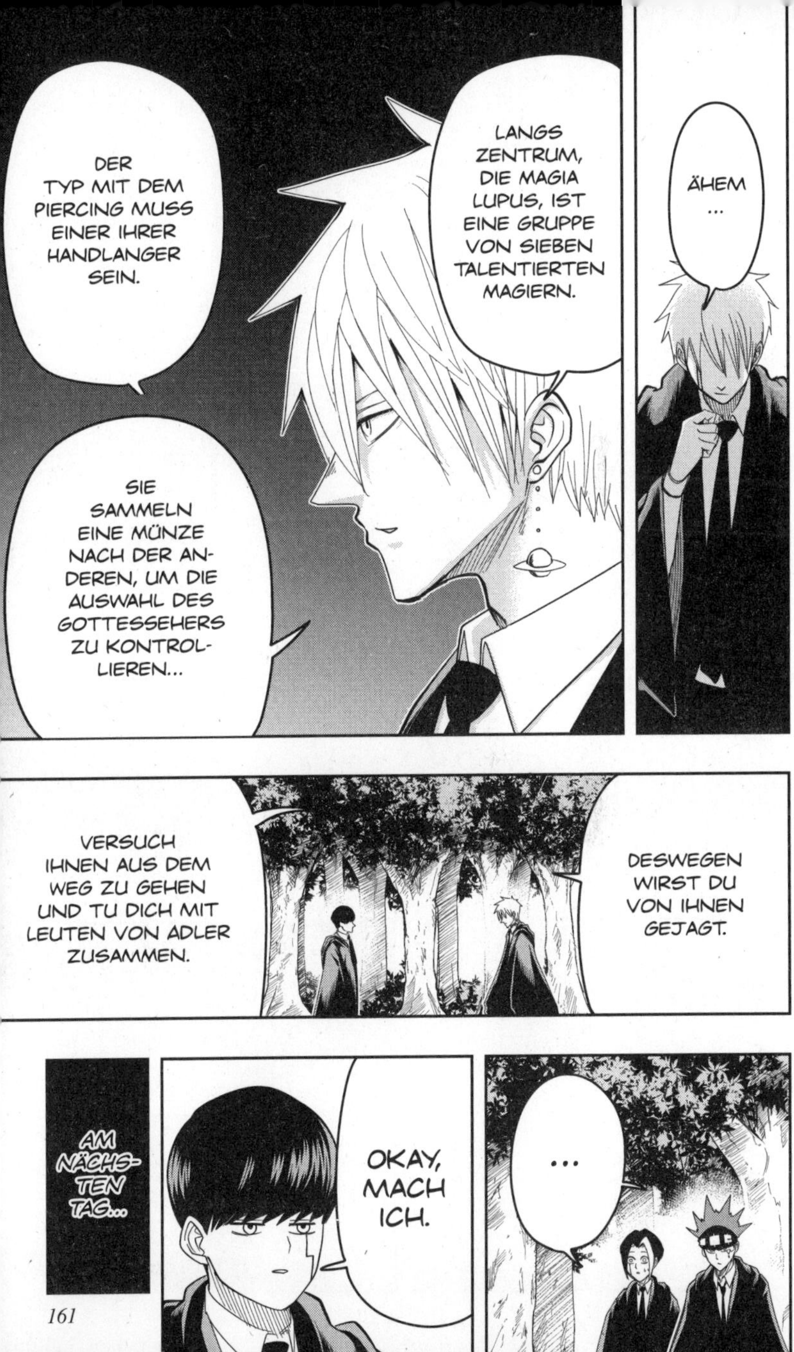
ÄHEM ...
LANGS ZENTRUM, DIE MAGIA LUPUS, IST EINE GRUPPE VON SIEBEN TALENTIERTEN MAGIERN.
DER TYP MIT DEM PIERCING MUSS EINER IHRER HANDLANGER SEIN.
SIE SAMMELN EINE MÜNZE NACH DER AN-DEREN, UM DIE AUSWAHL DES GOTTESSEHERS ZU KONTROL-LIEREN...
DESWEGEN WIRST DU VON IHNEN GEJAGT.
VERSUCH IHNEN AUS DEM WEG ZU GEHEN UND TU DICH MIT LEUTEN VON ADLER ZUSAMMEN.
...
OKAY, MACH ICH.
AM NÄCHS-TEN TAG...

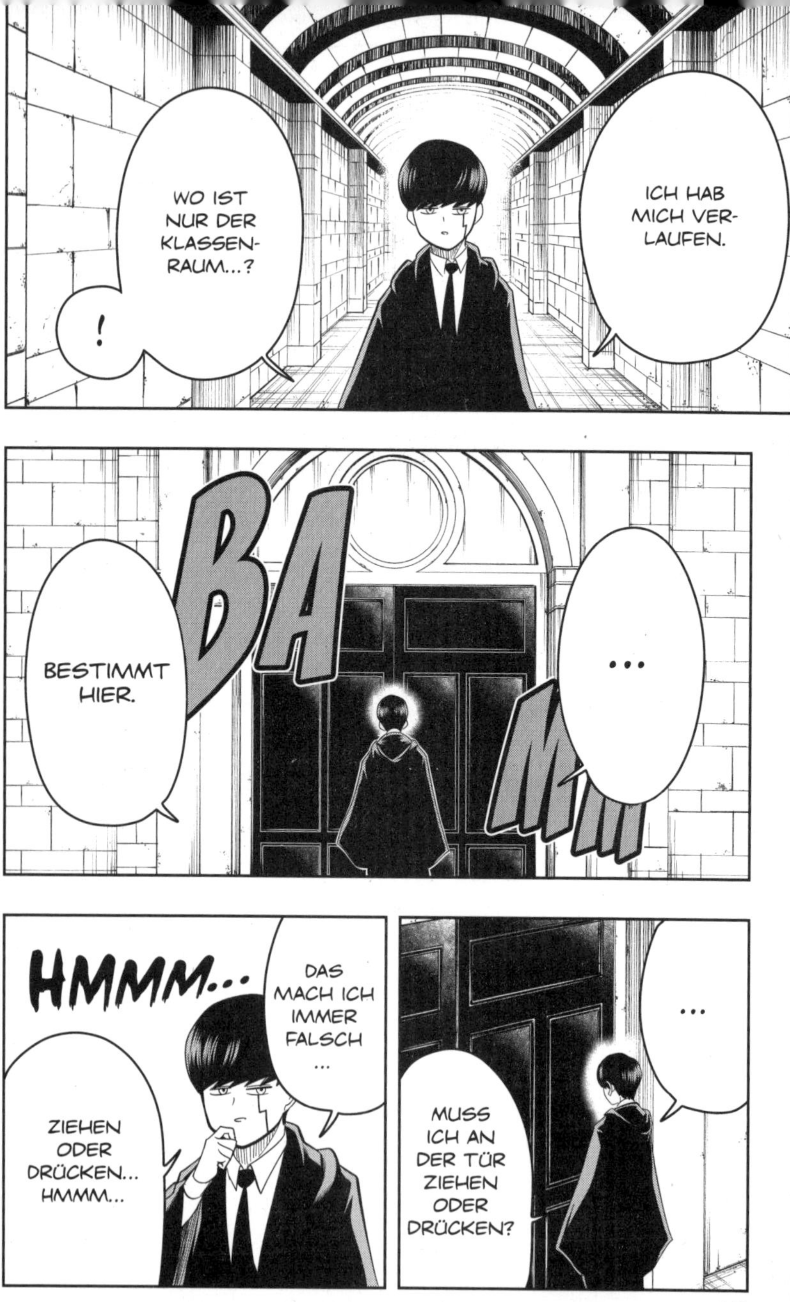
ICH HAB MICH VER-LAUFEN.
WO IST NUR DER KLASSEN-RAUM...?
!
...
BAM
BESTIMMT HIER.
...
MUSS ICH AN DER TÜR ZIEHEN ODER DRÜCKEN?
DAS MACH ICH IMMER FALSCH ...
HMMM...
ZIEHEN ODER DRÜCKEN... HMMM...

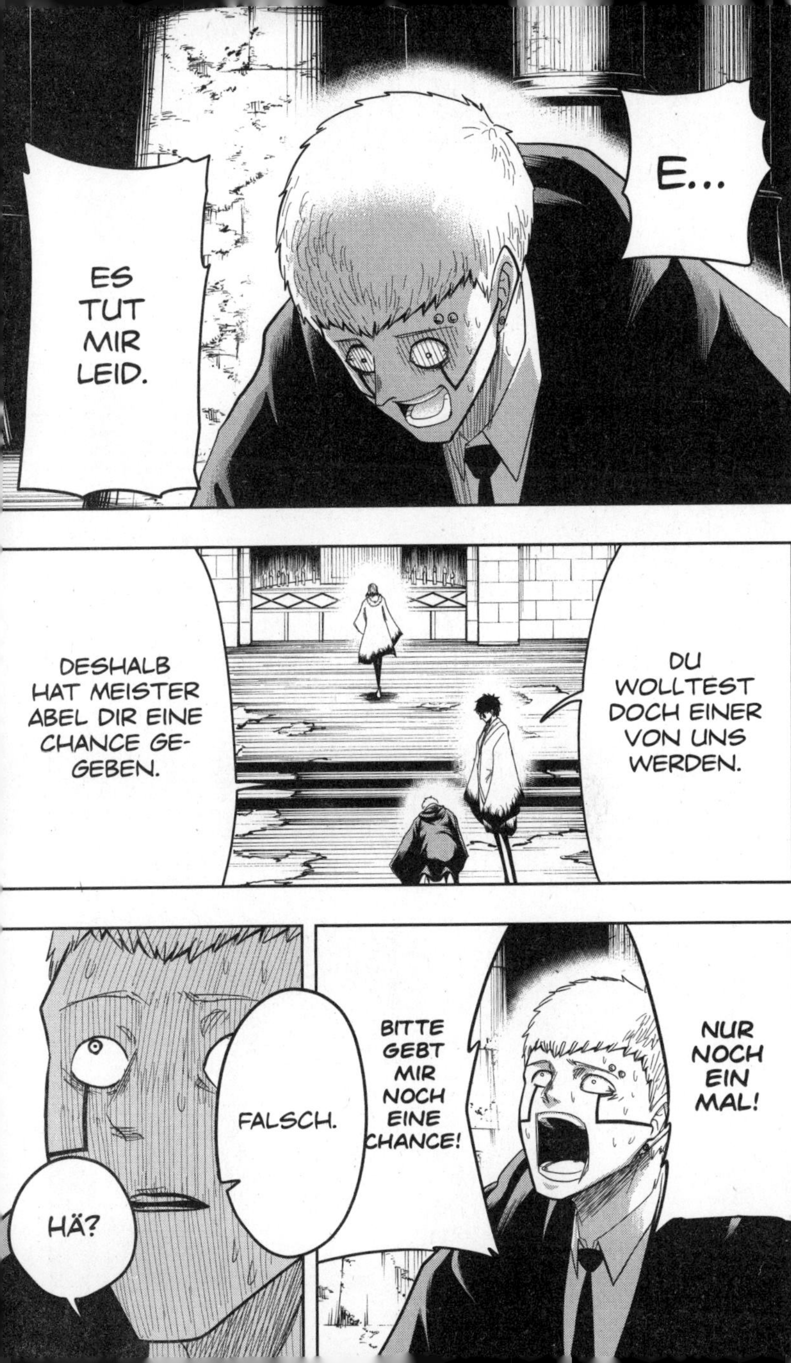
E...
ES TUT MIR LEID.
DU WOLLTEST DOCH EINER VON UNS WERDEN.
DESHALB HAT MEISTER ABEL DIR EINE CHANCE GE-GEBEN.
NUR NOCH EIN MAL!
BITTE GEBT MIR NOCH EINE CHANCE!
FALSCH.
HÄ?

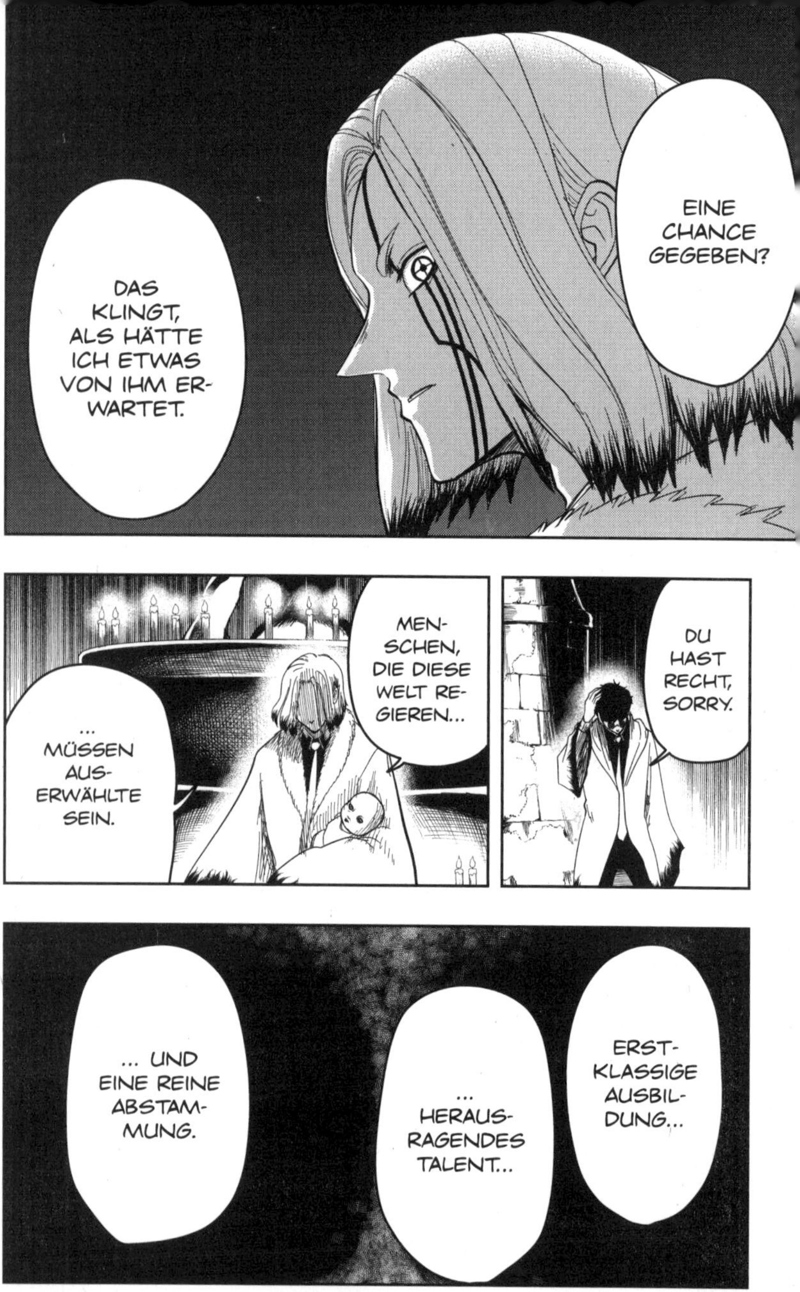
EINE CHANCE GEGEBEN?
DAS KLINGT, ALS HÄTTE ICH ETWAS VON IHM ER- WARTET.
DU HAST RECHT, SORRY.
MEN- SCHEN, DIE DIESE WELT RE- GIEREN...
... MÜSSEN AUS- ERWÄHLTE SEIN.
ERST- KLASSIGE AUSBIL- DUNG...
... HERAUS- RAGENDES TALENT...
... UND EINE REINE ABSTAM- MUNG.

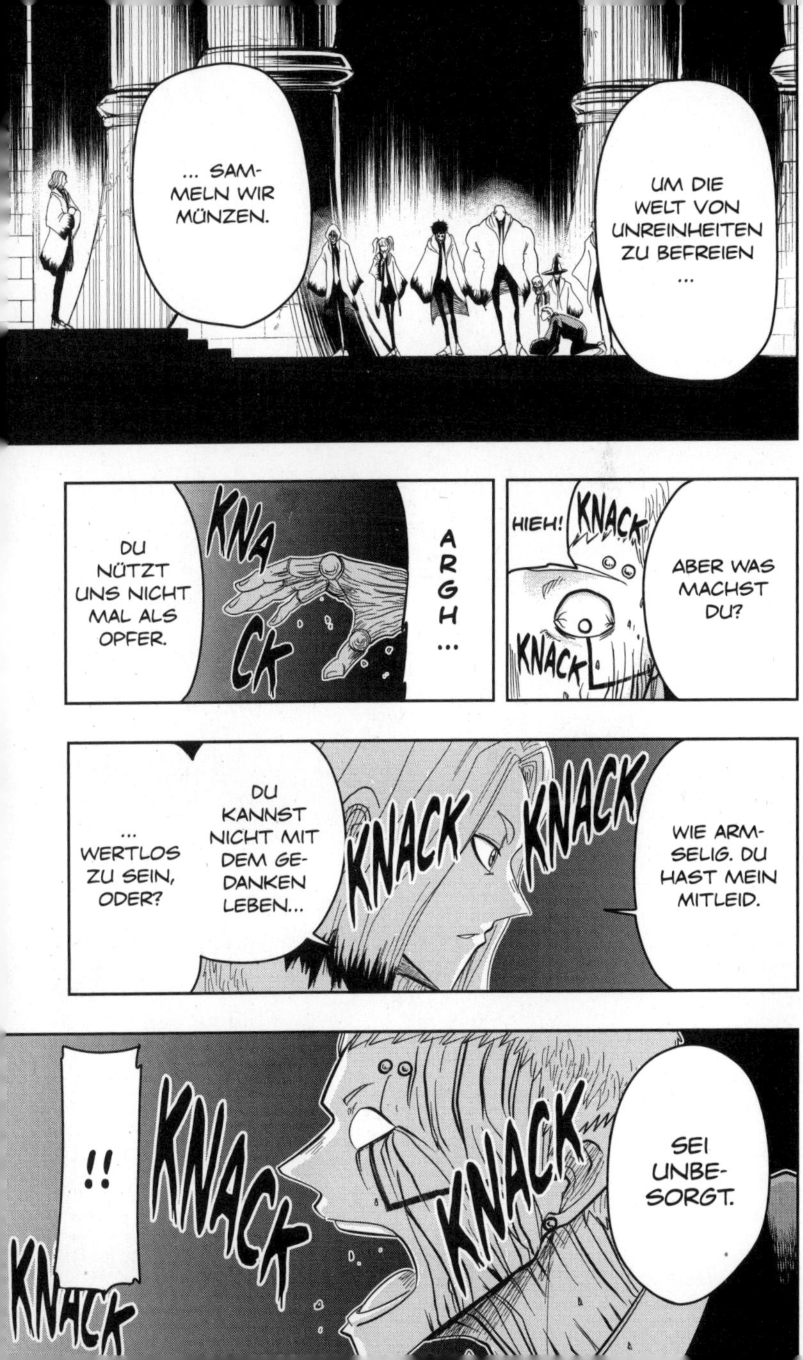
UM DIE WELT VON UNREINHEITEN ZU BEFREIEN ...
... SAMMELN WIR MÜNZEN.
ABER WAS MACHST DU?
KNACK
HIEH!
KNACK
ARGH ...
KNACK
DU NÜTZT UNS NICHT MAL ALS OPFER.
WIE ARMSELIG. DU HAST MEIN MITLEID.
KNACK
KNACK
DU KANNST NICHT MIT DEM GEDANKEN LEBEN...
... WERTLOS ZU SEIN, ODER?
SEI UNBESORGT.
KNACK
KNACK
!!
KNACK

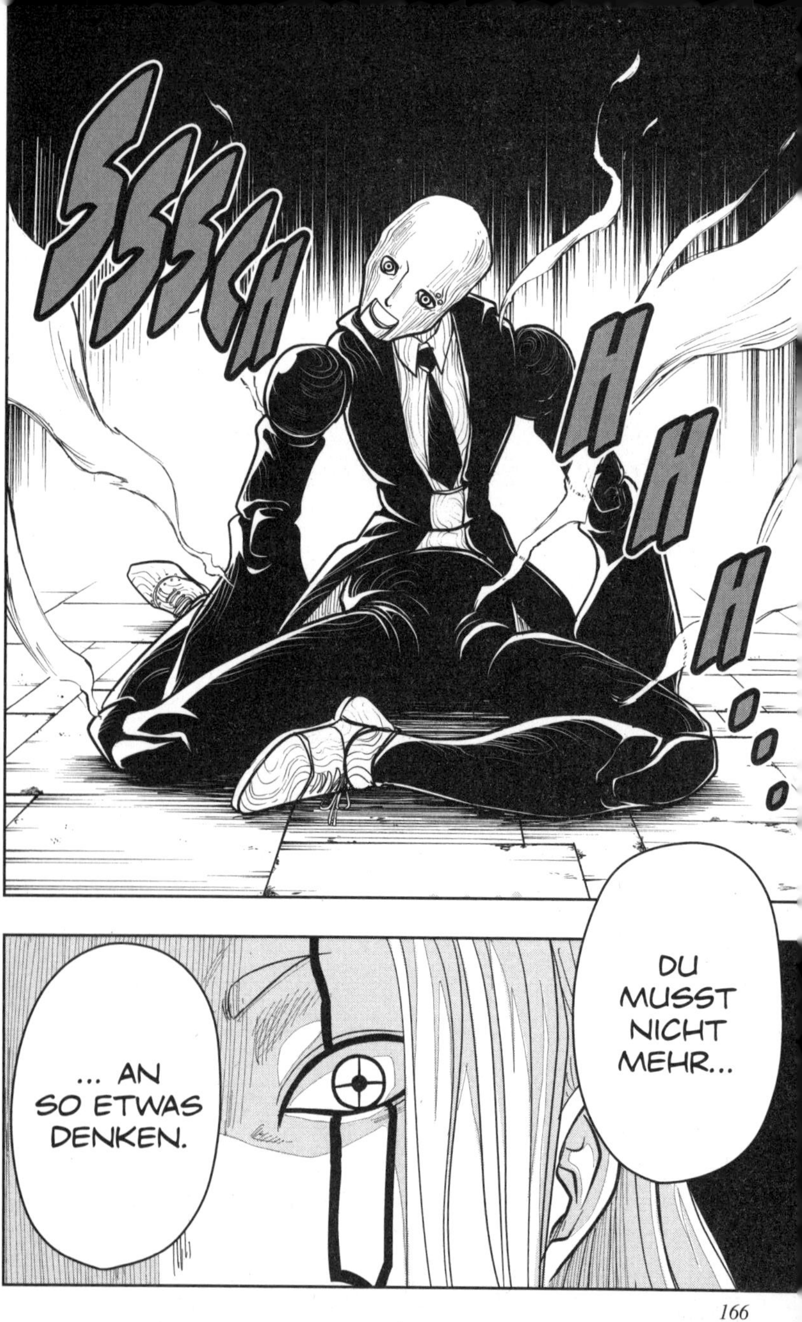
SSSCH
HHH...
DU MUSST NICHT MEHR...
... AN SO ETWAS DENKEN.

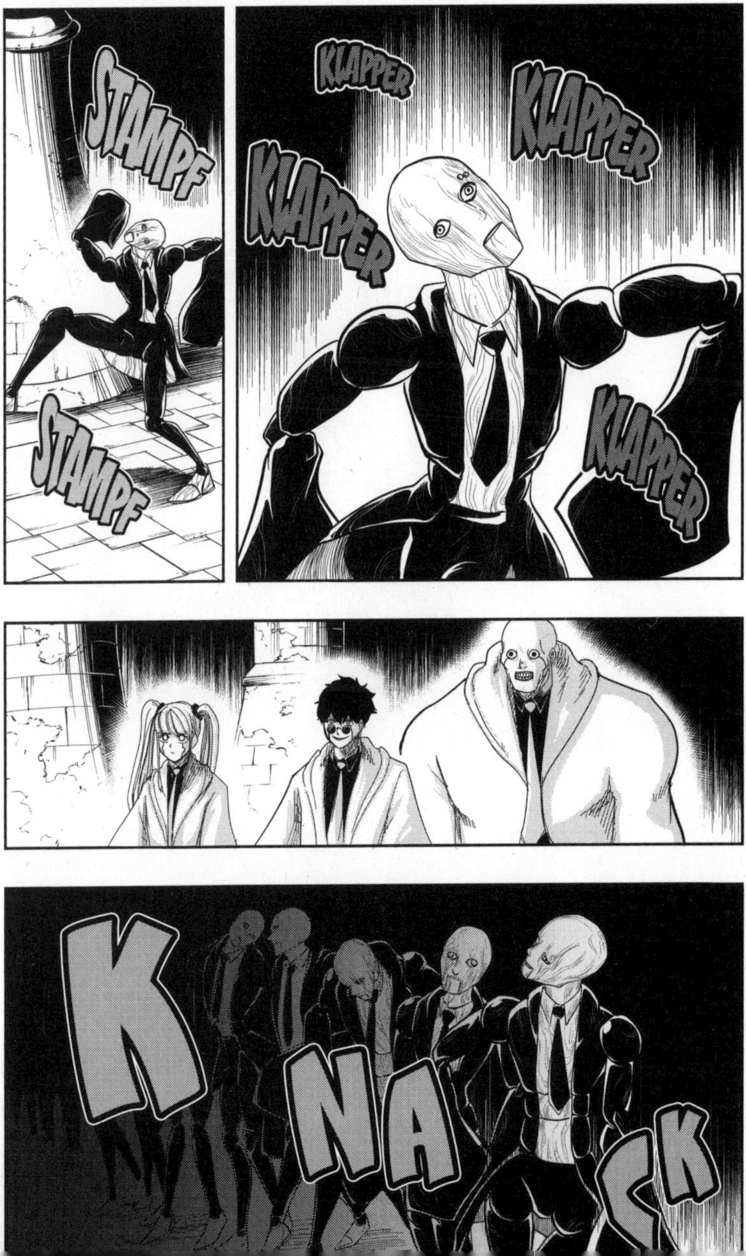
STAMPF
STAMPF
KLAPPER
KLAPPER
KLAPPER
KLAPPER
KNACK

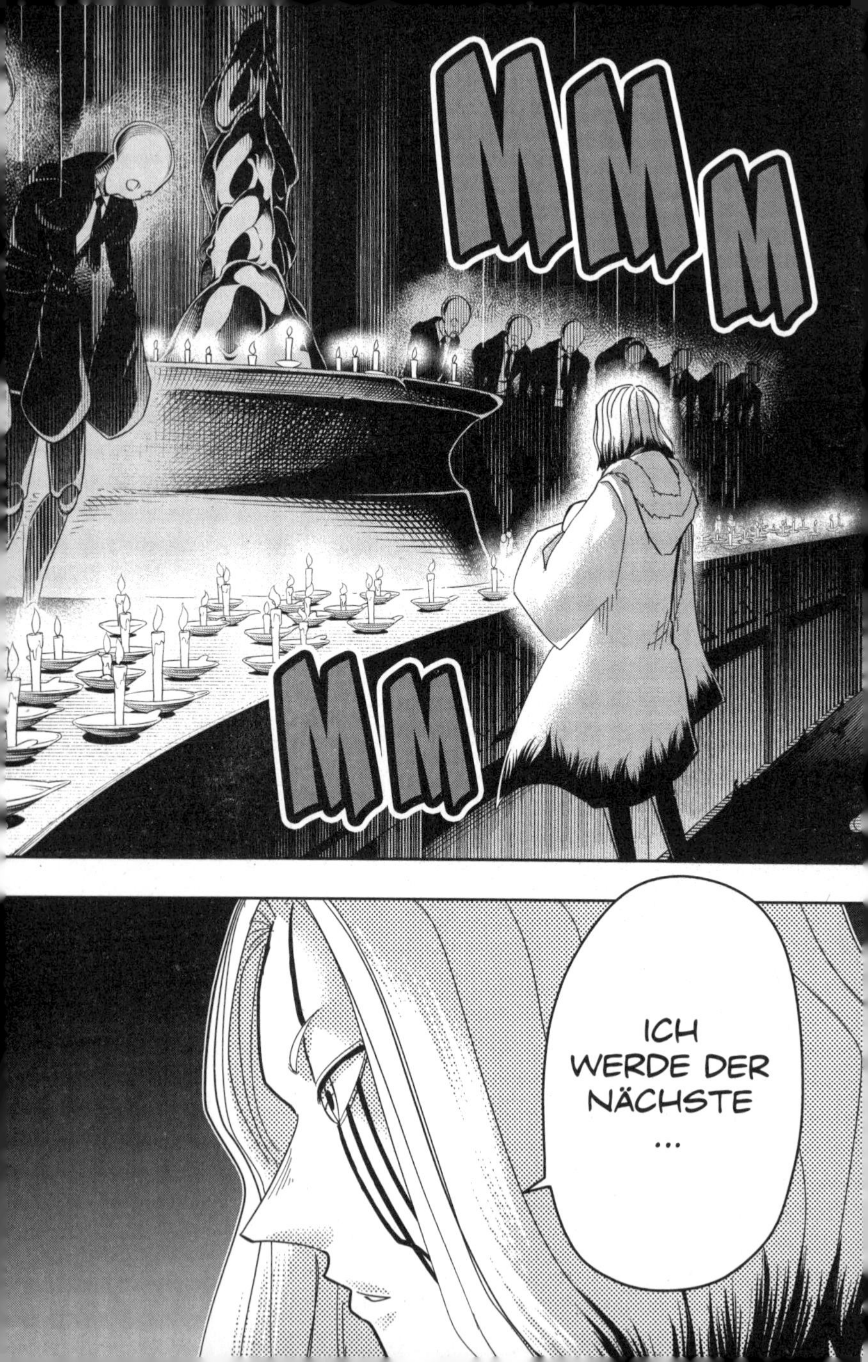

MMMM
MM
ICH WERDE DER NÄCHSTE ...

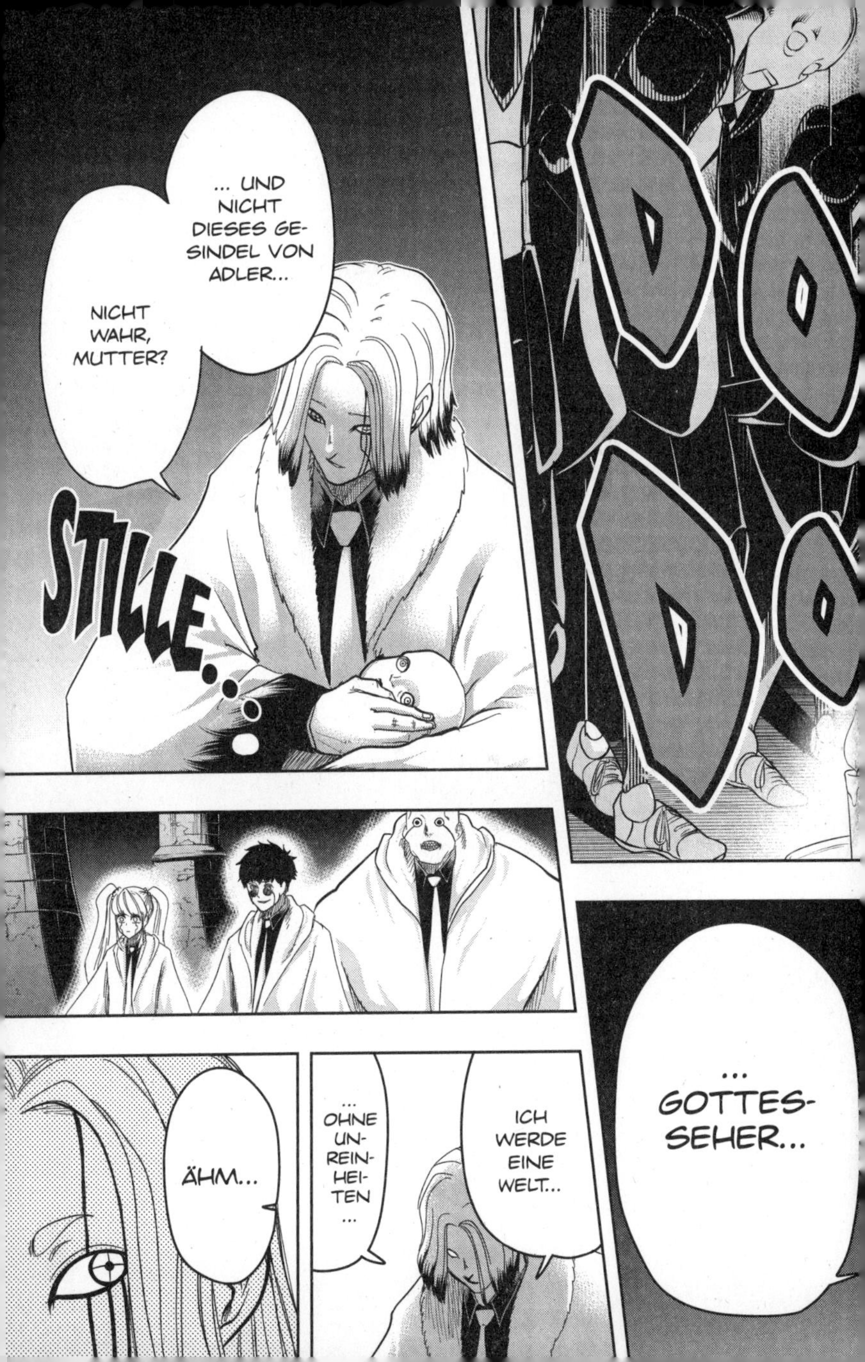

DOO
DOO
... UND NICHT DIESES GESINDEL VON ADLER...
NICHT WAHR, MUTTER?
STILLE...
... GOTTES-SEHER...
ICH WERDE EINE WELT...
... OHNE UNREINHEITEN ...
ÄHM...

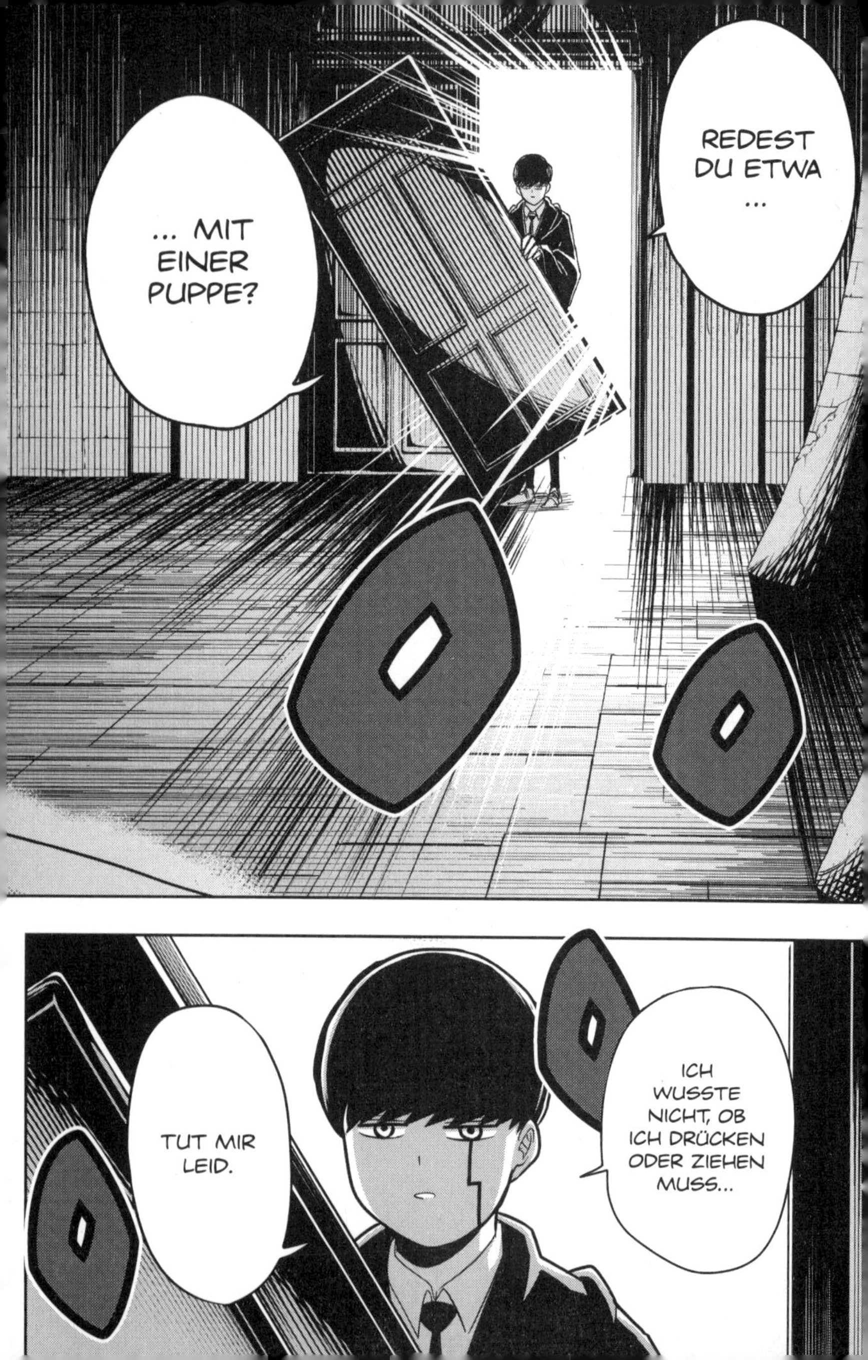
REDEST DU ETWA ...
... MIT EINER PUPPE?
ICH WUSSTE NICHT, OB ICH DRÜCKEN ODER ZIEHEN MUSS...
TUT MIR LEID.

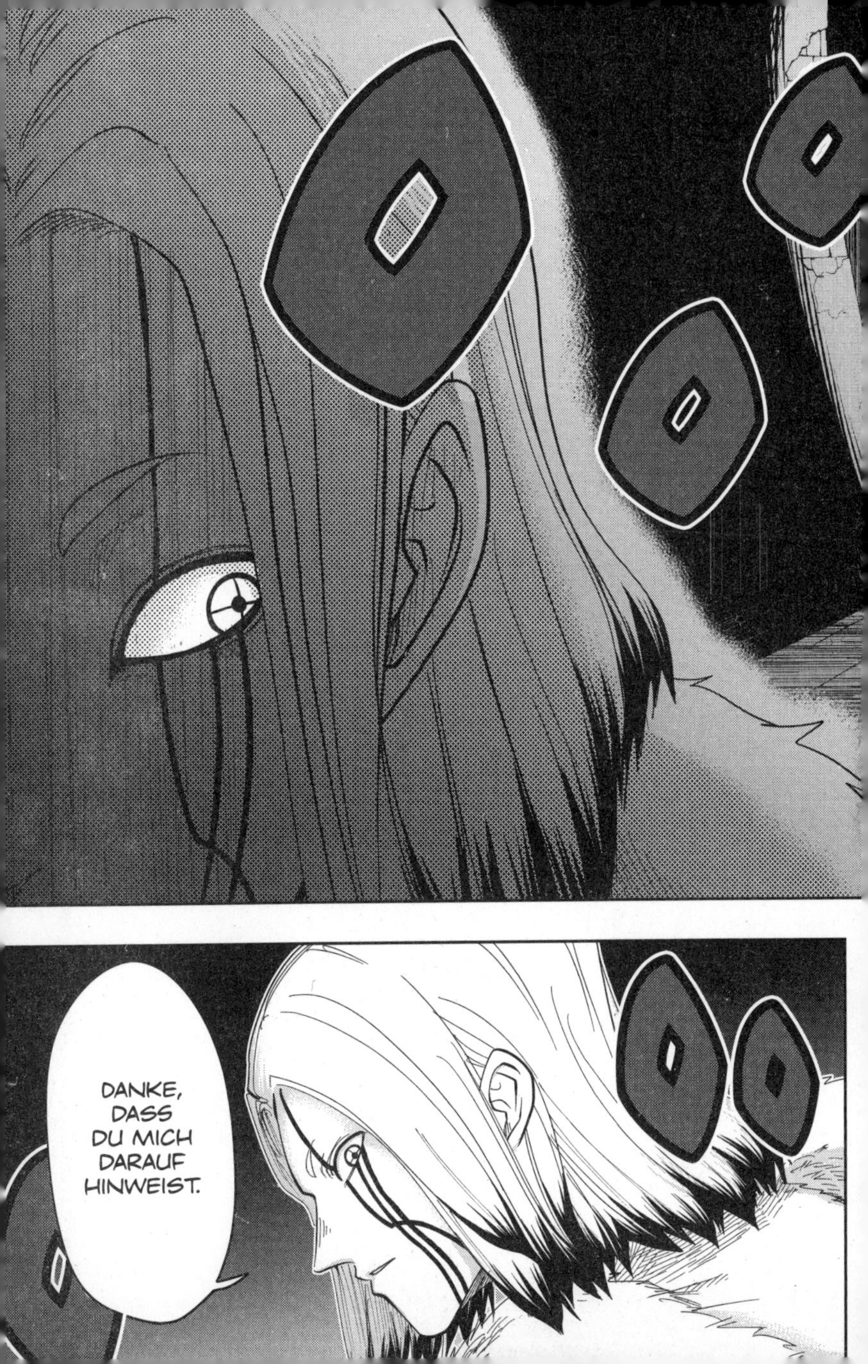
DANKE, DASS DU MICH DARAUF HINWEIST.

Frage-Antwort-Ecke ②

F.7 WIE LAUTEN DIE VOLLEN NAMEN VON DER VERFÜHRUNGSZAUBERIN UND SILVA?

A.7 Lauren Cabasse und Silva Iron.

F.8 IST ES OKAY, DASS DER IGELKOPF EINEN KAMPF WÄHREND DES UNTERRICHTS ANZETTELT?

A.8 Ja, solang es kein Lehrer bemerkt, kann auch dann um Münzen gekämpft werden!

F.9 IST »MACHINE GUN EXPLOM« DER NAME DES ZAUBERS ODER HAT IGELKOPF SICH DEN AUSGEDACHT?

A.9 Der Name des Zaubers. Er ist schwächer als die normale Version, aber man kann ihn mehrfach abfeuern.

F.10 IST IGELKOPF AUCH IM ERSTEN JAHR?

A.10 Jup!!

F.11 WERDEN DIE MÜNZEN DER SCHÜLER JEDES JAHR ZURÜCKGESETZT?

A.11 Ja, werden sie!!

F.12 MÖGEN SIE LIEBER PILZE ODER BAMBUS?

A.12 Bambus.

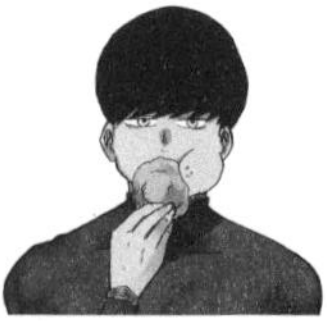

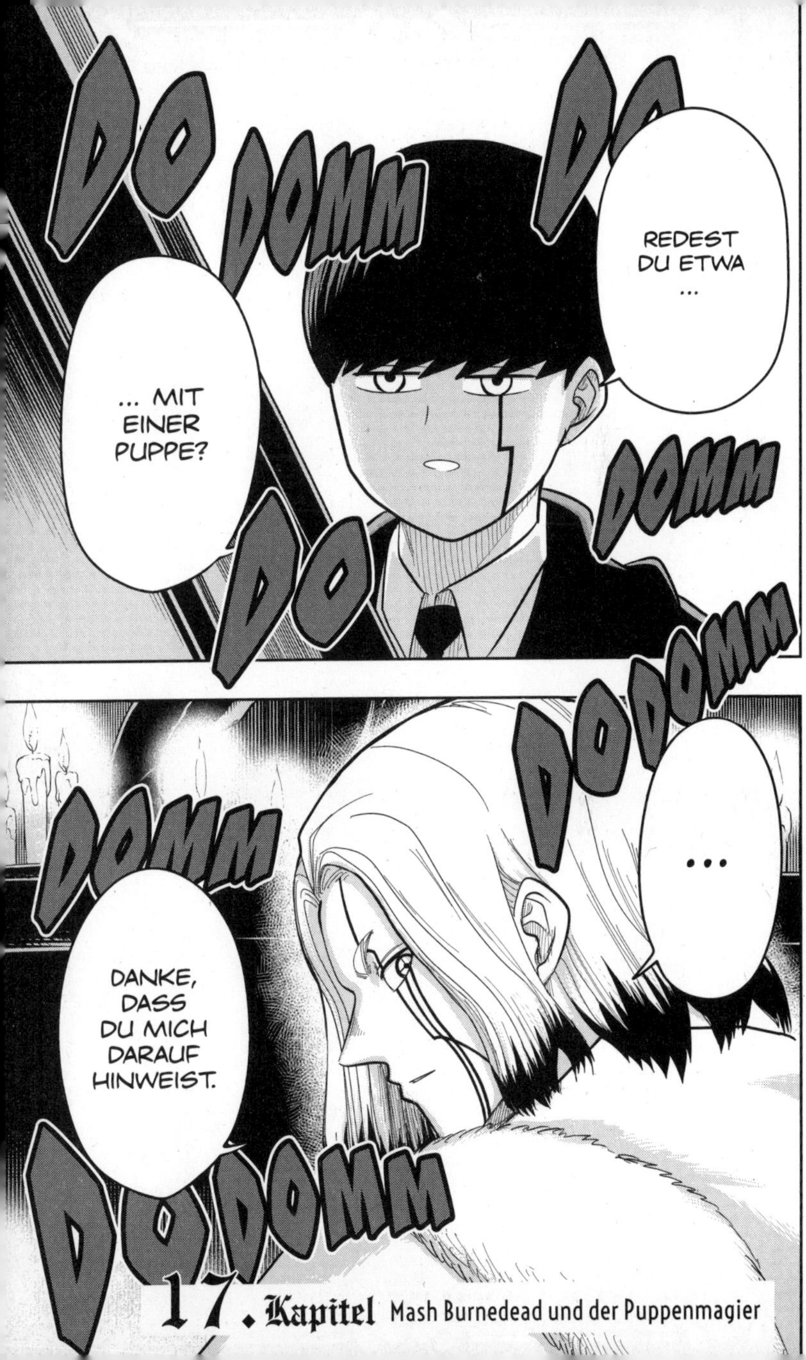

17. Kapitel Mash Burnedead und der Puppenmagier

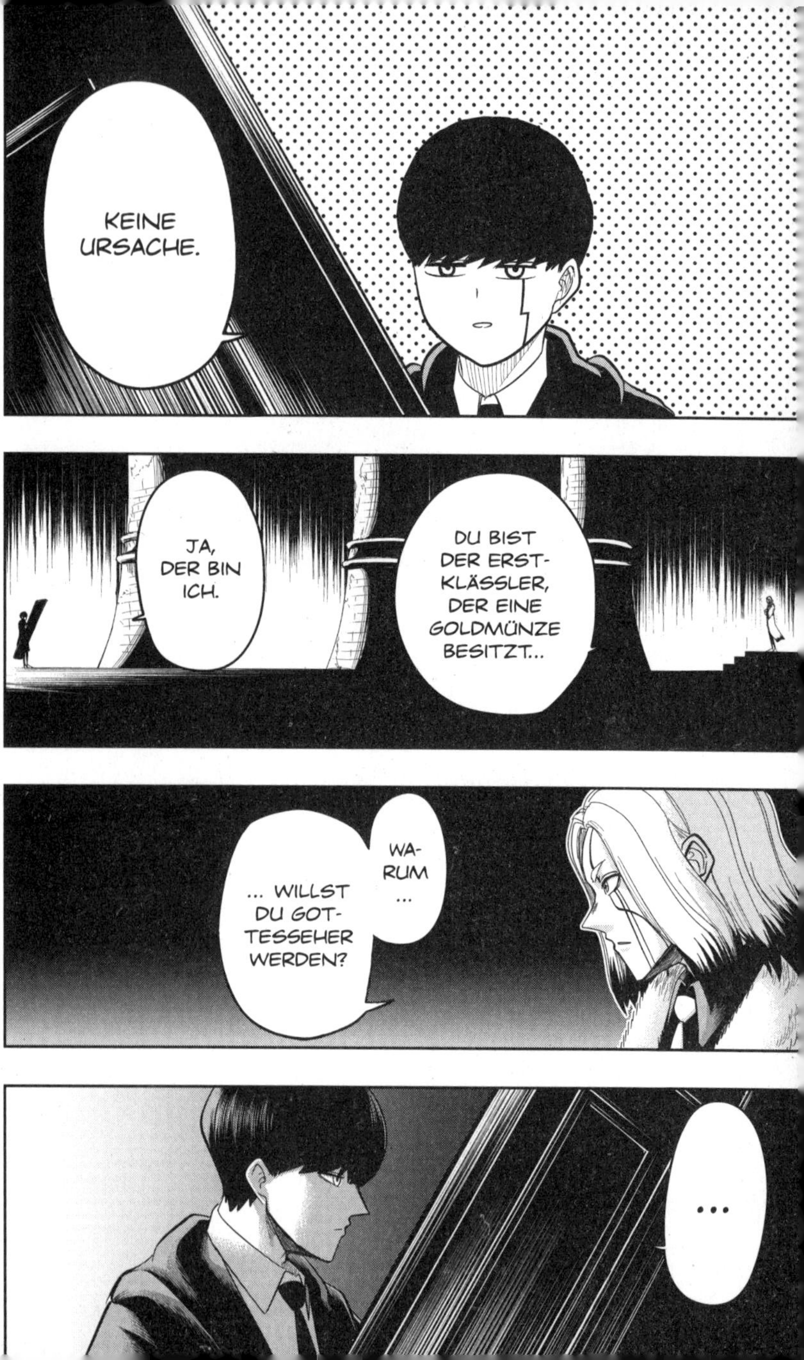
KEINE URSACHE.
DU BIST DER ERST-KLÄSSLER, DER EINE GOLDMÜNZE BESITZT...
JA, DER BIN ICH.
WA-RUM ...
... WILLST DU GOT-TESSEHER WERDEN?
...

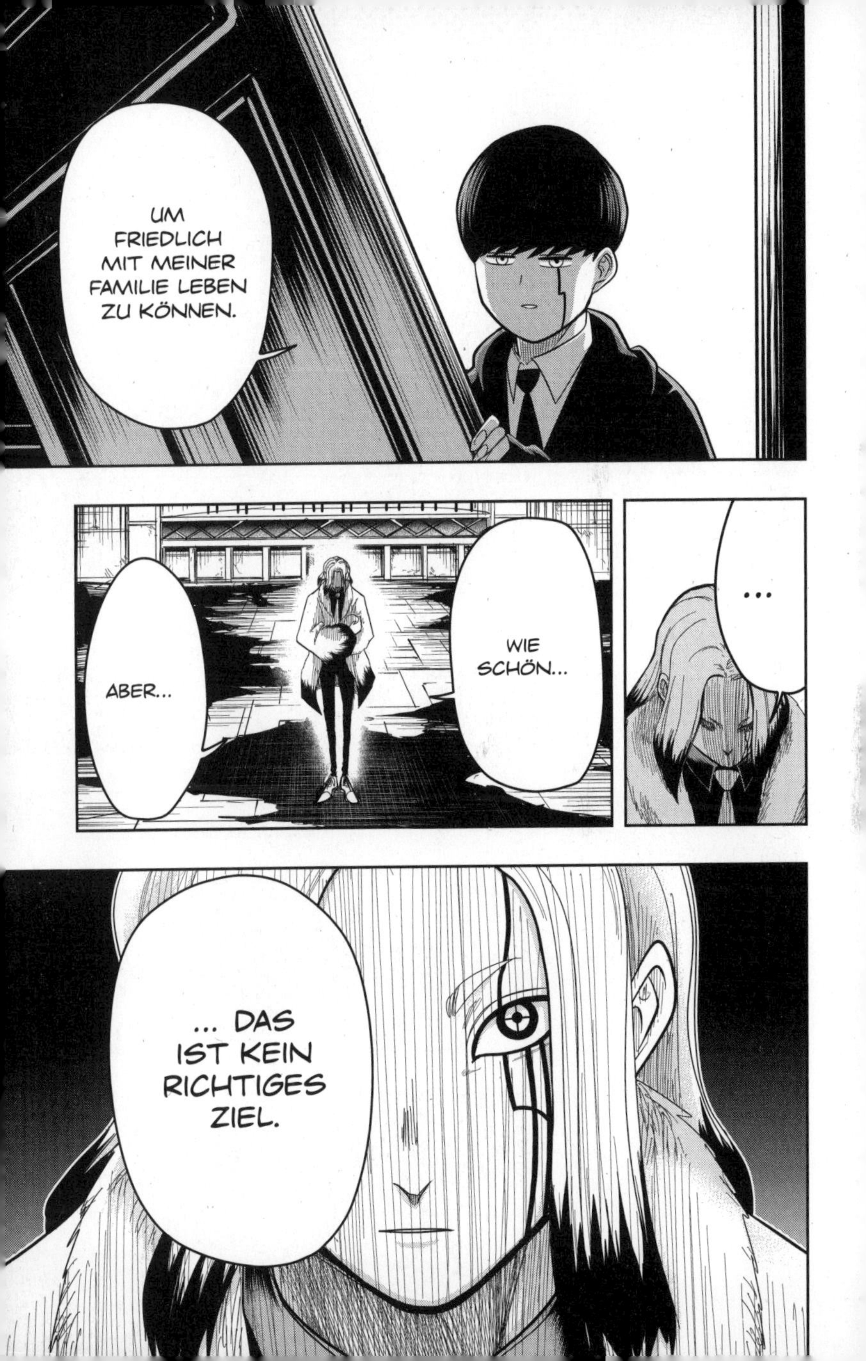
UM FRIEDLICH MIT MEINER FAMILIE LEBEN ZU KÖNNEN.
...
WIE SCHÖN...
ABER...
... DAS IST KEIN RICHTIGES ZIEL.

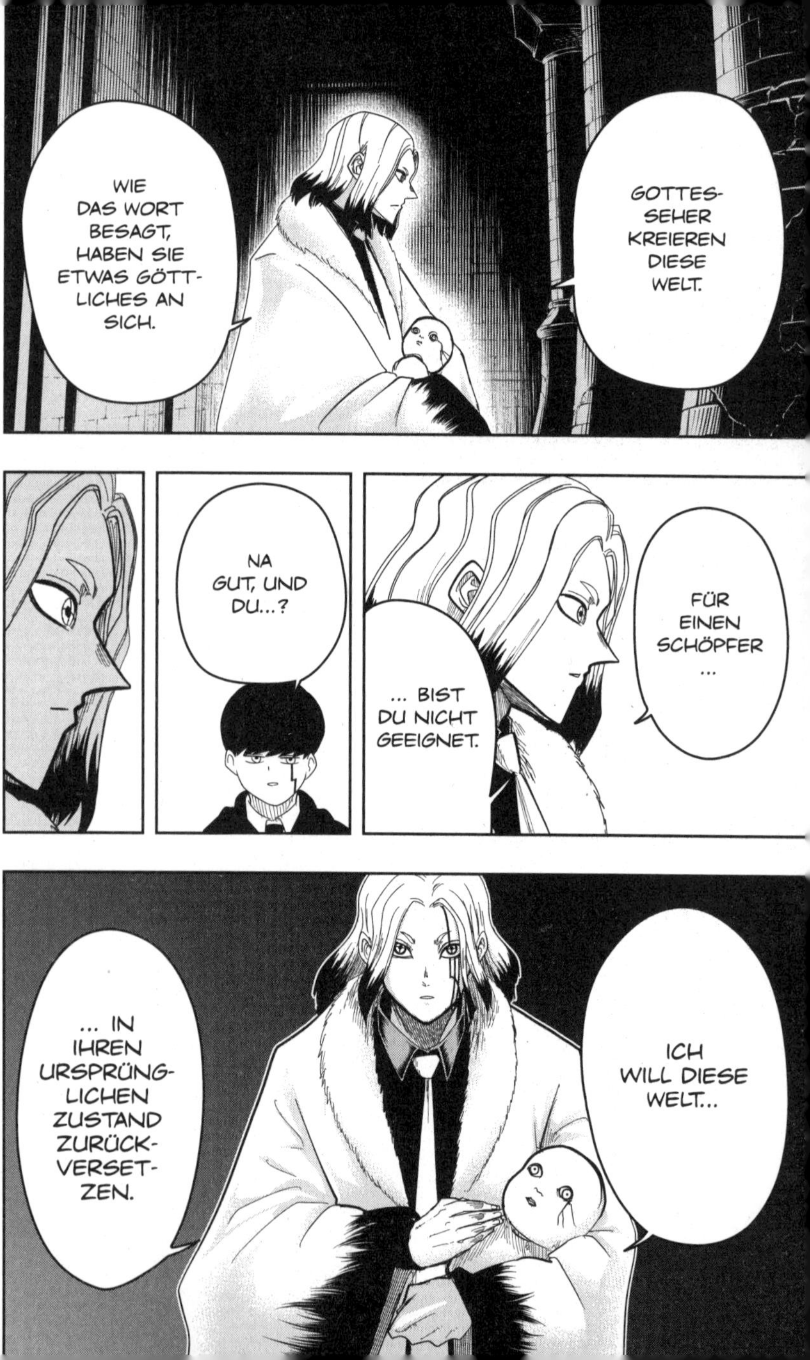
GOTTES-SEHER KREIEREN DIESE WELT.
WIE DAS WORT BESAGT, HABEN SIE ETWAS GÖTTLICHES AN SICH.
FÜR EINEN SCHÖPFER ...
... BIST DU NICHT GEEIGNET.
NA GUT, UND DU...?
ICH WILL DIESE WELT...
... IN IHREN URSPRÜNGLICHEN ZUSTAND ZURÜCKVERSETZEN.

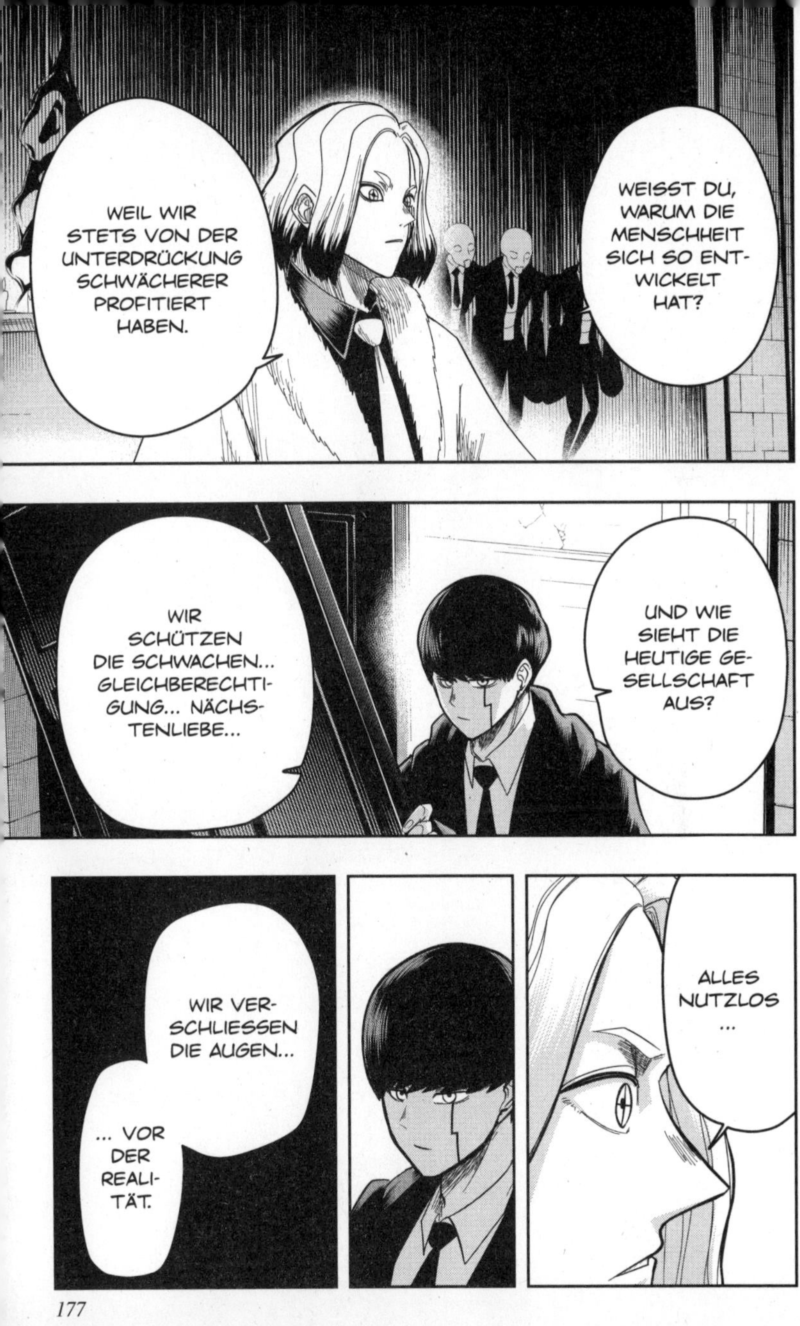
WEISST DU, WARUM DIE MENSCHHEIT SICH SO ENT-WICKELT HAT?
WEIL WIR STETS VON DER UNTERDRÜCKUNG SCHWÄCHERER PROFITIERT HABEN.
UND WIE SIEHT DIE HEUTIGE GE-SELLSCHAFT AUS?
WIR SCHÜTZEN DIE SCHWACHEN... GLEICHBERECHTI-GUNG... NÄCHS-TENLIEBE...
ALLES NUTZLOS ...
WIR VER-SCHLIESSEN DIE AUGEN...
... VOR DER REALI-TÄT.

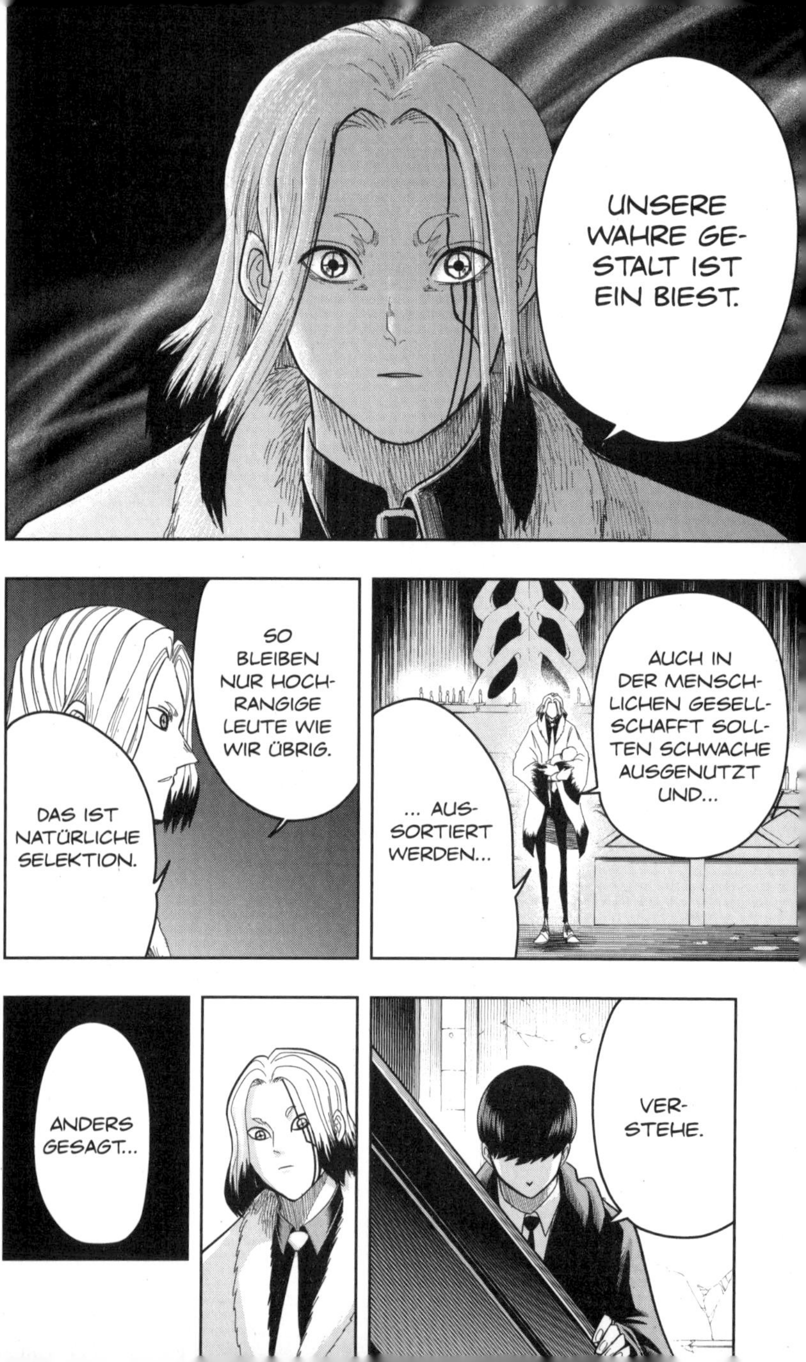
UNSERE WAHRE GE-STALT IST EIN BIEST.
AUCH IN DER MENSCH-LICHEN GESELL-SCHAFFT SOLL-TEN SCHWACHE AUSGENUTZT UND...
... AUS-SORTIERT WERDEN...
SO BLEIBEN NUR HOCH-RANGIGE LEUTE WIE WIR ÜBRIG.
DAS IST NATÜRLICHE SELEKTION.
VER-STEHE.
ANDERS GESAGT...

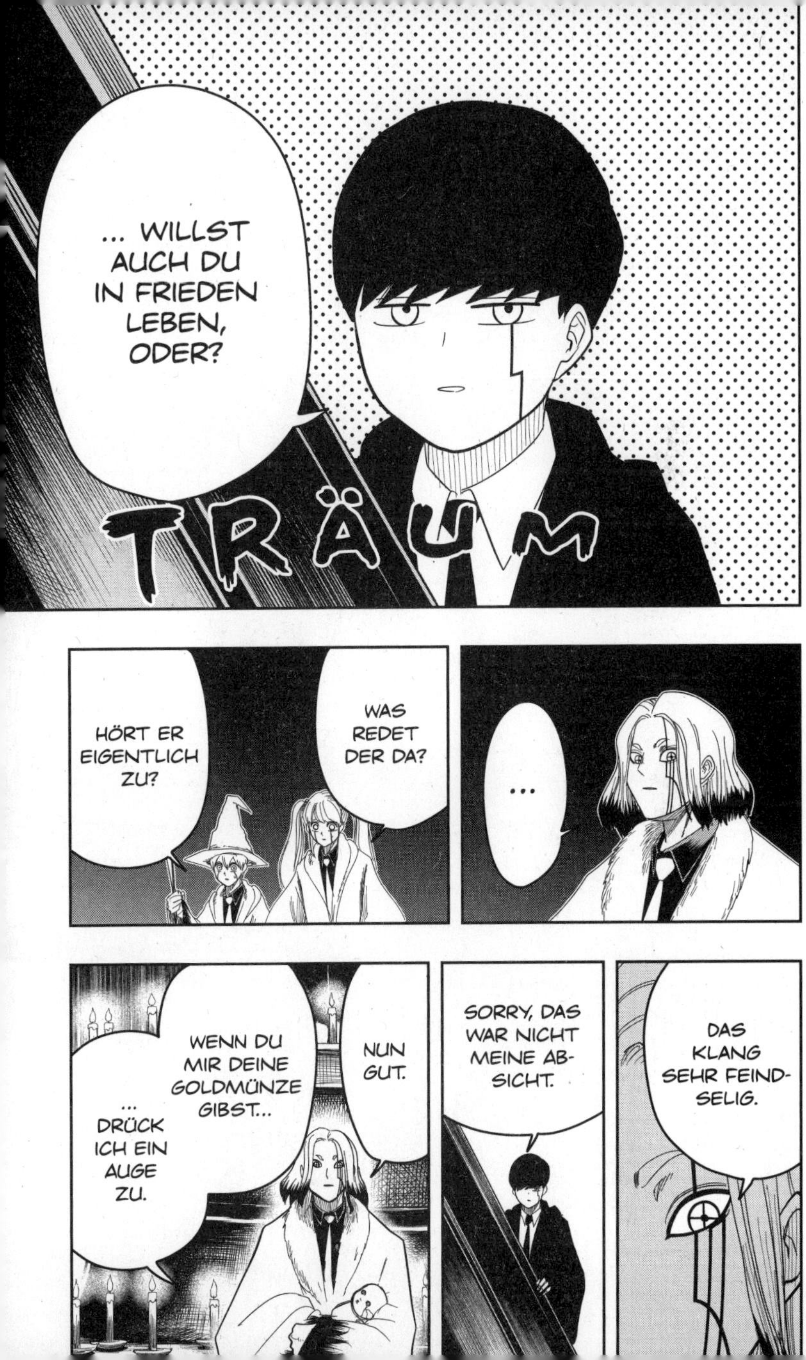
... WILLST AUCH DU IN FRIEDEN LEBEN, ODER?
TRÄUM
...
WAS REDET DER DA?
HÖRT ER EIGENTLICH ZU?
DAS KLANG SEHR FEIND-SELIG.
SORRY, DAS WAR NICHT MEINE AB-SICHT.
NUN GUT.
WENN DU MIR DEINE GOLDMÜNZE GIBST...
... DRÜCK ICH EIN AUGE ZU.

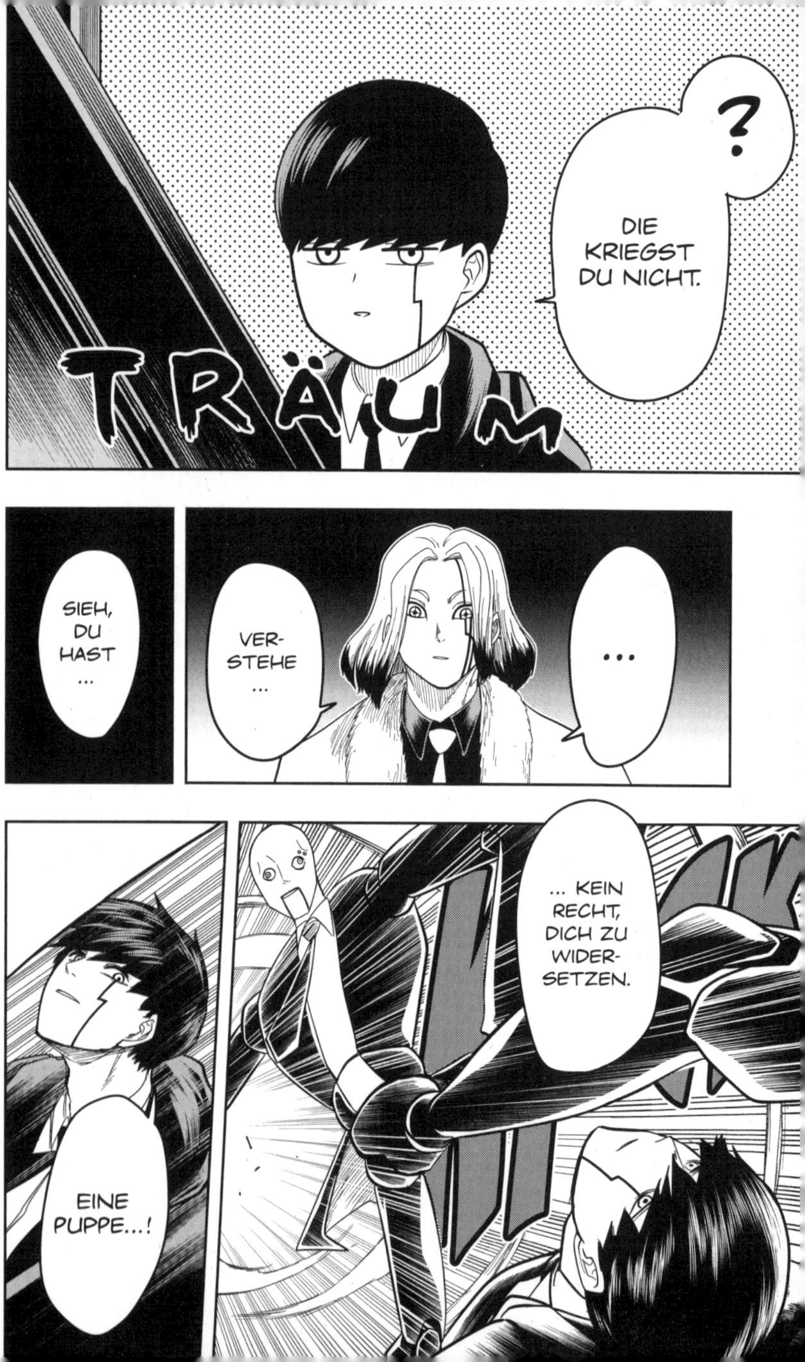
?
DIE KRIEGST DU NICHT.
TRÄUM
...
VER-STEHE ...
SIEH, DU HAST ...
... KEIN RECHT, DICH ZU WIDER-SETZEN.
EINE PUPPE...!

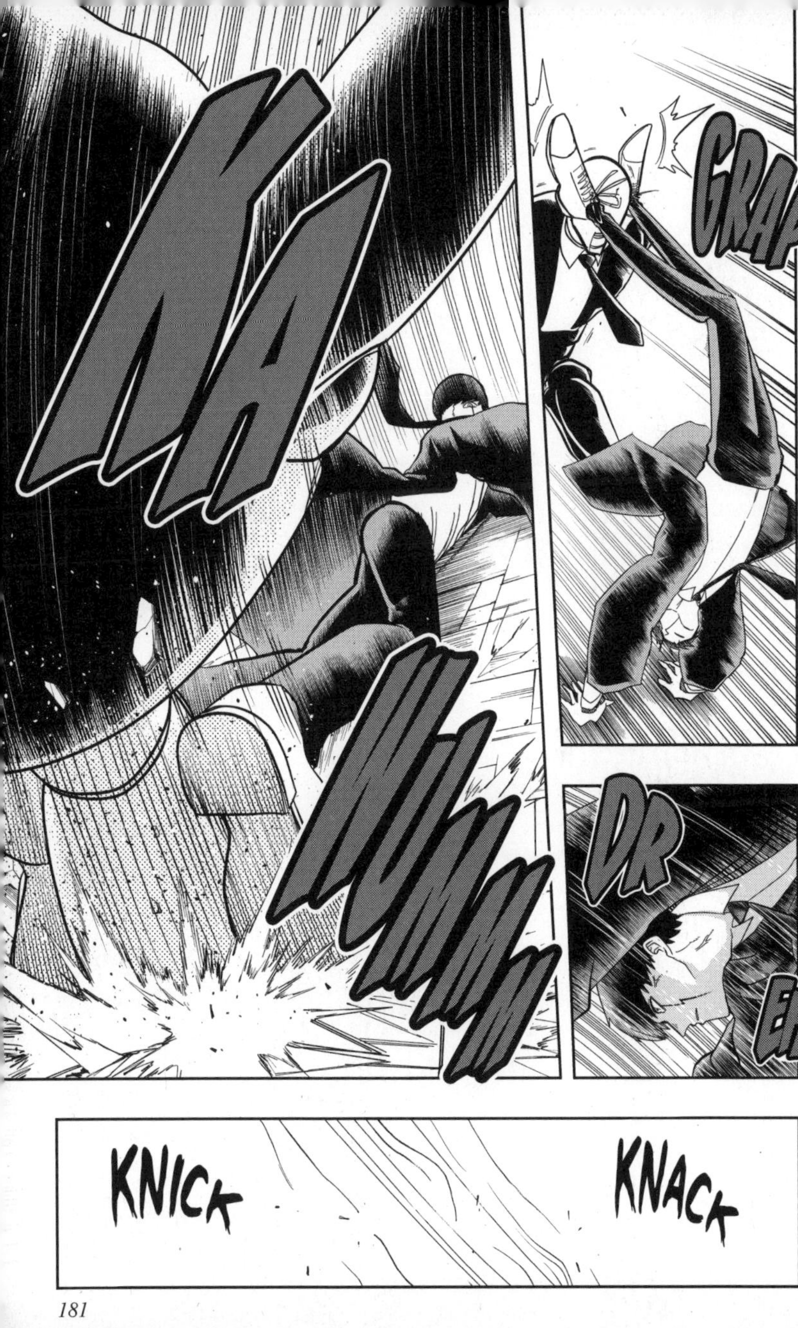
GRAP
KA
DR
EH
KNICK
KNACK

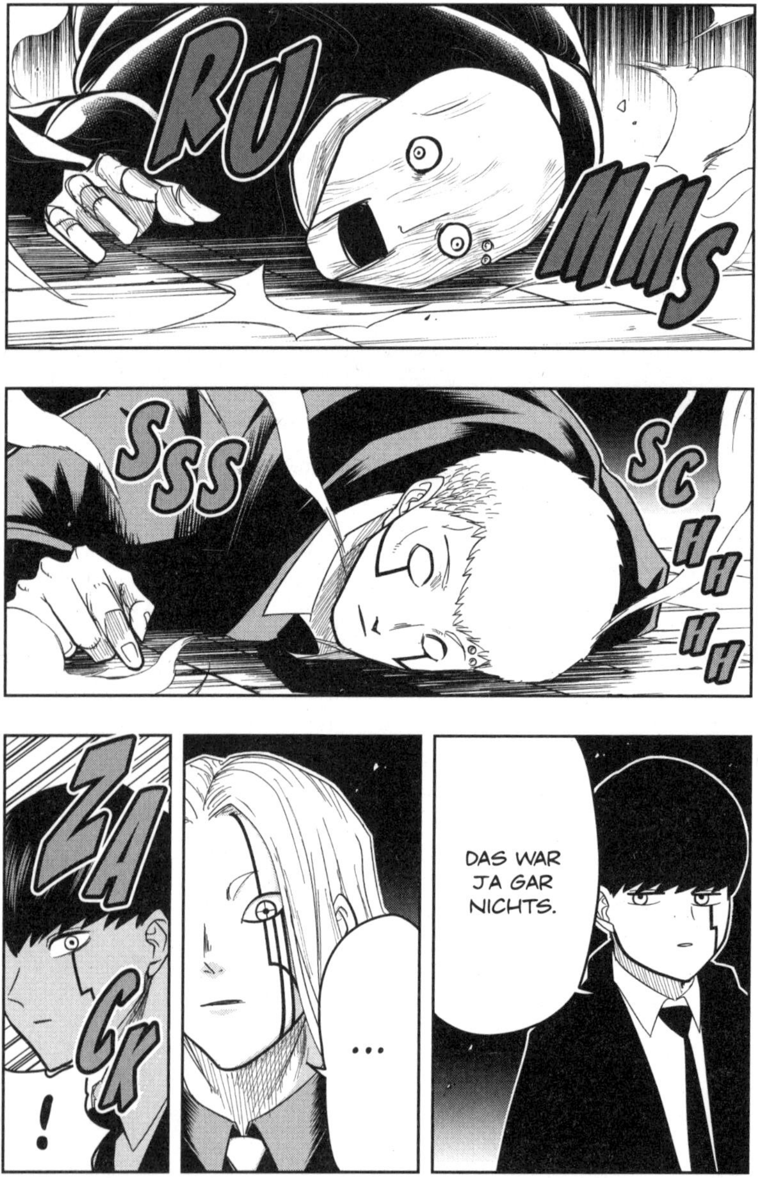
RUMMS
SCHHHH
SSS
DAS WAR JA GAR NICHTS.
...
ZACK
!

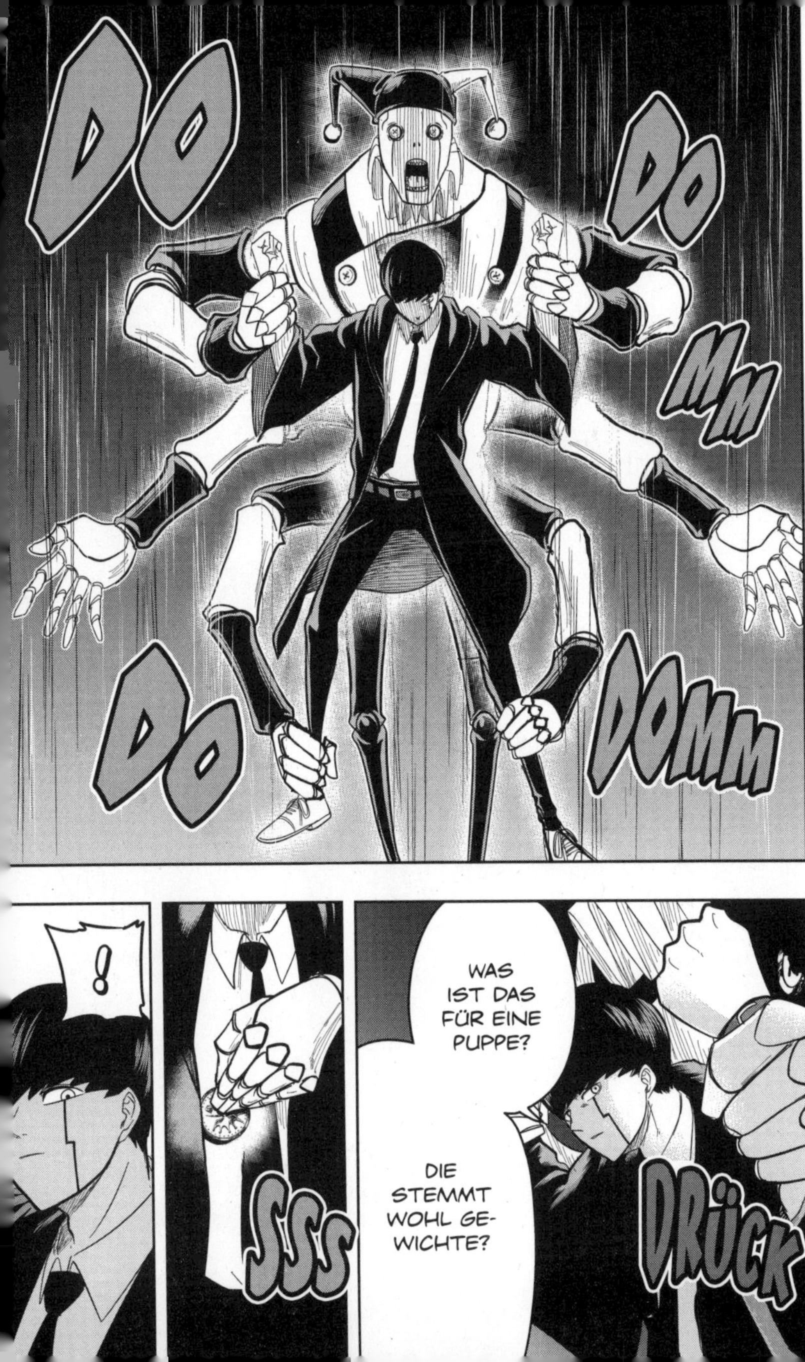
DO
DO
MM
DO
DOMM
WAS IST DAS FÜR EINE PUPPE?
DIE STEMMT WOHL GE-WICHTE?
DRÜCK
SSS
!

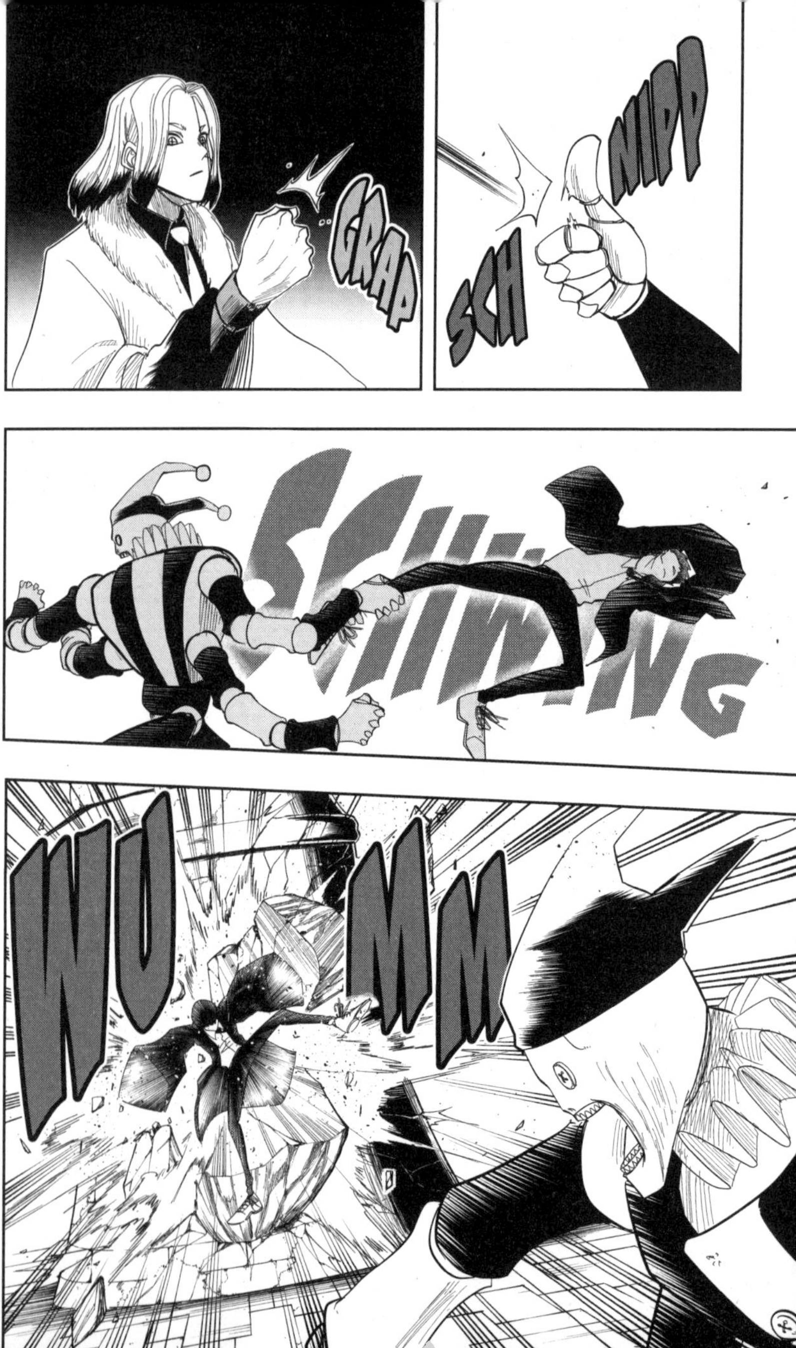
SCH
NIPP
GRAP
WUMM

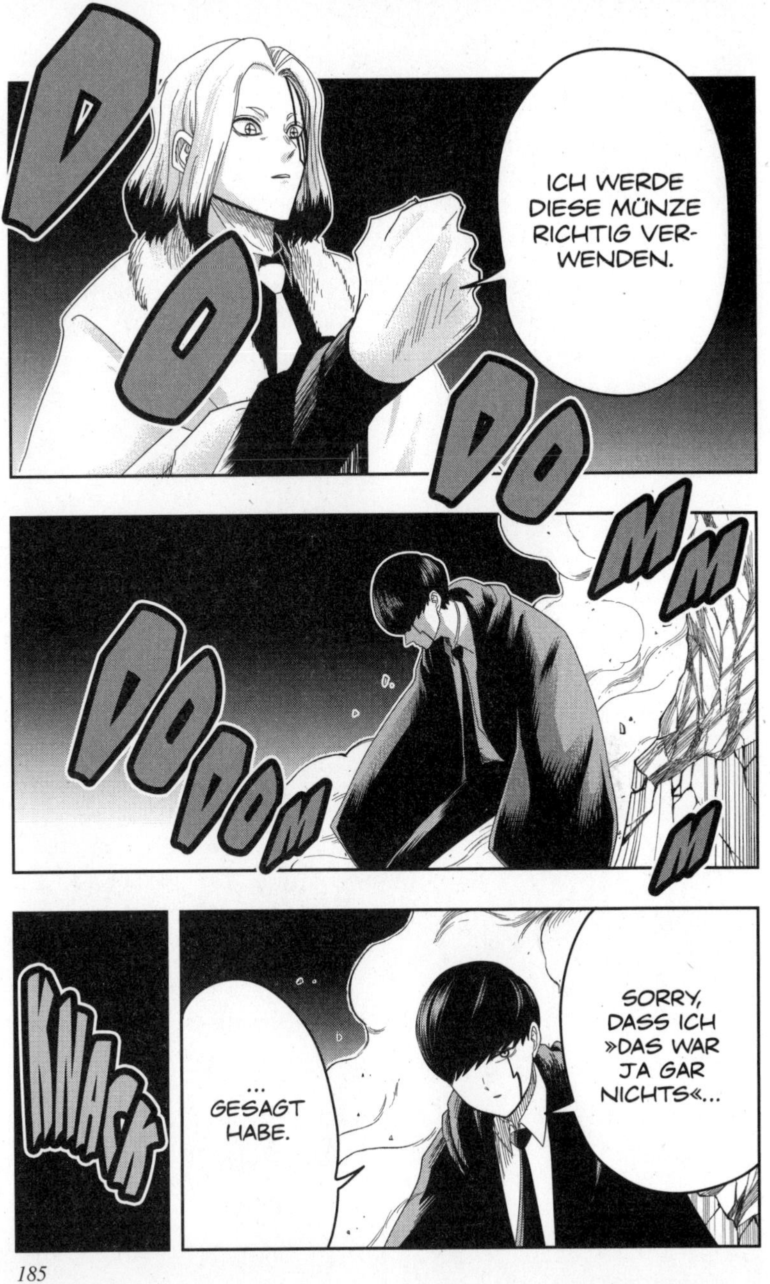
ICH WERDE DIESE MÜNZE RICHTIG VER-WENDEN.
SORRY, DASS ICH »DAS WAR JA GAR NICHTS«...
... GESAGT HABE.
KNACK

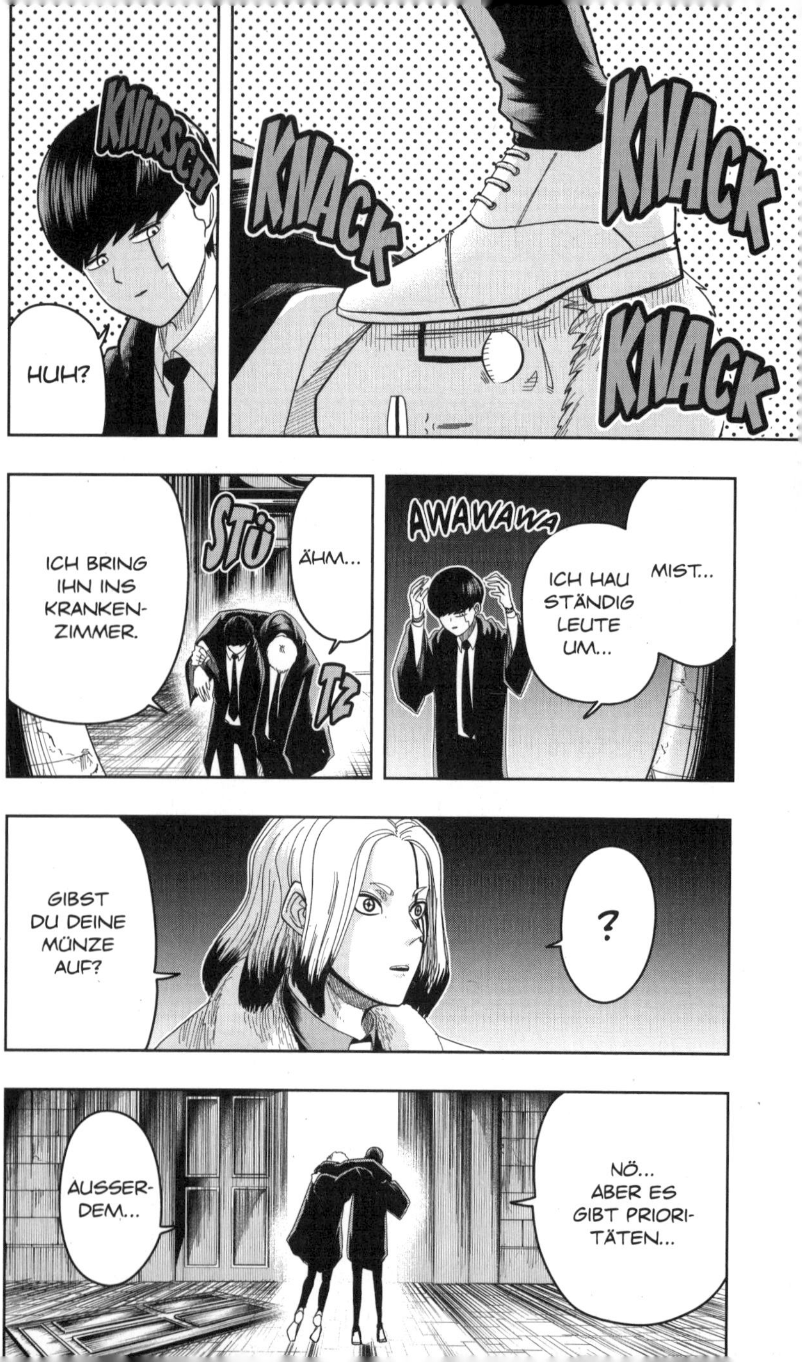
KNACK
KNACK
KNACK
KNIRSCH
HUH?
MIST...
ICH HAU STÄNDIG LEUTE UM...
AWAWAWA
ÄHM...
STÜ
TZ
ICH BRING IHN INS KRANKEN-ZIMMER.
?
GIBST DU DEINE MÜNZE AUF?
NÖ... ABER ES GIBT PRIORI-TÄTEN...
AUSSER-DEM...

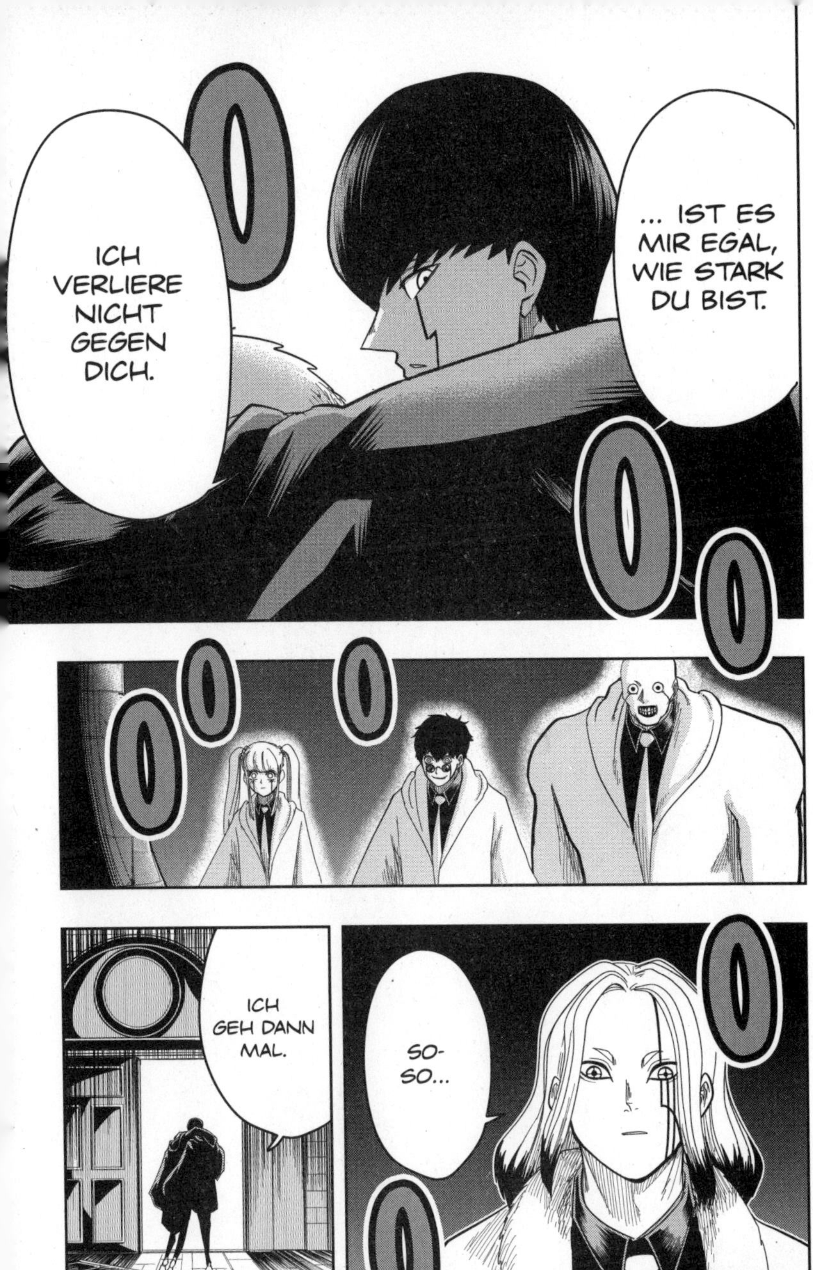
... IST ES MIR EGAL, WIE STARK DU BIST.
ICH VERLIERE NICHT GEGEN DICH.
SO-SO...
ICH GEH DANN MAL.

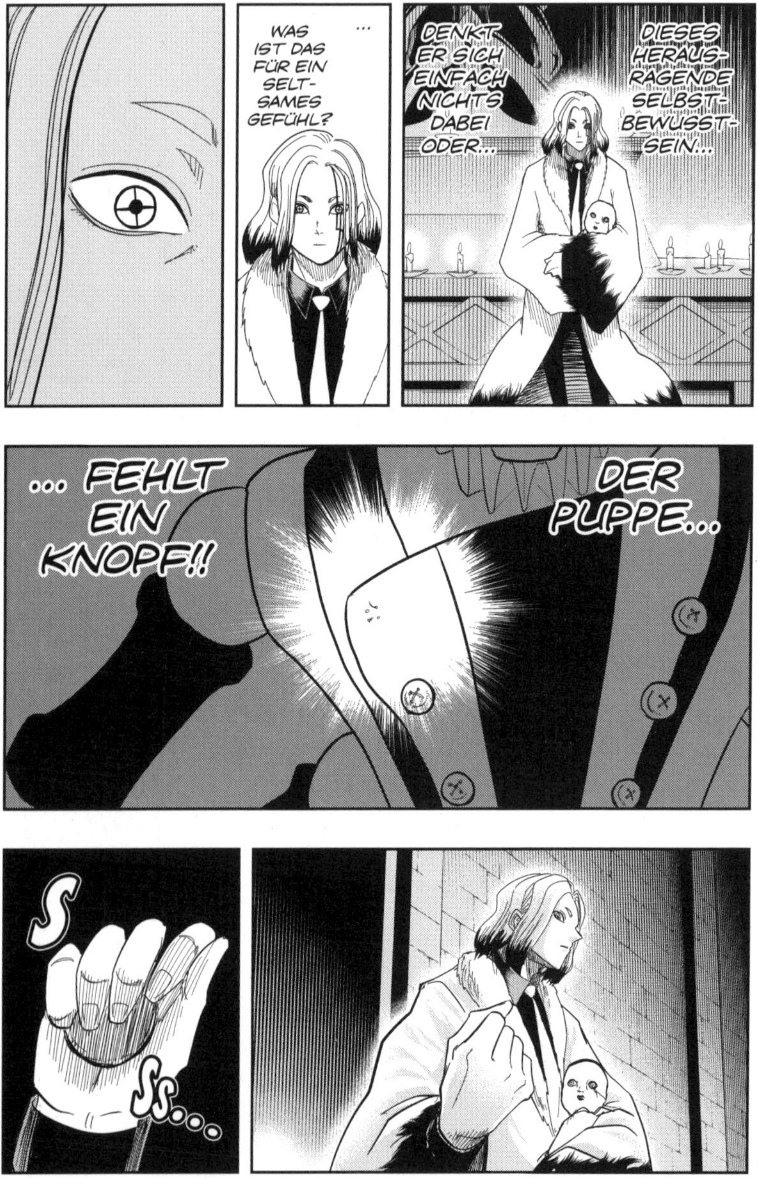
DIESES HERAUS-RAGENDE SELBST-BEWUSST-SEIN...
DENKT ER SICH EINFACH NICHTS DABEI ODER...
...
WAS IST DAS FÜR EIN SELT-SAMES GEFÜHL?
DER PUPPE...
... FEHLT EIN KNOPF!!
S
SS...

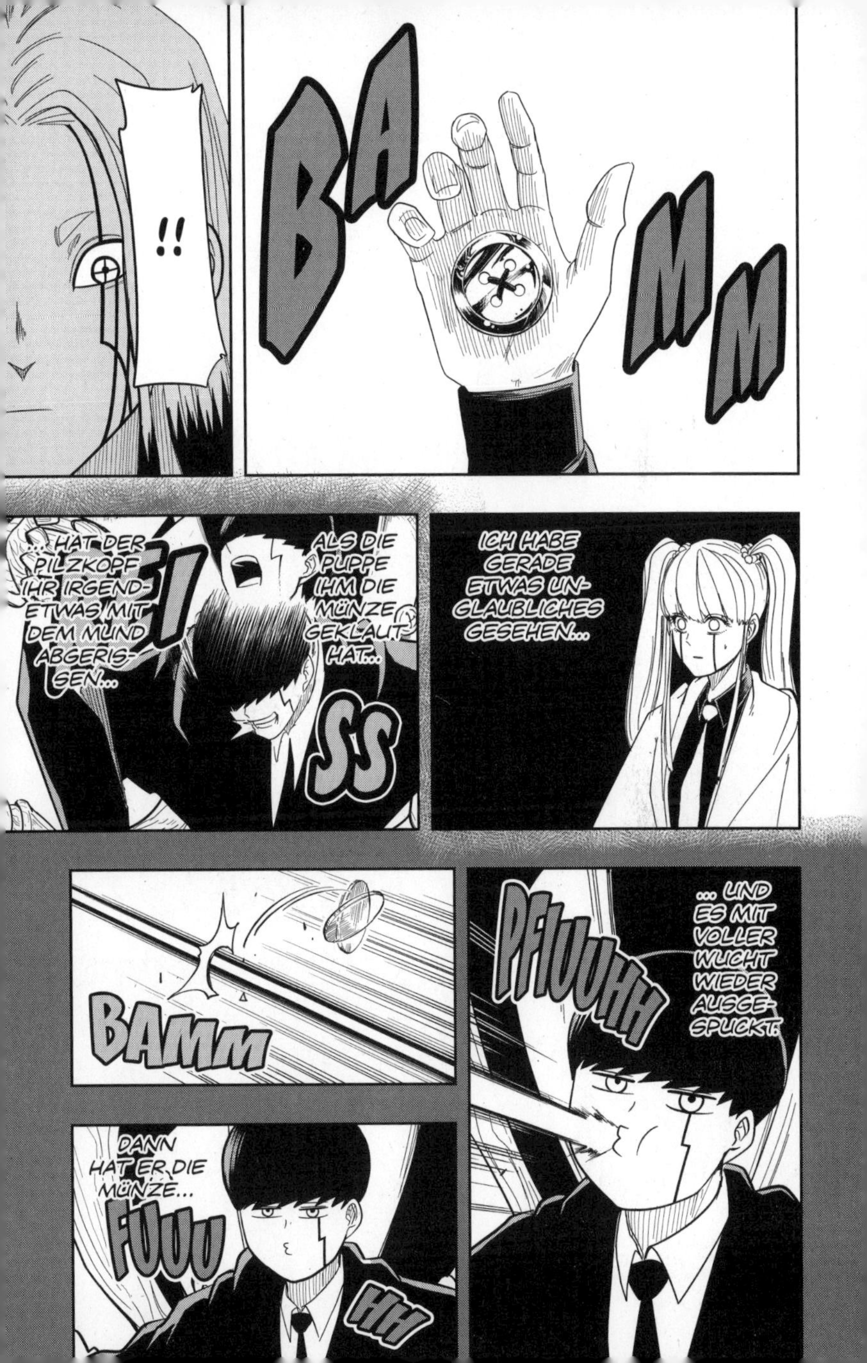
BA
MM
!!
ICH HABE GERADE ETWAS UNGLAUBLICHES GESEHEN...
ALS DIE PUPPE IHM DIE MÜNZE GEKLAUT HAT...
... HAT DER PILZKOPF IHR IRGENDETWAS MIT DEM MUND ABGERISSEN...
SS
DANN HAT ER DIE MÜNZE...
FUUU
HH
PFIUUUHH
... UND ES MIT VOLLER WUCHT WIEDER AUSGESPUCKT.
BAMM

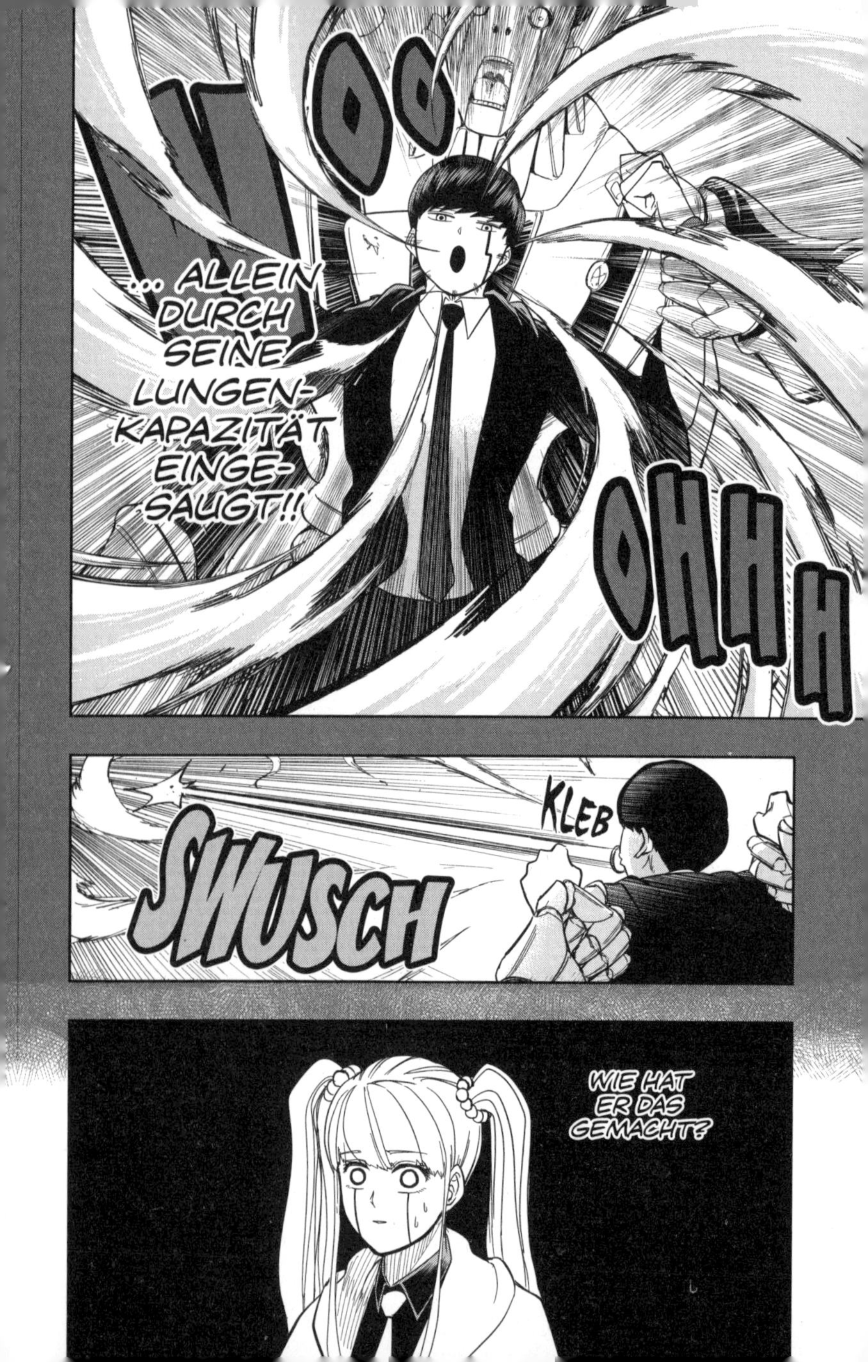

WOOO
... ALLEIN DURCH SEINE LUNGEN-KAPAZITÄT EINGE-SAUGT!!
OHHHH
KLEB
SWUSCH
WIE HAT ER DAS GEMACHT?

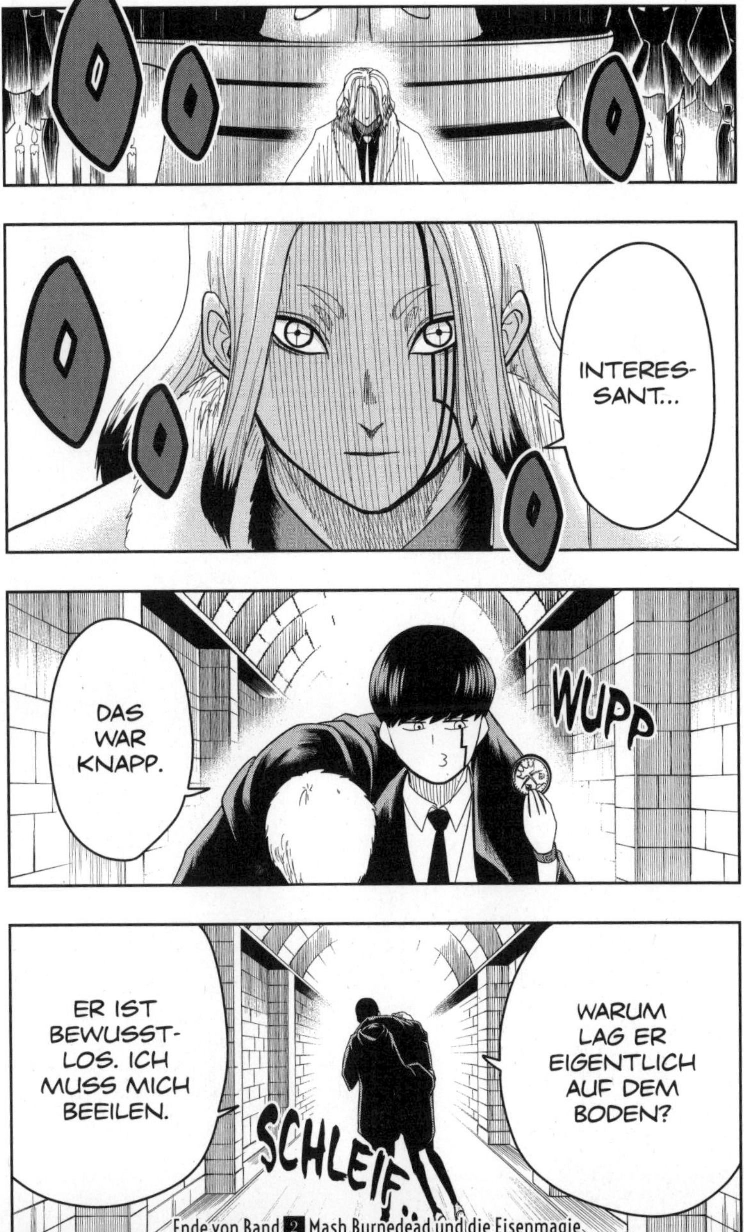

Ende von Band 2 Mash Burnedead und die Eisenmagie

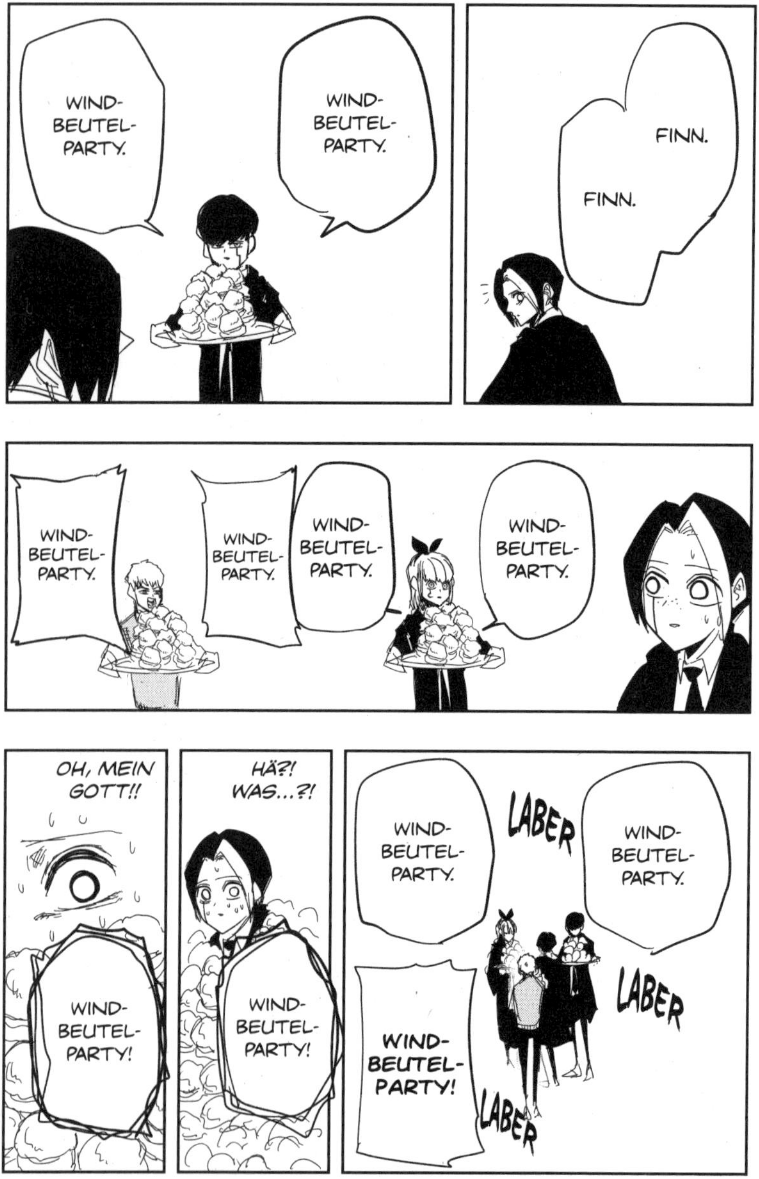
FINN.
FINN.
WIND-BEUTEL-PARTY.
WIND-BEUTEL-PARTY.
WIND-BEUTEL-PARTY.
WIND-BEUTEL-PARTY.
WIND-BEUTEL-PARTY.
WIND-BEUTEL-PARTY.
WIND-BEUTEL-PARTY.
LABER
WIND-BEUTEL-PARTY.
LABER
WIND-BEUTEL-PARTY!
LABER
HÄ?! WAS...?!
WIND-BEUTEL-PARTY!
OH, MEIN GOTT!!
WIND-BEUTEL-PARTY!

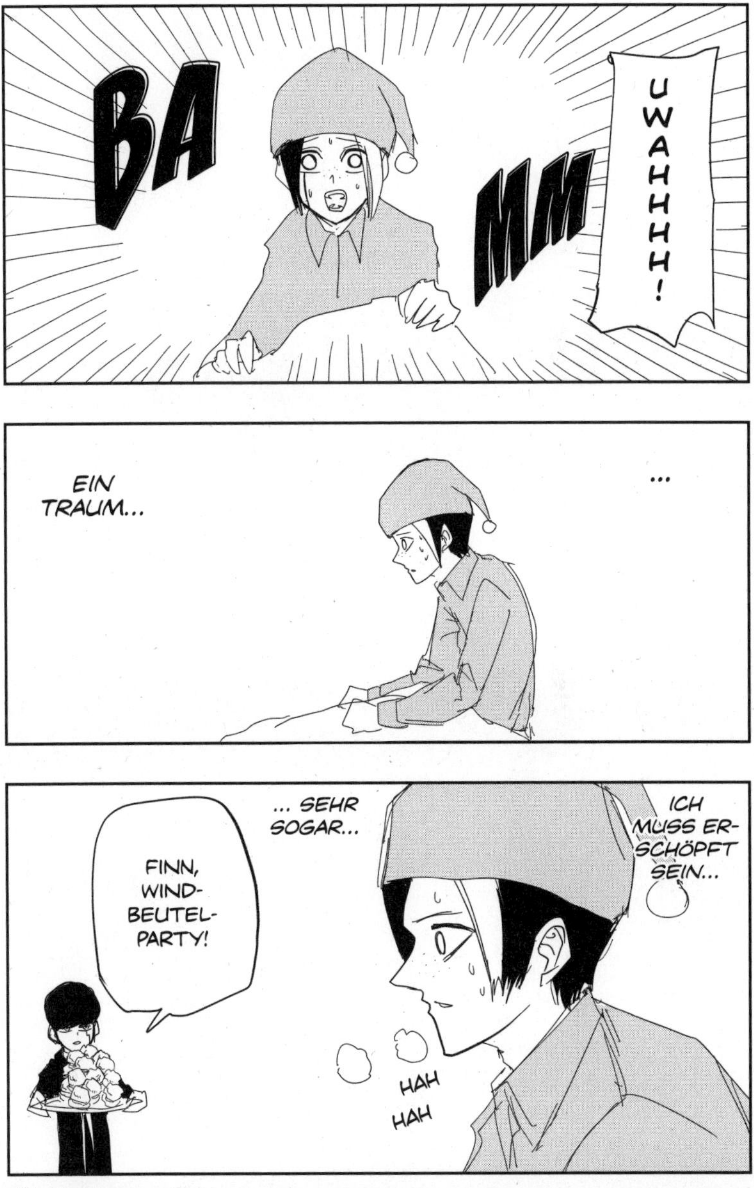
BAMM
UWAHHHH!
...
EIN TRAUM...
ICH MUSS ERSCHÖPFT SEIN...
... SEHR SOGAR...
FINN, WINDBEUTEL-PARTY!
HAH HAH

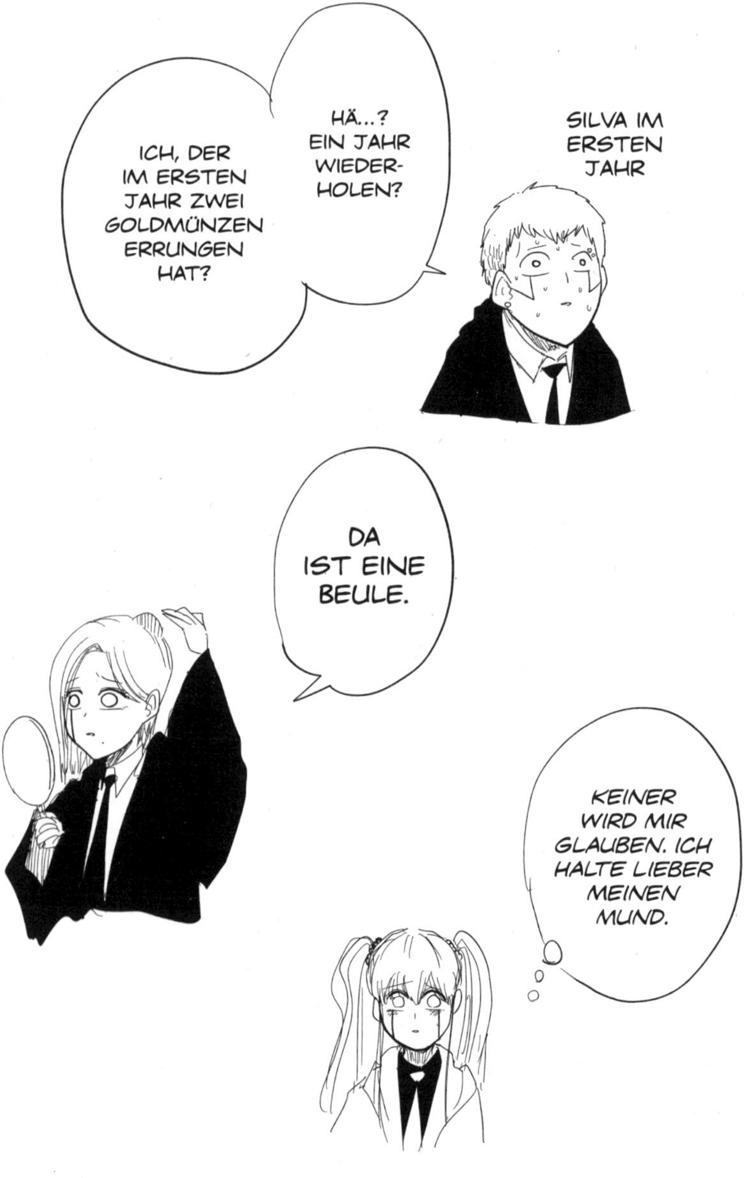
SILVA IM ERSTEN JAHR
HÄ...? EIN JAHR WIEDERHOLEN?
ICH, DER IM ERSTEN JAHR ZWEI GOLDMÜNZEN ERRUNGEN HAT?
DA IST EINE BEULE.
KEINER WIRD MIR GLAUBEN. ICH HALTE LIEBER MEINEN MUND.

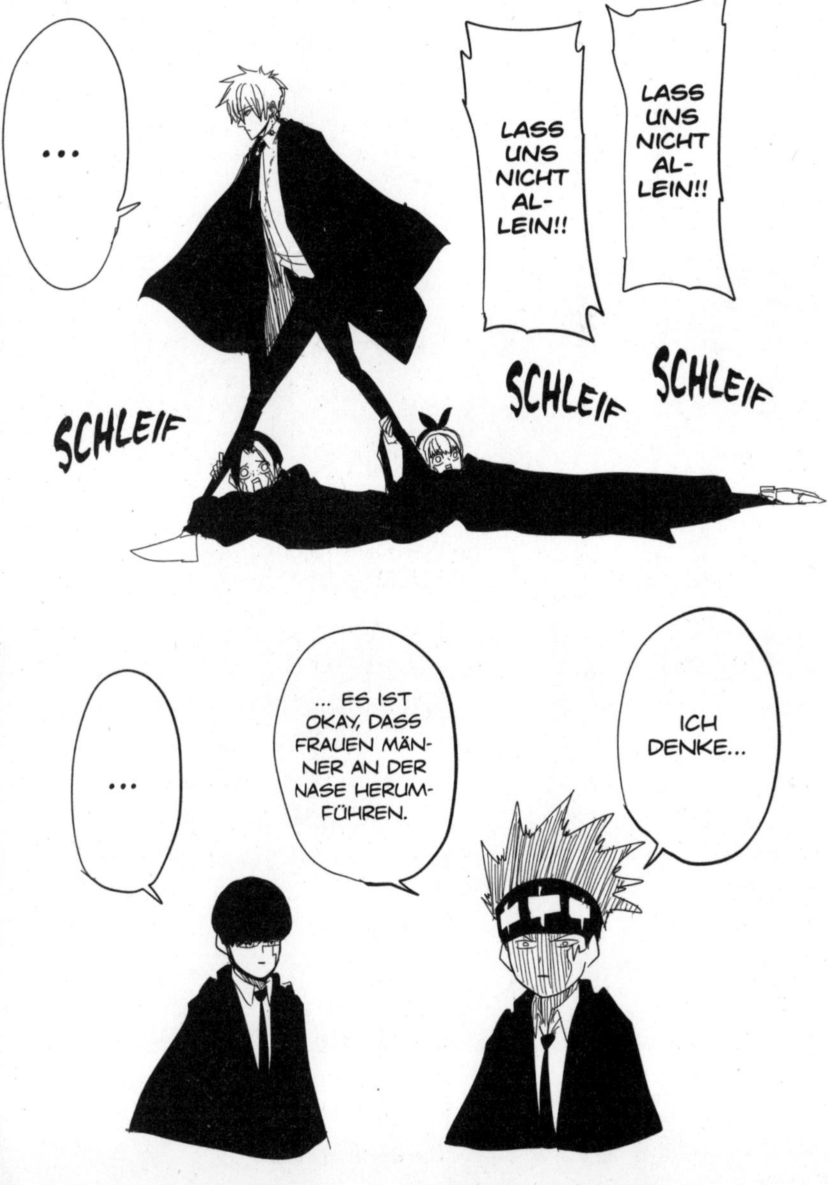
LASS UNS NICHT AL-LEIN!!
LASS UNS NICHT AL-LEIN!!
...
SCHLEIF
SCHLEIF
SCHLEIF
ICH DENKE...
... ES IST OKAY, DASS FRAUEN MÄN-NER AN DER NASE HERUM-FÜHREN.
...

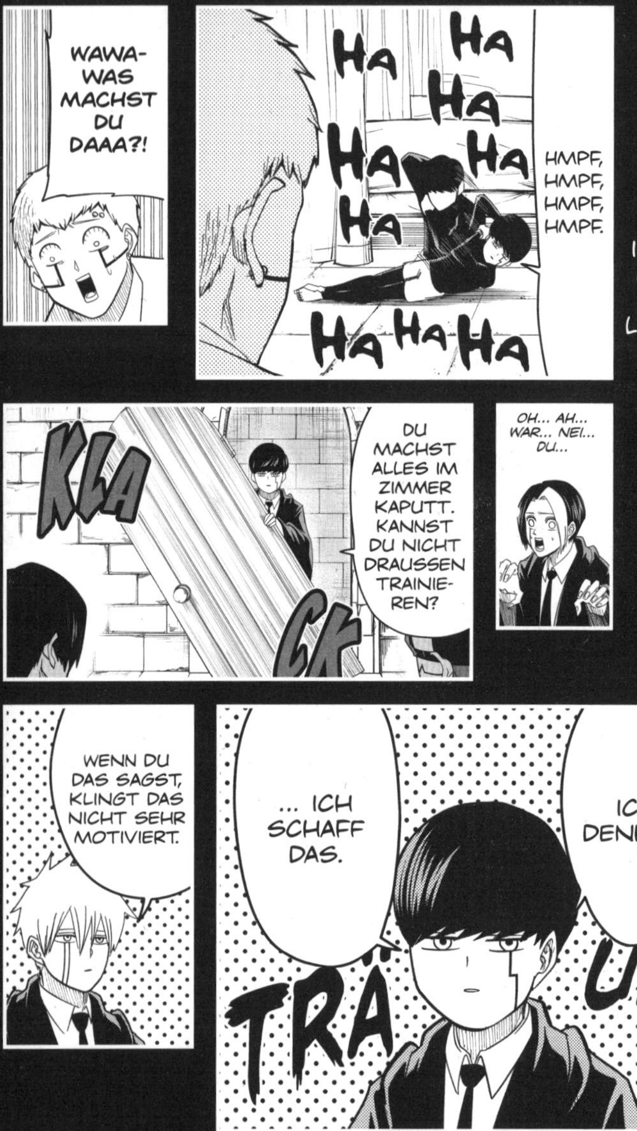

MASH IGNORIERT GEKONNT DIE MAGIA LUPUS UND MACHT SEIN DING...

MASHLE 3

EINE NEUE BEDROHUNG RÜCKT NÄHER...

MASH MACHT ERNST!

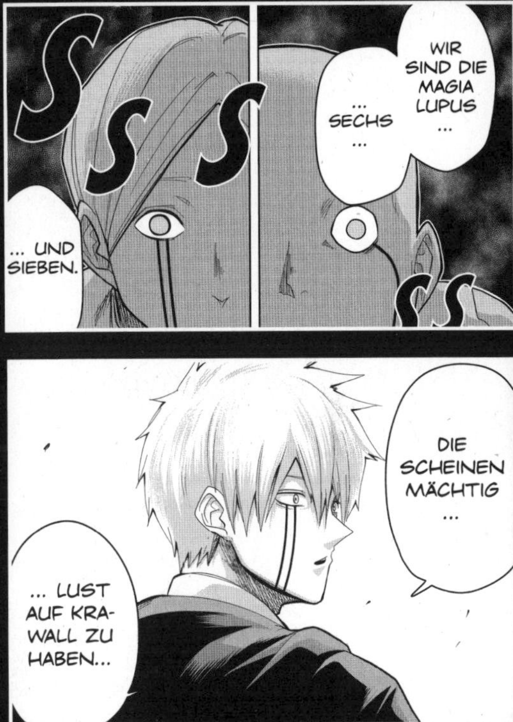

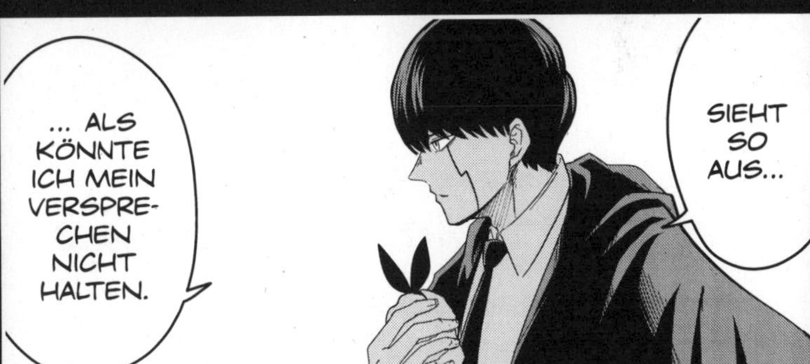

Das alles und noch mehr in

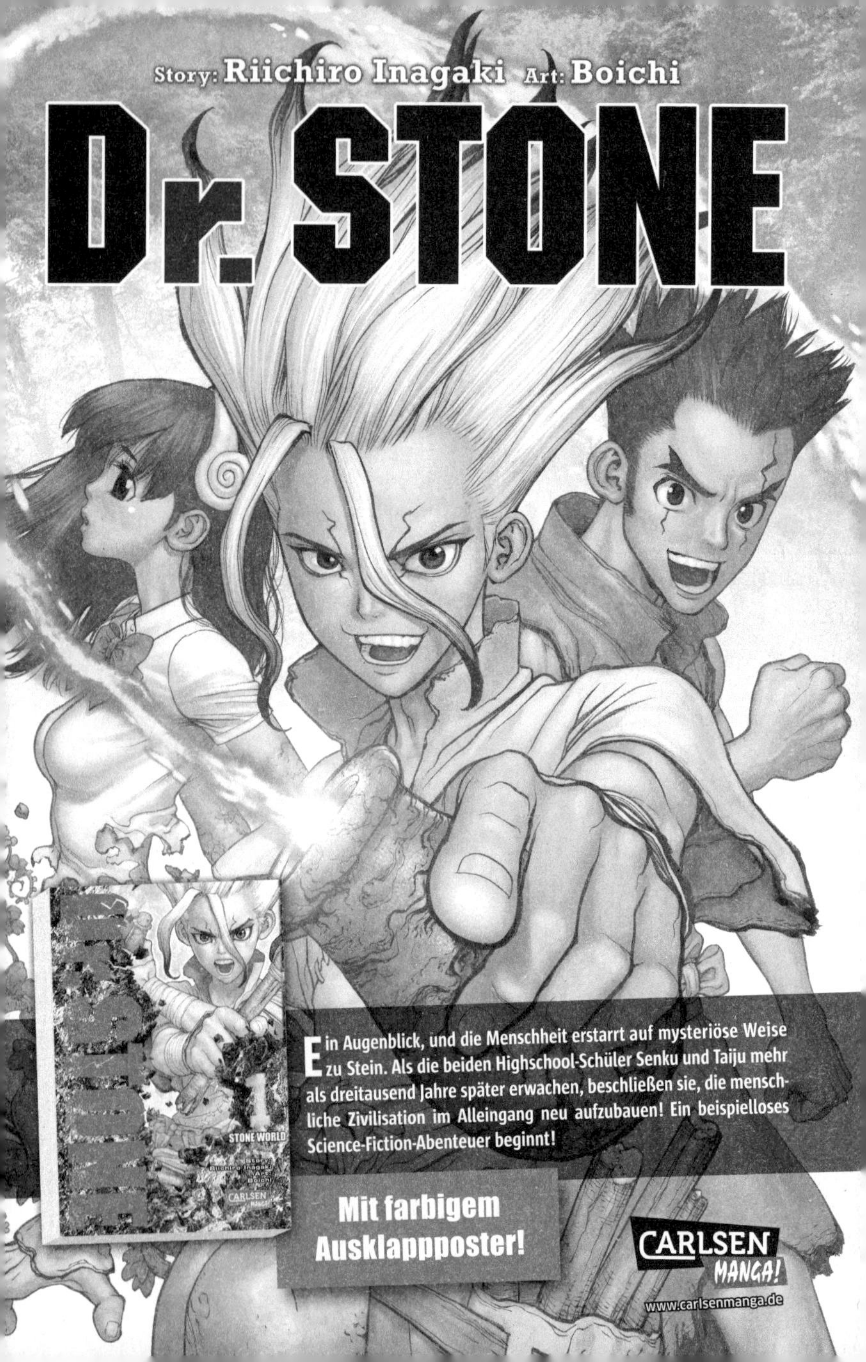
Story: Riichiro Inagaki Art: Boichi
Dr. STONE
STONE WORLD
Story: Riichiro Inagaki Art: Boichi
CARLSEN MANGA!
Ein Augenblick, und die Menschheit erstarrt auf mysteriöse Weise zu Stein. Als die beiden Highschool-Schüler Senku und Taiju mehr als dreitausend Jahre später erwachen, beschließen sie, die menschliche Zivilisation im Alleingang neu aufzubauen! Ein beispielloses Science-Fiction-Abenteuer beginnt!
Mit farbigem Ausklappposter!
CARLSEN MANGA!
www.carlsenmanga.de

CARLSEN MANGA! CHECKLIST

BARFUSS DURCH HIROSHIMA

von Keiji Nakazawa
€ 12,00 (D) / € 12,40 (A)
O **Band 2**
€ 14,00 (D) / € 14,40 (A)
O **Band 1, 3 bis 4**

BARRAGE

von Kohei Horikoshi
€ 6,99 (D) / € 7,20 (A)
O **Band 1 bis 2**
In 2 Bänden abgeschlossen

BATTLE ANGEL ALITA – PERFECT EDITION

von Yukito Kishiro
€ 19,99 (D) / € 20,60 (A)
O **Band 1 bis 3**
€ 24,99 (D) / € 25,70 (A)
O **Band 4**
In 4 Bänden abgeschlossen
€ 29,99 (D) / € 30,90 (A)
O **Band 4 im Schuber**
€ 89,99 (D) / € 92,60 (A)
O **Band 1-4 im Schuber**

BATTLE ANGEL ALITA – LAST ORDER PERFECT EDITION

von Yukito Kishiro
€ 14,99 (D) / € 15,50 (A)
O **1 bis 3, 5 bis 9**
€ 19,99 (D) / € 20,60 (A)
O **Band 10**
O **Band 11** 06/21
O **Band 12** 09/21
€ 16,99 (D) / € 17,50 (A)
O **Band 4**
In 12 Bänden abgeschlossen
€ 25,00 (D) / € 25,70 (A)
O **Band 12 im Schuber mit Extra** 09/21
€ 90,00 (D) / € 92,60 (A)
O **Bände 1 bis 6 im Schuber mit Extra**
€ 99,00 (D) / € 103,20 (A)
O **Bände 7 bis 12 im Schuber mit Extra** 09/21

BATTLE ANGEL ALITA – MARS CHRONICLE

von Yukito Kishiro
€ 6,95 (D) / € 7,20 (A)
O **Band 1 bis 3, 5-6**
O **Band 7** 07/21
€ 10,00 (D) / € 10,30 (A)
O **Band 4**
Bislang 6 Bände in Japan

ATTACK ON TITAN – DELUXE

von Hajime Isayama
€ 25,00 (D) / € 25,70 (A)
O **Band 1 bis 8**

ATTACK ON TITAN – INSIDE

von Hajime Isayama
€ 12,90 (D) / € 13,30 (A)
O **Einzelband**

ATTACK ON TITAN – LOST GIRLS

von Isayama, Seko & Fuji
€ 6,99 (D) / € 7,20 (A)
O **Band 1 & 2**
In 2 Bänden abgeschlossen

ATTACK ON TITAN – LOST GIRLS (Nippon Novel)

von Hiroshi Seko
€ 9,95 (D) / € 10,30 (A)
O **Einzelband**

ATTACK ON TITAN – NO REGRETS

von Hajime Isayama
€ 6,95 (D) / € 7,20 (A)
O **Band 1 & 2**
In 2 Bänden abgeschlossen

ATTACK ON TITAN – NO REGRETS FULL COLOR EDITION

von Hajime Isayama
€ 14,99 (D) / € 15,50 (A)
O **Band 1 & 2**
In 2 Bänden abgeschlossen

ATTACK ON TITAN – OUTSIDE

von Hajime Isayama
€ 12,90 (D) / € 13,30 (A)
O **Einzelband**

ATTACK ON TITAN – SHORT PLAY

von Isayama & hounori
€ 8,99 (D) / € 9,30 (A)
O **Einzelband**

ANONYMOUS NOISE

von Ryoko Fukuyama
€ 5,00 (D) / € 6,20 (A)
O **Band 1**
€ 6,99 (D) / € 7,20 (A)
O **Band 2 bis 17**
O **Band 18** 06/21
In 18 Bänden abgeschlossen

ARTE

von Kei Ohkubo
€ 10,00 (D) / € 10,30 (A)
O **Band 1 bis 6**
O **Band 7** 07/21
O **Band 8** 09/21
Bislang 13 Bände in Japan

ASSASSINATION CLASSROOM

von Yusei Matsui
€ 6,50 (D) / € 6,70 (A)
O **Band 1 bis 21**
In 21 Bänden abgeschlossen

ATTACK ON TITAN

von Hajime Isayama
€ 6,95 (D) / € 7,20 (A)
O **Band 1 bis 32**
O **Band 33** 09/21
In 34 Bänden abgeschlossen
€ 36,00 (D) / € 37,10 (A)
O **Bände 1-5 im Schuber**
O **Bände 6-10 im Schuber**
O **Bände 11-15 im Schuber**
O **Bände 16-20 im Schuber**
O **Bände 21-25 im Schuber**
O **Bände 26-30 im Schuber**

ATTACK ON TITAN – ANSWERS

von Hajime Isayama
€ 12,90 (D) / € 13,30 (A)
O **Einzelband**

ATTACK ON TITAN – BEFORE THE FALL

von Hajime Isayama
€ 6,95 (D) / € 7,20 (A)
O **Band 1 bis 17**
In 17 Bänden abgeschlossen

ATTACK ON TITAN CHARACTER GUIDE

von Hajime Isayama
€ 12,90 (D) / € 13,30 (A)
O **Einzelband**

12 JAHRE

von Nao Maita
€ 5,99 (D) / € 6,20 (A)
O **Band 1 bis 14**
€ 6,99 (D) / € 7,20 (A)
O **Band 15** 08/21
In 20 Bänden abgeschlossen

ABE SADA

von Kazuo Kamimura
€ 14,99 (D) / € 15,50 (A)
O **Band 1 & 2**
In 2 Bänden abgeschlossen

ACID TOWN

von Kyugo
€ 7,95 (D) / € 8,20 (A))
O **Band 6**
Bislang 6 Bände in Japan

AKIRA – ORIGINAL EDITION

von Katsuhiro Otomo
€ 19,90 (D) / € 20,50 (A)
O **Band 1 bis 3**
€ 22,90 (D) / € 23,60 (A)
O **Band 4 bis 6**
In 6 Bänden abgeschlossen

ALICE IN MURDERLAND

von Kaori Yuki
€ 7,95 (D) / € 8,20 (A)
O **Band 1 bis 11**
In 11 Bänden abgeschlossen

ALISIK

von Helge Vogt & Hubertus Rufledt
€ 8,99 (D) / € 9,30 (A)
O **Band 1**
€ 7,99 (D) / € 8,30 (A)
O **Band 2 bis 4**
In 4 Bänden abgeschlossen

ALPHA^2 – NEUEDITION

von Kamineo & Kamoi
€ 14,00 (D) / € 14,40 (A)
O **Einzelband**

ALPI - THE SOUL SENDER

von Rona
€ 7,00 (D) / € 7,20 (A)
O **Band 1** 07/21
Bislang 4 Bände in Japan

CARLSEN MANGA! CHECKLIST

DOUBT GESAMTAUSGABE
von Yoshiki Tonogai
€ 30,00 (D) / € 30,90 (A)
O **Sammelschuber** 07/21

DRAGON BALL
von Akira Toriyama
€ 6,50 (D) / € 6,70 (A)
O **Band 1 bis 42**
In 42 Bänden abgeschlossen

DRAGON BALL MASSIV
von Akira Toriyama
€ 5,00 (D) / € 5,20 (A)
O **Band 1**
€ 10,00 (D) / € 10,30 (A)
O **Band 2 bis 11**
O **Band 12** 07/21
O **Band 13** 09/21

DRAGON BALL SD
von Akira Toriyama (Original Story) & Naho Ohishi
€ 7,95 (D) / € 8,20 (A)
O **Band 1 bis 6**
Bislang 7 Bände in Japan

DRAGON BALL SIDE STORIES
von Akira Toriyama & dragongarow LEE
€ 5,00 (D) / € 5,20 (A)
O **Yamchu**

DRAGON BALL SUPER
von Toriyama & Toyotarou
€ 6,50 (D) / € 6,70 (A)
O **Band 1 bis 11**
O **Band 12** 06/21
€ 9,99 (D) / € 10,30 (A)
O **Band 5 im Schuber**
O **Band 10 im Schuber**
€ 29,99 (D) / € 30,90 (A)
O **Bände 1-5 im Schuber**
O **Bände 6-10 im Schuber**
Bislang 14 Bände in Japan

DREAMIN' SUN
von Ichigo Takano
€ 6,99 (D) / € 7,20 (A)
O **Band 1 bis 9**
€ 8,99 (D) / € 9,20 (A)
O **Band 10**
In 10 Bänden abgeschlossen

COYOTE
von Ranmaru Zariya
€ 7,99 (D) / € 8,30 (A)
O **Band 1 bis 3**
Bislang 3 Bände in Japan

CROSS ACCOUNT
von Tsunehiro Date
€ 6,99 (D) / € 7,20 (A)
O **Band 1 bis 4**
In 4 Bänden abgeschlossen

DEAD COMPANY
von Yoshiki Tonogai
€ 7,00 (D) / € 7,20 (A)
O **Band 1** 07/21
In 3 Bänden abgeschlossen

DEFENSE DEVIL
von Youn In-Wan & Yang Kyung-Il
€ 5,95 (D) / € 6,20 (A)
O **Band 1 bis 10**
In 10 Bänden abgeschlossen

DEPTH OF FIELD
von Enjo
€ 8,00 (D) / € 8,30 (A)
O **Band 1 & 2**
In 2 Bänden abgeschlossen

DEVILS & REALIST
von Utako Yukihiro & Madoka Takadono
€ 6,95 (D) / € 7,20 (A)
O **Band 11 bis 13**
€ 7,95 (D) / € 8,20 (A)
O **Band 14**
€ 8,95 (D) / € 9,20 (A)
O **Band 15**
In 15 Bänden abgeschlossen

DIALOGE MIT MIR SELBST
von Kabi Nagata
€ 18,00 (D) / € 18,50 (A)
O **Band 1 b& 2**
In 2 Bänden abgeschlossen

DIE STADT DER BESONDEREN KINDER
von Ransom Riggs & Cassandra Jean
€ 14,90 (D) / € 15,40 (A)
O **Einzelband**

BLACK LAGOON
von Rei Hiroe
€ 6,95 (D) / € 7,20 (A)
O **Band 4**
€ 7,95 (D) / € 8,20 (A)
O **Band 1-3, 5-8, 10-11**
€ 8,95 (D) / € 9,20 (A)
O **Band 9**
Bislang 11 Bände in Japan

BLOOM INTO YOU
von Nio Naketani
€ 6,99 (D) / € 7,20 (A)
O **Band 1 bis 7**
€ 7,99 (D) / € 8,30 (A)
O **Band 8**
In 8 Bänden abgeschlossen

BLUE FLAG
von Kaito
€ 7,99 (D) / € 8,30 (A)
O **Band 1 bis 7**
In 7 Bänden abgeschlossen

BLUE GIANT
von Shinichi Ishizuka
€ 8,00 (D) / € 8,30 (A)
O **Band 1** 09/21
In 10 Bänden abgeschlossen

BLUE GIANT SUPREME
von Shinichi Ishizuka
€ 8,00 (D) / € 8,30 (A)
O **Band 1 bis 5**
O **Band 6** 08/21
In 11 Bänden abgeschlossen

BORUTO – NARUTO THE NEXT GENERATION
von Kishimoto & Kodachi
€ 6,50 (D) / € 6,70 (A)
O **Band 1 bis 10**
O **Band 11** 07/21
Bislang 13 Bände in Japan

BUDDHA
von Osamu Tezuka
€ 22,90 (D) / € 23,60 (A)
O **Band 1 bis 10**
In 10 Bänden abgeschlossen

CHIISAKOBEE
von Minetaro Mochizuki
€ 14,90 (D) / € 15,40 (A)
O **Band 1 bis 4**
In 4 Bänden abgeschlossen

BECOMING A GIRL ONE DAY
von Akane Ogura
€ 5,99 (D) / € 6,20 (A)
O **Band 1 bis 4**
In 4 Bänden abgeschlossen

BECOMING A GIRL ONE DAY – ANOTHER
von Akane Ogura
€ 5,99 (D) / € 6,20 (A)
O **Band 1 bis 4**
In 4 Bänden abgeschlossen

BILLY BAT
von Naoki Urasawa & Takashi Nagasaki
€ 8,95 (D) / € 9,20 (A)
O **Band 4-7, 12-16**
€ 12,00 (D) / € 12,40 (A)
O **Band 1-3, 8-11, 17-20**
In 20 Bänden abgeschlossen

BL IS MAGIC!
von Oroken
€ 9,99 (D) / € 10,30 (A)
O **Band 1 bis 3**
In 4 Bänden abgeschlossen
O **BL is magic! Special: Extra Spells** 08/21

BL METAMORPHOSEN – GEHEIMNIS EINER FREUNDSCHAFT
von Kaori Tsurutani
€ 8,00 (D)/ € 8,30 (A)
O **Band 1 bis 3**
O **Band 4** 09/21
In 5 Bänden abgeschlossen

BLACK BUTLER
von Yana Toboso
€ 6,95 (D) / € 7,20 (A)
O **Band 1 bis 29**
O **Band 30** 07/21
€ 10,00 (D)/ € 10,30 (A)
O **Band 30 Limitierte Ausgabe mit Extra** 07/21
€ 14,90 (D) / € 15,40 (A)
O **Character Guide**
Bislang 29 Bände in Japan

CARLSEN MANGA! CHECKLIST

GELIEBTER AFFE

von Yoshihiro Tatsumi
€ 19,90 (D) / € 20,50 (A)
O **Einzelband**

GHOSTLY THINGS

von Ushio Shirotori
€ 7,00 (D) / € 7,20 (A)
O **Band 1**
O **Band 2** 07/21
In 4 Bänden abgeschlossen

HARU x KIYO

von Akira Ozaki
€ 5,00 (D) / € 5,20 (A)
O **Band 1**
€ 7,00 (D)/ €7,20 (A)
O **Band 2 bis 9**
In 9 Bänden abgeschlossen

HE'S MY VAMPIRE

von Aya Shouoto
€ 6,95 (D) / € 7,20 (A)
O **Band 1 bis 10**
In 10 Bänden abgeschlossen

HITOTSUBANA

von Minami
€ 8,00 (D) / € 8,30 (A)
O **Band 1 bis 7**
In 7 Bänden abgeschlossen

HOW TO DRAW MANGA

von Hikaru Hayashi u. a.
€ 9,95 (D) / € 10,30 (A)
O **Manga-Charaktere in Bewegung**
€ 16,90 (D) / € 17,40 (A)
O **Ninja und Samurai**
€ 17,90 (D) / € 18,40 (A)
O **Manga-Figuren entwickeln**
€ 19,90 (D) / € 20,50 (A)
O **Manga-Skizzen zeichnen**
O **Character Design – Tipps und Tricks**
O **Manga aus der richtigen Perspektive**
O **Oberflächen und Strukturen**
O **Manga-Figuren in ihrer Umwelt**
O **Perfekte Proportionen im Manga**
O **Grundlagen der Manga-Kunst**
€ 24,90 (D) / € 25,60 (A)
O **Kolorieren mit Copic-Stiften**
O **Kolorieren mit Aquarellbuntstiften**

FOLGE DEN WOLKEN NACH NORD-NORDWEST

von Aki Irie
€ 12,00 (D) / € 12,40 (A)
O **Band 1 bis 4**
Bislang 5 Bände in Japan

FOOD WARS – SHOKUGEKI NO SOMA

von Tsukuda & Saeki
€ 6,99 (D) / € 7,20 (A)
O **Band 1 bis 31**
O **Band 32** 06/21
O **Band 33** 08/21
In 36 Bänden abgeschlossen
€ 69,90 (D) / € 71,80 (A)
O **Bände 1-10 im Schuber**
O **Bände 11-20 im Schuber**
O **Bände 21-30 im Schuber**

FRUIT BASKET PEARLS

von Natuski Takaya
€ 11,00 (D) / € 11,40 (A)
O **Band 1**
O **Band 2** 06/21
O **Band 3** 08/21
In 12 Bänden abgeschlossen

GAMMA DRACONIS

von Eldo Yoshimizu & Benoist Simmat
€ 16,00 (D) / € 16,50 (A)
O **Einzelband** 07/21

GANGSTA.

von Kohske
€ 7,95 (D) / € 8,20 (A)
O **Band 1 bis 8**
Bislang 8 Bände in Japan

GANGSTA: CURSED.

von Kohske & Kamo
€ 7,99 (D) / € 8,30 (A)
O **Band 1 bis 5**
Bislang 5 Bände in Japan

GEGEN DEN STROM

von Yoshihiro Tatsumi
€ 44,00 (D) / € 44,60 (A)
O **Einzelband**

FAIRY TAIL+

von Hiro Mashima
€ 8,95 (D) / € 9,20 (A)
O **Einzelband**

FAIRY TAIL – HAPPY'S ADVENTURE

von Hiro Mashima & Kenshiro Sakamoto
€ 7,00 (D) / € 7,20 (A)
O **Band 1 bis 4**
O **Band 5** 08/21
In 8 Bänden abgeschlossen

FAIRY TAIL S

von Hiro Mashima
€ 6,99 (D) / € 7,20 (A)
O **Band 1 & 2**
In 2 Bänden abgeschlossen

FAIRY TAIL SIDE STORIES

von Hiro Mashima & Kyota Shibano
€ 6,99 (D) / € 7,20 (A)
O **Band 1 bis 3**
In 3 Bänden abgeschlossen

FAIRY TALE BATTLE ROYALE

von Soraho Ina
€ 7,00 (D) / € 7,20 (A)
O **Band 1 bis 4**
Bislang 4 Bände in Japan

FINAL FANTASY – LOST STRANGER

von Hazuki Minase & Itsuki Kameya
€ 12,99 (D) / € 13,40 (A)
O **Band 1 bis 5**
Bislang 6 Bände in Japan

FINAL FANTASY – OFFICIAL MEMORIAL ULTIMANIA BOOK

von Takatoshi Shiozawa
€ 39,99 (D) / € 41,20 (A)
O **VII - IX**
In 3 Bänden abgeschlossen

FOCUS 10

von Martina Peters
€ 6,99 (D) / € 7,20 (A)
O **Band 1 bis 9**
O **Band 10** 09/21
In 10 Bänden abgeschlossen

DR. STONE

von Inagaki & BOICHI
€ 7,00 (D) / € 7,20 (A)
O **Band 1 bis 11**
O **Band 12** 06/21
O **Band 13** 08/21
Bislang 19 Bände in Japan

DR. STONE REBOOT: BYAKUYA

von Inagaki & BOICHI
€ 7,00 (D) / € 7,20 (A)
O **Einzelband** 07/21

EDENS ZERO

von Hiro Mashima
€ 7,00 (D)/ €7,20 (A)
O **Band 1 bis 9**
O **Band 10** 07/21
€ 10,00 (D) / € 10,30 (A)
O **Band 7 - limitierte Ausgabe**
Bislang 13 Bände in Japan

EXISTENZEN UND ANDERE ABGRÜNDE

von Yoshihiro Tatsumi
€ 19,90 (D) / € 20,50 (A)
O **Einzelband**

FAIRY GIRLS

von Hiro Mashima
€ 6,99 (D) / € 7,20 (A)
O **Band 1 bis 4**
In 4 Bänden abgeschlossen

FAIRY TAIL

von Hiro Mashima
€ 6,50 (D) / € 6,70 (A)
O **Band 1 bis 63**
€ 9,99 (D) / € 10,30 (A)
O **Band 60 limitiert**
In 63 Bänden abgeschlossen

FAIRY TAIL ARTBOOKS

von Hiro Mashima
€ 19,95 (D) / € 20,60 (A)
O **Fantasia**
O **Harvest**

FAIRY TAIL – 100 YEARS QUEST

von Hiro Mashima & Atsuo Ueda
€ 7,00 (D) / € 7,20 (A)
O **Band 1 bis 5**
O **Band 6** 06/21
O **Band 7** 09/21
Bislang 10 Bände in Japan

CARLSEN MANGA! CHECKLIST

LIBERI-PROJEKT, DAS

von Tamasaburo
€ 6,95 (D) / € 7,20 (A)
O Band 1 bis 3
In 3 Bänden abgeschlossen

LIEBHABER, DER

von Kan Takahama
€ 22,00 (D) / € 22,70 (A)
O Einzelband

LITTLE WITCH ACADEMIA

von Sato & Yoshinari
€ 6,99 (D) / € 7,20 (A)
O Band 1 bis 3
In 3 Bänden abgeschlossen

LIQUOR & CIGARETTE

von Ranmaru Zariya
€ 8,00 (D) / € 8,30 (A)
O Einzelband

LUDWIG REVOLUTION GESAMTAUSGABE

von Kaori Yuki
€ 30,00 (D) / € 30,90 (A)
O Sammelschuber [09/21]

LUPUS IN FABULA

von Kamineo
€ 7,95 (D) / € 8,20 (A)
O Band 1 bis 3
In 3 Bänden abgeschlossen

MACHIMAHO – MAGICAL GIRL BY ACCIDENT

von Souryu
€ 7,99 (D) / € 8,30 (A)
O Band 1 bis 7
O Band 8 [07/21]
Bislang 9 Bände in Japan

MAGUS OF THE LIBRARY

von Mitsu Izumi
€ 12,00 (D) / € 12,40 (A)
O Band 1 & 4
€ 14,00 (D) / € 14,40 (A)
O Band 2
€ 16,00 (D) / € 16,50 (A)
O Band 3
Bislang 5 Bände in Japan

KAMISAMA DARLING

von Kyoko Aiba
€ 6,99 (D) / € 7,20 (A)
O Band 1 bis 8
In 8 Bänden abgeschlossen

KATSURA & TORIYAMA SHORT STORIES

von Akira Toriyama
& Masakazu Katsura
€ 6,95 (D) / € 7,20 (A)
O Einzelband

KILLING BITES

von Shinya Murata
& Kazasa Sumita
€ 7,95 (D) / € 8,20 (A)
O Band 1-3, 5-14
€ 10,00 (D) / € 10,30 (A)
O Band 4
Bislang 17 Bände in Japan

KIMI NI NARE – FINDE DICH SELBST

von Ichigo Takano
€ 7,00 (D) / € 7,20 (A)
O Einzelband [07/21]

KLEINE KATZE CHI

von Konami Kanata
€ 9,95 (D) / € 10,30 (A)
O Band 1 bis 11
€ 12,00 (D) / € 12,40 (A)
O Band 12
In 12 Bänden abgeschlossen

KOROSENSEI QUEST!

von Yusei Matsui &
Kizuku Watanabe
€ 6,50 (D) / € 6,70 (A)
O Band 1 bis 5
In 5 Bänden abgeschlossen

LADY SNOWBLOOD (NEUEDITION)

von Kazuo Koike
& Kazuo Kamimura
€ 19,99 (D) / € 20,60 (A)
O Band 1 & 2
€ 16,99 (D) / € 17,50 (A)
O Band 3
In 3 Bänden abgeschlossen

LETZTE REISE DER SCHMETTERLINGE, DIE

von Kan Takahama
€ 14,90 (D) / € 15,40 (A)
O Einzelband

IM – GREAT PRIEST IMHOTEP

von Makoto Morishita
€ 6,99 (D) / € 7,20 (A)
O Band 1 bis 10
€ 7,99 (D) / € 8,30 (A)
O Band 11
In 11 Bänden abgeschlossen

IN THIS CORNER OF THE WORLD

von Fumiyo Kouno
€ 12,99 (D) / € 13,40 (A)
O Band 1 bis 3
In 3 Bänden abgeschlossen

ITO, JUNJI

von Shinya Murata
& Kazasa Sumita
€ 24,00 (D) / € 24,70 (A)
O Gyo Deluxe
O Shiver [07/21]
€ 28,00 (D) / € 28,80 (A)
O Uzumaki Deluxe

JAPANISCH FÜR MANGA-FANS

von Thora Kerner
& Jin Baron
€ 16,00 (D) / € 16,50 (A)
O Sammelband

JUDGE

von Yoshiki Tonogai
€ 7,95 (D) / € 8,20 (A)
O Band 1 bis 5
€ 8,95 (D) / € 9,20 (A)
O Band 6
In 6 Bänden abgeschlossen

JUMPING

von Asahi Tsutsui
€ 7,00 (D) / € 7,20 (A)
O Band 1 bis 4
In 4 Bänden abgeschlossen

JUNJO ROMANTICA

von Shungiku Nakamura
€ 6,95 (D) / € 7,20 (A)
O Band 9, 11-12, 19-22
O Band 23 [06/21]
€ 10,00 (D) / € 10,30 (A)
O Band 1-8, 10,13-18
Bislang 25 Bände in Japan

H.P. LOVECRAFT

von Gou Tanabe
€ 12,00 (D) / € 12,40 (A)
O H.P. Lovecrafts Die Farbe aus dem All
O H.P. Lovecrafts Der Hund und andere Geschichten
O H.P. Lovecrafts Der leuchtende Trapezoeder
€ 18,00 (D) / € 18,50 (A)
O H.P. Lovecrafts Berge des Wahnsinns Band 1 bis 2
O H.P. Lovecrafts Cthulhus Ruf [08/21]
€ 22,00 (D) / € 22,70 (A)
O H.P. Lovecrafts Der Schatten aus der Zeit

HUNTER X HUNTER

von Yoshihiro Togashi
€ 6,95 (D) / € 7,20 (A)
O Band 1 bis 36
Bislang 36 Bände in Japan

I AM SHERLOCK

von TAKATA & Io
€ 7,00 (D)/ € 7,20 (A)
O Band 1 bis 4
In 4 Bänden abgeschlossen

I HAD THAT SAME DREAM AGAIN

von Yoru Sumino &
Izumi Kirihara
€ 7,00 (D) / € 7,20 (A)
O Band 1 bis 3
In 3 Bänden abgeschlossen

I HEAR THE SUNSPOT

von Yuki Fumino
€ 7,99 (D) / € 8,30 (A)
O Band 1
€ 9,99 (D) / € 10,30 (A)
O Band 2
Bisher 2 Bände in Japan

I HEAR THE SUNSPOT – LIMIT

von Yuki Fumino
€ 7,99 (D) / € 8,30 (A)
O Band 1
€ 8,99 (D) / € 9,30 (A)
O Band 2
€ 9,99 (D) / € 10,30 (A)
O Band 3 [07/21]
In 3 Bänden abgeschlossen

CARLSEN MANGA! CHECKLIST

NARUTO MASSIV

von Masashi Kishimoto
€ 5,00 (D) / € 5,20 (A)
O Band 1
€ 9,99 (D) / € 10,30 (A)
O Band 2 bis 24
In 24 Bänden abgeschlossen

NARUTO – THE MOVIE

von Masashi Kishimoto
€ 7,95 (D) / € 8,20 (A)
O Geheimmission im Land des ewigen Schnees Band 1 & 2
O Die Legende des Steins Gelel Band 1 & 2
O Sondermission im Land des Mondes 1 & 2

NARUTO – THE MOVIE: SHIPPUDEN

von Masashi Kishimoto
€ 12,95 (D) / € 13,40 (A)
O Naruto - The Movie: Shippuden
O Naruto - The Movie: Shippuden-Fesseln
O Naruto - The Movie: Shippuden - Die Erben des Willens des Feuers
O Naruto - The Movie: Shippuden - Lost Tower

NEON GENESIS EVANGELION

von Gainax & Yoshiyuki Sadamoto
€ 6,95 (D) / € 7,20 (A)
O Band 1 bis 14
In 14 Bänden abgeschlossen

NO EXIT

von Haruhi Seta
€ 6,99 (D) / € 7,20 (A)
O Band 1 bis 13
In 14 Bänden abgeschlossen

OKITENEMURU

von Hitori Renda
€ 7,99 (D) / € 8,20 (A)
O Band 9
In 9 Bänden abgeschlossen

OLD BOY

von Tsuchiya Garon & Minegishi Nobuaki
€ 12,00 (D) / € 12,40 (A)
O Band 1 bis 4
In 4 Bänden abgeschlossen

MURCIÉLAGO

von Yoshimura Kana
€ 7,99 (D) / € 8,30 (A)
O Band 1 bis 14
O Band 15 06/21
Bislang 17 Bände in Japan

MY HERO ACADEMIA

von Kohei Horikoshi
€ 6,99 (D) / € 7,20 (A)
O Band 1 bis 27
O Band 28 08/21
Bislang 30 Bände in Japan
€ 10,00 (D) / € 10,30 (A)
O My Hero Academia - Ultra Archive
€ 12,99 (D) / € 13,40 (A)
O My Hero Academia - Ultra Analysis

MY HERO ACADEMIA SMASH

von Kohei Horikoshi & Hirofumi Neda
€ 5,00 (D) / € 5,20 (A)
O Band 1 bis 5
Bislang 5 Bände in Japan

MY HERO ACADEMIA TEAM UP MISSION

von Kohei Horikoshi & Yoko Akiyama
€ 7,00 (D) / € 7,20 (A)
O Band 1
Bisher 2 Bände in Japan

MY ROOMMATE IS A CAT

von Tsunami Minatsuki & Asu Futatsuya
€ 7,00 (D) / € 7,20 (A)
O Band 1 bis 4
O Band 5 06/21
O Band 6 09/21
Bislang 7 Bände in Japan

MY SECRET WHICH I CANNOT TELL YOU

von Kyoko Aiba
€ 6,99 (D) / € 7,20 (A)
O Einzelband

NARUTO

von Masashi Kishimoto
€ 6,50 (D) / € 6,70 (A)
O Band 1 bis 72
In 72 Bänden abgeschlossen
O Der siebte Hokage und der scharlachrote Frühling

MERMAID PRINCE

von Kaori Ozaki
€ 8,00 (D) / € 8,30 (A)
O Einzelband

MOB PSYCHO 100

von ONE
€ 6,66 (D) / € 6,90 (A)
O Band 1 bis 15
€ 7,77 (D) / € 8,00 (A)
O Band 16
In 16 Bänden abgeschlossen

MONSTER – PERFECT EDITION

von Naoki Urasawa
€ 20,00 (D) / € 20,60 (A)
O Band 1 bis 8
€ 24,00 (D) / € 24,70 (A)
O Band 9 08/21
In 9 Bänden abgeschlossen

MORIARTY THE PATRIOT

von Takeuchi & Miyoshi
€ 9,99 (D) / € 10,30 (A)
O Band 1 bis 9
O Band 10 06/21
O Band 11 08/21
Bislang 13 Bände in Japan
€ 16,00 (D) / € 16,50 (A)
O Band 10 mit Extra – limitierte Auflage 06/21
€ 99,00 (D) / € 101,80 (A)
O Band 1 bis 10 im Sammelschuber – limitierte Auflage 06/21

MOTHER'S SPIRIT

von Enzo
€ 7,99 (D) / € 8,30 (A)
O Band 1 & 2
Bislang 2 Bände in Japan

MOTOKARE RETRY

von En Hanaya
€ 6,99 (D) / € 7,20 (A)
O Band 1 bis 7
In 7 Bänden abgeschlossen

MOVING FORWARD

von Nagamu Nanaji
€ 5,00 (D) / € 5,20 (A)
O Band 1
€ 7,00 (D) / € 7,20 (A)
O Band 2 bis 7
O Band 8 08/21
In 11 Bänden abgeschlossen

MAID-SAMA

von Hiro Fujiwara
€ 5,95 (D) / € 6,20 (A)
O Band 1 bis 18
In 18 Bänden abgeschlossen
O Maid-sama Marriage

MANGA LOVE STORY

von Katsu Aki
€ 6,95 (D) / € 7,20 (A)
O Band 70 bis 76
Bislang 81 Bände in Japan

MANGA-ZEICHENSTUDIO

von Kaneda Koubou u.a.
€ 19,90 (D) / € 20,50 (A)
O Hände und Füße
O Gesichter und Emotionen
O Manga Master Book
O Mädchen in coolen Posen
O Emotionen und Mimik ausdrucksstark zeichnen
O Manga Basics
O Figuren & Hintergründe
€ 20,00 (D) / € 20,60 (A)
O Charmante Charaktere
€ 24,90 (D) / € 25,60 (A)
O Spannende Geschichten erzählen

MANN MEINES BRUDERS, DER

von Gengoroh Tagame
€ 10,00 (D) / € 10,30 (A)
O Band 1 bis 4
In 4 Bänden abgeschlossen

MASHIMA HERO'S

von Hiro Mashima
€ 7,00 (D) / € 7,20 (A)
O Einzelband
€ 10,00 (D) / € 10,30 (A)
O Einzelband Limitierte Edition

MEINE LESBISCHE ERFAHRUNG MIT EINSAMKEIT

von Kabi Nagata
€ 15,00 (D) / € 15,50 (A)
O Einzelband

MELANCHOLISCHER MORGEN, EIN

von Shoko Hidaka
€ 9,95 (D) / € 10,30 (A)
O Band 8
In 8 Bänden abgeschlossen

CARLSEN MANGA! CHECKLIST

ROSEN BLOOD
von Kachiru Ichizue
€ 10,00 (D) / € 10,30 (A)
O **Band 1**
O **Band 2** 07/21
Bisher 3 Bände in Japan

RYUKO
von Eldo Yoshimizu
€ 14,99 (D) / € 15,50 (A)
O **Band 1 & 2**
In 2 Bänden abgeschlossen

SACRIFICE TO THE KING OF BEASTS
von Yu Tomofuji
€ 6,99 (D) / € 7,20 (A)
O **Band 1 bis 11**
O **Band 12** 06/21
O **Band 13** 09/21
In 15 Bänden abgeschlossen

SAKURA – I WANT TO EAT YOUR PANCREAS
von Yoru Sumino
€ 7,99 (D) / € 8,20 (A)
O **Band 1 & 2**
In 2 Bänden abgeschlossen

SAKURA DREAMS BUCH UND TERMIN-KALENDER 2022
von Melanie Schober
€ 10,00 (D) / € 10,10 (A)
O **Kalender** 06/21

SAMURAI8
von Masashi Kishimoto & Akira Okubo
€ 7,00 (D) / € 7,20 (A)
O **Band 1 bis 5**
In 5 Bänden abgeschlossen

SANTA MARIA HEARTLAND
von Rise Torio
€ 8,50 (D) / € 8,80 (A)
O **Einzelband**

SARABA, YOKI HI – SOLANGE WIR ZUSAMMEN SIND
von Yuki Akaneda
€ 7,00 (D) / € 7,20 (A)
O **Band 1**
O **Band 2** 08/21
Bisher 6 Bände in Japan

PLUTO: URASAWA X TEZUKA
von Tezuka, Urasawa & Nagasaki
€ 14,90 (D) / € 15,30 (A)
O **Band 1-3, 6-7**
€ 12,90 (D) / € 13,30 (A)
O **Band 4-5**
€ 16,90 (D) / € 17,40 (A)
O **Band 8**
In 8 Bänden abgeschlossen

POISON CITY
von Tetsuya Tsutsui
€ 7,99 (D) / € 8,30 (A)
O **Band 1 & 2**
In 2 Bänden abgeschlossen

PONE – POSUKA DEMIZU ARTBOOK
von Posuka Demizu
€ 20,00 (D) / € 20,60 (A)
O **Artbook**

Q (KU)
von Tatsuya Shihira
€ 7,99 (D) / € 8,30 (A)
O **Band 1 bis 3**
€ 8,99 (D) / € 9,30 (A)
O **Band 4**
In 4 Bänden abgeschlossen

REAKTOR 1F – EIN BERICHT AUS FUKUSHIMA
von Kazuto Tatsuta
€ 12,99 (D) / € 13,40 (A)
O **Band 1 bis 3**
In 3 Bänden abgeschlossen

RENTAL GIRLFRIEND
von Reiji Miyajima
€ 7,00 (D) / € 7,20 (A)
O **Band 1 bis 8**
O **Band 9** 07/21
O **Band 10** 09/21
Bislang 16 Bände in Japan

REQUIEM OF THE ROSE KING
von Aya Kanno
€ 9,99 (D) / € 10,30 (A)
O **Band 1 bis 12**
O **Band 13** 08/21
Bislang 14 Bände in Japan

OUR SUMMER HOLIDAY
von Kaori Ozaki
€ 7,99 (D) / € 8,30 (A)
O **Einzelband**

OVERLORD
von Maruyama & Miyama
€ 6,99 (D) / 7,20 (A)
O **Band 1 bis 12**
€ 7,99 (D) / € 8,30 (A)
O **Band 13**
O **Band 14** 09/21
Bislang 15 Bände in Japan

OVERLORD Official Comic À La Carte Anthology
von Kugane Maruyama, diverse
€ 7,00 (D) / € 7,20 (A)
O **Band 1 bis 3**
Bislang 3 Bände in Japan

PANDORAHEARTS
von Jun Mochizuki
€ 6,95 (D) / € 7,20 (A)
O **Band 1, 5-6, 10-15, 17, 19**
€ 7,95 (D) / € 8,20 (A)
O **Band 18**
€ 8,95 (D) / € 9,20 (A)
O **Band 22**
€ 10,00 (D) / € 10,30 (A)
O **Band 2-4, 7-9, 16, 20-21, 23**
€ 14,00 (D) / € 14,40 (A)
O **Band 24**
In 24 Bänden abgeschlossen

PERSONAL PARADISE NEUEDITION
von Melanie Schober
€ 6,99 (D) / € 7,20 (A)
O **Band 1 bis 7**
O **Brave Brother 1.0 lim. Ausgabe mit Schuber**

PLEASE LOVE ME
von Aya Nakahara
€ 5,00 (D) / € 5,20 (A)
O **Band 1**
€ 7,00 (D) / € 7,20 (A)
O **Band 2 bis 8**
O **Band 9** 06/21
O **Band 10** 09/21
In 10 Bänden abgeschlossen

ONE PIECE
von Eiichiro Oda
€ 6,50 (D) / € 6,70 (A)
O **Band 1 bis 97**
O **Band 98** 09/21
Bislang 99 Bände in Japan

ONE PIECE: FLUCH DES HEILIGEN SCHWERTS
von Eiichiro Oda
€ 7,95 (D) / € 8,20 (A)
O **Band 1 & 2**
In 2 Bänden abgeschlossen

ONE PIECE PARTY
von Andoh & Oda
€ 6,50 (D) / € 6,70 (A)
O **Band 1 bis 6**
Bislang 6 Bände in Japan

ONE PIECE – SANJIS LECKERE PIRATENREZEPTE
von Eiichiro Oda
€ 24,90 (D) / € 25,60 (A)
O **Kochbuch**

ONE PIECE QUIZ BOOK
von Eiichiro Oda
€ 14,00 (D) / € 14,40 (A)
O **Einzelband**

ONE PIECE Z
von Eiichiro Oda
€ 9,95 (D) / € 10,20 (A)
O **Band 1 & 2**
In 2 Bänden abgeschlossen

ONE WEEK FRIENDS
von Matcha Hazuki
€ 6,99 (D) / € 7,20 (A)
O **Band 1 bis 7**
In 7 Bänden abgeschlossen

OPUS
von Satoshi Kon
€ 14,90 (D) / € 15,40 (A)
O **Band 1 & 2**
In 2 Bänden abgeschlossen

ORANGE
von Ichigo Takano
€ 7,99 (D) / € 8,30 (A)
O **Band 1 bis 6**
Bislang 6 Bände in Japan

CARLSEN MANGA! CHECKLIST

SUPER DRAGON BALL HEROES UNIVERSE MISSION
von Yoshitaka Nagayama
€ 6,50 (D) / € 6,70 (A)
O Band 1
O Band 2 08/21
Bislang 2 Bände in Japan

TAKANE UND HANA
von Yuki Shiwasu
€ 5,00 (D) / € 5,20 (A)
O Band 1
€ 6,99 (D) / € 7,20 (A)
O Band 2 bis 14
O Band 15 07/21
In 18 Bänden abgeschlossen

TANIGUCHI, JIRO
von Jiro Taniguchi
€ 12,90 (D) / € 13,30 (A)
O Der Gourmet 2
€ 14,90 (D) / € 15,40 (A)
O Der Gourmet
€ 16,00 (D) / € 16,50 (A)
O Der Kartograph
O Die Schrift des Windes
€ 16,90 (D) / € 17,40 (A)
O Ihr Name war Tomoji
€ 20,00 (D) / € 20,60 (A)
O Im Jahrtausendwald
€ 22,00 (D) / € 22,70 (A)
O Unruhige Geister und stille Gefährten
€ 25,00 (D) / € 25,70 (A)
O Der spazierende Mann (erw. Neuausgabe)
€ 28,00 (D) / € 28,80 (A)
O Der Himmel ist blau, die Erde ist weiß – Gesamtausgabe

TEMPEST CURSE
von Martina Peters
€ 6,95 (D) / € 7,20 (A)
O Band 1 bis 3
In 3 Bänden abeschlossen

THE ART OF SPLATOON
von Nintendo
€ 40,00 (D) / € 41,20 (A)
O Artbook

THE BOOK OF LIST - GRIMM'S MAGICAL ITEMS
von Izuco Fujiya
€ 6,95 (D) / € 7,20 (A)
O Band 1 bis 5
€ 8,95 (D) / € 9,20 (A)
O Band 6
In 6 Bänden abeschlossen

SOUL EATER MASSIV
von Atsushi Ohkubo
€ 5,00 (D) / € 5,20 (A)
O Band 1
€ 8,00 (D) / € 8,30 (A)
O Band 2 bis 4
O Band 5 06/21
O Band 6 08/21
In 12 Bänden abgeschlossen

SOUL EATER GUIDE BOOK
von Atsushi Ohkubo
€ 8,95 (D) / € 9,20 (A)
O Einzelband

SOUL EATER SOUL ART
von Atsushi Ohkubo
€ 24,90 (D) / € 25,60 (A)
O Band 2

SPLATOON
von Sankichi Hinodeya
€ 6,99 (D) / € 7,20 (A)
O Band 1 bis 10
O Band 11 07/21
Bislang 13 Bände in Japan

STILLE WASSER
von Kan Takahama
€ 16,90 (D) / € 17,40 (A)
O Einzelband

SUNNY
von Taiyo Matsumoto
€ 16,00 (D) / € 16,50 (A)
O Band 1 & 2
O Band 3 07/21
In 6 Bänden abgeschlossen

SÜSSE KATZE CHI: CHI'S SWEET ADVENTURES
von Konami Kanata & Kinoko Natsume
€ 8,00 (D) / € 8,30 (A)
O Band 1 bis 4
In 4 Bänden abgeschlossen

SUPER DRAGON BALL HEROES
von Yoshitaka Nagayama
€ 6,50 (D) / € 6,70 (A)
O Band 1 bis 3
Bislang 3 Bände in Japan

SHERLOCK
von Jay, Gatiss & Moffat
€ 12,99 (D) / € 13,40 (A)
O Band 1, 2 und 4
€ 14,99 (D) / € 15,50 (A)
O Band 3
€ 39,99 (D) / € 41,20 (A)
O Band 1 bis 3 im Schuber
Bislang 4 Bände in Japan

SHIBA – EIN HUND ZUM VERLIEBEN
von Mayumi Muroyama
€ 7,00 (D) / € 7,20 (A)
O Einzelband

SHIKIGAMI
von Yasaiko Midorihana
€ 10,00 (D) / € 10,30 (A)
O Einzelband

SKETCH EVERY DAY
von Simone Grünewald
€ 20,00 (D) / € 20,60 (A)
O Zeichenbuch

SKIP BEAT!
von Yoshiki Nakamura
€ 6,95 (D) / € 7,20 (A)
O Band 1-8, 10-17, 19-21, 24-33, 35-37, 41-45
€ 8,00 (D) / € 8,30 (A)
O Band 9, 18, 22-23, 34, 38-40
Bislang 45 Bände in Japan

SKULL PARTY
von Melanie Schober
€ 6,95 (D) / € 7,20 (A)
O Band 1 bis 4
In 4 Bänden abgeschlossen

SNACK WORLD
von Level-5, & sho.t
€ 7,00 (D) / € 7,20 (A)
O Band 1 & 2
In 2 Bänden abgeschlossen

SOUL EATER
von Atsushi Ohkubo
€ 6,50 (D) / € 6,70 (A)
O Band 2, 4, 6-11, 13-18 & 24
€ 7,95 (D) / € 8,20 (A)
O Band 25
In 25 Bänden abgeschlossen

SCHATTENARIE
von Zofia Garden & Anne Delseit
€ 6,95 (D) / € 7,20 (A)
O Band 1 & 2
In 2 Bänden abgeschlossen

SCHNEEBALLEN
von Inga Steinmetz
€ 12,00 (D) / € 12,40 (A)
O Schneeballens Fall
€ 14,00 (D) / € 14,40 (A)
O Schneeballen – Verliebt in Japan

SCHOKOHEXE, DIE
von Rino Mizuho
€ 6,50 (D) / € 6,70 (A)
O Band 1-3, 5-7, 10-17
O Band 18 07/21
€ 10,00 (D) / € 10,30 (A)
O Band 4, 8-9
Bislang 20 Bände in Japan

SEARCH AND DESTROY
von Osamu Tezuka & Atsushi Kaneko
€ 15,00 (D) / € 15,50 (A)
O Band 1 & 2
€ 18,00 (D) / € 18,50 (A)
O Band 3 09/21
In 3 Bänden abgeschlossen

SEKAIICHI HATSUKOI
von Shungiku Nakamura
€ 6,95 (D) / € 7,20 (A)
O Band 1, 3, 8-12
€ 10,00 (D) / € 10,30 (A)
O Band 2-7
€ 6,95 (D / € 7,20 (A)
O Band 13 06/21
Bislang 15 Bände in Japan

SEVEN DEADLY SINS
von Suzuki Nakaba
€ 6,50 (D) / € 6,70 (A)
O Band 1 bis 37
O Band 38 07/21
O Band 39 09/21
In 41 Bänden abgeschlossen

CARLSEN MANGA! CHECKLIST

YAMADA-KUN AND THE SEVEN WITCHES
von Miki Yoshikawa
€ 5,95 (D) / € 6,20 (A)
○ **Band 1-5, 7-8, 10-17, 19-28**
€ 10,00 (D) / € 10,30 (A)
○ **Band 6, 9, 18**
In 28 Bänden abgeschlossen

YOKOHAMA STATION FABLE
von Gonbe Shinkawa & Yuba Isukari
€ 8,00 (D) / € 8,30 (A)
○ **Band 1** 06/21
In 3 Bänden abgeschlossen

YUNAS REISE ZUM ICH ODER MY SEX CHANGE EXPERIENCEE
von Yuna Hirasawa
€ 10,00 (D) / € 10,30 (A)
○ **Einzelband** 08/21

ZWEI ESPRESSO
von Kan Takahama
€ 12,90 (D) / € 13,30 (A)
○ **Einzelband**

ZOMBIE 100 - BUCKET LIST OF DEAD
von Makoto Yukimura
€ 7,00 (D) / € 7,20 (A)
○ **Band 1**
○ **Band 2** 08/21
Bisher 7 Bände in Japan

VIGILANTE – MY HERO ACADEMIA ILLEGALS
von Horikoshi, Furuhashi & Court
€ 6,99 (D) / € 7,20 (A)
○ **Band 1 bis 8**
○ **Band 9** 06/21
Bislang 11 Bände in Japan

VINLAND SAGA
von Makoto Yukimura
€ 7,95 (D) / € 8,20 (A)
○ **Band 1 bis 23**
○ **Band 24** 09/21
Bislang 25 Bände in Japan

WALKINDER, DIE
von Abi Umeda
€ 6,99 (D) / € 7,20 (A)
○ **Band 1 bis 14**
○ **Band 15** 07/21
Bislang 18 Bände in Japan

WEEKLY SHONEN HITMAN
von Kouji Seo
€ 7,00 (D) / € 7,20 (A)
○ **Band 1 bis 3**
○ **Band 4** 06/21
○ **Band 5** 08/21
Bislang 13 Bände in Japan

WER BIST DU ZUR BLAUEN STUNDE
von Yuhki Kamatani
€ 10,00 (D) / € 10,30 (A)
○ **Band 1 bis 3**
€ 12,00 (D) / € 12,40 (A)
○ **Band 4**
In 4 Bänden abgeschlossen

WET MOON
von Atsushi Kaneko
€ 19,90 (D) / € 20,50 (A)
○ **Band 1 & 2**
€ 24,90 (D) / € 25,60 (A)
○ **Band 3**
In 3 Bänden abgeschlossen

YAKUZA GOES HAUSMANN
von Kousuke Oono
€ 7,50 (D) / € 7,80 (A)
○ **Band 1 bis 4**
○ **Band 5** 06/21
Bislang 6 Bände in Japan

3/11 – TAGEBUCH NACH FUKUSHIMA
von Yuko Ichimura & Tim Rittmann
€ 12,90 (D) / € 13,30 (A)
○ **Einzelband**

TO THE ABANDONED SACRED BEASTS
von Maybe
€ 6,99 (D) / € 7,20 (A)
○ **Band 1 bis 9**
€ 7,99 (D) / € 8,30 (A)
○ **Band 10**
○ **Band 11** 09/21
Bislang 12 Bände in Japan

TORIYAMA SHORT STORIES
von Akira Toriyama
€ 5,95 (D) / € 6,20 (A)
○ **Band 2 bis 4, 7**
€ 6,95 (D) / € 7,20 (A)
○ **Band 6**
€ 7,95 (D) / € 8,20 (A)
○ **Band 5**
Bislang 8 Bände in Japan

TRIAGE X
von Shouji Sato
€ 6,95 (D) / € 7,20 (A)
○ **Band 1 bis 5**
€ 7,95 (D) / € 8,20 (A)
○ **Band 6 bis 20**
○ **Band 21** 09/21
Bislang 22 Bände in Japan

UNLUCKY YOUNG MEN
von Fujiwara & Otsuka
€ 19,90 (D) / € 20,50 (A)
○ **Band 1 & 2**
In 2 Bänden abgeschlossen

UNSERE FARBEN
von Gengoroh Tagame
€ 10,00 (D) / € 10,30 (A)
○ **Band 1 & 2**
○ **Band 3** 06/21
In 3 Bänden abgeschlossen

VAMPIRE KNIGHT – MEMORIES
von Matsuri Hino
€ 6,99 (D) / € 7,20 (A)
○ **Band 1 bis 5**
Bislang 6 Bände in Japan

THE CASE STUDY OF VANITAS
von Jun Mochizuki
€ 7,99 (D) / € 8,30 (A)
○ **Band 1 bis 8**
Bislang 9 Bände in Japan

THE DEMON PRINCE
von Aya Shouoto
€ 6,95 (D) / € 7,20 (A)
○ **Band 1 bis 16**
In 16 Bänden abgeschlossen

THE GOLDEN SHEEP
von Kaori Ozaki
€(D) 8,00 / €(A) 8,30
○ **Band 1 bis 3**
In 3 Bänden abgeschlossen

THE HEROIC LEGEND OF ARSLAN
von Yoshiki Tanaka
€ 6,99 (D) / € 7,20 (A)
○ **Band 1 bis 12**
○ **Band 13** 09/21
Bislang 13 Bände in Japan
€ 7,50 (D) / € 7,80 (A)
○ **Doppelpack 1+2**

THE KILLER INSIDE
von Hajime Inoryu & Shota Ito
€ 7,50 (D) / € 7,80 (A)
○ **Band 1** 08/21
Bislang 9 Bände in Japan

THE PROMISED NEVERLAND
von Shirai & Demizu
€ 6,99 (D) / € 7,20 (A)
○ **Band 1 bis 17**
○ **Band 18** 06/21
○ **Band 19** 09/21
In 20 Bänden abgeschlossen

THE ROYAL TUTOR
von Higasa Akai
€ 6,99 (D) / € 7,20 (A)
○ **Band 1 bis 13**
○ **Band 14** 09/21
Bislang 16 Bände in Japan
€ 7,50 (D) / € 7,80 (A)
○ **Doppelpack 1+2**

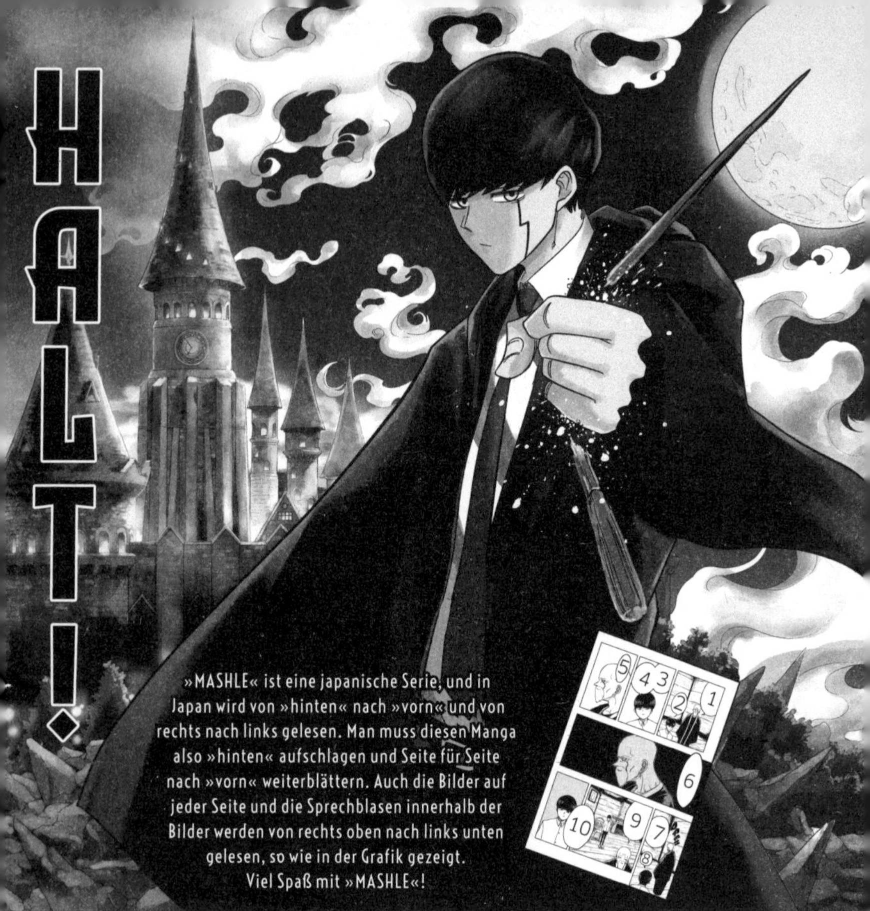

»MASHLE« ist eine japanische Serie, und in Japan wird von »hinten« nach »vorn« und von rechts nach links gelesen. Man muss diesen Manga also »hinten« aufschlagen und Seite für Seite nach »vorn« weiterblättern. Auch die Bilder auf jeder Seite und die Sprechblasen innerhalb der Bilder werden von rechts oben nach links unten gelesen, so wie in der Grafik gezeigt.
Viel Spaß mit »MASHLE«!

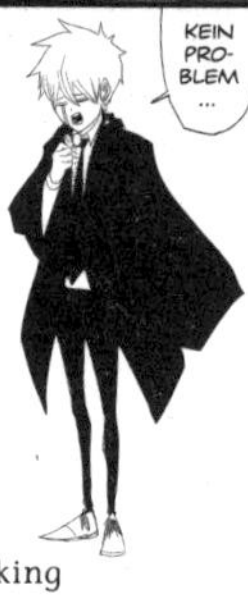

CARLSEN MANGA! NEWS jeden Monat neu per E-Mail
www.carlsenmanga.de · www.carlsen.de

CARLSEN MANGA
Deutsche Ausgabe/German Edition

Aus dem Japanischen von Katrin Stamm

First published in Japan in 2020 by SHUEISHA Inc., Tokyo.
German translation rights in Germany, Austria, Luxembourg and German-speaking Switzerland arranged by SHUEISHA Inc. through VME PLB SAS, France.
Redaktion: Philipp Nakata
Textbearbeitung: Steffi Korda
Herstellung: Tobias Hametner

ISBN: 978-3-551-02475-6

MIX
Papier | Fördert gute Waldnutzung
FSC® C083411
Klimaneutrales Produkt